交通职业教育教学指导委员会推荐教材
高职高专院校会计专业教学用书

高等职业教育规划教材

电算化会计

Diansuanhua Kuaiji

主 编 蔡玲蓉
主 审 郑文辉

人民交通出版社

内 容 提 要

本书是高等职业教育规划教材，由交通职业教育教学指导委员会交通运输管理专业指导委员会组织编写。书中系统介绍了电算化会计、会计信息系统的基本知识；财务管理软件的工作原理和电算化会计的全部工作过程。结合实例重点介绍了从手工会计核算到电算化会计的整个流程，包括系统管理、总账系统、财务报表、工资管理、固定资产管理、应收款管理和应付款管理等常用模块的相关功能和作用。

本书是高职高专院校会计专业教学用书，也可供相关专业教学使用，或作为职业培训教材，供财务人员学习参考。

图书在版编目（CIP）数据

电算化会计/ 蔡玲蓉主编. —北京：人民交通出版社，2007.9
ISBN 978-7-114-06669-6

I. 电… II. 蔡… III. 计算机应用-会计 IV.F232

中国版本图书馆 CIP 数据核字（2007）第 100179 号

书　　名：电算化会计
著 作 者：蔡玲蓉
责任编辑：富砚博
出版发行：人民交通出版社
地　　址：（100011）北京市朝阳区安定门外外馆斜街 3 号
网　　址：http：//www.ccpress.com.cn
销售电话：（010）85285838，85285995
总 经 销：北京中交盛世书刊有限公司
经　　销：各地新华书店
印　　刷：北京宝莲鸿图科技有限公司
开　　本：787×1092　1/16
印　　张：19.25
字　　数：456 千
版　　次：2007 年 9 月　第 1 版
印　　次：2007 年 9 月　第 1 次印刷
书　　号：ISBN 978-7-114-06669-6
印　　数：0001-3000 册
定　　价：35.00 元

前　言

在刚刚过去的一个世纪里，中国经济与世界经济一样，都发生了前所未有的深刻变化。世界经济的波澜起伏，科学技术的日新月异，特别是进入21世纪后，世界贸易自由化进一步深化，经济全球化趋势日渐显著，对经济管理信息、法规等的要求不断增加，从而促使我国加快了经济领域等法规、制度的改革步伐。自2005年至今，我国对《公司法》、《证券法》、《合伙企业法》、《个人所得税法》、《企业破产法》等一系列法律、法规进行了制定、修订和修正。2006年2月15日，我国又颁布了新的《企业会计准则》。

面对一系列知识的更新，对培养新一代高素质的管理人才提出了更高的目标和要求，特别是对原有课程的改革，以及新教材系列的建设等更显迫在眉睫。交通职业教育教学指导委员会交通运输管理专业指导委员会根据会计专业人才培养要求，精心组织全国交通职业院校的专业教师编写了会计专业规划教材，供高职高专院校会计及相关专业教学使用。

本套教材具有“说理透彻、解析准确、有理有例、便于学习”的特点，在内容上以理论够用为度，立足实践技能操作训练，并与职业资格紧密结合，突出高等职业教育以就业为导向的要求。本套教材既可以作为高等职业院校会计专业教学用书，也可供在职人员自学、培训之用。

《电算化会计》是高职高专院校会计专业规划教材之一，全书共十章，内容包括：电算化会计概论、会计信息系统概述、会计信息系统的建立和运行管理、系统管理、总账系统、报表编制子系统、工资管理系统、固定资产系统、应收款管理系统及应付款管理系统。

参加本书编写工作的有：广西交通职业技术学院李冰（编写第一、二、三章），四川交通职业技术学院蔡玲蓉（编写第四、五、七、八章），四川天益税务师事务所周尚华（编写第六、九、十章）。全书由蔡玲蓉担任主编，河南交通职业技术学院郑文辉担任主审。

本书的编写得到了用友软件股份有限公司四川分公司的大力支持和帮助，在此表示感谢！

本套教材在编写过程中参阅和应用了国内外有关经济及财务管理的论著和资料，无论在参考文献中是否列出，在此，对这些文献的作者和译者表示由衷的感谢和诚挚的谢意。由于作者水平有限，书中不妥之处在所难免，恳请专家和读者给予批评和指正。

交通职业教育教学指导委员会

交通运输管理专业指导委员会

2007.5

目　录

第一章

会计电算化概论

• 知识目标 •

解释会计、会计电算化的概念,描述手工会计与电算化会计的区别。

• 能力目标 •

进行计算机应用的基本操作,如 Windows、Word、Excel 的基本操作,具有计算机应用的基本操作能力。

第一节 会计电算化的基本概念和作用

会计电算化工作是会计工作的发展方向,开展会计电算化工作对促进会计基础工作、提高整个社会的经济效益都有重大的作用。在会计工作中,会计电算化的工作范围比较广泛,凡是会计工作中所有应用计算机技术和现代通信技术的工作都属于会计电算化工作的范畴。

一、会计电算化的由来与演变

会计是以货币为主要计量单位,采用专门的方法,对企业和行政事业单位乃至整个国家的经济活动进行连续、完整、系统地核算和监督的一种经济管理活动。会计的各项活动都体现为对信息的某种作用,构成一个有秩序的数据处理和信息生成的过程,这一个过程可以分为若干部分,每一个部分都有各自的处理任务,所有部分相互联系,相互配合,服从一个统一的目标,形成一个会计活动的有机整体——会计系统。在会计的历史发展过程中,手工会计数据处理一直占据主导地位。

随着社会的不断发展,科学技术的日新月异,1946 年,世界上第一台计算机"ENICA"问世,这是 20 世纪一项划时代的发明。在此之后,计算机在航空航天、工业、农业、生物、医学、教育、经济等领域迅速得到广泛应用。计算机是一种能自动、高速进行大量计算和数据处理工作的电子设备,它主要由输入设备、处理器(运算器和控制器)、存储设备和输出设备等几部分硬件组成,在计算机软件的指挥下,它能通过对输入数据进行数值运算和逻辑运算,从而求解各种问题。它的应用帮助人们大幅度地提高了工作效率,提高了经济效益。

1954 年,美国通用电气公司首次利用电子计算机来计算职工薪金,从而引起了会计数据处理技术的变革,开创了利用计算机进行会计数据处理的新纪元。1979 年,长春第一汽车制造厂大规模信息系统的设计与实施,是我国会计电算化发展过程的一个重要里程碑。1981 年

8月,在财政部、第一机械工业部、中国会计学会的支持下,中国人民大学和长春第一汽车制造厂联合召开了“财务、会计、成本应用电子计算机问题讨论会”。在会上第一次提出了“会计电算化”的概念。会计电算化的基本含义是指将电子计算机技术应用到会计业务处理工作中,应用会计软件指挥各种计算机设备替代手工完成或者手工很难完成,甚至无法完成的会计工作的过程。会计电算化出现以后,会计处理技术发生了质的飞跃。这种变化不仅影响到会计实务,也对某些传统的会计理论产生了很大的影响。

二、会计电算化的基本内容

随着会计电算化事业的不断发展,会计电算化的含义得到了进一步的延伸,它不仅涉及到会计信息系统(会计核算、会计管理、会计决策等)的理论与实务研究,而且还融进了与其相关的所有工作,如会计电算化的组织培训、会计电算化制度的建立、计算机审计等内容。现在,大家普遍认为,会计电算化是现代会计学科的重要组成部分,它是研究计算机会计理论与计算机会计实务的一门会计边缘学科。

会计电算化是计算机技术和现代网络通信技术在会计业务处理工作中应用的简称。具体来说,是指编制会计软件,并利用会计软件指挥计算机替代人工进行记账、算账、报账,以及对会计数据进行分析利用的工作过程。

(1)从信息系统的角度来看,会计电算化就是在会计工作中引入了计算机信息系统的技术。会计数据处理的各项活动都体现为对信息的某种作用:取得原始凭证是信息的获取;原始凭证的审核是对信息特征的提取和确认;设置会计账户是对信息的分类;填制记账凭证和登记账簿是对信息的传递和储存;成本计算是对信息的进一步加工和处理;会计管理和决策是对信息的进一步应用。整个会计数据的处理就构成了一个有秩序的信息输入、处理、存储和输出的过程。会计电算化就是在这个处理过程中,引入了计算机的信息处理技术和现代网络通信技术来处理会计数据。

(2)从发展过程的角度来看,在会计的发展历史中,会计数据的处理一直以手工操作为主,后来又出现了算盘等辅助计算工具。可以说,手工会计一直占据着主要的地位。随着经济管理工作对会计数据处理要求的日益提高和科学技术的进步,会计数据的处理手段也在不断变化,经历了手工操作到机械操作再到电子计算机操作的发展过程。当会计数据处理发展到以计算机技术为处理手段时,会计也就从手工会计进入到会计电算化阶段。在这个阶段中,会计电算化慢慢占据着越来越重要的地位。

(3)从工作的角度来看,在会计工作中引入计算机技术和现代网络通信技术,可以大大减轻会计人员的工作强度,提高会计工作的效率;促进会计工作的规范化,提高会计工作的质量;促进会计工作职能的转变;提高会计人员的素质;促进会计自身的不断发展。

三、会计电算化对传统手工会计的影响

在会计工作中引入了计算机技术和现代网络通信技术,对传统的手工会计产生了一系列的影响,主要表现为:

1. 改变了原有的组织体系

手工会计以会计事务的不同性质为依据划分会计工作组织体系,一般将财务部门分为若

干个业务核算小组。会计电算化则是以数据的不同形态为依据划分会计工作组织体系，一般需要设置会计数据录入、审核、维护等岗位。

2. 改进了原来会计的核算形式

会计的核算形式是指凭证、账簿及报表的相互勾稽关系及填制的方法。在手工会计的情况下，为了提高会计核算工作的质量，减少或简化勾稽的工作量，各企事业单位往往根据自身的实际情况，选用合适的记账程序和方法。手工会计下的会计核算形式并不是会计数据处理本身所要求的，而是手工处理的局限性所致。而在会计电算化的情况下，完全可以从核算所要达到的目标出发，设计出数据流程更合理、效率更高、更适合计算机处理的账务处理形式。在会计核算时，会计人员不用考虑选用何种记账程序和方法，只要会计软件提供的记账程序是正确的，执行记账功能，计算机就可以高速、快捷、及时地完成记账工作。

3. 改变了原有的内部控制制度

在电算化会计信息系统中，原来的内部控制方式部分被改变或取消，如：在总账系统中，原来的靠账簿之间互相核对来实现的查错纠错控制基本上已经不复存在，取而代之以更加严密的输入控制。控制范围已经从财务部门转变为财会部门和计算机处理部门；控制的方式也从单纯的手工控制转化为组织控制、手工控制和程序控制相结合的全面内部控制，如电算化会计信息系统本身已建立起了新的岗位责任制和严格的内部控制制度；会计软件增加了权限控制，各类会计人员必须有自己的操作密码和操作权限；系统本身增加了各种自动平衡校验措施等。

4. 改变了账表信息的存储方式、输出方式和会计档案的保管形式

在手工会计信息系统中，当一张新的记账凭证产生以后，其数据将按会计科目的方向进行转抄、登记，从而形成相应的日记账或分类账，进一步可编制会计报表，会计账簿和报表的存储介质是看得见、摸得着的纸张介质。在电算化会计信息系统中，账表信息的存储介质是看不见、摸不着的光、电、磁介质。计算机电磁介质不同于纸张介质，存放在磁介质上的信息量大、查询速度快、易于复制和删除，但人不能直接识读，数据删改一般不留痕迹，这就要求建立更为科学的方法，加强对会计档案资料的保管。

在手工会计信息系统中，总账、明细账、日记账都是严格区分的，并以其特定的格式输出。在电算化会计信息系统中，类似手工的账簿种类、格式在计算机中并不完全存在或并不永久存在，账簿所需的数据是以数据库文件的形式保存的，数据库文件可以设置一个或者多个。当需要输出这些账簿时，计算机自动从数据库文件中依次按相应的会计科目进行挑选，然后按照财会人员需要的格式将这些账簿显示在屏幕上或从打印机输出。

5. 使会计的管理职能进一步强化

在手工条件下，许多复杂、实用的会计模型，如最优经济订货批量模型、多元回归分析模型等很难在企业管理中得以实施，大部分预测、决策工作需要依赖管理者个人的主观判断。在电算化会计信息系统中，管理人员借助先进的管理软件工具，可以将已有的会计管理模型在计算机中实现，同时又可以不断研制和建立新的计算机管理模型，使管理人员利用计算机管理模型可以迅速地存储、传递以及抽取出大量的会计核算信息和资料，进行各种复杂的数量分析，及时、准确、全面地进行会计管理、分析和决策工作。这样可以使会计职能成为一种跨事前、事中和事后三个阶段，集核算、监督、控制、分析、预测于一体的全方位、多功能的管理活动。

第二节　会计电算化的发展

一、国外会计电算化的发展过程

20 世纪 50 年代,是会计电算化的起始阶段。由于计算机价格昂贵,程序设计复杂,只有少数专业人员能掌握此项技术,因而发展缓慢,只应用于工资等简单项目核算。

20 世纪 50 ~ 60 年代,伴随着计算机技术的不断发展以及操作系统的出现,特别是高级程序设计语言出现,使计算机的应用日益广泛。在会计实务中,开始从单项处理向综合数据处理转变,除了完成基本账务处理之外,开始带有一定的管理、分析功能等。

20 世纪 70 年代,计算机技术迅猛发展,特别是网络技术的出现和数据库管理系统的出现,数据资源共享成为可能,电算化会计信息系统成为企业公司全面管理信息系统的一个重要组成部分,大大提高了工作效率和管理水平。

20 世纪 80 年代,微电子技术进一步发展,微型机的日益普及和会计专用机的应用,形成了计算机应用管理信息系统。计算机硬件成本的不断降低,为会计电算化的进一步发展提供了物质保证。会计电算化出现了普及之势。据国际会计联合会 1987 年 10 月在日本东京召开的第 13 届世界会计师大会,到 20 世纪 80 年代,日本、美国及西欧各国较为普遍的实现了会计电算化。

目前,国外正向着会计专用机、商品化软件、代理记账等方向发展。

二、我国会计电算化的发展过程

我国会计电算化的发展大体可以划分为以下几个阶段。

1. 1970 ~ 1983 年

到 20 世纪 70 年代末,除个别尖端科技领域外,我国计算机应用几乎是空白。开展会计电算化,首先面对的是价格昂贵的计算机、开发人才严重缺乏等实际困难。尽管如此,仍没有阻碍我国对会计电算化道路的探索。1979 年,长春第一汽车制造厂在财政部和第一机械工业部的支持下,从前民主德国进口一台 EC-1040 计算机,进行计算机在会计工作中的应用试点。由于计算机还不能处理汉字,只能在工资管理方面进行计算机处理。

2. 1983 ~ 1986 年

随着计算机性能价格比的提高,企事业单位开始大量使用计算机,该阶段会计电算化工作及会计软件开发,大多为单位自行组织。会计软件多为专用特制软件,通用性、适应性差,很少采用工程化方法开发标准化通用软件。另外,从宏观上缺乏统一的规划、指导和相应的管理制度,开展会计电算化的单位也没有建立相应的组织管理制度和控制措施,盲目上马又下马,低水平重复建设性现象严重,带来很大的浪费。

3. 1986 年至今

这一阶段我国会计电算化进入了一个大发展阶段。随着经济体制改革的不断深化,计算机在会计工作中的应用也逐步走上了正轨,我国的会计电算化事业进入了有计划、有组织的发展阶段。财政部发布实施了我国第一个关于会计电算化管理的规定即《会计核算软件管理的几项规定(试行)》及《补充规定》,对会计核算软件的开发、使用等问题做出了具体规定,以后又陆续发布了《会计电算化管理办法》、《商品化会计核算软件评审规则》、《会计核算软件基本功能规范》等规章制度,从而促进了会计电算化有规范的进步,加快了会计电算化发展的进程。1994 年 5 月,财政部颁发了《关于大力发展我国会计电算化事业的意见》,明确了会计电算化工作的总目标,这标志着我国的会计电算化事业将走向一个新的阶段。

三、我国会计电算化发展的特点

纵观我国会计电算化的发展历程,其发展有如下特点:

(1)从进程上看,我国的会计电算化工作起始于 20 世纪 70 年代,而国外起始于 20 世纪 50 年代。由于起点不同,我国现在基本处于单机模式,会计电算化正处于由"核算型"向"管理型"过渡阶段,而发达国家的会计电算化工作已进入联网,实现了有机组合的管理信息系统。

(2)从会计数据处理技术的应用上看,发达国家的会计电算化工作一般都经历了手工处理、机械化处理、电算化处理三个阶段,而我国则直接从手工处理过渡到计算机处理,由于跨越了机械化处理阶段,造成会计基础核算工作规范性差,广大会计人员对机械化工具和电子工具感性认识少,给会计电算化工作的开展带来了一些难度。

(3)从计算机会计的管理方面看,基层单位的会计电算化工作推动了主管部门的会计电算化管理工作,电算化的实践工作推动了理论研究工作。

(4)从会计软件来看,我国目前通用的会计软件基本上已完成了由"核算型"向"管理型"过渡。软件水平参差不齐,在从软件的开发、软件质量、软件评审、软件管理、软件的销售及软件的使用等诸多问题上,尚缺乏规范性。

(5)地区发展不平衡。我国幅员辽阔,在东部经济发达地区,会计电算化普及率较高,而在一些经济不发达的地区,会计电算化普及率则较低。

近十年来,我国的会计软件市场增长很快,其中国产的会计软件占据了 90% 以上的市场份额。用友、金蝶都是其中涌现出的佼佼者,并成为国内会计软件的领军人物。与此同时,财政部也加大了对会计电算化工作的组织和管理,相继颁布了与会计电算化相关的规章制度。这些规章制度使会计电算化工作进一步向法制化、通用化和标准化的方向发展。

四、我国会计电算化的发展趋势

今后我国会计电算化发展趋势应包括以下几个方面:

(1)应采用大型数据库作为数据存储工具。电算化软件所要处理的是大量重要的数据和信息,对软件所要支持的数据库的容量、安全性和速度等方面的性能有很高的要求,而大型数据库具有安全性高、数据存储量大、查询方便等特点,能适应各种管理的要求。

(2)在会计软件开发中充分考虑应用因特网技术。因特网技术是这几年电子通信技术中发展最快的技术,能够实现网络化管理、移动办公、并保证体系开放、支持电子商务;实现财务集中式管理、动态查询、实时监控、远程通信、远程上网服务、远程查询等。

(3)会计电算化软件应充分考虑其安全性。为防止非法用户窃取机密信息和非授权用户越权操作数据,在系统的客户段和服务器之间传输的所有数据都进行两层加密。第一层加密采用标准 SSL 协议,该协议能够有效的防破译、防篡改。第二层加密采用私有的加密协议,该协议不公开,并且有非常高的加密度。两层加密确保了会计信息的传输安全。

(4)实现功能的多样化,数据动态化。为了不断扩张会计软件的功能,会计软件在设计中应将财务软件和管理软件有机结合。首先会计软件应具有一个完善的会计核算信息系统,除能实现会计基本的核算流程外,还应突破手工核算的模式,拓展核算的领域和职能,增加信息容量,为加强管理打下良好基础。其次,会计软件应突破现有的以事后管理为特征的模式,实现事前管理、事中管理和事后管理为特征的模式。最后,会计软件还应具有通用性,便于沟通、协作和提高。只有这样才能实现对企业经营活动的计划和控制功能并做到动态管理。

(5)会计软件国际标准化。我国加入 WTO 后,企业的业务将会扩展到世界范围,会计软件应符合多国和国际会计准则,满足多语言、多币种参与国际竞争的需要。

(6)网络化管理和会计软件网络化。网络电算化软件是基于网络计算技术,以整合实现企业电子商务为目标,能提供因特网环境下财务管理模式,财务工作方式及其各项功能的财务管理软件系统。

当前会计信息工作注重信息系统的个性化,强调与企业管理信息系统相集成并服务于企业自身,在经济全球化的今天,跨国企业、虚拟企业等新的经济组织不断出现,投资主体多元化,会计电算化要转变其服务于企业内部的思路,要根据共同的会计规则和基础构建基于因特网的会计信息系统,使网络财务成为可能,这就必然要求会计软件网络化。网络财务是电子商务的重要组成部分,将帮助企业实现财务与业务协同、远程报表、报账、审计等远程处理,会计核算与在线财务管理,它支持电子数据与电子货币,改变了财务信息的获取和利用方式。

第三节　学习会计电算化过程中应注意的问题

会计电算化在实际会计工作中的应用如此的广泛,我们应该学好这门学科。在学习的过程中,需要我们注意以下问题:

(1)在学习会计电算化之前,需要我们先具备会计的基本知识,对于相关的经济业务能够进行确认和计量处理。只有具备了会计的基础知识,才能学好用好会计电算化,如果连最基本的会计知识都没有,那么 会计电算化只是空谈。

(2)在学习会计电算化之前,需要我们具备计算机的基本知识,能够进行计算机的基本操作。会计电算化是与计算机有关的学科,需要使用到会计软件。如果不能对计算机进行熟练的基本操作,那么学习会计电算化只能是纸上谈兵。

(3)学习会计电算化必须具备一定的计算机硬件条件。硬件是实现会计数据的输入、处理、输出等一系列根本性操作的。硬件是构成会计电算化的一个基本要素。所以在学习会计电算化之前,我们应该准备好相关的计算机硬件设备。

(4)学习会计电算化必须具备一定的计算机软件和安装环境。在会计电算化的学习中,需要使用会计软件。会计软件的安装和使用是以系统软件和合适的安装环境为基础的,因此,计算机软件和安装环境也是必不可缺的。

(5)学习会计电算化需要我们合理的安排理论学习和上机实验的时间。会计电算化是一门动手能力很强的课程,在掌握理论知识的同时,还要求我们能够掌握实际的操作。因此我们在学习该门课程时，要安排好理论学习与上机实验的时间，特别要注重动手能力的培养。

复习思考题

一、名词解释

1. 会计；

2. 会计电算化。

二、判断题

1. 世界上第一台计算机“ENICA”问世于1949年。

2. 1979年，长春第一汽车制造厂大规模信息系统的设计与实施，是我国会计电算化发展过程的一个重要里程碑。

3. 我国目前通用的会计软件基本上已完成了由“核算型”向“管理型”过渡。

4. 我国会计电算化的发展趋势之一是会计电算化软件应充分考虑其安全性。

5. 为学好会计电算化，应具备相应的计算机的基本知识。

三、选择题

1. 计算机是一种能自动、高速进行大量计算和数据处理工作的电子设备，它主要由(　　)几部分组成。

A. 输入设备　　B. 处理器　　C. 存储设备　　D. 输出设备

2. 在会计工作中引入计算机技术和现代网络通信技术，对传统的手工会计产生的影响主要表现在(　　)方面。

A. 改变了原有的组织体系　　B. 改进了原有的会计核算形式

C. 改变了原有的内部控制制度　　D. 改变了会计信息的输入输出及存储方式

3. 会计的职能包括会计核算和监督。其中监督职能是指对企业的经济活动进行(　　)的方位的监督。

A. 事前　　B. 事中　　C. 事后　　D. 宏观

4. 会计的核算形式是指(　　)的相互勾稽关系及填制的方法。

A. 会计凭证　　B. 会计账簿　　C. 会计报表　　D. 会计方法

5. 1954年，美国通用电气公司首次利用电子计算机计算(　　)的举动，引起了会计数据处理技术变革，开创了利用计算机进行会计数据处理的新纪元。

A. 职工薪酬　　B. 产品成本　　C. 公司利润　　D. 原材料库存

四、简答题

1. 什么是会计电算化？

2. 手工会计与电算化会计有什么区别？

3. 外国的会计电算化发展可以划分为哪几个阶段？

4. 我国的会计电算化发展可以划分为哪几个阶段？每个阶段有什么特点？

5. 我国的会计电算化发展趋势是什么？

6. 在学习会计电算化中，应该注意哪些问题？

第二章

会计信息系统概述

• 知识目标 •

解释数据、信息、会计信息、信息系统、会计信息系统的概念；描述会计信息系统各个模块的功能。

• 能力目标 •

能将所学的计算机应用基础知识运用于实际工作中。

第一节 会计信息系统的相关概念

一、数　据

数据在大多数人的头脑中的第一反应就是数字。其实数字只是最简单的一种数据，是数据的一种传统和狭义的理解。其广义的理解为：数据包括文字、图形、图像、声音、会计档案、会计数据等。

因此，我们可以对数据做下面的定义：描述事物的符号记录称为数据。描述事物的符号可以是数字，也可以是文字、图形、声音、语言等。数据有多种表现的形式，它们都可以经过数字化后存入计算机。

二、信　息

在现代社会中，信息是一个被广泛使用的名词。人们认为：信息是接受者预先不知道的报道或者是关于客观世界的某一方面的知识。这些看法只是角度不同，本质上的差异不大。对于信息，我们可以做下面的定义：信息是反映客观世界中各种事物的特征和变化并可以借某种载体加以传递的有用知识。

1. 信息的内容

一般来讲，信息包括以下 4 个方面的内容：

(1)信息是对客观事物特征和变化的反映。人们通常所说的信号、情况、指令、原始资料等都属于信息的范畴，因为它们都是对客观事物特征和变化的反映。

(2)信息是可以传递的。信息必须是由人们可以识别的符号、文字、数据、语言、图像、声音、光、色彩等信息载体来表现和传递的。

(3)信息是有用的。信息的有用性是相对于其特定的接受者而言的。

(4)信息是知识。人们正是通过获得信息来认识事物、区别事物和改造世界的。

信息一般具有可靠性、相关性、实时性、完整性、易理解性和可校验性等特点。

在会计电算化中,会计数据是用于描述经济业务属性的数据,它是对企业经济业务发生情况的客观记录。在会计工作中,从不同渠道、来源取得的各种原始资料、原始凭证以及记账凭证等上面所记载的数据都属于会计数据。会计信息是指在会计核算和管理中需要的各项数据,包括资产信息、负债信息、所有者权益信息、生产费用和成本信息、收入信息,以及有关利润实现和分配的信息。由于会计信息在经济管理中有极重要的作用,因此准确、及时是会计信息的基本要求。

2. 会计信息的分类

会计信息按其用途可以分为3类:

(1)财务信息,指反映已经发生的经济活动的信息,如凭证、账簿及报表所反映的内容。

(2)管理信息,指管理所需要的特定信息,如利润对比分析信息、客户信用等级信息等。

(3)决策信息,指为预测决策活动直接服务的信息,如本量利分析、盈亏临界点分析信息等。

三、系　　统

系统是指有两个或两个以上的要素相互联系、相互作用而构成的有机体。人们对系统的认识有一个不断提高和完善的过程。

例如,计算机管理信息系统是由计算机硬件、软件、数据、工作规程(包括系统使用手册、管理制度等)、工作人员等要素构成的一个人造系统,该系统为决策和管理人员提供信息服务支持。

系统按照形成过程可以分为自然系统和人造系统。自然系统是指在自然界中形成的系统,如动物界、植物界等;人造系统是指人类出于某种目的和需要而建立的系统,如宏观经济管理系统等。

系统按照与环境的关系可以分为封闭系统和开放系统。封闭系统是指不与环境发生物质、能源、信息等交换作用的系统;开放系统是指与环境发生物质、能源、信息等交换作用的系统。

系统按照随时间变化的情况可以分为静态系统和动态系统。静态系统是指系统中的变量不随着时间的推移而发生变化;动态系统是指系统中的变量会随着时间的推移而变化。

系统按照按管理层次可以分为事务处理系统(TPS)、管理信息系统(MIS)和决策支持系统(DSS)。事务处理系统(TPS)主要处理大量日常事务,如会计信息系统、计划信息系统等;管理信息系统(MIS)主要处理事务是对系统所提供的信息进行分析、预测,如企业管理信息系统;决策支持系统(DSS)除了抽取MIS为决策所需提供的信息外,还要处理与决策有关的外部信息,并运用数学模型进行战略决策。

四、信息系统

信息系统是基于计算机和各种软件技术的,以信息为处理对象,进行信息的收集、传递、存储、加工,并在必要时向使用者提供信息的系统。任何信息系统都具有数据的收集和输入、信息的加工、存储和传输以及信息的输出功能。

信息系统有下面几种常见的类型：

(1)电子数据处理系统(Electronic Data Processing System，简称 EDPS)。它是以计算机应用技术、通信技术和数据处理技术为主,一般不作任何预测、规划、调节和控制。如会计数据处理系统、状态报告系统等都是传统的电子数据处理系统。

(2)管理信息系统(Management Information System，简称 MIS)。它是利用 EDPS 的数据和大量定量化的科学的管理方法以实现对生产、经营和管理过程的预测、管理、调节、规划和控制,如企业管理信息系统、会计管理信息系统等。

(3)决策支持系统(Decision Support System,简称 DSS)。该系统加强和改造了 MIS 的"决策支持能力",更加强调管理决策中的人工作用,支持面向决策者,处理半结构化的管理决策问题,如投资决策信息系统、生产决策信息系统等。

(4)专家系统(Expert System,简称 ES)。它是将某一领域的专家们从长期实践中积累起来的经验和知识,特别是将他们处理该领域问题时所用的事实依据和决策准则编成计算机程序,供决策人员使用。

(5)总裁信息系统(Executive Information System,简称 EIS)。该系统为一个组织的最高层管理者的特殊需求服务,在 EIS 的支持下,从 MIS 中提取各种信息,为高层管理者提供综合信息。

(6)办公自动化系统(Office Automation,简称 OA)。它是 20 世纪 80 年代随着计算机技术、网络技术等的发展而产生的多功能综合信息系统,其目的是提高办公室工作人员工作效率的多功能综合信息系统,如文字处理系统、电子邮件系统。

(7)国际电子商贸系统(International Electronic Business Processing System,简称 IEBPS)。该系统借助于现代通信和网络技术,将原来各个国家、各个部门和各个单位的商贸管理信息系统连成一体,形成国际化信息系统。

五、会计信息系统

会计信息系统(Accounting Information System,简称 AIS)是管理信息系统的一个子系统,是利用信息技术对会计数据进行收集、存储、处理及传递,为会计主体的信息使用者提供有助于进行决策的管理信息系统。

目前人们把基于计算机的会计信息系统称为"会计电算化信息系统"、"计算机会计信息系统"或者简称为"会计信息系统"。

与其他信息系统一样,会计信息系统也包含输入、处理和输出 3 个基本构成要素。

1. 会计信息系统的特点

与其他信息系统相比,会计信息系统具有以下的特点。

(1)数据量大:会计信息系统以货币为主要计算数据。

(2)数据结构复杂:会计信息系统主要从资产、负债、所有者权益、成本和损益 5 个方面对经济活动进行反映。

(3)数据加工处理方法要求严格。

(4)数据的及时性要求高。

(5)数据的全面性、完整性、真实性和准确性要求严格。

(6)数据的安全可靠性要求高。

(7)数据具有可校验性。

(8)同其他子系统的联系紧密。

(9)各种管理模型和决策方法的引入使系统增强了预测和决策能力。

2. 会计信息系统的构成

会计信息系统的构成一般包括下面5个要素：

(1)计算机硬件。它是指进行会计数据输入、处理、存储及输出的各种电子设备。其中，输入设备包括:键盘、条形码扫描仪等;数据处理设备包括:计算机主机等;存储设备包括:磁盘机、光盘机等;输出设备包括:打印机、显示器等。

(2)计算机软件。它是计算机程序、运行程序所需的数据和有关文档的总称。

(3)人员。这里的人员是指会计信息系统的使用人员和管理人员，包括会计主管、系统开发人员、系统维护人员、凭证录入人员、凭证审核人员、会计档案保管人员等。人员也是电算化会计信息系统中的一个重要要素，如果没有一支高水平、高素质的会计人员和系统管理人员，硬件、系统软件、会计软件再好，系统也难以稳定、正常地运行。

(4)规程。它是指保证电算化会计信息系统正常运行的各种制度和控制程序。主要包括两大类:一是政府的法令、条例。二是基层单位在会计电算化工作中的各项具体规定，如岗位责任制度、软件操作管理制度、会计档案管理制度等。

(5)数据。处理经济业务数据是财会部门的传统职责，也是电算化会计信息系统处理的对象。在电算化会计信息系统中，数据的特点为:量大、面广、数据载体无纸化。实行会计电算化的单位，用电子计算机生成的会计凭证、会计账簿、财务会计报告和其他会计资料在格式、内容以及会计资料的真实性和完整性等方面，都必须符合国家统一的会计制度的规定。

3. 会计信息系统的分类

会计信息系统按适用范围可划分为通用会计软件和定点开发会计软件;按提供信息的层次可划分为核算型会计软件和管理型会计软件与决策型会计软件;按硬件结构可划分为单用户会计软件和多用户(网络)会计软件。

核算型会计软件的主要功能是对会计业务数据进行登录、编辑、存储，按规定输出信息。它所追求的目标是用计算机代替人工操作，提高处理效率，对信息的处理处于一种粗加工的技术水平。

管理型会计软件对会计业务的处理更全面、更科学，所提供的管理信息更详尽。它更多地将财务管理的方法和技术融入其中，具备一定的预测、控制功能和初步的分析能力。我国目前通用的会计软件基本上已完成了由核算型会计信息系统向管理型会计信息系统的过渡。

决策型会计软件除了具备信息管理层次系统的全部功能之外，它还具有相当强的环境适应能力。它甚至可以运用数学模型对系统的内部信息和外部信息进行综合分析，为决策人员提供相关决策的参考方案，用以解决半结构化的决策问题。

第二节 会计信息系统的结构

会计信息系统的结构是指一个完整的会计信息系统由哪几个子系统组成，每个子系统完成哪些功能,以及各子系统之间的相互关系。通常,会计信息系统的结构采取结构图来表示。一个典型的会计信息系统通常可以分成3个组成部分,它们分别是财务系统、购销存系统和管理分析系统。财务系统又包括总账、应收、应付、工资、固定资产、成本管理、资金管理、报表共8个子系统。购销存系统包括采购、存货、销售共3个子系统。管理分析系统包括财务分析、领导查询、决策支持、其他管理共4个子系统。以上每个子系统共同完成会计信息系统的总体目标,各子系统相对独立,分别具有较为丰富的具体功能,各自处理特定部分的会计信息。同时各子系统间又通过信息传递和核对相互作用,相互依赖,形成了一个完整的会计信息系统。以工业企业为例,会计信息系统的结构如图2-1所示。

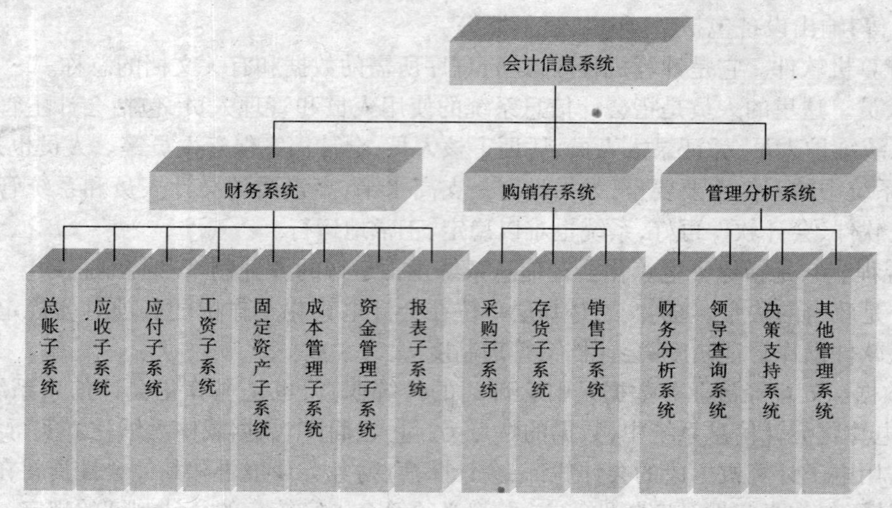

图2-1　会计信息系统

第三节　会计信息系统的工作流程

会计信息系统的工作流程大体如下:

在采购子系统中输入采购发票,在应付子系统中核算该发票的款项。在采购子系统中输入采购入库单,在存货子系统中审核该入库单并登记出入库台账,核算采购成本。

在销售子系统中输入销售发票,在应收子系统中核算该发票的款项。在销售子系统中输入销售出库单,在存货子系统中审核该出库单并登记出入库台账,核算销售成本。

在存货子系统中填制各种出入库单,审核后登记出入库台账。生成存货成本的凭证并传递到总账子系统,同时为成本管理子系统提供原材料领料单。

在工资子系统中输入工资变动的原始资料,进行工资计算,并生成工资费用分配及其他工资核算凭证,传递到总账子系统,同时为成本管理子系统提供人工费数据。

在固定资产子系统输入固定资产变动的原始数据,对固定资产进行管理,并计提每月的固定资产折旧额,生成固定资产变动核算凭证、折旧核算凭证,传递到总账子系统,还为成本管理子系统提供折旧费数据。

成本管理子系统接收工资子系统提供的人工费数据、固定资产子系统提供的折旧费数据、存货子系统提供的原材料领料单，在成本管理子系统中计算成本，生成凭证并传递到总账子系统，同时为存货子系统提供入库产成品的成本。

在应收子系统中进行销售发票和收款处理，生成销售收入及款项收回的凭证，传递到总账子系统。

在应付子系统中进行采购发票和付款处理，生成采购及付款核算的凭证，传递到总账子系统。

在总账子系统中，接收应收、应付、工资、固定资产和存货子系统生成的转账凭证，并直接输入其他凭证，审核后记账；也可以随时查询或打印总账、明细账、多栏账和日记账，月末进行银行对账、总账内部转账和结账。

报表子系统从总账子系统中提取数据，编制各种会计报表。

财务分析子系统从总账子系统中提取数据，进行财务指标分析，还可以制定各项支出费用等预算，在总账子系统中进行控制。

决策子系统可以从各个子系统中提取数据，进行决策数据推算。

第四节 会计信息系统的模块功能

会计信息系统是以账务处理功能为核心，包括多种功能的有机组合体。会计信息系统中具备相对独立地完成会计数据输入、存储、处理和输出功能的各个部分，称之为会计信息系统的功能模块。大部分的会计信息系统按功能划分为若干个相对独立的模块，每一模块的功能简单明了并相对独立，各模块的会计信息相互传递与交流，形成完整的会计信息系统。

会计信息软件的功能模块包括以下部分：

1. 账务处理模块

账务处理模块主要是以会计凭证为原始数据，按会计科目、统计指标体系对记账凭证所记载的经济内容，进行记录、分类、计算、加工、汇总，输出总分类账、明细分类账、日记账及其他辅助账簿、凭证和报表。

账务处理模块主要包括总账系统初始化（建账）、基础设置、日常业务处理、出纳管理、账簿输出、期末业务处理、对账结账、账证表的打印输出及其他辅助功能。

2. 报表处理模块

报表处理模块是按国家统一的会计制度规定，根据会计资料而编制会计报表，向公司管理者和政府部门提供财务报告。会计报表按其汇编范围可分为个别报表、汇总报表以及合并报表。

报表处理模块包括定义报表格式和生成公式、报表编制、报表汇总、报表查询和报表输出等功能。

3. 固定资产核算模块

固定资产核算模块主要用于固定资产明细核算及管理。

固定资产核算模块包括建立固定资产卡片、建立固定资产账簿、录入固定资产变动情况、计提固定资产折旧、汇总计算、查询及打印输出以及编制与固定资产核算相关的凭证等功能。

4. 工资核算模块

工资核算模块以计提发放职工个人工资的原始数据为基础,计算职工工资,处理工资核算。

工资核算模块包括设计工资项目及项目计算公式、录入职工工资基础资料、应付扣减实发等工资增减变动及修改、计算汇总以及查询和打印输出等功能。

5. 其他模块

其他模块主要包括存货核算、成本核算系统、应收应付款核算、销售核算和财务分析等。

复习思考题

一、名词解释

1. 数据;
2. 信息;
3. 会计信息;
4. 信息系统;
5. 会计信息系统。

二、判断题

1. 数据的形式包括数字、文字、声音、图像等。
2. 只要是信息都是有用的。
3. 与其他信息系统一样,会计信息系统包括输入、存储和输出 3 个基本构成要素。
4. 账务处理模块主要以会计凭证为原始数据。
5. 系统按照形成过程可分为自然系统和人造系统。

三、选择题

1. 会计信息按其用途可以分为(　　)。
   A. 财务信息　B. 管理信息　C. 核算信息　D. 报表信息
2. 系统按照与环境的关系可以分为(　　)。
   A. 人造系统　B. 封闭系统　C. 自然系统　D. 开放系统
3. 会计信息系统按提供信息的层次可划分为(　　)。
   A. 通用型会计软件　B. 核算型会计软件
   C. 管理型会计软件　D. 决策型会计软件
4. 会计信息系统按适用范围可划分为(　　)。
   A. 管理型会计软件　B. 通用会计软件
   C. 定点开发会计软件　D. 决策型会计软件
5. 会计信息系统按硬件结构可划分为(　　)。
   A. 单用户会计软件　B. 核算型会计软件
   C. 多用户(网络)会计软件　D. 通用型会计软件
6. 信息一般具有(　　)、易理解性和可校验性等特点。
   A. 可靠性　B. 相关性　C. 实时性　D. 完整性

7. 一个典型的会计信息系统通常包括(　　)几个部分。

A. 财务系统　　B. 数据传输系统　　C. 购销存系统　　D. 管理分析系统

8. 会计报表按其汇编范围可分为(　　)。

A. 个别报表　　B. 汇总报表　　C. 对外报表　　D. 合并报表

9. 会计信息系统的财务系统包括(　　)等 8 个子系统。

A. 总账　　B. 固定资产　　C. 工资管理　　D. 领导查询

10. 与其他信息系统相比,会计信息系统具有(　　)等特点。

A. 数据量大　　B. 数据结构简单

C. 数据具有可校验性　　D. 数据加工处理方法要求严格

四、简答题

1. 怎样理解数据和信息? 二者有什么区别?
2. 什么是会计信息系统? 有什么特点?
3. 会计信息系统的构成要素包括哪些?
4. 简述会计信息系统的结构。
5. 简述会计信息系统各个模块的功能。

第三章 会计信息系统的建立和运行管理

• 知识目标 •

描述会计电算化的岗位设置和内部控制制度；识别一般的计算机病毒。

• 能力目标 •

能熟练地运用计算机防毒软件进行杀毒操作，具有对计算机病毒进行识别和防范的能力。

第一节 会计信息系统的规划和建立

一、总体规划

会计信息系统的建立是一项系统工程，涉及单位内部的各个方面，需要较多的人力、物力和财力，必须由单位领导或总会计师亲自作为决策者和领导者，负责和指导会计信息系统的规划建立工作，成立专门的组织或部门承担具体组织和实施工作。

在会计信息系统建立的过程中，必须首先制订一个详细的实施计划，对在一定时期内要完成的工作有一个具体安排。这样才能使整个工作有计划、按步骤地进行，有利于合理安排人力、财力和物力，有利于建立工作的实施与检查。

二、系统建设

建立会计信息系统首先要建立包括计算机（或计算机网络）硬件系统、计算机（或计算机网络）运行环境等会计软件运行平台，其次需要选择适合本单位业务需求的会计软件。

计算机（或计算机网络）硬件系统是会计软件运行的硬件平台。在当前国内外会计软件都在向商品化（摒弃"定制式"的单件手工作业方式）、标准化（寻求企业管理运营的共同规律）、模块化（具有灵活性、可扩展性）和集成化（数据资源共享、企业运营一体化）发展的情况下，绝大多数会计软件的运行对硬件平台并没有特殊要求，因此，只要用户没有事先选购好会计软件，在建立会计信息（网络）硬件系统时一般可以不考虑会计软件。但如果用户由于各种原因已经选定或已开发出一套会计软件，则在建立会计信息（网络）硬件系统时就需要考虑该会计软件对硬件平台是否有特殊要求。

在建立会计信息（网络）硬件系统时应根据实际情况和财力状况，选择与本单位会计电算化工作规划相适应的计算机机种、机型和有关配套设备。对于实行垂直领导的行业、大型企业集团，应尽量做到统一，为以后实现网络化在软硬件技术支持方面打好基础。

例如，单机系统选择 CPU 奔腾三代，主频 500MHz 以上、内存 64Mbit 或以上、磁盘空间 4Gbit 以上。显示器采用 VGA 以上彩色显示器，打印机可采用针式或喷墨宽行打印机。服务器采用奔腾三代，主频 800MHz 以上的处理器、内存 256Mbit 或以上、磁盘空间 4Gbit 以上。同时应配置大容量的备份设备，如可擦写光盘驱动器等。

会计电算化初期或核算简单的小型企事业单位，可选用单机系统；会计业务量大、地理分布集中的大中型企事业单位可选用多用户系统；中小型企事业单位，待会计电算化工作深入后，可沿用文件服务器（FS）网络系统；大型企事业单位可逐步建立客户机/服务器（C/S）网络系统直至浏览器/Web 服务器（B/S）网络系统。高档客户机/服务器网络结构和浏览器/Web 服务器（B/S）网络系统是会计信息系统比较理想的硬件系统。

计算机（或计算机网络）系统的运行环境，如微机或网络操作系统、数据库管理系统等是运行会计软件的软件平台。对于运行会计软件的系统软件平台的选择，一般根据会计软件的要求进行选择，通常情况下是在选好会计软件之后确定。如果在选择会计软件之前就已经建好了计算机网络系统、安装了微机与服务器操作系统及数据库管理系统，则在选择会计软件时就应考虑如何保护原有投资、充分利用现有资源。候选的会计软件应可以在已有的软件平台上运行。另一方面，在根据单位业务处理要求选择最合适的会计软件时，也并不一定非要一味迁就已有的软件平台，这需要在得与失上进行权衡和综合考虑。

1. 选择服务器操作系统

随着分布式网络计算技术的发展，计算机网络服务器一般可分为数据库服务器、Web 服务器、应用服务器、通信服务器等。网络版会计软件的应用，应根据网络会计软件的体系结构（如二、三层或多层 C/S 结构、B/S 结构等），购置网络服务器和选择网络服务器操作系统。

在通常情况下，可以在 Unix、Windows NT 和 Novell NetWare 这 3 种网络操作系统之间作出选择。大型企业一般选用 Unix 作为主要的服务器操作系统，Unix 也非常适合于基于 Intranet 的开发系统模型。但是建立和维护 Unix 平台上的服务器存在一定的困难，而且选择基于 Unix 平台的计算机限制了各种流行的软件应用程序，如 VB 和 Delphi 等。Windows NT 服务器操作系统内置了对多种客户端操作系统的支持，如 MS-DOS、OS/2、Windows 2000/XP 以及 Unix，以及对各种流行网络协议（如 TCP/IP、IPX/SPX）的支持。相对而言，Windows NT 的安装、维护和管理比较简单，特别是在 Intranet 中。

如果用户原来使用的是 NetWare 操作系统，则最好选用 Novell 公司的 Intranet 解决方案，以利于网络系统的平滑过渡。由于 Intranet 支持多种硬件平台，可运行多种操作系统，如果需要，也可以选择多种产品，组成混合性的多平台网络。

2. 选择工作站操作系统

网络工作站操作系统主要包括：DOS、Windows、Windows 2000、Windows XP、OS/2、Unix、Macintosh 等，工作站操作系统的选择主要是根据会计软件对运行平台的要求确定。一般来说，DOS 的时代已经过去，而运行在 OS/2、Unix 或 Macintosh 上的会计软件几乎没有，因此，工作站操作系统主要是选择 Windows 2000 或 Windows XP。

对于基于 B/S 结构的会计软件，还需要考虑选择合适的 Web 浏览器软件。Web 浏览器软件主要是在 IE 和 Navigator 这两个软件之间作出选择。IE 的优势在于它是免费的,并被集成到微软的各种商业应用软件(如 Word、Excel)甚至是操作系统中。而 Navigator 的优势则在于它具有如 Unix、Macintosh 和 Windows 系列各种平台的版本,因此,如果工作站上运行 Windows 2000/XP 操作系统,宜选择 IE,而如果工作站中包括多种平台,则选择 Navigator 较好。

3. 选择数据库系统

数据库系统主要分为服务器数据库系统和桌面数据库系统。服务器数据库主要有 Oracle、Informix、SQL Server 和 DB2 等,服务器数据库系统处理的数据量大,数据容错性和一致性控制性能较好,但服务器数据系统的操作与数据维护难度大,对用户水平要求较高,而且投资大。服务器数据库系统主要适合于大型企业的应用。

桌面数据库主要有 Access、Foxpro、Pradox、Betrieve 等。桌面数据库系统处理的数据量要小一些,在数据安全性与一致性控制方面的性能也要差一些,但易于操作使用,进行数据管理,投资小。桌面数据库主要适用于数据处理量不大的中、小企业。

会计软件的来源主要有购买通用商品化会计软件、定制开发(包括本单位自行开发、委托其他单位开发、联合开发)、购买与定制开发会计软件相结合 3 种方式。

商品化会计软件是指经过权威部门认证的用于在市场销售的通用会计软件。采用商品化会计软件的优点是见效快、成本低、安全可靠、维护有保障。其缺点一是不一定能全部满足使用单位的各种核算与管理要求;二是对会计人员要求较高。

在实施会计信息系统初期应尽量选择商品化通用会计软件,会计业务比较简单的企事业单位(小型企业和行政事业单位)也应以选择通用会计软件为主。

一般大中型企事业单位待会计电算化工作深入后,通用会计软件不能完全满足其各种特殊的核算与管理要求时,可根据实际工作需要结合通用会计软件定制开发部分配套的模块。选择通用会计软件与定制开发会计软件相结合的方式。

在选择会计软件时,应充分关注会计软件与企业之间的契合点。在选购商品化会计软件时,主要注意系统环境、功能规范、功能要求、技术指标、售后服务、软件价格等问题。

三、系统运行

会计电算化工作是一项技术含量较高的工作,不仅需要会计、计算机专门人才,更需要既懂会计又懂计算机技术的复合型人才。要确保会计信息系统能够运行起来,需要对相关的人员进行培训。企事业单位会计电算化人员的培训可分为初级、中级、高级 3 个层次。大部分会计人员要通过初级培训,掌握计算机和会计核算软件的基本操作技能;一部分会计人员要通过中级培训,能够对计算机系统环境进行一般维护,对会计软件进行参数设置,以及对会计核算信息进行简单地分析和利用;少部分会计人员要通过高级培训,能够进行会计软件的分析和设计。

会计电算化的最终目的和表现形式就是用计算机全部替代手工操作,即通常所说的"甩账"。会计信息系统和手工会计核算系统并行一段时间,制定了相应的管理制度,条件逐步成熟之后,就应考虑甩掉手工账,进入正式运行阶段。

为了保证单位会计电算化顺利、安全实施,对单位是否具备脱离手工账的条件,还需得到有关部门的审核批准。有关部门对系统的评测主要有两方面内容:一是手工账与计算机账并行期间(至少3个月)数据是否一致;二是单位是否有健全的管理制度和合格的操作人员。进入正式运行阶段后,单位还可以根据实际的情况对会计信息系统进行优化。

对于一般的小型会计软件,软件开发、经销、技术支持与运行维护可以由软件开发商完成,而对于大型财务及企业管理软件而言,软件开发和经销一般由软件开发商完成,而软件实施、技术支持与运行维护则需要一只专业化管理咨询服务机构来承担,由他们为用户提供专业化咨询服务。这是大型财务及企业管理软件实施过程的复杂性所要求的,它符合现代产业发展分工细化的原则,是国外企业管理软件发展的成功经验。

企业在实施大型财务及企业管理系统之前,首先要找的不是软件开发商,而是专业的管理咨询机构,聘请具备行业知识和企业管理软件知识的资深专家组来对企业进行充分调研和需求分析,甚至对管理流程重新设计,将企业的核心问题归纳出来,分析企业最需要什么样的管理和什么样的管理软件。

在实施企业管理信息系统过程中,管理咨询专家又会根据自己的丰富经验为企业进行业务流程重整和监督系统的实施进度,随时定位管理目标。在系统交付运行之后,又会定期进行系统运行效率评估,及时调整系统在企业管理中出现的错误。

管理咨询服务机构对于推动大型财务及企业管理信息系统的成功应用,提高企业管理水平起到了积极的推动作用。

第二节 会计信息系统的运行管理

会计信息系统正式运行后,不仅核算手段发生了重大变化,而且还改变了大量的手工管理习惯和方法,因此制定管理制度时要适应会计电算化的要求。

一、设置相关工作岗位

会计电算化工作的岗位可分为基本会计岗位和电算化会计岗位。二者可在保证会计数据安全的前提下交叉设置,各岗位人员要保持相对稳定。

会计电算化岗位分工主要包括:电算主管、软件操作、审核记账、电算维护、电算审查、数据分析。

1. 电算主管

该岗位人员负责协调计算机及会计软件系统的运行工作,要求具备会计和计算机知识以及相关的会计电算化组织管理的经验。电算化主管可由会计主管兼任,采用中小型计算机和计算机网络会计软件的单位,应设立此岗位。

2. 软件操作

该岗位人员负责输入记账凭证等会计数据,输出记账凭证、会计账簿、报表,和进行部分会计数据处理工作。此岗位要求具备会计软件操作知识,达到会计电算化初级知识培训的水平。各单位应鼓励基本会计岗位的会计人员兼任软件操作岗位的工作。

3. 审核记账

该岗位人员负责对输入计算机的会计数据(记账凭证等)进行审核,以保证凭证的合法性、正确性和完整性,操作会计软件登记机内账簿,对打印输出的账簿、报表进行确认。此岗位要求具备会计和计算机知识,达到会计电算化初级知识培训的水平,可由主管会计兼任。

4. 电算维护

该岗位人员负责保证计算机硬件、软件的正常运行,管理机内会计数据。此岗位要求具备计算机和会计知识,经过会计电算化中级知识培训。采用大型、小型计算机和计算机网络会计软件的单位,应设立此岗位,此岗位在大中型企业中应由专职人员担任。维护员一般不对实际会计数据进行操作。

5. 电算审查

该岗位人员负责监督计算机及会计软件系统的运行,防止利用计算机进行舞弊。审查人员要求具备会计和计算机知识,达到会计电算化中级知识培训的水平,此岗位可由会计稽核人员兼任。采用大型、小型计算机和大型会计软件的单位,可设立此岗位。

6. 数据分析

该岗位人员负责对计算机内的会计数据进行分析,要求具备计算机和会计知识,达到会计电算化中级知识培训的水平。采用大型、小型计算机和计算机网络会计软件的单位,可设立此岗位,由主管会计兼任。

7. 会计档案资料保管员

该岗位人员负责存档数据软盘、程序软盘、输出的账表、凭证和各种会计档案资料的保管工作,做好软盘、数据及资料的安全保密工作。

8. 软件开发

由本单位人员进行会计软件开发的单位,还可设立软件开发岗位,主要负责本单位会计软件的开发和软件维护工作。

实施会计电算化过程中,各单位可根据内部牵制制度的要求对上述电算化会计岗位进行必要的调整,基本会计岗位和电算化会计岗位,可在保证会计数据安全的前提下交叉设置,各岗位人员要保持相对稳定。中小型单位和使用小规模会计电算化系统的单位,可根据本单位的工作情况,设立一些必要的电算化岗位,可由一人兼任多个岗位。

二、设置相关管理制度

会计电算化管理制度包括操作管理制度,硬件、软件和数据维护制度,电算化会计档案管理制度等。开展会计电算化的单位应当根据工作需要,建立健全以下管理制度:

1. 岗位责任制

会计电算化岗位包括直接管理、操作、维护计算机及会计软件系统的工作岗位。软件系统工作岗位包括电算主管、软件操作、审核记账、电算维护、电算审查和数据分析等。

2. 操作管理制度

操作管理制度主要包括:

(1)明确规定上机操作人员对会计软件的操作工作内容和权限,对操作密码要严格管理,指定专人定期更换密码,杜绝未经授权人员操作会计软件。

(2)预防已输入计算机的会计凭证等会计数据未经审核而登记机内账簿。

(3)操作人员离开机房前,应执行相应命令退出会计软件。

(4)由专人保存必要的上机操作记录,记录操作人、操作时间、操作内容、故障情况等内容。

3. 硬件、软件和数据管理制度

硬件、软件和数据管理制度主要包括：

(1)保证机房设备安全和计算机正常运行，对有关设备进行保养，保持机房和设备的整洁，防止意外事故的发生。

(2)确保会计数据和会计软件的安全保密，防止对数据和软件的非法修改和删除。

(3)对正在使用的会计软件进行修改、升级等要有审批手续。

(4)健全计算机硬件和软件出现故障时进行排除的管理措施。

(5)健全必要的防治计算机病毒的措施。

4. 电算化会计档案管理制度

电算化会计档案包括存储在计算机硬盘中的会计数据以及其他磁性介质或光盘存储的会计数据和计算机打印出来的以书面形式保存的会计数据。建立电算化会计档案管理制度的主要内容包括：

(1)由专人负责。

(2)注意防磁、防火、防潮和防尘。

(3)重要的会计档案应有备份，存放在两个不同的地点。

(4)采用磁性介质保存会计档案，要定期进行检查，定期进行复制。

(5)会计软件的全套文档资料以及会计软件程序，视同会计档案保管，保管期截至该软件停止使用或有重大更改之后的5年。

单位内部会计电算化管理制度包括哪些内容，主要取决于单位内部经营管理的需要。不同类型的单位对内部会计管理制度有不同的要求，各单位在开展会计电算化工作过程，应结合本单位的实际情况，制定适合本单位经营管理需要的内部会计电算化管理制度，并在工作中逐步完善。另外，建立内部会计电算化管理制度，除了要遵守手工方式下建立内部会计管理制度的原则外，还要充分考虑计算机信息系统管理的特点。具体来说，一方面要保证利用计算机进行会计核算数据的真实性、正确性和完整性，保证会计工作秩序的正常进行，维护单位财产和货币资金的安全与完整；另一方面还要保证应用到会计工作中的计算机硬件设备、计算机软件和计算机中会计数据的安全可靠。最后，电算化制度建立后，抓落实是非常重要的环节，要定期对各项制度的执行情况进行检查，并有相应奖罚措施。

第三节 会计信息系统的安全控制技术和防范制度

为了确保会计信息系统的安全，我们将各种现代化安全控制手段和新的内部制度设计引入到其内部控制制度中。安全控制的重点应放在会计数据的存取控制上，特别要加强数据的输入管理。对操作员建立授权制度，利用身份认证、操作权限、操作日志进行控制。采用防火墙技术防御病毒和外来入侵，对信息流采用有效的加密技术，防止数据泄露。

一、单机会计信息系统中内部控制的缺陷

由于计算机具有工作自动化、控制程序化、存储数字化等特点，传统的单机电算化系统在

提高会计工作效率的同时也带来了内部控制上的新问题，具体表现在：

(1)原始凭证数字化，易于伪造。计算机的存储方式是信息转化为数字形式存储在磁(光)介质上，因此极易被篡改甚至伪造而不留任何痕迹，这会给一些不法之徒提供机会，比如通过伪造或修改客户、银行的凭证，制造虚假交易，进而侵吞公款等。

(2)会计业务缺乏有效牵制。由于计算机的自动高效使工作人员减少，各种手续都被合并到一起由计算机统一执行，而不能像手工方式那样相互牵制，成为内控隐患。

(3)会计信息系统的主体是计算机软件，因此其内部控制也更加依赖于程序的质量。一旦程序中存在严重的缺陷或恶意的后门，便会严重危害系统安全。而会计人员对计算机专业知识的掌握有限，很难及时发现这些漏洞，致使系统会多次重复同一错误，扩大损失。这也是手工会计系统不会遇到的问题。

二、网络环境下会计信息系统内部控制的新问题

(1)很难避免非法侵扰。网络是一个开放的环境，在这个环境中一切信息在理论上都是可以被访问到的，除非它们在物理上断开连接。因此，网络下的会计信息系统很有可能遭受非法访问甚至黑客或病毒的侵扰。这种攻击可能来自于系统外部，也可能来自系统内部，而且一旦发生将造成巨大的损失。

(2)电子商务给内部控制出难题。随着电子商务的迅猛发展，网上交易愈加普遍，可以想象在不久后企业的全部原始凭证都将成为数字格式，这加强了企业对网上公证机构的依赖。但直到目前相应的技术和法规还远没有达到完善，这也给系统的内部控制造成困难。

(3)内部稽核难度加大。若要对信息系统进行审核，则必须克服下列几项问题：用户可能会担心相关内部资料暴露于外，影响其竞争能力；稽核必须运用更复杂的查核技术，会计师必须经培训具备复杂电脑资料处理能力，方能胜任此项工作；稽核将大幅增加查核所需的时间与成本。

(4)网络环境下无形资产转移难以控制。知识经济形成后，会计控制的客体发生了变化，由部分有形资产转移到了无形资产。实务经济形态中的各种有形资产是一种静态资产，只有借助外界的力量才能转移。但无形资产是一种动态资产，如人力资产的转移无须借助外界的力量即可发生，在利益机制的驱使下在网上很容易转移。

三、信息技术条件下的会计内部控制的分类

信息技术条件下的会计内部控制的分类可以有多种，从会计信息系统角度分类，应分为一般控制和应用控制。

1. 一般控制

一般控制是指会计信息系统普遍适用的，为了系统的安全可靠对系统构成要素(人、硬件、软件)及环境进行的控制，包括：

1)组织与管理控制

组织与管理控制是指通过部门的设置、人员的分工、岗位职责的制定以及权限的划分等进行的控制。其基本目标是建立恰当的组织机构和职责分工制度，以达到相互牵制、相互制约、防止或减少作弊的发生。在新的会计软件投入正式使用后，对原有会计机构必须作相应调整，

对各类人员制定岗位责任制度。会计电算化后的工作岗位可分为基本会计岗位和电算化会计岗位。基本会计岗位可包括:会计主管、出纳、会计核算各岗、稽核、会计档案管理等工作岗位;电算化会计岗位包括:系统管理、操作、维修等工作环节。机构调整必须同组织控制相结合,如规定系统开发人员和维护人员不能兼任系统操作员或管理人员等,以实现职权分离,有效地限制和及时发现错误或违法行为。

2)系统开发和维护控制

系统开发控制是针对系统开发阶段而言的,具体包括:系统开发前进行可行性研究和需求分析,开发过程中进行适当的人员分工,收集和保管有关资料并加以保密等。系统维护是指为保障系统的正常运行而对系统硬件、软件进行的安装、修正、更新、扩展、备份等方面工作。系统维护控制包括硬件维护和软件维护,硬件维护主要包括定期进行检查并做好记录、在系统运行过程中出现硬件故障要及时进行故障分析并做好记录。而软件维护包括正确性维护、适应性维护、完善性维护等。

3)硬件、软件控制

硬件控制是指计算机制造商随机配置的某些控制功能或技术手段。软件控制是指为保证系统软件运行正常而预先在系统中设计的各种处理故障、纠正错误、保证系统安全的控制。

4)系统安全控制

系统安全控制是指为保证计算机资源的安全可靠而进行的控制。主要是为防止减少工作疏忽、蓄意破坏等造成的损失和危害。系统安全控制是其他控制的先决条件。在电子商务条件下会计控制是极其重要的内容,如对进入机房内的人员进行严格审查;保证机房设备安全的防火规定;保证计算机正常运行的机房防潮、防磁及恒温等方面的规定;数据备份规定及不准在计算机上玩电脑游戏规定;会计软件的修改需报经单位总会计师批准等规定。

2. 应用控制

应用控制是指对会计信息系统中具体数据处理活动而进行的控制,包括:

1)输入控制

输入控制是为了防止输入数据的遗漏或重复的检查控制,如建立科目名称和代码对照文件,防止科目出错;设计科目代码校验,以保证科目代码的正确性;设立对应关系参照文件,用来判断对应账户是否发生错误;试算平衡控制,对每笔记录和借贷方进行平衡校验,防止输入金额出错;顺序检查法,防止凭证编号重复;二次输入法,将数据先后两次输入或同时由两人输入,经对比后确定输入是否正确等。

2)处理控制

操作过程控制主要通过制定一套完整而严格的操作规定来实现。操作规程应明确职责、操作程序和注意事项,如规定交接班手续和登记运行日志,规定数据备份及机器的使用规范,规定软盘专用以防病毒感染,并形成一套会计信息系统文件。具体的控制措施有:登账条件检验,即对输入数据,经复合后才能登账的控制。防错纠错控制即系统要有防止或及时发现在处理过程中数据丢失、重复或出错的控制措施。修改权限和修改痕迹控制,即对已入账的凭证,系统只能提供留有痕迹的更改功能,对已结账的凭证与账簿生成的报表数据,系统不提供更改功能等。操作环境包括系统操作过程以及系统的维护。

3)输出控制

在输出环节可能发生未经授权输出，未送给指定部门或未及时送到，输出结果不正确、不完整或不易懂等错误或问题。控制措施是：要求只具有相应权限的人才能执行输出操作，并要登记操作记录，从而达到限制输出信息的目的。做好会计档案管理，主要包括存档的手续必须有会计主管和系统管理员的签章才能存档保管；各种安全保证措施，如备份软盘应贴上保护标签，应存放在安全、洁净、防潮的地方；采用磁性介质保存会计档案要定期进行检查和定期复制，防止由于磁性介质损坏而使会计档案丢失等措施。

总之，会计信息系统在正式运行后，可能产生新的问题，需要各方面全力合作，才能提高会计信息系统的使用效果。

复习思考题

一、判断题

1. 会计软件的全套文档资料以及会计软件程序，视同会计档案保管，保管期截至该软件停止使用或有重大更改之后的10年。
2. 单位在实行会计电算化后，手工账与计算机账应并行至少3个月以上。
3. 建立会计信息系统首先要建立会计软件运行平台。
4. 系统建设时，会计电算化初期或小型企事业单位可选用多用户结构。
5. 商品化会计软件是通用会计软件，能满足用户的各种核算与管理要求。

二、选择题

1. 会计内部应用控制包括(　　)。
   A. 输入控制　　B. 处理控制　　C. 输出控制　　D. 操作控制
2. 会计内部一般控制包括(　　)。
   A. 系统安全控制　　B. 硬件、软件控制
   C. 系统开发和维护控制　　D. 组织与管理控制
3. 在选购商品化会计软件时，主要注意(　　)等方面的问题。
   A. 系统环境　　B. 功能规范　　C. 技术指标　　D. 售后服务
4. 会计电算化岗位主要包括(　　)等岗位。
   A. 材料主管　　B. 电算主管　　C. 电算审核　　D. 软件操作
5. 网络环境下会计信息系统内部控制的新问题主要是(　　)。
   A. 内部稽核难度加大　　B. 电子商务使内部控制面临更多难题
   C. 很难避免非法侵扰　　D. 无形资产转移难以控制

三、简答题

1. 如何规划和建立一个会计信息系统？
2. 会计电算化的岗位设置都有哪些？
3. 为了确保会计信息系统的安全，一般都可以采用哪些内部控制制度？

第四章　系统管理

• 知识目标 •

解释账套、系统管理、年度账、账套路径和账套输出的概念；描述系统管理模块的主要功能，建立账套的含义，账套基础信息包括的内容。

• 能力目标 •

能熟练地进行账套的建立、修改、输出、引出的操作；进行操作员及操作员权限的设置操作；会设置系统启用的相关参数。具有建立账套、修改账套、操作员管理、账套数据备份的实际操作能力。

第一节　系统管理概述

系统管理是在财务业务一体化的管理应用模式下，系统为各个子系统提供的一个公共平台，用于对系统的公共任务进行管理，如企业账套和年度账的建立、修改、备份、删除和恢复，操作员设置及其操作权限的分配，以及与企业账套相关的单位信息的设置。

系统管理是会计信息系统运行的基础，它为其他子系统提供了公共的账套、年度账及其他相关的基础数据，对财务管理软件的各个产品进行统一的操作管理和数据维护。系统管理的主要功能包括以下几个方面。

一、账套管理

账套是一组相互关联的数据。每一个独立核算的用户都有一套完整的账簿体系，把这样一套完整的账簿体系建立在计算机系统中就是一个账套。一般可以为每一个独立核算的用户或单位建立一个账套，系统最多可建立999个账套。各账套数据之间相互独立、互不影响，使资源得以最大限度地利用。账套管理的功能主要包括账套的建立、修改、删除、引入和输出等。

二、年度账管理

年度账和账套是两个完全不同的概念。一个账套中包含了用户的所有数据，把用户数据按年度进行划分，就得到年度账。在财务管理软件中，不仅可以建立多个账套，每个账套中还可以存放不同年度的会计数据。这样，就可以非常方便地对不同核算单位、不同会计期间的会计数据进行操作和管理。年度账管理的主要功能包括年度账的建立、清空、引入、输出和结转上年数据。

三、操作员及其操作权限管理

为了保证系统及数据的安全与保密,系统管理提供了操作员及其操作权限的集中管理功能。通过对系统操作分工和权限的管理,不仅可以避免与业务无关的人员进入系统,还可以对系统所包含的各个子系统的操作进行协调,以保证各负其责、流程畅通。操作权限的集中管理包括设置操作员、为操作员分配相关的权限。

四、设立统一的安全机制

为了确保会计信息系统的安全,系统建立了统一的安全机制,以提供强有力的安全保障。如设置对整个系统运行过程的监控机制,加强数据的输入管理,对操作员建立授权制度,利用身份认证、操作权限、操作日志进行控制,设置数据自动备份,清除系统运行过程中的异常任务等。

第二节　系统管理应用

一、启动、注册系统管理及admin的密码管理

1. 系统管理的使用者

在会计电算化中,应用财务软件进行账套管理、年度账管理、操作员管理等操作,需首先启动系统管理模块。由于系统管理在整个会计信息系统中处于重要的地位,因此,系统只允许以两种身份进入系统管理:一是系统管理员身份,二是账套主管身份。

1)以系统管理员(admin)的身份注册系统管理

系统管理员负责整个应用系统的总体控制和维护工作,可以管理该系统中所有的账套。以系统管理员身份进行系统管理,可以进行账套的建立、引入和输出、删除,可设置和修改操作员的密码及其权限,设置账套主管,监控系统运行过程,清除异常任务等。

2)以账套主管的身份注册系统管理

账套主管负责所选账套的维护工作。对所管辖的账套来说,账套主管级别最高,拥有所有模块的操作权限。账套主管的工作主要包括对所管理的账套进行修改、对年度账的管理(创建、清空、引入和输出以及各子系统的年末结转、所选账套的数据备份等),以及该账套操作员权限的设置。

由于账套主管是由系统管理员设置和指定的,因此第一次必须以系统管理员的身份注册系统管理,建立账套和指定相应的账套主管后,账套主管才能以其身份注册系统管理,进行相应的操作。

2. 操作步骤

(1)执行“开始→所有程序→用友ERP-U8→系统服务→系统管理”命令,进入用友【系统管理】窗口,如图4-1所示。

(2)在【系统管理】窗口中,执行“系统→注册”命令,打开【注册〖系统管理〗】对话框,如图

4-2所示。

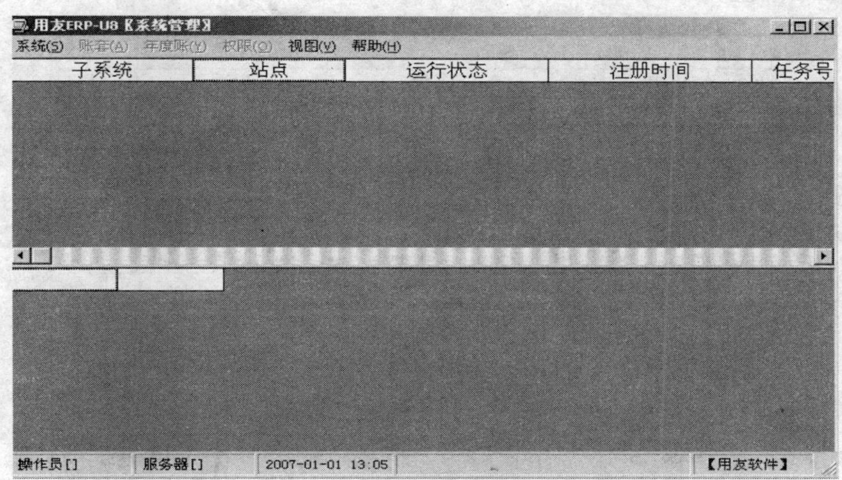

图 4-1 【用友 ERP-U8〖系统管理〗】窗口

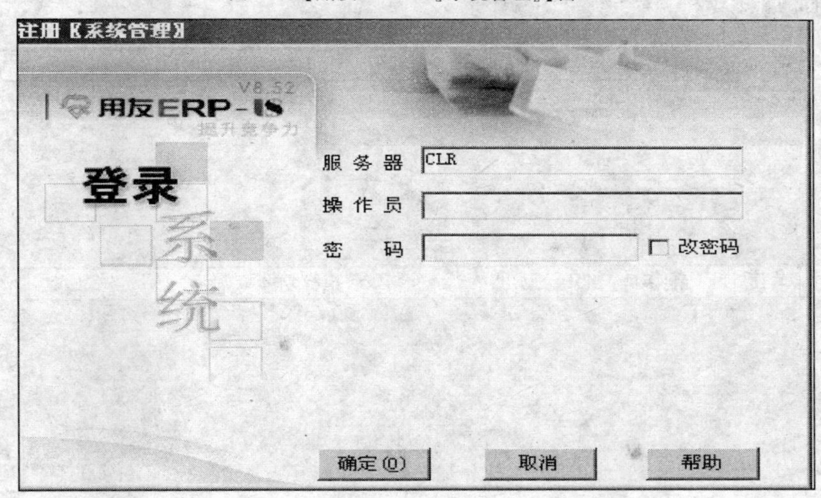

图 4-2 【注册〖系统管理〗】窗口

(3)输入用户名:admin,系统默认密码为空,单击【确定】按钮,以系统管理员身份注册进入【系统管理】,如图 4-3 所示。

3. 注意事项

(1)系统管理员为 admin,系统默认密码为空。

(2)实际工作中,为了保证系统运行的安全,需要为系统管理员设置密码,并进行密码管理。

(3)在教学的实验过程中,为方便操作,建议不为系统管理员设置密码。

(4)以系统管理员身份注册进入系统管理后,点击菜单命令并仔细观察,可执行命令用黑色表示,不可执行的命令用灰色表示。如点击【账套】菜单,【建立】、【引入】和【输出】3 个子菜单为黑色,表示系统管理员可执行这 3 个菜单命令,【修改】和【集团决策设置】这两个子菜单为灰色，表示系统管理员不可使用这两个菜单命令，如图 4-4 所示。

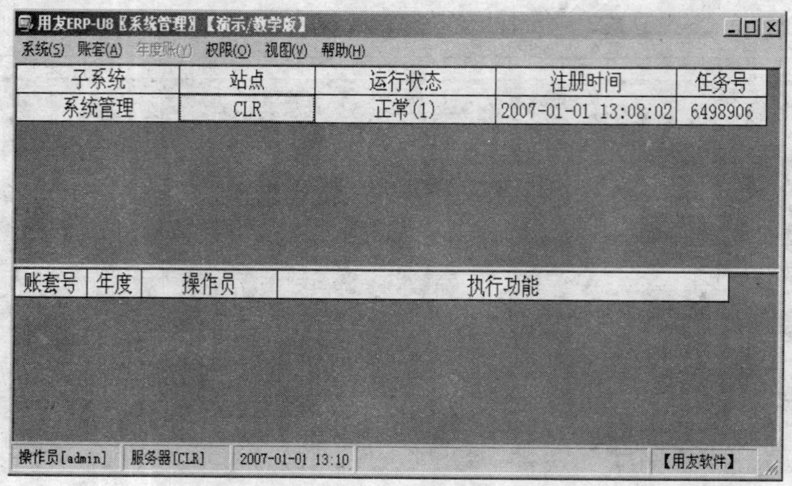

图 4-3 【用友 ERP-U8〖系统管理〗】窗口

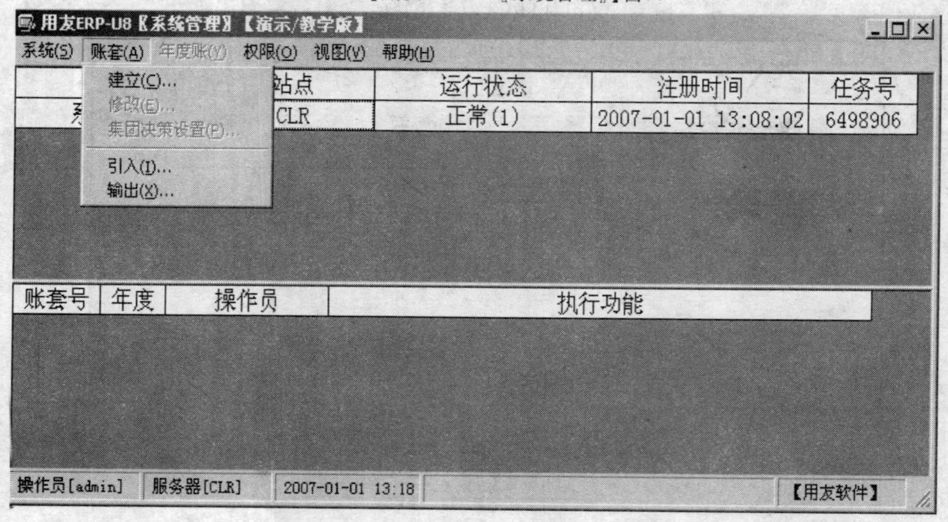

图 4-4 【用友 ERP-U8〖系统管理〗的〖账套〗子菜单窗口

二、账套管理

账套管理包括账套的建立、修改、引入和输出、删除和启用。账套的建立、引入和输出、删除由系统管理员负责；而账套信息的修改则由账套主管负责。

1. 建立账套

建立账套，即采用财务管理软件为用户建立一套账簿文件。建立账套是用户应用财务管理软件的首要环节，其中涉及许多与用户日后核算相关的内容，应根据用户的具体情况进行账套的参数设置。

1）设置账套信息

它包括账套号、账套名称、账套路径及账套启用会计期间等信息。

由于用友财务软件总账系统允许同时为多个核算单位建账，每个核算单位都有一套独立完整的账簿体系。每个账套用一个代码表示，称为"账套号"。账套号是区分不同账套数据的唯一标识。

账套名称用来描述账套的基本特性，一般输入核算单位的简称。账套号与账套名称是一一对应关系，共同代表特定的核算账套。

账套路径为存储账套数据的路径，一般由系统预设的为默认路径。账套路径可以修改。

账套启用会计期用于确定用户由原会计信息处理系统到新会计信息处理系统的交接日期，如从手工核算到会计电算化核算。规定启用会计期是为了便于确定会计电算化方式下账务处理的起点，保证手工核算与会计电算化核算的证、账、表数据的连续性。启用会计期一般要指定年、月，一旦启用，不可更改。同时，还要设置用户的会计期间，即确认会计月份的起始日期和结账日期。

【例 4-1】 创建编号为 088 的账套，单位名称为"金鑫有限责任公司"，启用会计期为"2007 年 1 月"。

(1)操作步骤。

①在【系统管理】窗口中，执行"账套→建立"命令，打开【创建账套】→【账套信息】对话框。

②输入账套信息。账套号为"088"，账套名称为"金鑫有限责任公司"，采用系统默认的账套路径，启用会计期为"2007 年 1 月"，会计期间设置为 1 月 1 日至 12 月 31 日，如图 4-5 所示。

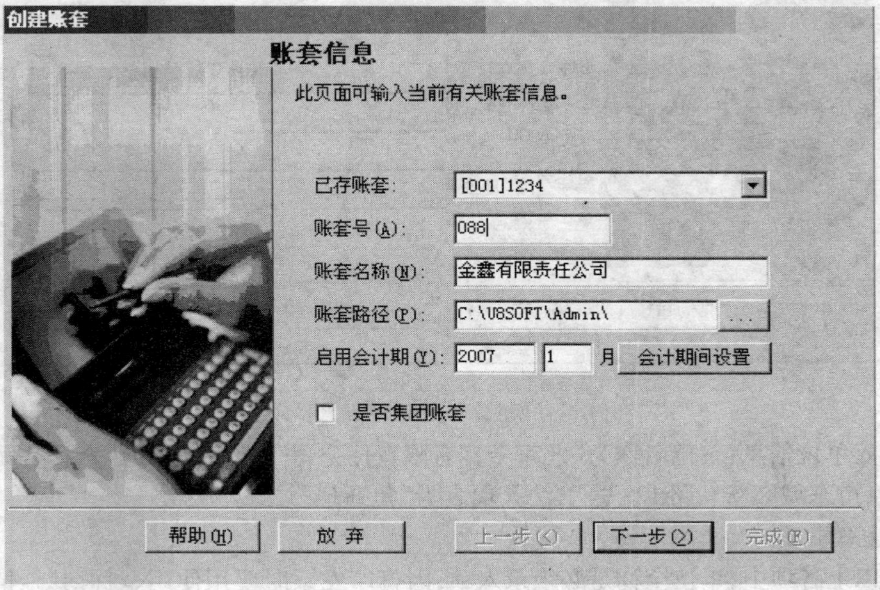

图 4-5 【创建账套】的【账套信息】对话框

(2)注意事项。

①只有系统管理员才能进行建账的操作。

②系统默认提供未使用的最小账套号。新建账套号不能与已有账套号重复。

③账套路径可以修改，但建议教学实验时不修改账套路径。

④实际工作中，启用会计期应根据用户的需要确定。在实验中，为减轻以后初始化工作中期初余额的录入工作，启用会计期中的月份可设置为1月。

⑤启用会计期不能在计算机内系统日期之后。

⑥账套信息中，“启用会计期”参数不能修改。若输入错误，则只能删除此账套再重新建账。其余参数可以修改账套的方式进行修改。

2）输入账套单位信息

它包括单位名称、简称、地址、法人代表、通信方式、税号等信息。

【例4-2】 输入如下单位信息：单位名称为“北京金鑫有限责任公司”，单位简称“金鑫公司”，单位地址为“北京市东城区新东路128号”，法人代表为“焦通仁”。

（1）操作步骤。

①在【创建账套】→【账套信息】对话框中，单击【下一步】按钮，打开【创建账套】→【单位信息】对话框，如图4-6所示。

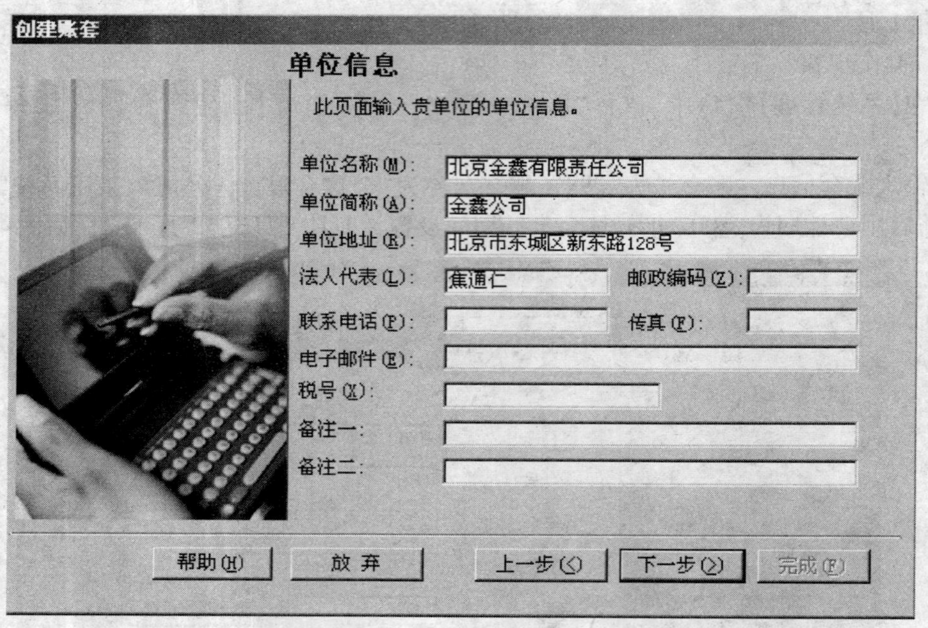

图4-6 【创建账套】的【单位信息】对话框

②输入单位信息：单位名称为“北京金鑫有限责任公司”，单位简称为“金鑫公司”，单位地址为“北京市东城区新东路128号”，法人代表为“焦通仁”。

（2）注意事项。

①在以上各项中，单位全称是必须录入项，因打印发票时要用使用全称，其余情况均可使用用户的简称。

②在教学实验操作中，可不输入企业的通信方式、税号等单位信息。

③单位信息的中的所有参数都可以修改账套的方式进行修改。

3）确定账套核算类型

它包括记账本币代码、记账本币名称、企业类型、行业性质和账套主管等信息。

记账本币是企业必须明确指定的，通常系统默认为人民币。为了满足多币种核算的要求，系统提供了设置外币及汇率的功能。

企业类型是区分不同企业业务类型的必要信息，系统提供了工业和商业两种核算类型。选择不同的企业类型，系统在业务处理范围上有所不同。如果选择了工业核算类型，则系统不能处理受托代销业务；如果选择商业核算类型，则委托代销和受托代销业务都能处理。

行业性质表明用户企业所执行的会计制度。行业性质的选择决定着系统为所建立的账套提供适合于用户行业的基础数据，如会计科目、会计报表格式、生成公式等。从方便使用出发，系统一般内置不同行业的一级会计科目和部分常用二级科目供用户选择使用。在此基础上，用户可根据本单位的实际需要，在账务处理子系统的初始化时增加或修改必要的明细科目。

【例 4-3】 该用户记账本币为人民币，本币代码为"RMB"，企业类型为"工业"，行业性质为"新会计制度科目"，账套主管为"demo"（暂定为系统默认的 demo，待增加了操作员并设置操作权限后再作修改），按行业性质预设科目。

（1）操作步骤。

①在【创建账套】→【单位信息】对话框中，单击【下一步】按钮，打开【创建账套】→【核算类型】对话框，如图 4-7 所示。

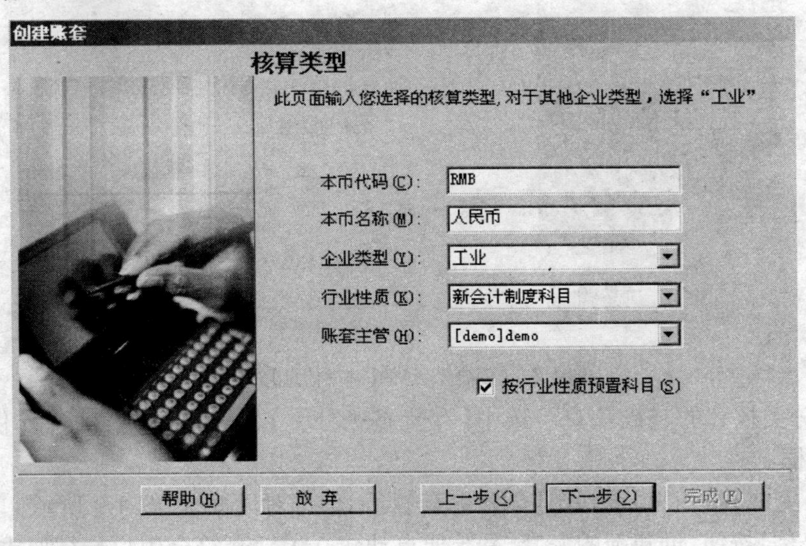

图 4-7 【创建账套】的【核算类型】对话框

②输入核算类型信息：本币代码为"RMB"，本币名称为"人民币"，企业类型为"工业"。在【行业性质】下拉列表中选择【新会计制度科目】选项，账套主管为"demo"，按行业性质预设科目。

（2）注意事项。

①系统默认按所选行业性质预置会计科目。如果取消"按行业性质预置科目"，则不按行业性质预置会计科目。因我国会计制度规定了行业的一级会计科目及一些常用的二级科目，特别是 2001 年的新会计制度，统一了各行业的会计科目，因此，在实际工作中，应选择按行业性质预设科目。

②可以在此确定账套主管,也可在操作员权限设置功能中修改账套主管。

③账套核算类型信息中,“本币代码”、“本币名称”和“企业类型”参数不能以修改账套的方式进行修改。若输入错误,则只能删除此账套再重新建账。

4)确定账套基础信息

它包括确定存货是否分类、客户是否分类、供应商是否分类和有无外币核算。

为了便于对用户的存货、客户和供应商进行分级核算、统计和管理,可以对它们进行分类核算。

【例4-4】 该用户除不要求进行外币核算外,存货、客户、供应商均应分类核算。

(1)操作步骤。

①在【创建账套】→【核算类型】对话框中,单击【下一步】按钮,打开【创建账套】→【基础信息】对话框,如图4-8所示。

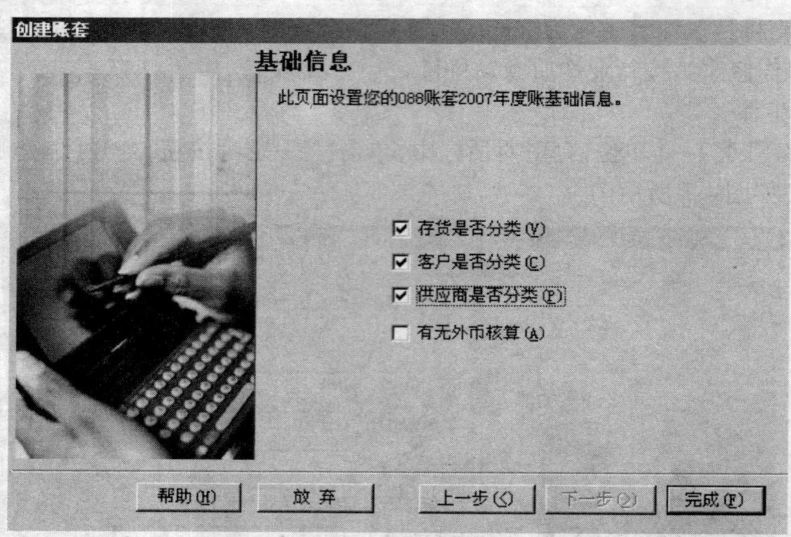

图4-8 【创建账套】的【基础信息】对话框

②确定分类核算的基础信息。选中【存货是否分类】、【客户是否分类】、【供应商是否分类】3个复选框。

③单击【完成】按钮,系统弹出【创建账套】提示信息对话框,如图4-9所示。

④单击【是】按钮,创建新的账套,系统便自动建立了一套符合用户特征要求的账簿体系,并弹出【分类编码方案】对话框。

(2)注意事项。

①基础信息中选择了的分类项,才可在下一步设置分类编码的方案,进而可在基础信息设置中进行相应的档案设置(如客户档案、供应商档案等)。

②基础信息设置错误,可以修改账套的方式进行修改。

5)确定分类编码方案和数据精度定义

分类编码方案是对用户的关键核算对象确定分类级次及各级编码长度,以便于对这些关键核算对象进行分级核算、统计和管理。可分级设置的内容包括科目编码、客户分类编码、部门编码、地区分类编码、存货分类编码、货位编码、收发类别编码、结算方式编码和供应商分类编码等。分类编码方案具体由分类编码规则来体现,即分类编码共分多少级,每一级有多少位。分类编码规则的设置取决于核算单位经济业务的复杂程度、核算与统计的详细程度要求。

数据精度定义是指定义数据保留小数的位数。在会计核算过程中,各核算单位对数量、单价的核算精度要求不一致,有必要定义存货数量、存货单价等主要数量、金额的小数保留位数,以保证数据处理的一致性。

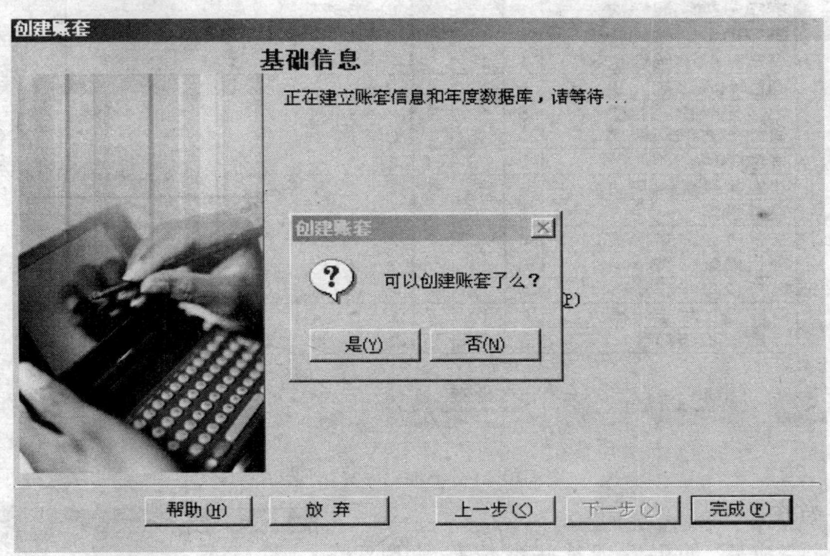

图 4-9 确定创建账套

【例 4-5】 该用户的分类编码方案是:科目编码级次 4-2-2,客户分类编码级次 2-3,供应商分类编码级次 2-2,部门编码级次 2-2,结算方式编码级次 2-1,其余按系统默认值确定。

数据精度均定义保留小数位 2 位。

现在不进行系统启用的设置。

(1)操作步骤。

①在【分类编码方案】对话框中,按要求设置该企业的分类编码级次,如图 4-10 所示。

②先单击【保存】按钮,再单击【退出】按钮,打开【数据精度定义】对话框,如图 4-11 所示。按系统默认小数位 2 位确定数据精度。

③单击【确认】按钮,系统提示【金鑫有限责任公司:[008]】建立成功,并显示"现在进行系统启用的设置?"的提示信息,如图 4-12 所示。

④单击【否】按钮,回到【用友 ERP-U8〖系统管理〗】窗口。这时暂时先不启用任何系统。

(2)注意事项。

①删除系统默认的编码级次,应从最后一级(末级)开始。

②在所有的编码方案未使用前,如分类编码方案设置有误,除科目编码级次的第一级外,分类编码方案和数据精度定义的其他所有参数均可按修改账套的方式进行修改,也可在【企业门户】窗口的【基础设置】→【基本信息】对话框中进行修改。

③如果不直接进行系统启用设置的操作,就只能以账套主管的身份注册系统后进行相应系统启用设置的操作。

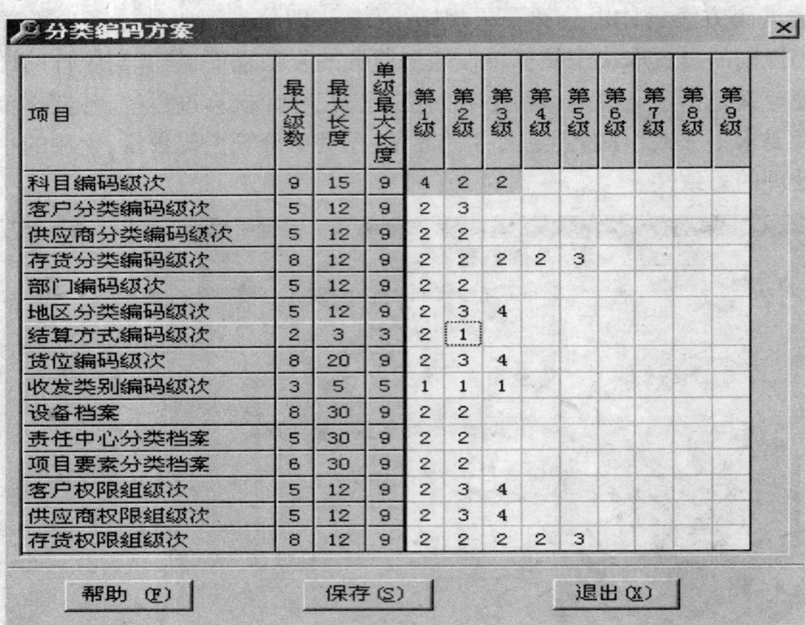
分类编码方案

项目	最大级数	最大长度	单级最大长度	第1级	第2级	第3级	第4级	第5级	第6级	第7级	第8级	第9级
科目编码级次	9	15	9	4	2	2						
客户分类编码级次	5	12	9	2	3							
供应商分类编码级次	5	12	9	2	2							
存货分类编码级次	8	12	9	2	2	2	2	3				
部门编码级次	5	12	9	2	2							
地区分类编码级次	5	12	9	2	3	4						
结算方式编码级次	2	3	3	2	1							
货位编码级次	8	20	9	2	3	4						
收发类别编码级次	3	5	5	1	1	1						
设备档案	8	30	9	2	2							
责任中心分类档案	5	30	9	2	2							
项目要素分类档案	6	30	9	2	2							
客户权限组级次	5	12	9	2	3	4						
供应商权限组级次	5	12	9	2	3	4						
存货权限组级次	8	12	9	2	2	2	2	3				

帮助(F)　保存(S)　退出(X)

图 4-10 【分类编码方案】对话框

2. 账套的修改

账套建立完成后，如果发现某些参数有误需要修改，或者希望查看建账时所设定的信息，可以执行账套修改功能。

【例 4-6】 以系统默认的账套主管 demo（密码 demo）的身份登录、注册进入系统管理，选择其所主管的 088 号账套进行修改。

(1)操作步骤。

①在【系统管理】窗口中，执行“系统→注销”命令，注销系统管理员 admin。

②在【系统管理】窗口中，执行“系统→注册”命令，打开【注册〖系统管理〗】对话框，如图 4-13 所示。

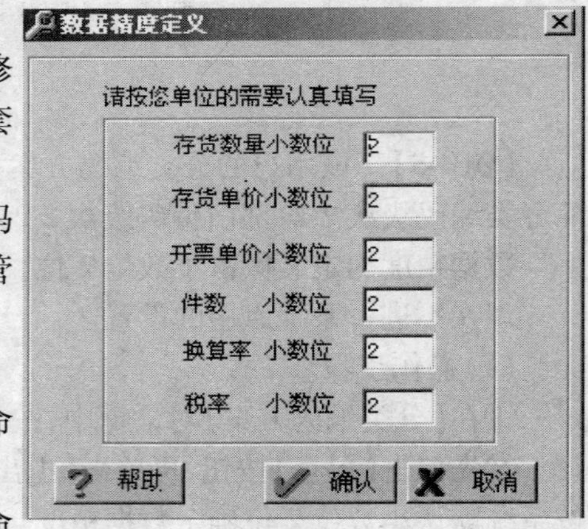

图 4-11 【数据精度定义】对话框

③输入用户名“demo”，密码“demo”，在【账套】下拉列表中选择“[088]北京金鑫有限责任公司”选项，【会计年度】下拉列表中选择“2007”选项。

创建账套

金鑫有限责任公司:[088]建立成功。您可以现在进行系统启用的设置，或以后从[企业门户_基础信息]进入[系统启用]功能。

现在进行系统启用的设置?

是(Y)　否(N)

图 4-12 账套建立成功的提示信息

④单击【确定】按钮，以 demo 的身份登录、注册进入系统管理，进入需修改或查看的 088 号账套。

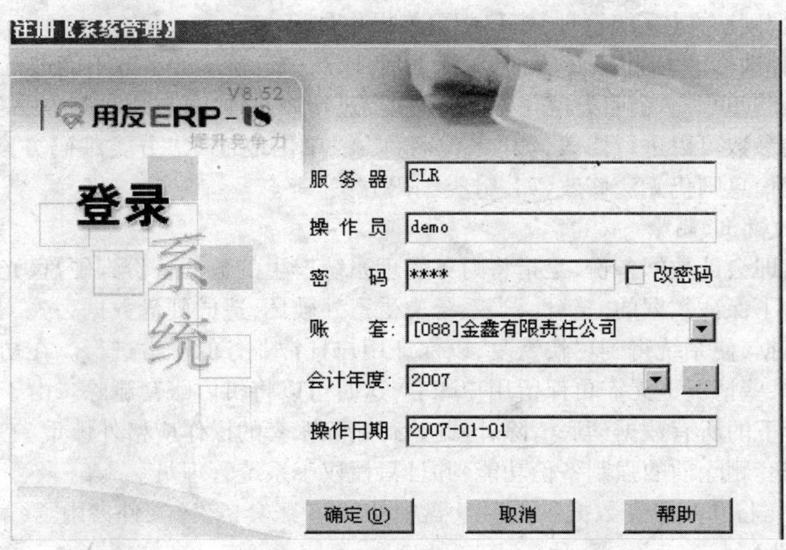

图 4-13 以账套主管 demo 注册进入系统管理

⑤执行“账套→修改”命令，打开【修改账套】→【账套信息】对话框，如图 4-14 所示。

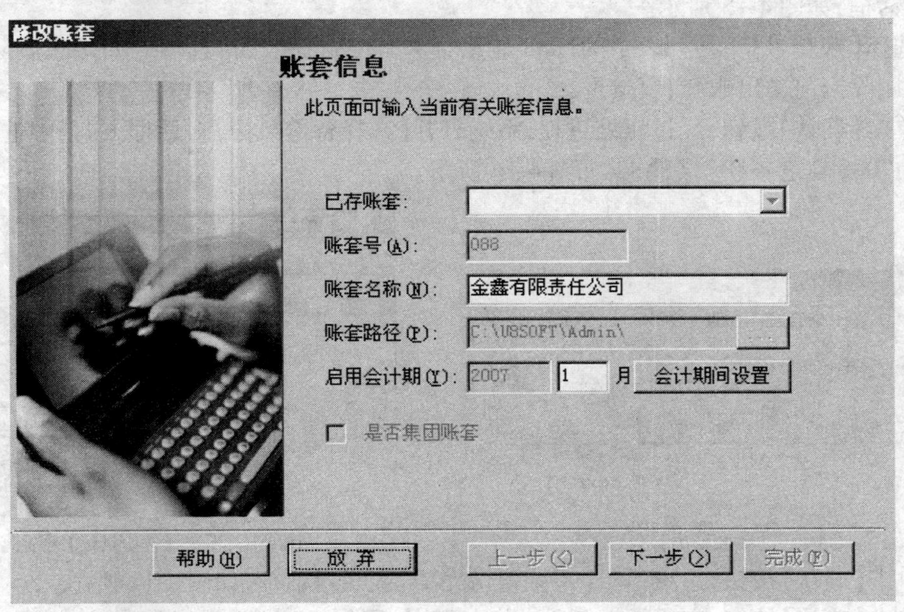

图 4-14 【修改账套】的【账套信息】对话框

⑥单击【上一步】或【下一步】按钮，查看或修改相应的账套信息。

⑦确认已修改的信息，在修改完成后单击【完成】按钮；单击【放弃】按钮，则放弃此次修改操作。

(2)注意事项。

①只有该账套的账套主管才有修改账套的操作权限,若当前操作员不是要修改或查看的账套的主管时,则应在【系统管理】窗口中更换操作员。

②打开【修改账套】→【账套信息】对话框后,以灰白色显示的参数不能进行修改,如"账套号"、"启用会计期间"、"企业类型"等。若必须要进行修改,则只有通过删除账套的功能进行。以黑色显示的参数可以进行修改,如"单位名称"、"单位地址"、"分类编码方案"等。但系统已使用的关键信息则仍无法修改,如"分类编码方案"等。

3. 账套的输出、删除

账套输出即会计数据备份,是指将财务管理系统产生的数据备份到硬盘、光盘等磁介质中保存起来。为了保证数据的完整性,当系统遭受意外破坏,造成硬盘数据丢失、非法修改时,可以利用备份数据,使系统得到尽快恢复,以保证用户日常业务的正常进行。在初始建账时数据错误较多,或某些情况下无需再保留用户账套,这时可以将机内账套删除。由于删除账套会一次性将该账套下的所有数据彻底清除,因此执行删除账套的操作应格外慎重。为安全起见,系统一般提供账套删除前的强制备份功能,并且只授权于系统管理员。

【例 4-7】 将 088 账套数据备份到 D 盘中的"088 账套备份"文件夹中。

(1)操作步骤。

①在 D 盘中建立"088 账套备份"文件夹。

②以系统管理员 admin 的身份进入【系统管理】窗口,执行"账套→输出"命令,打开【账套输出】对话框,如图 4-15 所示。

③选择【账套号】下拉列表中的【088 北京金鑫有限责任公司】选项。如果想删除该账套,应选中【删除当前输出账套】复选框。

④单击【确认】按钮,经过压缩过程,系统打开【选择备份目标】对话框,在其中选择并打开 D 盘下的"088 账套备份"文件夹,如图 4-16 所示。

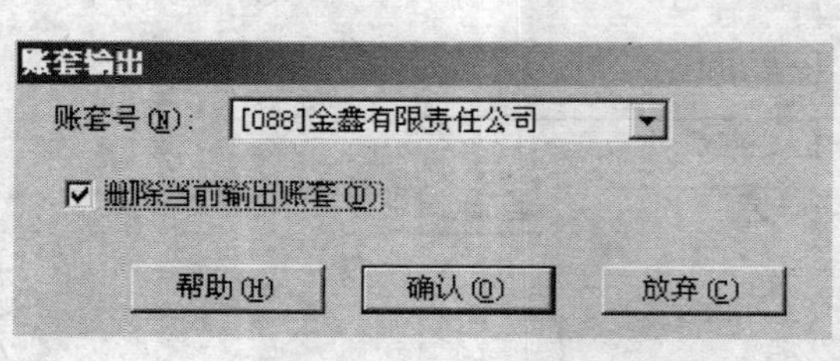

图 4-15 【账套输出】对话框

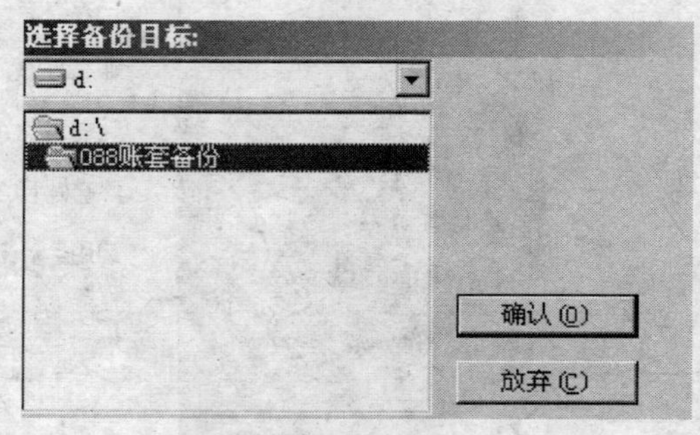

图 4-16 【选择备份目标】对话框

⑤单击【确认】按钮,系统弹出【系统备份完毕】提示对话框,如图 4-17 所示。

⑥单击【确认】按钮,完成数据备份,并退回到【系统管理】窗口。

(2)注意事项。

①只有系统管理员才有权限输出账套。

②输出账套时目标文件夹一定要打开。

③在删除账套时,必须关闭所有系统模块。

4. 账套的引入

引入账套即会计数据恢复,是指把硬盘、光盘等磁介质上的备份数据恢复到财务管理系统中,即利用现有数据进行恢复,这是与账套输出对应的一个操作。在计算机环境中,系统及数据的安全是用户首要关注的。无论是计算机故障还是病毒侵犯,都可能使系统数据受损。这时可利用账套引入功能,恢复备份数据,将损失降到最小。同时,系统还允许系统外的某个账套数据引入本系统中,这一功能为集团公司的财务管理提供了方便,有利于集团公司的操作。子公司的账套数据可以定期被引入母公司系统中,以便进行有关账套数据的分析和合并工作。

图 4-17 确定硬盘备份完毕

【例 4-8】 将已备份到 D 盘"088 账套备份"文件夹中的账套备份数据恢复到硬盘中。

(1)操作步骤。

①以系统管理员 admin 的身份进入【系统管理】窗口,执行"账套→引入"命令,打开【引入账套数据】对话框,如图 4-18 所示。

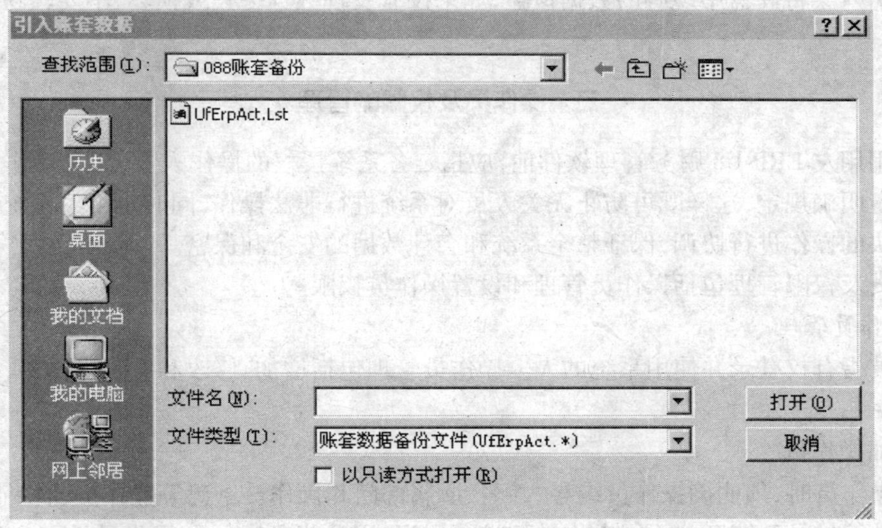

图 4-18 选择引入的数据文件

②在【查划范围】下拉列表中选择 D 盘下"088 账套备份"文件夹中的数据文件"UfErpAct. lst"。

③单击【打开】按钮,系统弹出"引入文件的账套路径及说明"的提示对话框,如图 4-19 所示。

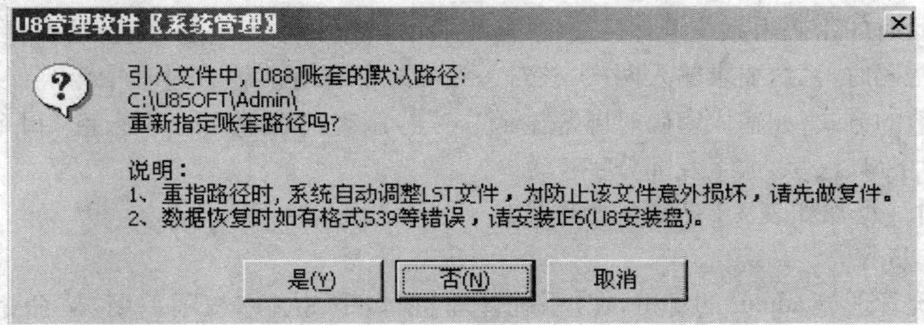

图 4-19 引入文件的账套路径及说明的提示信息

④单击【是】按钮，系统弹出【账套存放路径】对话框，并指定引入账套的路径为默认路径。若要改变账套的存放路径，可在【目录列表】和【驱动器列表】下拉列表中选择新的账套路径。

⑤单击【确定】按钮，系统弹出确认覆盖操作的提示对话框，如图 4-20 所示。

⑥单击【是】按钮，系统自动将需引入的数据文件进行恢复、解压后引入，弹出【账套[088]引入成功】提示对话框，如图 4-21 所示。单击【确定】按钮，完成账套引入。

图 4-20　引入数据时确认是否覆盖的提示信息

图 4-21　账套引入成功提示信息

(2)注意事项。

账套引入会将硬盘中现有的数据覆盖，如果没有发现数据丢失或损坏，不要轻易进行数据恢复。

三、操作员及权限的管理

在使用用友 ERP-U8 财务管理软件前，应指定各系统授权的操作人员，并对操作人员的使用权限进行明确规定，这样既可防止无关人员对系统进行非法操作，同时也可对系统包含的各个功能模块的操作进行协调，保证整个系统和会计数据的安全和保密。

操作员及权限管理包括操作员管理和设置操作员权限。

1. 操作员管理

操作员指有权登录并使用系统的人。操作员管理包括增加、修改和删除操作员，由系统管理员负责。

1)增加操作员

增加操作员时，须明确操作员编号、姓名、所属部门和操作员密码等操作员的特征信息。

操作员编号是系统区分不同操作员的唯一标识，因此必须唯一。操作员姓名会随着操作员的操作出现在其处理的票据、凭证上，因此应记录真实姓名，以便分清责任，对其操作行为进行监督。

操作员密码是操作员登录系统的通行证，也是会计电算化不同于手工会计核算的控制方式之一。初始时的密码由系统管理员设置，使用后由操作员本人定期更改，以确保密码安全。输入操作员密码时，系统要求输入两次，核对一致后才能保存。输入过程中为确保安全，往往采用屏幕屏蔽的方式，如输入密码时屏幕显示“*”号用来代表录入的口令字。口令字可以为空，也可以为字母、汉字、数字及部分字符等。

【例 4-9】　增加如表 4-1 所示的操作员。

(1)操作步骤。

①以系统管理员 admin 的身份，在【系统管理】窗口中，执行“权限→用户”命令，打开【用户管理】对话框，如图 4-22 所示。

操作员名单及权限设定 表 4-1

操作员编号	操作员姓名	操作员密码	操作员所属部门	操作权限
001	张小新	008	财务部	账套主管
002	李红明	008	财务部	出纳
003	王艺	008	财务部	财务主管
004	胡红琴	008	财务部	账套主管

用户管理

打印 预览 输出 增加 删除 修改 刷新 帮助 退出 是否打印所属角色

用户ID	用户全名	部门	Email地址
demo	demo	演示部门	
SYSTEM	SYSTEM		
UFSOFT	UFSOFT		

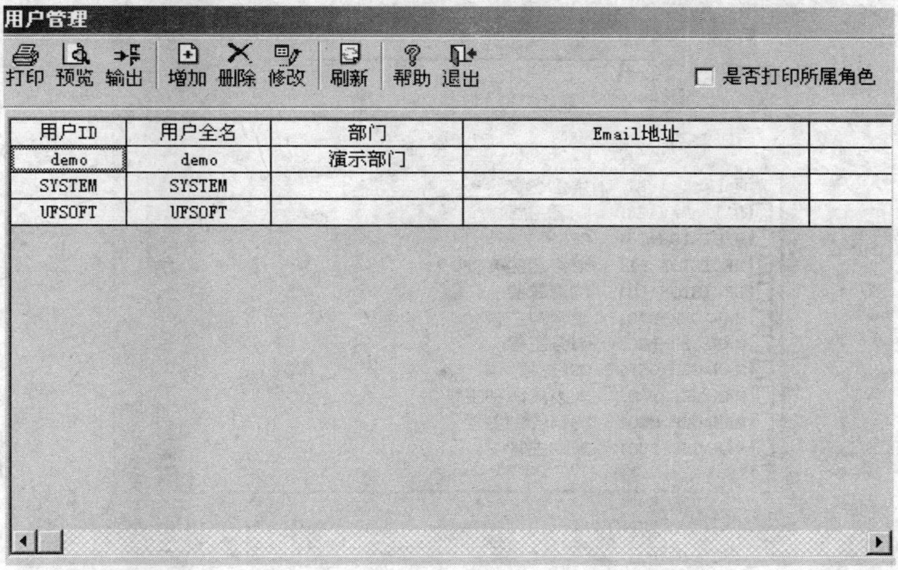

图 4-22 【用户管理】对话框

②单击【增加】按钮,打开【增加用户】对话框,在其中输入编号“001”、姓名“张小新”、口令及确认口令“008”、所属部门“财务部”,如图 4-23 所示。

③单击【增加】按钮,增加操作员“张小新”,单击【退出】按钮,则放弃当前的操作,不能增加操作员“张小新”。

④根据表 4-1 的内容,继续增加操作员“李红明”、“王艺”和“胡红琴”。

⑤单击【退出】按钮,系统显示增加的操作员名单,如图 4-24 所示。

(2)注意事项。

①只有系统管理员才能增加操作员。

②系统预置了 3 个操作员,其密码与名称相同。

③操作员的编号在系统中必须唯一。

④在实际工作中,可根据需要随时增加操作员。为保证系统安全和分清责任,应设置操作员密码,并定期更改。

⑤在增加操作员时,若在【增加用户】对话框中的【所属角色】下拉列表中选择了相应的角色,则在增加操作员的同时为该操作员设置了系统默认的所选定角色的指定权限,且该指定的权限不能被删除。

2)修改或删除操作员

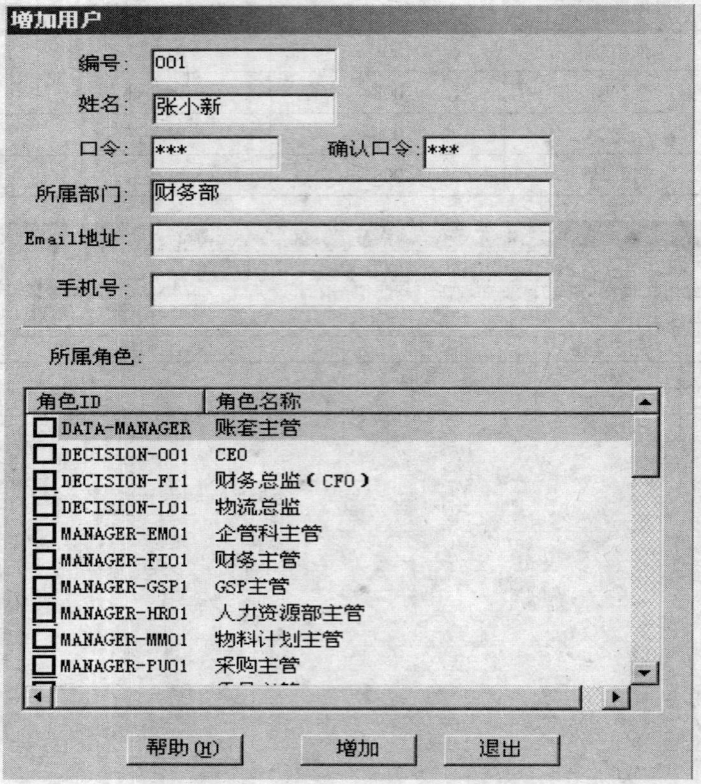

增加用户

编号：001

姓名：张小新

口令：*** 确认口令：***

所属部门：财务部

Email地址：

手机号：

所属角色：

角色ID	角色名称
DATA-MANAGER	账套主管
DECISION-001	CEO
DECISION-FI1	财务总监（CFO）
DECISION-L01	物流总监
MANAGER-EM01	企管科主管
MANAGER-FI01	财务主管
MANAGER-GSP1	GSP主管
MANAGER-HR01	人力资源部主管
MANAGER-MM01	物料计划主管
MANAGER-PU01	采购主管

帮助(H) 增加 退出

图 4-23 【增加用户】对话框

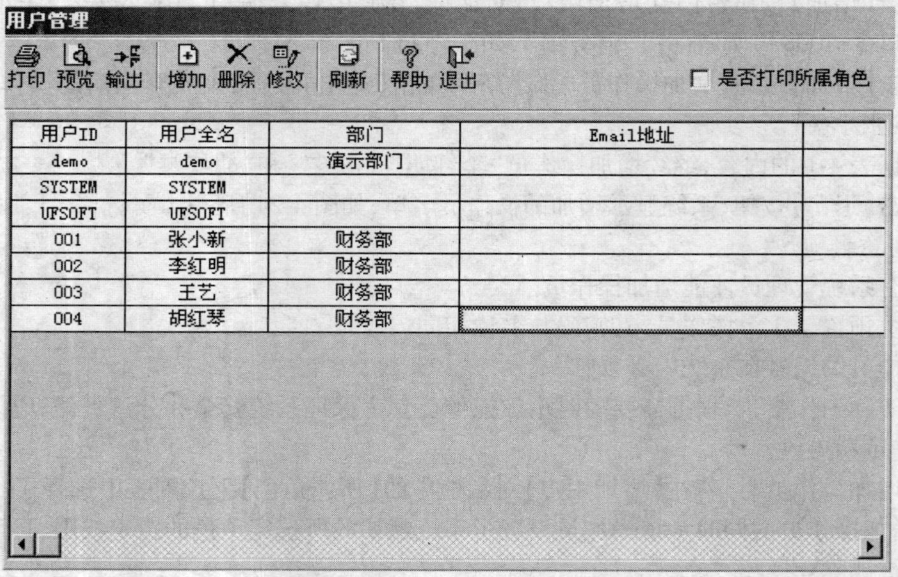

用户管理

打印 预览 输出 增加 删除 修改 刷新 帮助 退出 是否打印所属角色

用户ID	用户全名	部门	Email地址
demo	demo	演示部门	
SYSTEM	SYSTEM		
UFSOFT	UFSOFT		
001	张小新	财务部	
002	李红明	财务部	
003	王艺	财务部	
004	胡红琴	财务部	

图 4-24 【用户管理】对话框中显示增加的操作员名单

操作员设置完成后，可对其相关信息特征进行修改，但只要以其身份进入过系统，便不能被修改或删除。

操作员因各种原因调离财务核算岗位后，可以利用修改功能注销该操作员。被注销的操作员不能再登录系统进行操作。

(1)操作步骤。

①在【用户管理】对话框中，单击要修改的操作员记录，即选中拟修改的操作员记录。

②单击【修改】按钮，打开【修改用户信息】对话框，进行相关信息的修改，如图4-25所示，将操作员“王艺”的所属角色选择为“财务主管”。

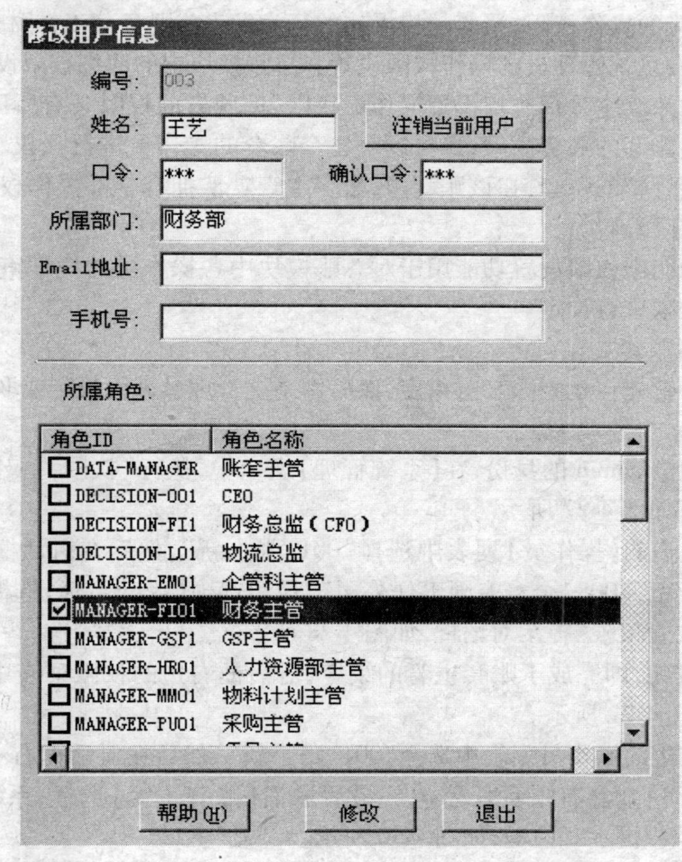

图4-25 【修改用户信息】对话框

③再单击【修改】按钮，系统自动保存并显示修改后的操作员信息。

④在【用户管理】对话框中，选中拟删除的操作员记录，单击【删除】按钮，系统提示是否确认删除用户的信息，如图4-26所示。

⑤单击【是】按钮，删除指定的操作员，单击【否】按钮，放弃删除操作。

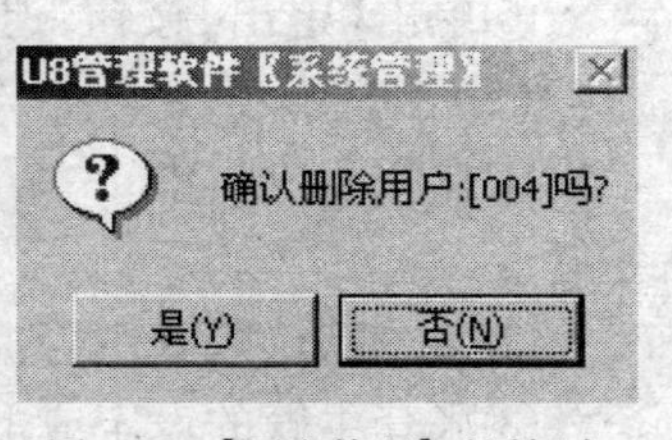

图4-26 【用户管理】对话框中确认删除用户的提示

(2)注意事项。

①只有系统管理员才有权修改操作员信息和删除操作员记录。

②操作员的密码除可以由系统管理员更改外,还可以在操作员登录系统时由操作员本人修改。但建议在教学实验中,不要更改操作员密码,以防止遗忘带来操作的不便。

③操作员的所有信息,都可进行修改。但所设置的操作员被使用后,则不能进行操作员信息的修改或操作员记录的删除。

④若为操作员指定了某项角色,则同时为其设置了系统默认的所选定角色的指定权限,且该指定的权限不能被删除。

2. 设置操作员权限

设置操作员权限是从核算要求和内部控制的角度出发,对系统操作人员进行严格的岗位分工,设置各自相应的操作权限,严禁越权操作的行为发生。财务分工在财务管理软件中主要体现在两个功能上:系统管理员的操作权限设置和总账模块中的明细权限设置。

系统管理员和账套主管都有权设置操作员权限,但两者的权限又有所区别。系统管理员可以指定或取消某账套的账套主管,也可以对各个账套的操作员进行授权。而账套主管的权限则仅局限于他所管辖的账套,在该账套内,账套主管默认拥有全部操作权限,可以针对本账套的操作员进行权限设置。

总账模块中的明细权限设置功能用于对总账模块中各操作员的凭证审核、科目制单及明细账查询和打印权限进行设定。

1)设定或取消账套主管

账套主管可以首先在建立账套时指定,然后由系统管理员进行设定或取消的操作。

(1)操作步骤。

①以系统管理员 admin 的身份,在【系统管理】窗口中,执行"权限→权限"命令,打开【操作员权限】对话框,如图 4-27 所示。

②在对话框左边的【操作员】列表中选择"001、张小新",然后在对话框右上方的【账套】下拉列表中选择账套"[008]金鑫有限责任公司",最后选中【账套主管】选框,系统弹出"设置用户:[001]账套主管权限"提示对话框,如图 4-28 所示。

③单击【是】按钮,即完成了账套主管的设定,对话框右边的权限列表中便显示了账套主管的所有权限,如图 4-29 所示。

④在对话框左边的操作员列表中选择"001、张小新",然后在对话框右上方的账套下拉列表中选择账套"[088]金鑫有限责任公司",最后取消【账套主管】选框,系统弹出"取消用户[001]账套主管权限"提示对话框,如图 4-30 所示。

⑤单击【是】按钮,即完成了账套主管的取消,对话框右边的权限列表中账套主管的相应权限同时被取消。

⑥单击【退出】按钮,退回到【系统管理】窗口。

(2)注意事项。

①在实际工作中,一个账套可以指定多个账套主管,一个操作员也可以担任多个账套的主管。

②系统默认账套主管拥有全部操作权限,因此不必对账套主管的权限进行设定。

③账套主管的设定或取消不受账套主管操作权限是否已被引用的限制,可以随时设定或取消。

④在教学实验操作中,可设定两位账套主管,以方便操作。

操作员权限

打印 预览 输出 修改 删除 刷新 帮助 退出 ☑账套主管 [088]金鑫有限责任公司 2007

操作员ID	操作员全名	用户类型
DATA-MANAGER	账套主管	角色
DECISION-001	CEO	角色
DECISION-FI1	财务总监(CFO)	角色
DECISION-LO1	物流总监	角色
MANAGER-EM01	企管科主管	角色
MANAGER-FI01	财务主管	角色
MANAGER-GSP1	GSP主管	角色
MANAGER-HR01	人力资源部主管	角色
MANAGER-MM01	物料计划主管	角色
MANAGER-PU01	采购主管	角色
MANAGER-QA01	质量主管	角色
MANAGER-SA01	销售主管	角色
MANAGER-ST01	仓库主管	角色
OPER-EM-0001	企管科文员	角色
OPER-FI-0001	会计主管	角色
OPER-FI-0061	资产管理	角色
OPER-FI-0071	工资管理员	角色
OPER-FI-0081	资金结算员	角色
OPER-FI-0082	资金信贷员	角色
OPER-FI-0083	资金计划员	角色
OPER-HR-0001	人力资源部文员	角色
OPER-PP-0001	物料计划员	角色

权限ID	权限名称	隶属系统
admin	系统管理	GSP质量管理
admin	系统管理	UFO报表
admin	系统管理	报账中心
admin	系统管理	财务WEB
admin	系统管理	财务分析
admin	系统管理	采购管理
admin	系统管理	成本管理
admin	系统管理	存货核算
admin	系统管理	工资管理
admin	系统管理	公共单据
admin	系统管理	公司对账
admin	系统管理	公用目录设置
admin	系统管理	固定资产
admin	系统管理	管理驾驶舱
admin	系统管理	合并报表
admin	系统管理	合同管理
admin	系统管理	集团财务
admin	系统管理	结算中心管理
admin	系统管理	考勤管理
admin	系统管理	库存管理
admin	系统管理	票据通
admin	系统管理	企业门户
admin	系统管理	企业应用集成

就绪...

图 4-27 【操作员权限】对话框

2)增加操作员权限

操作员权限是根据实际工作的岗位职责确定的某一操作员拥有某一账套的某些功能的操作权限。在建立账套和设置操作员之后,可对非账套主管的操作员进行操作员权限的设置。

(1)操作步骤。

①以系统管理员 admin 的身份,在【系统管理】窗口中,执行"权限→权限"命令,打开【操作员权限】对话框。

②在对话框左边的【操作员】列表中选择"002、李红明",然后在对话框右上方的【账套】下拉列表中选择账套"[088]金鑫有限责任公司"及"2007"选项。

③单击【修改】按钮,打开【增加和调整权限—[用户:002]】对话框。

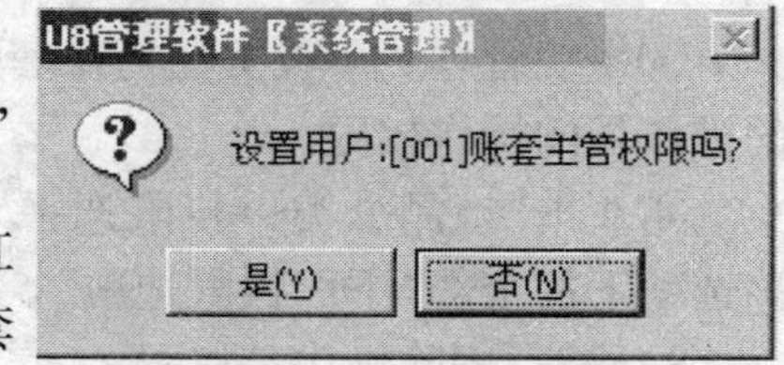

图 4-28 【操作员权限】对话框中确认账套主管的提示信息

④在【增加和调整权限—[用户:002]】对话框中的【产品分类】→【权限选择】下拉列表中,选中"总账→出纳"权限,如图 4-31 所示。

⑤单击【确定】按钮,【操作员权限】对话框右边的权限列表中便显示了出纳李明红的所有权限,如图 4-32 所示。

⑥重复上述操作,可为其他的操作员设置相应的操作权限。

⑦单击【退出】按钮,退回到【系统管理】窗口。

(2)注意事项。

①应根据操作员的具体岗位职责来设置相应的权限,如应为财务主管设置总账的权限,为

出纳设置现金管理的权限等。

②对于不相容的岗位，必须设置不同的操作员，以便于内部控制和管理，如填制凭证和审核凭证的工作就应由不同的操作员来承担。

操作员权限

打印 预览 输出 修改 删除 刷新 帮助 退出 ☑ 账套主管 [088]金鑫有限责任公司 2007

操作员ID	操作员全名	用户类型
OPER-QA-0003	分装人员	角色
OPER-QA-0004	化验员	角色
OPER-QA-0005	校验员	角色
OPER-QA-0006	质量经理	角色
OPER-QA-0007	质量工程师	角色
OPER-QA-0008	采购检验主管	角色
OPER-QA-0009	成品检验主管	角色
OPER-QA-0010	采购检验员	角色
OPER-QA-0011	成品检验员	角色
OPER-QA-0012	文控员	角色
OPER-SA-0002	价格监管员	角色
OPER-SA-0003	信用监管员	角色
OPER-ST-0003	质量养护员	角色
OPER-ST-0004	质量复核员	角色
001	张小新	用户
002	李红明	用户
003	王艺	用户
004	胡红琴	用户
005	005	用户
demo	demo	用户
SYSTEM	SYSTEM	用户
UFSOFT	UFSOFT	用户

权限ID	权限名称	隶属系统
admin	系统管理	GSP质量管理
admin	系统管理	UFO报表
admin	系统管理	报账中心
admin	系统管理	财务WEB
admin	系统管理	财务分析
admin	系统管理	采购管理
admin	系统管理	成本管理
admin	系统管理	存货核算
admin	系统管理	工资管理
admin	系统管理	公共单据
admin	系统管理	公司对账
admin	系统管理	公用目录设置
admin	系统管理	固定资产
admin	系统管理	管理驾驶舱
admin	系统管理	合并报表
admin	系统管理	合同管理
admin	系统管理	集团财务
admin	系统管理	结算中心管理
admin	系统管理	考勤管理
admin	系统管理	库存管理
admin	系统管理	票据通
admin	系统管理	企业门户
admin	系统管理	企业应用集成

就绪...

图 4-29 设置操作员张小新为账套主管

③系统管理员可设置任何账套的操作员的操作权限，账套主管只能设置由其主管账套下的操作员的操作权限。

④双击“产品分类→权限选择”中的某一选项，可选中该选项下的全部“下级权限选项”。

3）修改、删除操作员权限

修改、删除操作员权限是指取消账套主管、重新设定账套主管的操作，或在操作员原有操作权限的基础上进行增加、修改或删除权限的操作。

图 4-30 【操作员权限】对话框中取消账套主管的提示信息

【例 4-10】 取消张小新 088 账套的账套主管，重新设定胡红琴为 088 账套的账套主管。增加操作员王艺对于 088 账套的“成本管理”权限，取消操作员李红明对于 088 账套的“长期未达账审计”的权限。

（1）操作步骤。

①以系统管理员的身份，在【系统管理】窗口中，执行“权限→权限”命令，打开【操作员权限】对话框，取消“张小新”的账套主管，重新设定“胡红琴”为账套主管，操作方法已在“设定或取消账套主管”中讲述，这里不再重复。

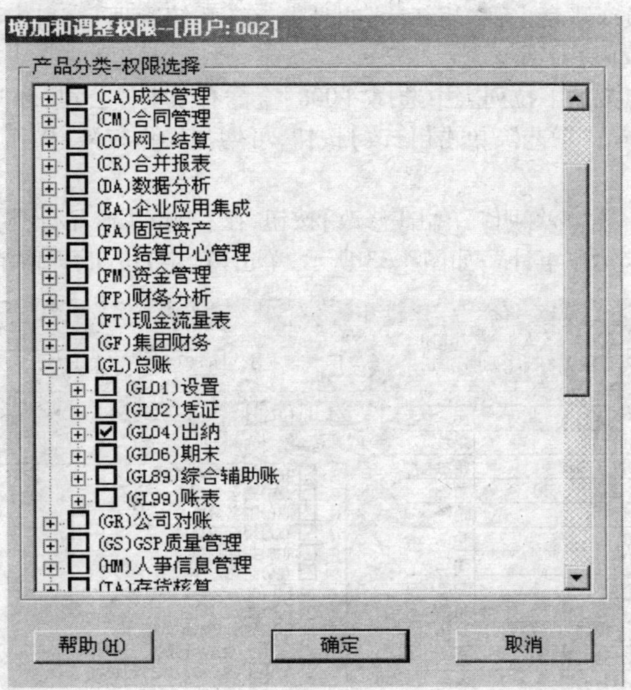

图 4-31 【增加和调整权限】对话框

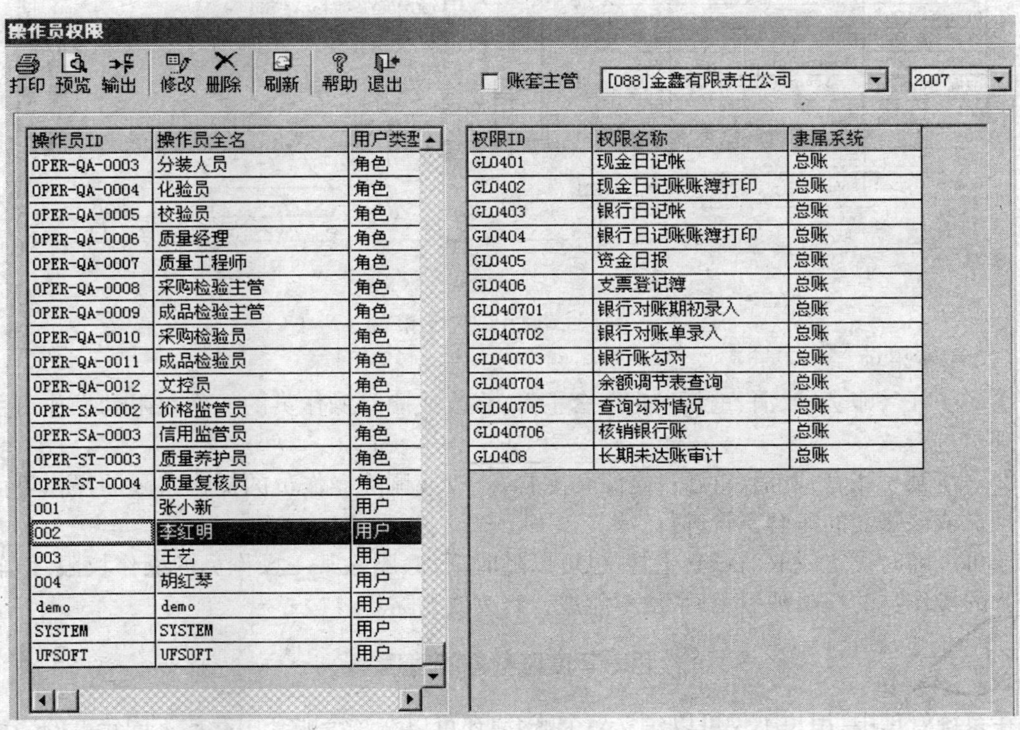

图 4-32 增加操作员权限

②以系统管理员或账套主管“胡红琴”的身份，在【系统管理】窗口中，执行“权限→权限”命令，打开【操作员权限】对话框。

③在对话框右上方的下拉列表中选择“[008]金鑫有限责任公司”和“2007”选项。

④单击选择操作员“王艺”，单击【修改】按钮，可增加操作权限，操作方法已在“增加操作员权限”中讲述。

⑤单击选择操作员“李红明”，单击【修改】按钮，在右侧的【产品分类】→【权限选择】下拉列表中，取消“长期未达账审计”；如图4-33所示；单击【确定】按钮，即取消了相应的权限。

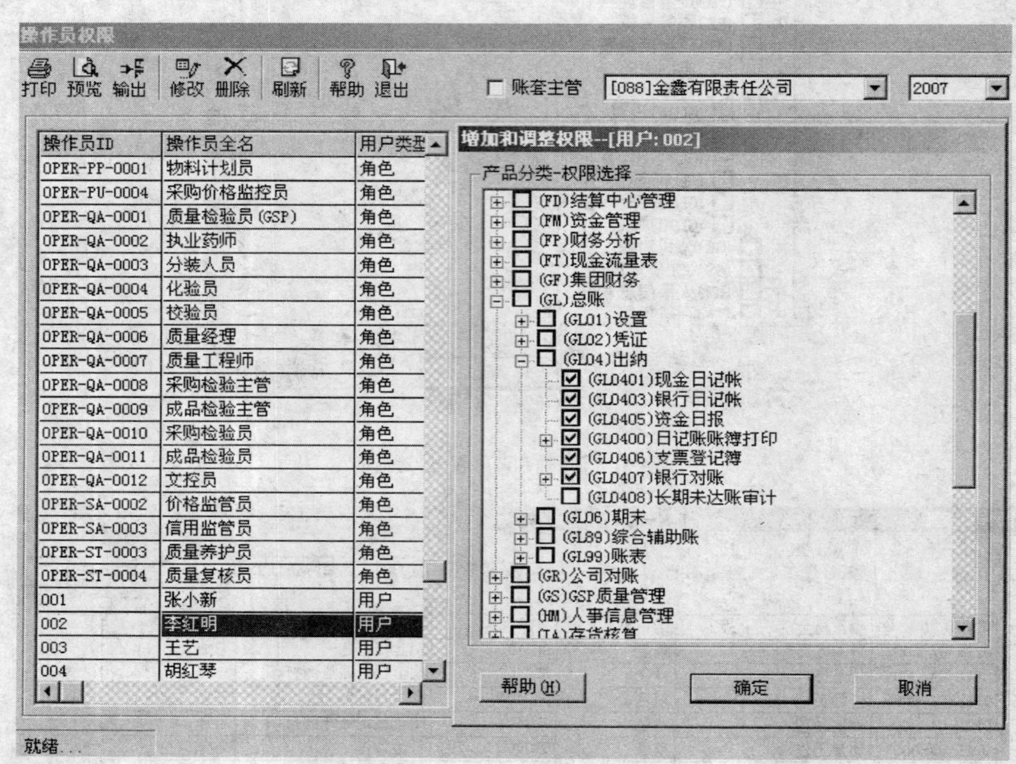

图4-33 取消操作员权限

(2)注意事项。

①对于任一账套，取消、重新设定账套主管，修改或删除操作员的操作权限的操作可由系统管理员进行。

②对于某一账套，取消、重新设定账套主管，修改或删除操作员的操作权限的操作可由系统管理员或该账套的账套主管进行。

③可以随时设定或取消账套主管，也可以随时增加、删除某一操作员的操作权限，但非账套主管的操作员的权限被引用后，便不能进行修改或删除。

四、年度账数据的管理

在系统管理中，用户不仅可以建立多个账套，还可以在每个账套中存放不同年度的会计数据。由于系统自动保存了不同用户、不同会计期间的历史数据，因此对历史数据的查询和比较分析就很方便。年度账数据的管理包括:建立年度账、年度账的输出和引入、结转上年数据、清空年度账。对年度账的管理只能由账套主管进行,在【系统管理】窗口中,执行"年度账"菜单下的相关命令,与账套管理的操作相似。

1. 建立年度账

新年度到来时,应首先建立新年度核算体系,即建立年度账,再进行与年度账相关的其他操作。

2. 年度账的输出和引入

年度账的输出和引入与账套的输出和引入含义基本一致,作用都是对数据的备份和恢复,但两者处理的数据范围不同。年度账操作中输出和引入的不是整个账套的全部数据,而只是指定的某一账套中的某一年度的数据。

3. 结转上年数据

一般情况下,经营活动是持续进行的,因此会计工作是一个连续性的工作,提供的会计信息是一个系统的、连续的会计数据。每到年末,启用新年度账时,就需要将上年度中的相关账户的余额和其他信息结转到新年度中。如果用户的管理信息系统涵盖了财务、供应链等多个模块,进行年度账数据结转时还要注意先后顺序。

一般说来,应先进行采购系统、销售系统年度数据的结转,再进行库存管理和存货核算。当供应链的结转完成后,就可以执行应收管理和应付管理的结转。以上各项和工资管理、固定资产管理的年度结转完成后,才可以执行成本管理的年度结转,最后是账务处理系统的结转。

4. 清空年度数据

如果某一年度账中错误太多,或不希望将上年度的余额或其他信息全部结转到下一年度,便可使用清空年度数据的功能。这里需要注意的是"清空"并不是将年度账的数据全部删除,而是要在删除的同时保留一些基本的信息,如账套基础信息、系统预置的科目、报表等。保留这些信息主要是为了方便用户使用清空后的年度账重新做账。

五、系统运行安全管理

为了确保会计信息系统的安全,系统建立了统一的安全机制,提供强有力的安全保障。

1. 系统运行监控

以系统管理员身份注册进行系统管理后,可以看到两部分的内容,一分部列示的是已经登录的子系统,还有一部分列示的是登录的操作员在子系统中正在执行的功能。这两部分的内容都是动态的,根据系统的执行情况而随时变化。

2. 操作员身份管理和注销当前操作员

对操作员建立授权制度,利用身份认证、操作权限设置管理,保证系统的安全运行。如果需要以一个新的操作员身份注册进入,就应当将当前的操作员从系统管理中注销。如果需要暂时离开,而不希望其他人对系统进行操作的话,也应该注销当前操作员。

3. 清除系统运行异常

系统运行中,由于死机、网络异常等都有可能造成系统运行异常。针对系统运行异常,应及时排除,以释放异常任务占用的系统资源,使系统尽快恢复正常秩序。

4. 上机日志

为了保证系统的安全运行,系统随时对各个产品或模块的每个操作员的上下机时间、操作的具体功能等情况进行登记,形成上机日志,使所有的操作都有所记录、有迹可寻。

六、系统启用

系统启用是指设定在用友 ERP-U8 财务管理系统中的各个子系统开始使用的日期,只有启用后的子系统才能进行登录。系统启用有两种方法,一是在系统管理员创建账套时启用系统,即当用户创建一个新的账套时,可在系统打开的【创建账套】提示对话框中由系统管理员 admin 选择立即进行系统启用设置;二是在账套建立完成后,由账套主管登录到【企业门户】模块中,进行系统启用设置。由于 088 号账套在建立时未进行系统启用设置,因此由账套主管在【企业门户】的账套启用功能中进行该账套的系统启用设置。

【例 4-11】 由 088 账套的账套主管胡红琴(用户名 004,密码 008)注册进入企业门户,启用总账系统,启用日期为 2007 年 1 月 1 日。

(1)操作步骤。

①启动计算机,执行"开始→程序→用友 ERP-U8→企业门户"命令,打开【注册〖企业门户〗】对话框,以账套主管 004 的身份注册进入【企业门户】。在【操作员】文本框中输入"004",在【密码】文本框中输入"008",在【账套】下拉列表中选择【[088]金鑫有限责任公司】选项,如图 4-34 所示。

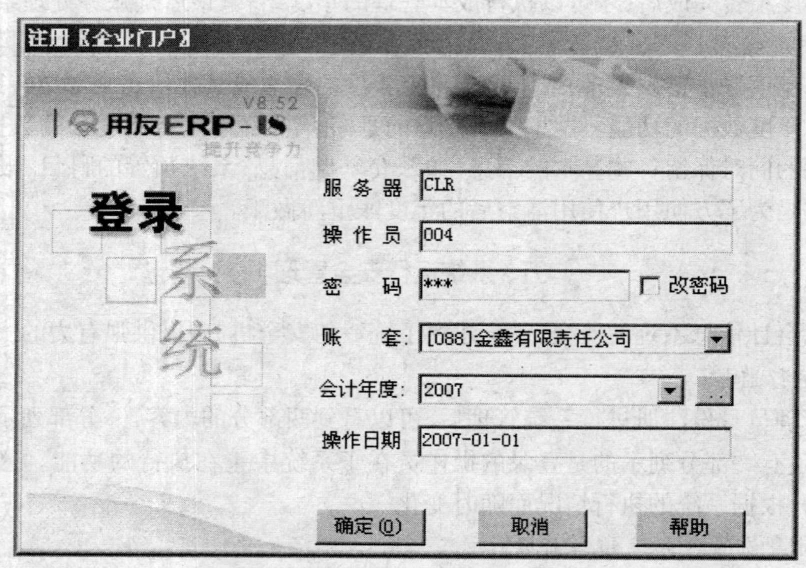

图 4-34　以账套主管的身份注册企业门户

②单击【确定】按钮,进入【用友 ERP-U8-〖企业应用标准套件〗】对话框,如图 4-35 所示。

③在【用友 ERP-U8-〖企业应用标准套件〗】对话框左下方的【设置】、【业务】、【工具】选项中,选择【设置】选项,执行"基本信息→系统启用"命令,打开【系统启用】对话框,并在【系统编码及系统名称】下拉列表中选择【总账】选项,如图 4-36 所示。

④在打开的【日历】对话框中,选择启用的日期 2007 年 1 月 1 日,单击【确定】按钮,系统

显示相应提示信息,如图4-37所示。

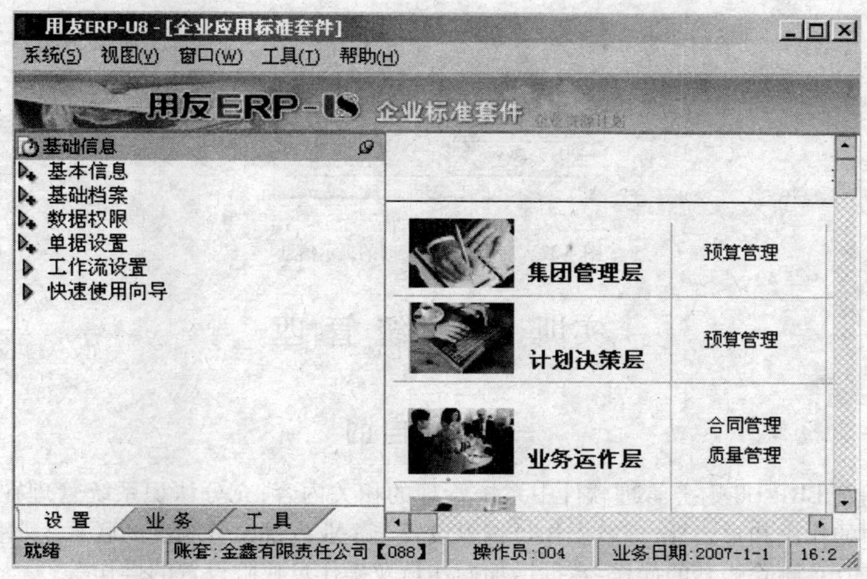

图4-35　【用友ERP-U8-〖企业应用标准套件〗】对话框(局部)

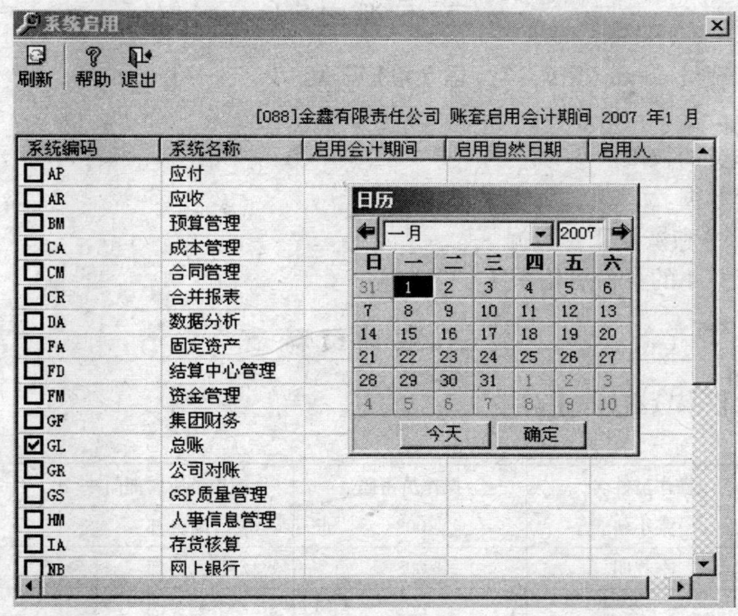

图4-36　【系统启用】对话框

⑤单击【是】按钮,完成总账系统的启用设置。按此方法,可继续进行其他子系统的启用设置。

⑥单击【退出】按钮,关闭【系统启用】对话框。

(2)注意事项。

①只有进行了系统启用,才能使用该子系统进行相关的操作。

②系统启用可在创建账套时由系统管理员启用,也可由账套主管在企业门户中启用。

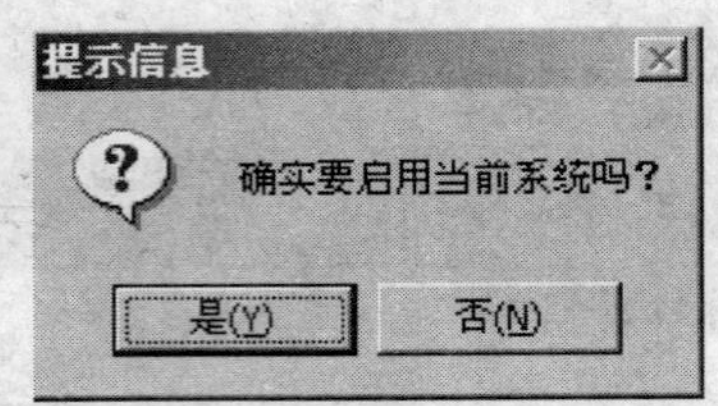

图 4-37　启用总账系统时的提示信息

实训一　系统管理

一、实训目的

掌握用友 ERP-U8 财务管理软件中系统管理的相关内容;充分认识系统管理在整个财务管理系统中的作用和重要性,理解操作员权限设置与企业内部财务制度的联系。掌握建立、修改、引入和输出、删除账套的操作,掌握增加操作员及操作员权限设置的操作等。

二、实训内容

1. 由系统管理员 admin(密码:空)建立单位账套。
2. 增加操作员。
3. 设置操作员的权限。
4. 修改账套数据。
5. 备份(删除)和恢复账套数据。
6. 账套主管 004 的身份启用系统。

三、实训资料

1. 操作员及权限资料(表 4-2)

表 4-2

操作员编号	操作员姓名	操作员密码	操作员所属部门	操作权限
001	张小新	008	财务部	账套主管
002	李红明	008	财务部	财务主管
003	王艺	008	财务部	出纳
004	胡红琴	008	财务部	账套主管

2. 账套资料

1)账套信息

账套:088,账套名称:北京金鑫有限责任公司;采用系统默认的账套路径;启用会计期:2007 年 1 月;会计期间设置:1 月 1 日 ~12 月 31 日。

2)账套单位信息

单位名称:北京金鑫有限责任公司,单位简称:金鑫公司,单位地址“北京市东城区新东路128号”,法人代表“焦通仁”。

3)账套核算类型

记账本位币:人民币,本位币代码:RMB,企业类型:工业,行业性质:新会计制度,账套主管:demo(密码:demo),按行业性质预设科目。

4)账套基础信息

该企业除不要求进行外币核算外,存货、客户、供应商均应分类核算。

5)分类编码方案和数据精度定义

该企业的分类编码方案是:科目编码级次4-2-2,客户分类编码级次2-3,部门编码级次2-2,结算方式编码级次2-1,供应商分类编码级次2-2,其余按系统默认值确定。

数据精度均定义保留小数位2位。

3. 系统启用资料

以账套主管部004的身份启用总账系统,启用时期为2007年1月1日。

复习思考题

一、名词解释

1. 账套;
2. 系统管理;
3. 年度账;
4. 账套路径;
5. 账套输出。

二、判断题

1. 系统管理是在财务业务一体化的管理应用模式下,系统为各个子系统提供的一个公共平台。

2. 建立会计科目时,一级科目可根据企业的需要而设置。

3. 操作员及权限管理包括操作员管理和设置操作员权限。

4. 账套主管可建立、修改、输出和删除账套。

5. 账套引入会将硬盘中现有的数据覆盖,如果没有发现数据丢失或损坏,不要轻易进行数据恢复。

6. 启用会计期一般要指定年、月,一旦启用,不可更改。

7. 账套号是区分不同账套数据的唯一标识。

8. 一个账套中包含了用户的所有数据,把用户数据按年度进行划分,就得到年度账。

9. 可通过【增加用户】对话框中的【所属角色】下拉列表在增加操作员的同时为该操作员设置了系统默认的所选定角色的指定权限,且该指定的权限不能被删除。

10. 建立账套时,启用会计期不能在计算机内系统日期之后。

11. 确定账套基础信息:包括确定存货是否分类、客户是否分类、供应商是否分类和有无外币核算。

12. 删除系统默认的编码级次，应从最后一级（末级）开始。

13. 操作员及其操作权限管理是为了保证系统及数据的安全与保密。

14. 设置操作员权限是从核算要求和内部控制的角度出发，对系统操作人员进行严格的岗位分工。

15. 建立会计科目时，应从末级科目开始建立。

16. 分类编码规则的设置取决于核算单位经济业务的复杂程度、核算与统计的详细程度要求。

17. 被注销的操作员通过恢复其身份可再次登录系统进行操作。

18. 操作员编号是系统区分不同操作员的唯一标识，因此必须唯一。

19. 被注销的操作员不能再登录系统进行操作。

20. 删除账套的操作只能由账套主管进行。

三、选择题

1. 第一次注册进入系统管理时。账套主管为（　　），密码为（　　）。

A. Admin　　B. demo　　C. demo　　D. 空

2. 设置账套信息时，不能修改的信息包括（　　）。

A. 账套号　　B. 账套名称　　C. 账套路径　　D. 账套启用会计期间

3. 账套管理的功能主要包括（　　）账套的等。

A. 建立　　B. 修改　　C. 删除　　D. 引入和输出

4. 操作员及权限管理（　　）。

A. 增加操作员　　B. 修改操作员　　C. 删除操作员　　D. 设置操作员权限

5. 系统只允许（　　）进入系统管理。

A. 系统管理员　　B. 账套主管　　C. 会计主管　　D. 电算主管

6. 会计科目的编码规则为 4-2-2，下列会计科目编码中，正确的有（　　）。

A. 100101　　B. 1001　　C. 10010101　　D. 10011

7. 账套核算类型信息中，参数（　　）不能以修改账套的方式进行修改。若输入错误，则只能删除此账套再重新建账。

A. 本币代码　　B. 本币名称　　C. 企业类型　　D. 编码原则

8. 账套主管的权限是针对所主管的账套而言的，包括（　　）。

A. 修改账套　　B. 设置操作员　　C. 设置操作权限　　D. 建账

9. 操作员指有权登录并使用系统的人。操作员管理包括（　　）操作员，由系统管理员负责。

A. 增加　　B. 修改　　C. 删除　　D. 保存

10. 系统默认（　　）拥有全部操作权限，因此不必对其的权限进行设定。

A. 系统管理员　　B. 账套主管　　C. 出纳　　D. 主管会计

11. 分类编码方案是对用户的关键核算对象确定（　　）。

A. 分类名称　　B. 分类级次　　C. 编码符号　　D. 各级编码长度

12. 操作员的密码可以由（　　）修改。

A. 系统管理员　　B. 账套主管　　C. 操作员本人　　D. 主管会计

13. 下列几账套信息中,不能修改的项目包括(　　)。

A. 账套号　　B. 企业类型　　C. 单位名称　　D. 单位地址

14. 系统运行安全管理包括(　　)。

A. 系统运行监控　　B. 操作员身份管理和注销当前操作员

C. 清除系统运行异常　　D. 上机日志

15. "清空"年度账时,会保留(　　)等基本的信息。

A. 凭证　　B. 账套基础信息　　C. 系统预置的科目　　D. 报表

16. (　　)的权限被引用后,便不能进行修改或删除。

A. 账套主管　　B. 系统管理员　　C. 出纳　　D. 主管会计

17. 以系统管理员的身份进入系统管理后,不能进行的操作是(　　)。

A. 建立账套　　B. 修改账套　　C. 删除账套　　D. 输出账套

18. 会计科目设置中,不能由用户自行定义的内容有(　　)。

A. 一级科目的名称　　B. 明细科目的名称

C. 一级科目的编码　　D. 明细科目的编码

19. 确定账套基础信息,包括确定(　　)等信息。

A. 存货是否分类　　B. 客户是否分类　　C. 供应商是否分类　　D. 有无外币核算

20. 账套核算类型包括(　　)等项目。

A. 记账本位币　　B. 本位币代码　　C. 企业类型　　D. 行业性质

四、简答题

1. 系统管理模块的主要功能有哪些?
2. 建立账套的含义是什么?建账包括哪些内容?怎样建账?
3. 账套基础信息一般包括哪些内容?
4. 为什么要输出和引入账套?
5. 操作员权限管理的作用是什么?
6. 年度账管理包括哪些内容?
7. 系统运行安全管理包括哪些内容?
8. 为什么要进行系统启用?系统启用有哪两种操作方法?

第五章 总账系统

• 知识目标 •

解释总账系统、总账系统的初始化、期末业务处理的概念;描述财务系统手工处理流程和计算机处理流程,总账系统的功能,总账系统初始化设置的意义和内容,日常会计业务处理的内容,期末业务处理的内容。

• 能力目标 •

进行启用总账、基础档案设置、总账系统初始化、日常业务处理、期末业务处理、账簿管理、出纳管理的操作,具有结合企业实际进行初始化设置、处理会计业务的能力。对会计凭证、总账、明细账等相关证账的数据及数据的关系,具有一定的逻辑分析能力。对证、账中的信息错误,具有一定的判断和检查能力。

第一节 总账系统概述

为了完成会计核算和监督的工作,必须采用一套专门的方法,即设置账户、复式记账、填制和审核凭证、登记账簿、成本计算、财产清查和编制会计报表,在此基础上,对会计核算提供的会计信息进行综合分析等。这些方法相互联系、紧密结合,形成一个完整的会计方法体系。为适应实现计算机管理的需要,把设置账户、复式记账、填制和审核凭证、登记账簿等统称为账务处理,把包含这些功能的模块称为总账系统。总账系统是企业会计信息系统中的一个重要的核心子系统,其他财务和业务子系统的有关数据最终都要归集到总账系统中以生成完整的会计账簿。报表系统编制会计报表和进行财务分析的相关数据也主要来自于总账系统。因此总账系统是会计信息系统的基础和核心,是整个会计信息系统中最基本和最重要的内容。

一、账务处理流程

总账系统的基本功能是将会计凭证经过一定的数据处理过程形成会计账簿,无论是手工处理流程还是计算机处理流程,都必须完成这一基本功能。

1. 账务系统手工处理流程

在手工条件下,会计核算具有一整套科学的方法体系。主要包括:设置会计科目和账户、复式记账、填制与审核凭证、设置与登记账簿、成本计算、财产清查、编制会计报表。一般企业的会计核算都是依据原始凭证,编制记账凭证,通过登记账簿和成本核算,最后完成编制会计报表的工作。手工会计核算的处理流程如图 5-1 所示。

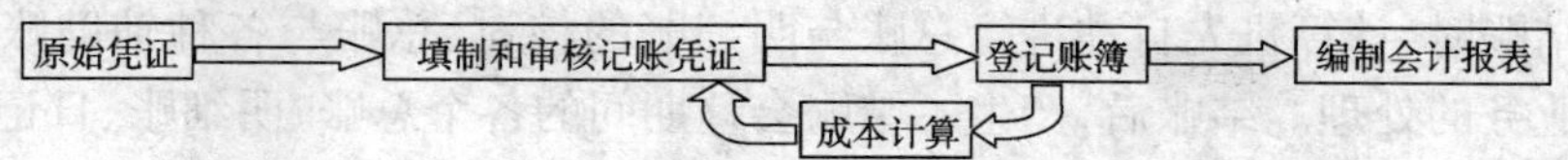

图 5-1 手工会计核算的处理流程

2. 财务系统计算机处理流程

使用计算机处理会计业务,原手工条件下依据原始凭证,编制记账凭证,通过登记账簿和成本核算过程,最后完成编制会计报表,这一基本的处理程序并没有发生变化。由于计算机具有处理速度快、业务能力强、数据处理精度高等特点,因此在登记账簿、成本计算、编制会计报表等方法上有一定的变化,具有其自身的特点。计算机会计核算的处理流程如图 5-2 所示。

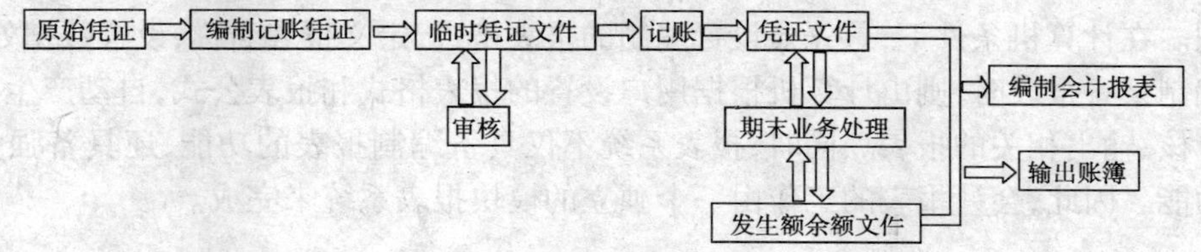

图 5-2 计算机会计核算的处理流程

1)根据原始凭证输入记账凭证或编制自动转账凭证录入机制凭证

记账凭证是指手工输入到计算机的会计凭证,此类凭证是输入到计算机中的主要凭证,输入是应注意审核其正确性。机制凭证是指由计算机生成的两种凭证:一种是对于每月都发生且账户的对应关系固定的业务,如期末归集和分配辅助生产成本、制造费用、结转收入和支出等,由计算机根据设置的自动转账分录生成记账凭证,另一种是由计算机会计信息系统的其他子系统生成的记账凭证。

2)对输入的记账凭证进行审核

无论是手工输入的记账凭证还是机制凭证,都需要进行审核,以确保其正确性。但需要注意的是此时的审核仍然是由人工进行的,在没有特别限制的情况下,计算机不能判断某个经济业务应记的账户、应记的方向和应记的金额,只能判断记账凭证的借贷方金额是否平衡。如果不平衡,不能进行记账凭证保存的操作。换句话说,能保存的记账凭证借贷方的金额都是平衡的,但不一定是正确的,因此需要由人工对记账凭证进行审核。

3)人工控制由计算机自动完成记账工作

在计算机条件下记账已不再具有手工条件下将记账凭证分门别类记入账簿的含义。这里的记账操作,是指分别更新记账凭证文件、科目余额及发生额文件、部门、项目、往来等辅助文件以及单位银行对账单文件,并删除临时文件中已记账的凭证。为了保证会计数据的安全和正确,对于未记账的会计数据可采取无痕迹的修改方法,对于已记账的会计数据则只能采取留有痕迹的修改方法,即采用红字冲销法或补充登记法。

在计算机环境下,无需再区分总账、日记账和明细账。这是因为计算机具有强大的数据处理能力,需要查询、打印有关账簿时,由计算机对系统内存放记账凭证的文件按照输出账簿的要求自动进行处理并输出相关的账簿内容。因此,手工条件下的总账与明细账的平等登记、账簿登记错误时的划线更正法,在计算机条件下已不存在。

4)人工控制由计算机自动完成结账工作

当进行结账时,计算机先自动进行总账与明细账的核对、总账与各种辅助账的核对,然后再结束本月业务的处理。结账后,产生了结账会计期间的各个总账、明细账、日记账、辅助账的余额,以便进行下一步的报表操作。

5)人工控制由计算机自动进行银行对账

银行对账是根据用户银行存款日记账与银行对账单文件对银行业务进行对账,同时生成银行存款余额调节表及已达账和未达账。

6)会计报表由报表系统完成

在手工条件下,会计报表由人工根据每个会计期间的账簿记录和其他会计信息编制。在计算机条件下,编制会计报表的基本处理流程并没有大的区别,只是每个步骤的具体工作方法有所不同。在计算机条件下,首先要设置编制的报表格式、定义报表名称,设置数据处理公式。当需要编制某一报表时,则由计算机根据用户设置的报表格式和报表公式,自动产生报表数据并进行审核、输出相关的报表。同时,报表系统不仅具备编制报表的功能,还具备强大的报表分析的功能。因此,会计报表的工作由一个独立的模块报表系统来完成。

二、总账系统的功能结构

记账凭证的处理、记账、期末转账、结账及账簿输出、银行对账、往来核算是总账系统必备的功能。另外,通用商品化会计软件的特点决定了对系统初始设置的要求。因此,通用会计软件的账务处理系统的基本功能结构应包括上述全部的内容,如图 5-3 所示。

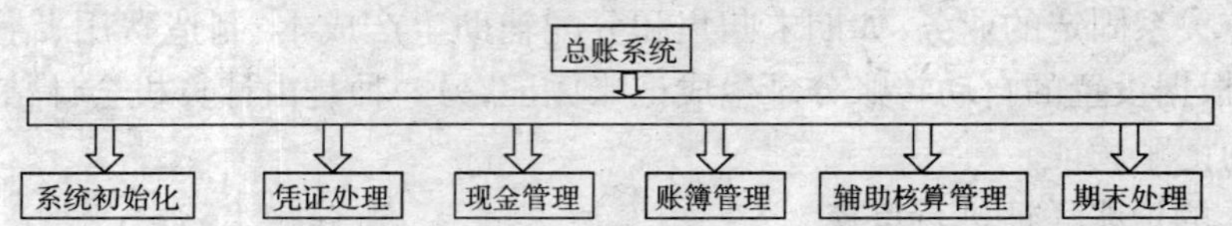

图 5-3　通用会计软件的账务处理系统的基本功能结构

1. 系统初始化

系统初始化是将通用会计软件转化为专用会计软件,将手工会计核算数据移植到计算机中的一系列准备工作,是总账系统最基础的工作,第一次使用总账系统时都必须进行该项工作。系统初始化包括部门、职员、客户、供应商、项目等基础档案设置,结算方式设置,会计科目设置,凭证类别确定、期初余额录入、数据权限设置、单据设置等。

2. 凭证处理

凭证处理是指通过严密的制单控制保证填制凭证的正确性。凭证处理是总账系统进行日常会计核算业务处理过程中,经常性和基础性的工作。记账凭证数据是整个系统的最基础数据,是决定系统输出结果正确与否的关键。凭证处理是整个系统数据的入口,一般包括凭证录入、凭证修改、出纳签字、凭证审核,记账、查询、打印凭证及各种账簿等。

3. 现金管理

为了加强对现金和银行存款的管理,系统提供了现金管理的功能,包括查询和打印现金日记账、银行存款日记账、资金日报表,进行支票登记和管理,进行银行对账并编制银行存款余额调节表。

4. 账簿管理

企业发生的经济业务，经过录入凭证、审核、记账操作后，形成了正式的会计账簿。为了能及时地了解账簿中的数据资料，并对账簿中的数据资料进行统计分析，系统提供了账簿管理的功能，包括查询和打印各种已记账凭证、总账、日记账、明细账及各种汇总表。

5. 辅助核算管理

辅助核算是指在完成一般会计核算资料的基础上，进行的往来、部门和项目的核算。具体包括个人往来、客户往来、供应商往来、部门核算和项目核算等辅助核算管理。

6. 期末处理

期末处理是指会计期间所发生的日常经济业务全部登记入账后，所进行的特定的会计工作，包括期末转账业务、试算平衡、对账和结账等。

第二节 总账系统的初始化

系统初始化是指通过一定的设置，使通用软件能满足各个具体用户的需求。总账系统在开发过程中，重点考虑的是系统的通用性，即不同行业的账务处理和财务管理的一般特性。为了满足各个行业不同用户的具体需要，系统提供了初始设置功能，使不同行业的不同用户在使用通用财务管理软件的条件下，可根据本单位的具体情况，利用此项功能对系统进行设置，以满足本单位会计业务处理的需要。

一、系统初始化设置前的准备工作

总账系统的初始设置类似于手工核算方式下的选定记账方式，确定会计科目和设置账户，确定记账凭证的格式，制定记账规则，结转期初余额等初始建账工作。从方便用户使用，提高系统工作效率和灵活的处理会计业务出发，总账系统的初始设置包括部门、职员、客户、供应商、项目等基础档案设置；结算方式、会计科目设置及凭证类别确定等财务信息设置；期初余额录入、数据权限设置、单据设置等。

总账系统的初始设置一般由账套主管或账套主管指定的专人进行。初始设置的适用性和科学性，会给以后的账务处理带来许多方便。初始设置在系统投入使用前进行，系统一旦投入使用，除某些项目可作少量调整外，多数项目既不能修改也不能删除，因此进行初始设置前必须做好充分的准备工作。

1. 仔细阅读软件使用手册

由于所有的初始化设置工作都与软件的功能结构、设置方法和使用要求密切相关，因此在进行初始化设置前必须认真阅读软件的使用说明书，充分理解并掌握系统提供的功能及其使用方法，从而根据本单位的实际情况和业务处理的需要及软件的特点进行充分的准备。

2. 会计科目的确定

会计科目是对会计对象的具体内容进行分类核算的指标体系。正确地设置和使用会计科目，不仅能分门别类地提供会计核算信息，满足各方面不同层次管理的要求，而且还能使会计业务的处理适用、方便、科学、高效。

会计科目的设置应考虑以下几个方面的要求：

(1)必须满足会计核算的要求。科目的设置首先要满足会计核算的要求,要根据核算单位的具体情况和经济业务的特点,以全面核算其经济业务的全过程及结果为目的,使全部经济业务在所设置的会计科目体系中都能得到反映。

(2)必须满足管理的要求。会计核算系统不是仅仅以完成会计核算为目的,还要为用户的管理提供各种信息,如客户、供应商信息、费用控制信息等,从而为考核、分析其经济状况、实施监督和控制,作出预测和决策提供依据。这些要求都可以通过合理地设置会计科目体系得到满足。

(3)必须满足报表的要求。会计报表是提供用户的财务状况、经营情况及现金流量的报表,是会计核算系统输出的基本信息之一。报表中各项数据应能方便地从机内账簿、凭证中自动生成。报表中的各个要素,应能从各级会计科目中找到。这些要素可直接对应一个或多个完整的科目。如果一个报表要素的内容只能对应一个科目的部分内容,甚至不能对应会计科目的内容,将会给会计报表的编制带来极大的困难。

(4)要保持相对的稳定性。总账系统为了保证数据处理的正确性,一般都要求在系统投入使用后,不能对会计科目进行修改和删除,只有年末结账后才可以修改科目,日常经济业务处理中只允许增加未使用过的末级科目。因此进行科目设置时必须考虑用户经济活动的发展前景,留出较充分的空间,以便以后根据经济业务的发展增加适用的会计科目。

(5)要满足会计制度的要求。我国的《企业会计制度》对一级科目的编码、名称和使用范围都有明确的规定,不允许各单位进行修改,只能在制度允许的条件下进行适当的增减。用户在确定会计科目体系时必须遵循这一规定。

3. 记账凭证类型的确定

记账凭证是总账系统最基本的数据来源。在总账系统中提供了通用记账凭证、收付转记账凭证等不同的类型,以满足不同用户的需要。因此确定合理适用的记账凭证类型,不仅可以有效地对记账凭证进行管理,还可以根据不同记账凭证的特点采取相应的控制措施来保证记账凭证中会计科目的正确使用。在总账系统中记账凭证一旦设定并投入使用,一般来说既不允许修改也不允许删除,因此必须根据用户会计核算和管理的需要确定好记账凭证的类型。

4. 会计数据资料的准备

在总账系统运行之前,应对系统所需的各种基础资料进行整理,以满足系统运行的要求。这些数据资料的准备包括:

1)会计科目余额的准备

在会计核算中,各会计期间的会计数据是相互衔接的,这种衔接是通过科目余额结转来实现的。因此在总账系统使用之前必须将各个会计科目的余额输入到计算机中。如果总账系统启用日期不在年初,则不仅需要输入年初的期初余额,还需要输入从启用年的1月至启用月份前一个月的所有月份的发生额,以解决手工核算与计算机核算在启用年、月的连接问题。输入科目发生额和余额时,只需输入末级科目的发生额和余额,其上级科目的发生额和余额可由计算机自动进行计算生成。为了获得总账系统所需要的这些数据,在系统投入使用之前必须对手工会计账簿进行清理,结平所有的账户,列出所有明细科目的发生额、余额的清单,以备总账系统初始化设置时使用。

2)往来账户数据的准备

计算机会计核算与手工会计核算相比,加强了往来核算和管理。一般财务会计软件对往来账户的处理是将往来账户设置成辅助账,系统在登记往来账户的总账和明细账的同时,还按单位名称、个人名称在辅助账数据文件中按辅助账的特点进行明细登记。如果不对往来账的相关资料进行整理,单位名称和个人名称使用不规范,将会发生记串账的情况,给往来账的管理带来困难。因此必须对往来账户的有关数据如单位名称、个人姓名、地址、通信方式等进行认真整理,做到名称使用规范,有关数据齐全,以符合总账系统的要求。

3)银行账数据的准备

总账系统一般都提供银行存款对账功能,但是在启用此项功能之前,必须在系统中录入最近一次用户的银行存款与银行方的记录在调整前的余额,以及启用日期之前用户的银行存款日记账与银行对账单的未达账项。对于系统所需的这些数据,都应当事先整理出来。

4)经济业务摘要的规范化

在记账凭证中记录经济时,都要求填写简明扼要并能确切反映经济业务实质内容的摘要。在总账系统中为了提高编制记账凭证的效率、规范经济业务摘要的书写、减少汉字的输入量,一般都设有凭证摘要库以便存放用户常用的摘要,使用时通过输入摘要编码或在线帮助功能,自动输入摘要的内容。这就要求在系统使用之前,必须对用户经常发生的经济业务的摘要进行认真的规范化。这种规范化一方面指对摘要的表述要反映经济业务的实质,一方面还要符合软件对摘要长度限制的要求。

5. 会计组织和人员分工的确定

由于总账系统的工作方式和流程与手工相比有较大的区别,因此在系统投入之前,应根据总账系统的工作特点对人工工作岗位进行重新划分并确定每一工作岗位的具体工作权限,以便在系统初始设置时进行操作权限设置,确保总账系统的运行安全。

人员分工的目的是为了避免与业务无关的人员或无权限的人员对系统进行非法操作,可通过姓名和密码设置来限定人员的操作权限和责任范围,保证会计人员各司其职、职责分明。

二、总账系统启用参数设置

初次进入总账系统时,应对总账系统进行参数设置,以便在以后的日常经济业务处理过程中按预先设置的总账系统参数进行核算和管理。总账系统的参数设置实际是对总账系统的控制功能所作的进一步设置,主要包括凭证控制设置、账簿设置、会计期间、开始日期和结束日期的确定等内容。这些设置对后面的操作将产生影响,因此在设置前应考虑周全。

1. 凭证控制设置

1)凭证控制设置的内容

凭证控制设置是通过对【凭证】选项卡中的项目的选择来进行的,主要是一些在填制、处理凭证时系统能够进行的操作控制,包括:

(1)制单控制。在填制凭证时,系统应对哪些操作进行控制。

①制单序时控制。系统规定填制凭证时,凭证编号应按日期顺序排列。选择了制单序时控制,则在制单时凭证编号必须按日期顺序排列。若不按序时控制,则可根据特殊需要将其改为不按序时制单。此项和“系统编号”选项联用。

②支票控制。在启用票据管理并选择支票控制的情况下,在制单时使用银行科目编制凭

证时，系统针对票据管理的结算方式进行登记。录入未在支票簿中登记的支票号，系统将提供支票登记簿的功能。

③赤字控制。选择了赤字控制，则当选中科目的最新余额出现负数的情况时，系统将予以提示。在赤字控制选项下，有对“资金及往来科目”、“全部科目”进行赤字控制两个选项。

④制单权限控制到科目。在制单时，操作员只能用具有相应制单权限的科目制单。如只允许某个操作员使用某些会计科目填制凭证，而不能使用其他的会计科目填制凭证，则应选择制单权限控制到科目。

⑤允许修改、作废他人填制的凭证。选中该项，在制单时可修改非本人填制的凭证，修改后制单人随之改变。否则，不能修改其他人填制的凭证。

⑥制单权限控制到凭证类别。选择此项后，在制单时，只显示此操作员有权限的凭证类别。同时，在凭证类别参照中按人员的权限过滤出有权限的凭证类别。

⑦操作员进行金额权限控制。选择此项，可对一般会计人员、财务主管等不同级别的操作员进行金额大小的控制，以加强财务核算和监督，减少由于不必要的责任事故带来的经济损失。但如为外部凭证或系统自动生成的凭证，则不能进行金额控制。

⑧可以使用其他系统受控科目。其他系统受控科目主要有应收、应付系统和存货核算系统受控科目。当启用了总账系统以外的其他子系统时，总账系统只是接受其他系统传递的凭证。但一旦选中该项，则总账系统就可以用其他系统的受控科目填制凭证，而总账系统在记账时又不能将相应的其他子系统受控科目的数据在相关子系统中进行登记，这样就会导致账账不符的情况。建议不使用其他系统的受控科目进行制单。

(2)凭证控制。在审核、打印凭证，对凭证进行处理时，系统能够进行的操作控制。

①凭证审核控制到操作员。允许对审核凭证权限作进一步设置，如只允许某个操作员审核其本部门填制的凭证，而不能审核其他部门操作员填制的凭证，就应选中该项，并通过“明细权限”作进一步的设置。

②出纳凭证必须经由出纳签字。含有现金、银行存款科目的凭证必须由出纳人员对其核对签字后才能记账。即若在凭证类别中选择了收、付、转凭证，则收款凭证和付款凭证必须由出纳签字后才能进行记账处理。

③打印凭证页脚姓名。打印凭证时，自动打印制单人、出纳、审核人、记账人的姓名。

④自动填补凭证断号。如果选择凭证编号方式为系统编号，则在新增凭证时，系统按凭证类别自动查询本月的第一个断号默认为本次新增凭证的凭证号。如无断号则为新号，与原编号规则一致。

⑤现金流量科目必录现金流量项目。选择此项后，在录入凭证时如果使用现金流量科目则必须输入现金流量项目及金额。

⑥批量审核凭证进行合法性校验。批量审核凭证时针对凭证进行二次审核，提高凭证输入的正确率，合法性校验与保存凭证时的合法性校验相同。

(3)凭证编号方式。系统提供了两种编号方式，即“系统编号”和“手工编号”。“系统编号”为填制凭证时，按照凭证类别按月自动编制凭证编号；“手工编号”为在填制凭证时手工录入凭证编号。系统默认的是“系统编号”。

(4)外币核算。如果用户有外币核算，则应选择相应的汇率方式——固定汇率或变动汇

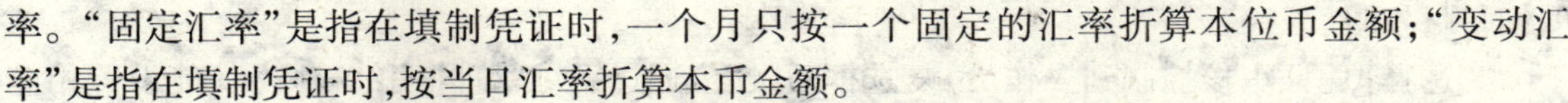

率。“固定汇率”是指在填制凭证时,一个月只按一个固定的汇率折算本位币金额;“变动汇率”是指在填制凭证时,按当日汇率折算本币金额。

(5)预算控制。该选项从财务分析系统取数,选择该项,在制单时,当某一科目下的实际发生数导致多个科目及辅助项的发生数及余额总数超过预算数与报警数的差额时,则报警。注意报警只针对总账的凭证。

(6)合并凭证显示、打印。选择此项,则在填制凭证、查询凭证、出纳签字和凭证审核时,以系统选项中的设置显示;在科目明细账显示或打印时凭证按照“按科目、摘要相同方式合并”或“按科目相同方式合并”合并显示,并在明细账显示界面提供是否“合并显示”的选项。

2)凭证控制设置的操作

【例 5-1】 088 账套首次启用总账系统,以账套主管 004 的身份注册【企业门户】,进行总账系统启用参数的设置。设置总账系统的凭证控制参数为“出纳凭证必须经由出纳签字”,取消“可以使用存货受控科目”,其余按系统默认的选项确定。

(1)操作步骤。

①以账套主管 004 的身份注册进入【企业门户】,打开【用友 ERP-U8-〖企业应用标准套件〗】对话框,如图 5-4 所示。

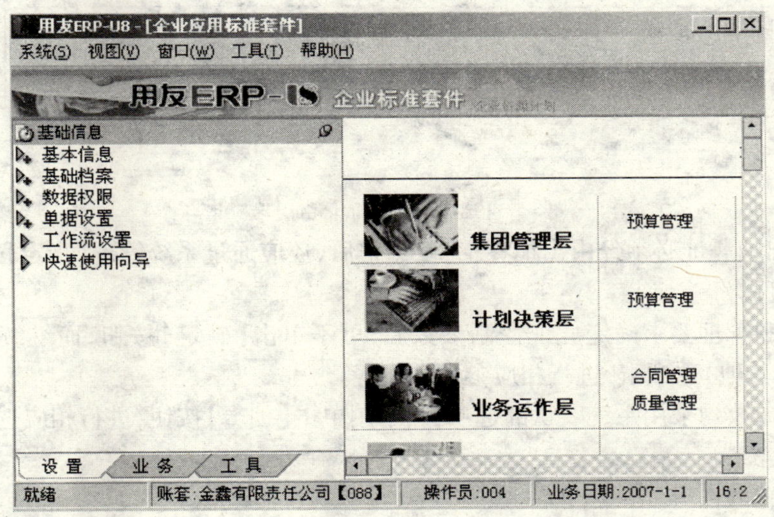

图 5-4 【用友 ERP-U8-〖企业应用标准套件〗】对话框(局部)

②在【用友 ERP-U8-〖企业应用标准套件〗】对话框左下方的【设置】、【业务】、【工具】选项中,选择【业务】选项,执行“财务会计→总账→设置→选项”命令,打开【选项】对话框,选择【凭证】选项卡,单击【编辑】按钮后,选择【出纳凭证必须经由出纳签字】复选框,取消【可以使用存货受控科目】复选框,如图 5-5 所示。

③单击【确定】按钮,完成凭证控制的设置,并关闭【选项】对话框。

(2)注意事项。

①为了避免导致账账不符的情况,建议不使用应收受控科目、应付受控科目和存货受控科目。

②选择【制单权限控制到科目】复选框后,还应通过系统管理【明细权限】功能设置相应的

明细科目权限。

③选择【凭证审核控制到操作员】复选框后，还应通过系统管理【明细权限】功能设置相应的明细审核权限。

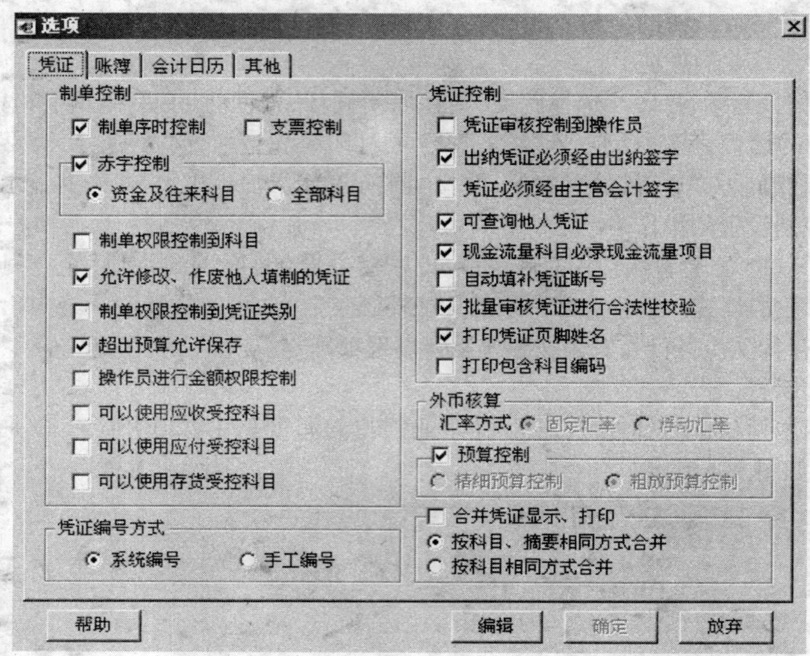

图 5-5 【选项】对话框的【凭证】选项卡

④选择【出纳凭证必须经由出纳签字】复选框后，还应通过系统管理【指定科目】功能设置相应的总账科目。

⑤按核算和管理要求确定凭证控制参数后，可不单击【确定】按钮，而继续选择【账簿】、【会计日历】、【其他】选项卡，进行相应参数的设置。

⑥若全部参数均采用系统默认的选项，则不用单击【编辑】按钮，进行相应选项的修改。

2. 账簿设置

1）账簿设置的内容

账簿设置是通过对【账簿】选项卡中的项目的选择来进行的，主要是一些调整各种账簿的输出方式及打印要求方面系统能够进行的操作控制，包括：

（1）打印位数宽度：定义正式账簿打印时各栏目的宽度，包括摘要、金额、外币、汇率、数量、单价。

（2）明细账（日记账、多栏账）打印方式：设定打印正式明细账、日记账、多栏账时，是按月排页还是按年排页。

①按月排页：打印时从所选月份范围的起始月份开始将明细账、日记账、多栏账顺序排页，再从第一页将其打印输出，打印起始页号为“1 页”。这样，若所选月份范围不是第一个月，则打印结果的页号必然从“1 页”开始排页。

②按年排页：打印时从本会计年度的第一个会计月开始将明细账、日记账、多栏账顺序排

页，再将打印月份范围所在的页打印输出，打印起始页号为所打印月份在全年总排页中的页号。这样，若所选月份范围不是第一个月，则打印结果的页号有可能不是从“1 页”开始排页。

(3)凭证、账簿套打：设置打印凭证、账簿时是否使用套打纸进行打印。套打纸是指财务软件公司专门印制的用以打印各种凭证和账簿的打印纸。选择套打打印时，系统只将凭证、账簿的数据内容打印到套打纸的相应位置上，而不打印表格的固定内容和表格线。用套打纸打印凭证和账簿，速度快而且美观。

(4)凭证、正式账每页打印行数：对凭证、明细账、日记账、多栏账的每页打印行数进行设置，双击表格或按空格键对行数直接修改即可。

(5)明细账查询权限控制到科目：允许对查询和打印权限作进一步控制，如允许某操作员具有部分科目明细账的查询或打印权限，而不具有其他科目明细账的查询和打印权限。

(6)制单、辅助账查询控制到辅助核算：设置此项权限，制单时才能使用有辅助核算属性的科目录入分录，辅助账查询时只能查询有权限的辅助项内容。

2)账簿设置的操作

【例 5-2】 除按系统默认的选项外，选择“明细账查询权限控制到科目”选项。

(1)操作步骤。

在打开的【选项】对话框中，选择【账簿】选项卡，选择【明细账查询权限控制到科目】复选框，如图 5-6 所示。

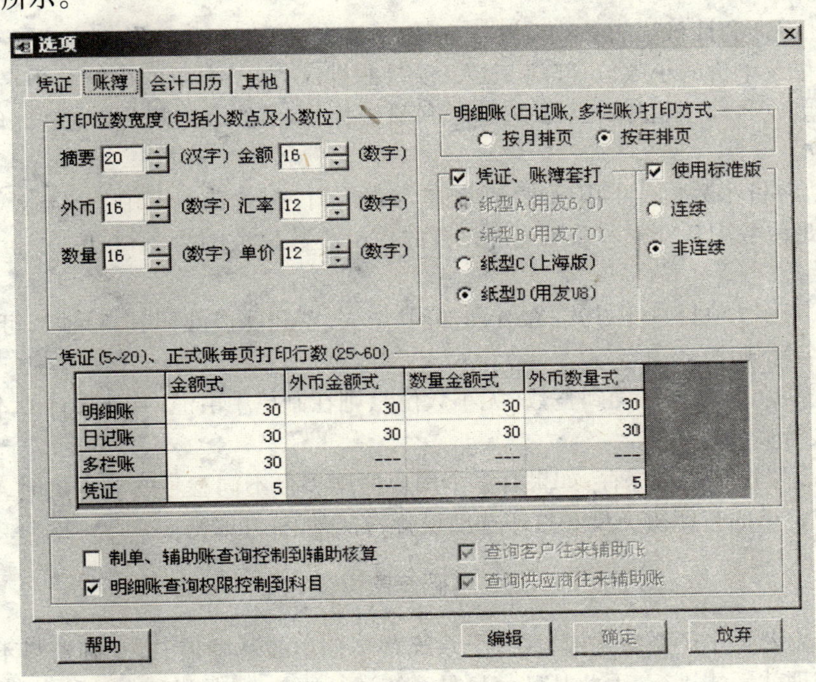

图 5-6 【选项】对话框的【账簿】选项卡

(2)注意事项。

①选择【明细账查询权限控制到科目】复选框后，还应通过系统管理设置选择【明细权限】功能设置相应的明细科目查询权限。

②建议凭证、账簿采用套打的方式，速度快而且美观。用友公司提供了4种套打纸型、为凭证、日记账、明细账、多栏账提供了不同的套打内容，以满足用户的需要。

3. 会计期间、开始日期和结束日期的确定

会计期间、开始日期和结束日期的确定是通过对【会计日历】选项卡中提供的时间的选择来设置的。系统自动将会计期间、开始日期和结束日期列表，用户可进行相应的选择。建账时选定的“启用会计年度”和“启用日期”，确定了用户开始使用软件的时间，此时不允许修改。“结束日期”指用户每月的结账日期，系统默认的每月结账日期是月末。如果用户的每月结账日期不是月末，则应在此选项卡中进行修改。

对【会计日历】选项卡中的选项，一般采用系统提供的默认参数。但操作中应注意以下几点：

(1)总账系统的启用日期不能超前于计算机内的系统日期。

(2)已录入汇率后，不能修改总账启用日期。

(3)录入期初余额后，不能修改总账启用日期。

(4)总账中已制单的月份不能修改总账的启用日期，其他系统中已制单的月份不能修改总账的启用日期。

(5)第二年进入系统后，不能修改总账的启用日期。

4. 其他

除凭证、账簿、会计日历的参数设置外，还包括账套名称、单位名称、账套路径、行业性质、科目级长、数量及单价的小数位、部门、个人、项目的排序方式、本币的币符及币名等内容。其中账套名称、单位名称、账套路径、行业性质、科目级长、本币的币符及币名在建账时已确定，此处不允许修改。

(1)数量、单价小数位及本币精度：在制单与查账时，按此选项卡中定义的小数位及精度输出小数，不足位数用0补齐。系统允许设置的数量小数位范围为2～6位，单价小数位范围为2～8位。

(2)部门、个人、项目排序方式：在查询部门、个人、项目账或参照其目录时，可以按编码排序，也可以按名称排序。

(3)本币精度：若数据精确到整数(无小数位)，则在制单中由汇率、外币计算本币时，系统自动四舍五入为整数。

(4)打印设置按客户端保存：如果有多个用户使用多台不同型号的打印机时，选择此项则按照每个用户自己的打印机类型和打印选项设置，打印凭证和账簿。

三、基础信息设置

一个账套由若干个子系统构成，这些子系统共享公用的基础信息，基础资料不完整，系统的日常业务处理就无法进行，因此基础信息是系统运行的基石，是运行会计信息系统的前提条件。在启用新账套之初，应根据用户的实际情况，结合系统基础信息设置的要求，在做好基础数据的准备工作后，按照系统的要求将其建立到计算机系统中，这样可使初始化建账工作顺利进行。

基础信息设置的内容很多，一般包括3个方面。一是基础档案，包括与用户管理相关的机

构设置如企业职能部门、职员档案信息,以及与往来业务相关的往来单位设置如客户分类/客户档案、供应商分类/供应商档案等;二是与会计业务核算相关的财务信息设置如会计科目、凭证类别、外币设置、结算方式等;三是保证会计核算数据连续完整,并与手工账簿数据衔接的期初余额录入。在进行基础信息设置之前,已在建账时确定了基础信息的分类编码方案,基础信息的设置必须遵循分类编码方案中确定的级次和各级编码长度的设定。如在设置基础信息时,发现建账时确定的分类编码方案不合理,可以账套主管的身份注册进入系统管理,以修改账套的方式进行重新确定,但已使用的分类编码方案不能被修改。

1. 基础档案设置

1)部门档案

部门是指用户下辖的具有分别进行财务核算或业务管理要求的单元体,不一定与企业实际的职能部门相对应。在会计核算中,往往需要按部门进行分类和汇总,下一级将自动向有隶属关系的上一级进行汇总,因此需要设置部门的相关信息如部门编码、部门名称、负责人、部门属性等。其中部门属性主要用于描述部门特征,如部门是属于企业管理部门还是生产部门等。部门档案是设置会计科目中要进行部门核算的部门名称,以及要进行个人核算的往来个人所属的部门。

【例 5-3】 2007 年 1 月 1 日,由 088 账套的账套主管“胡红琴”,密码为 008,在总账系统中设置部门档案,部门档案资料如表 5-1 所示。

部门档案 表 5-1

部门编码	部门名称	负责人	部门编码	部门名称	负责人
01	行政部	王新程	05	生产部	唱　路
02	财务部	李红明	061	销售一部	周清清
03	供应部	晏小华	062	销售二部	高　能
04	人事部	黄　河			

(1)操作步骤。

①以账套主管 004 的身份注册进入【企业门户】,打开【用友 ERP-U8-〖企业应用标准套件〗】对话框。

②在【用友 ERP-U8-〖企业应用标准套件〗】对话框左下方的【设置】、【业务】、【工具】选项中,选择【设置】选项,执行“基础档案→机构设置→部门档案”命令,打开【部门档案】对话框,如图 5-7 所示。

③单击【增加】按钮,输入部门编码“01”、部门名称“行政部”。单击【保存】按钮,保存输入的内容。

④重复步骤③操作,继续输入其他部门,系统显示已录入的部门档案,如图 5-8 所示。

⑤全部部门输入完成后,单击【退出】按钮关闭该对话框。

(2)注意事项。

①部门编码必须符合编码分类原则,必须录入、必须唯一。

②部门名称必须录入。

③负责人、电话、地址、备注等辅助信息可为以为空。

④由于设置部门档案时还未设置职员档案,因此部门负责人应在设置职员档案后,再回到

设置部门档案，以修改的方式补充设置。

⑤部门属性中输入部门是车间、采购部门、销售部门、管理部门等部门分类属性，可以为空。

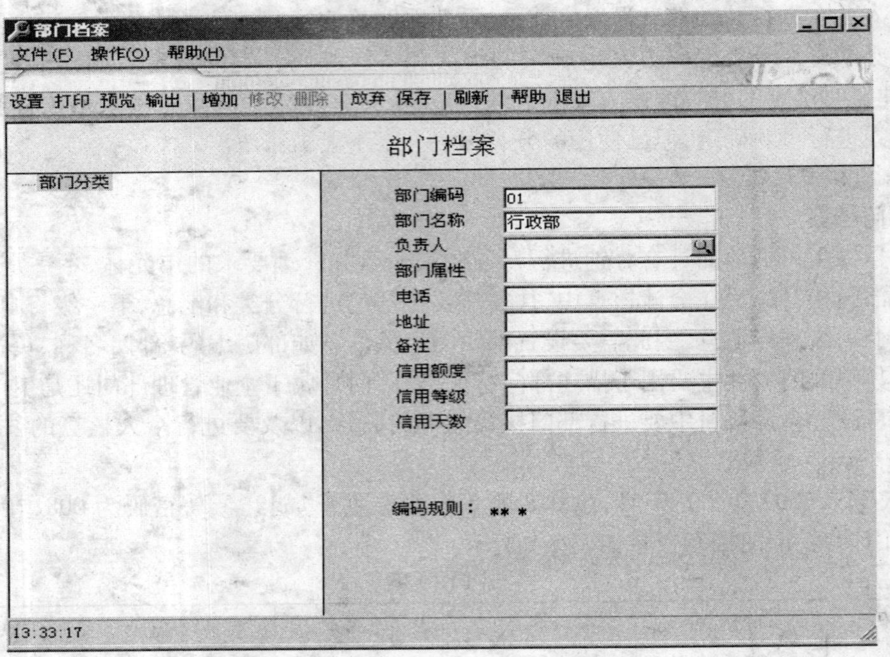

图 5-7 【部门档案】对话框

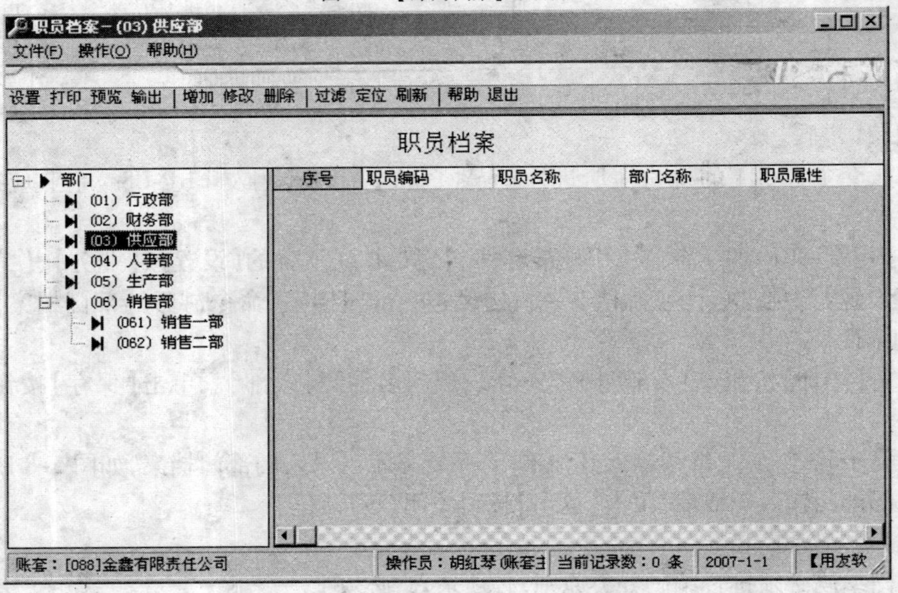

图 5-8 输入的部门档案

⑥信用信息：包括信用额度、信用等级、信用天数，指该部门对本部门负责的客户的信用额度和最大信用天数，可以为空。

⑦部门档案一旦被使用,将不能被修改或删除。

2)职员档案

职员是指用户的各个职能部门中参与本单位的业务活动,且需要对其进行核算和业务考核的人员。职员档案主要用于本单位职员个人的信息资料,包括职员编码、职员名称、所属部门、职员属性等。其中职员属性用来描述该职员是属于管理人员还是业务人员。设置职员档案可方便地进行个人往来核算和管理等操作。

【例 5-4】 2007 年 1 月 1 日,由 088 账套的账套主管"胡红琴",密码为 008,在总账系统中设置职员档案,职员档案资料如表 5-2 所示。

职员档案 表 5-2

职员编码	职员名称	所属部门	职员编码	职员名称	所属部门
1	王新程	行政部	6	晏小华	供应部
2	张小新	财务部	7	黄　河	人事部
3	李红明	财务部	8	唱　路	生产部
4	王　艺	财务部	9	周清清	销售一部
5	胡红琴	财务部	10	高　能	销售二部

(1)操作步骤。

①在【用友 ERP-U8-〖企业应用标准套件〗】对话框左下方的【设置】、【业务】、【工具】选项中,选择【设置】选项,执行"基础档案→机构设置→职员档案"命令,打开【职员档案】对话框,如图 5-9 所示。

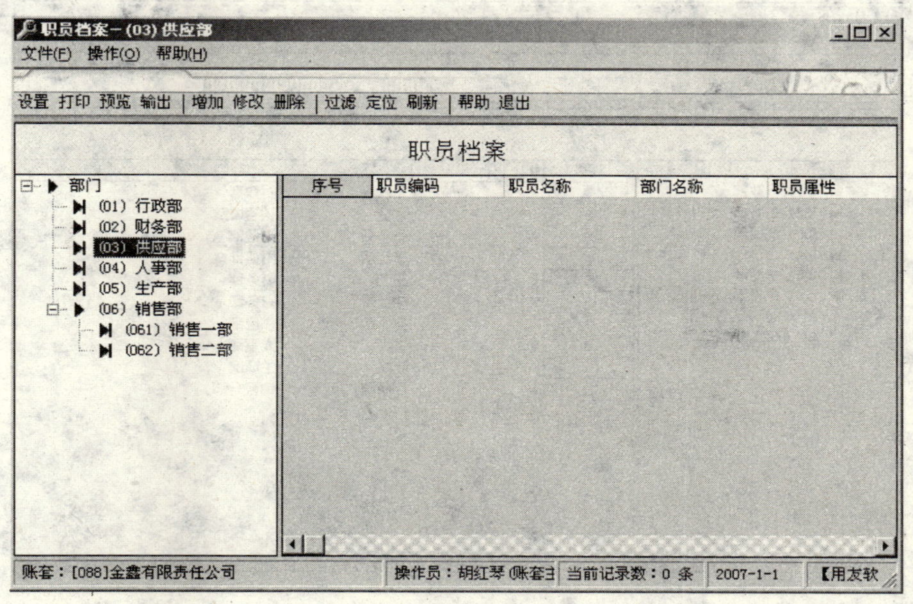

图 5-9 【职员档案】对话框

②选中左侧"部门"列表中的"行政部",单击【增加】按钮,打开【增加职员档案】对话框,输入职员编码"1"、职员姓名"王新程",如图 5-10 所示。

③单击【保存】按钮,保存输入的内容,单击【退出】按钮关闭【增加职员档案】对话框。

④选中下一个部门"财务部",重复步骤②、③操作,继续输入其他部门的职员。全部职员输入完成后,选中左侧部门列表中的"部门",系统显示输入的全部职员,如图5-11所示。

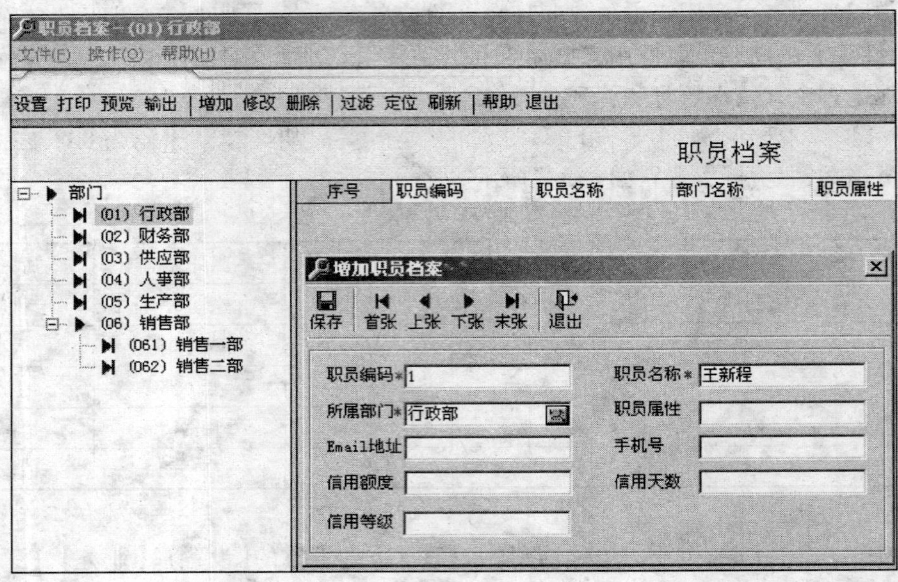

图5-10 【增加职员档案】对话框

图5-11 输入的职员档案

⑤单击【退出】按钮,关闭【职员档案】对话框。

(2)注意事项。

①职员编码必须录入,必须唯一。

②职员名称必须录入,可重复,相同姓名的职员用编码进行识别。

③选定职员的所属部门时,只能选定末级部门。

④Email 和手机号,是职员的辅助信息,可以为空。

⑤信用信息:包括信用额度、信用等级、信用天数,指该职员对所负责的客户的信用额度和最大信用天数,可以为空。

⑥职员档案一旦被使用,将不能被修改或删除。

3)客户分类

客户分类是指按照客户的某种属性或特征,将客户进行分类管理。用户可以根据自身管理的需要选择分类方式,建立客户分类体系,以便于对业务数据的统计和分析。可将客户按行业、地区等进行划分,设置客户分类后,根据不同的分类建立客户档案。没有对客户进行分类管理需求的用户可以不使用本功能,直接建立客户档案。

【例 5-5】 录入如表 5-3 所示的客户分类。

客户分类 表 5-3

类别编码	类别名称	类别编码	类别名称
01	事业单位	02001	工业
01001	学校	02002	商业
01002	机关	02003	其他
02	企业单位		

(1)操作步骤。

①在【用友 ERP-U8-〖企业应用标准套件〗】对话框左下方的【设置】、【业务】、【工具】选项中,选择【设置】选项,执行"基础档案→往来单位→客户分类"命令,打开【客户分类】对话框,如图 5-12 所示。

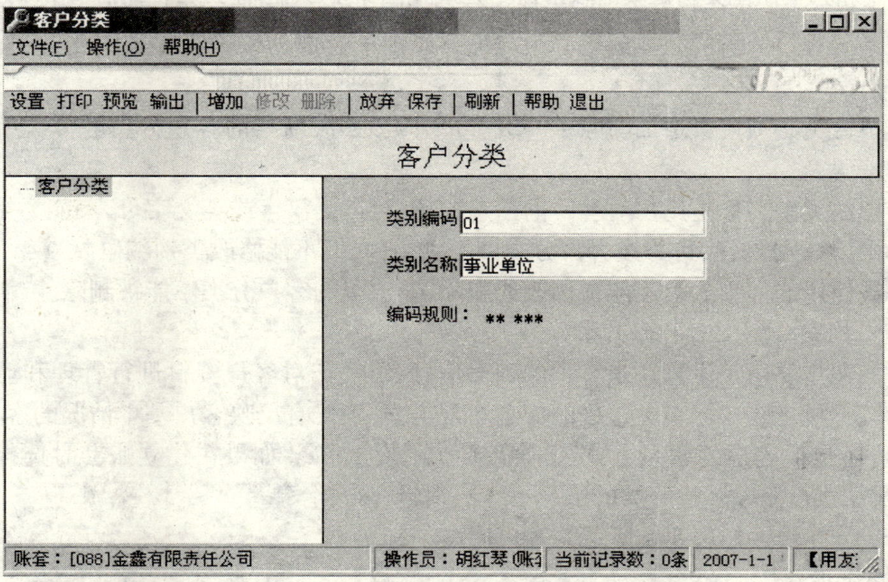

图 5-12 【客户分类】对话框

②单击【增加】按钮,输入类别编码"01",类别名称"事业单位"。

③单击【保存】按钮,保存输入的客户分类。

④重复步骤②、③,继续输入客户分类的内容,系统显示已输入的客户分类,如图 5-13 所示。

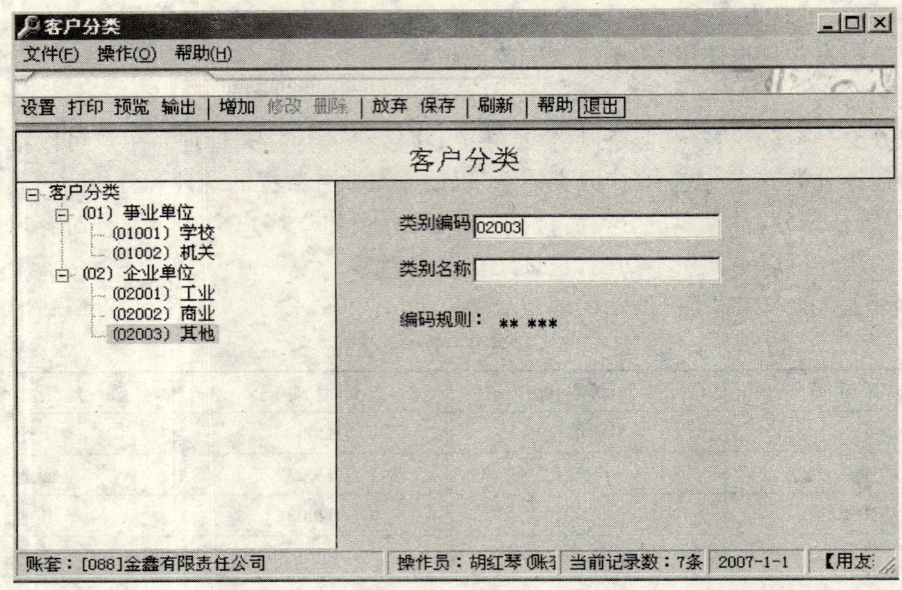

图 5-13 输入的客户分类

⑤单击【退出】按钮,关闭该对话框。

(2)注意事项。

①有下级分类码的客户分类前会出现⊞符号,单击该分类码时,会出现或取消下级分类码。

②新增的客户分类的分类编码必须与编码原则中设定的编码级次结构相符,且分类编码必须唯一。

③客户分类必须逐级增加。除了一级客户分类之外,新增的客户分类的分类编码必须有上级分类编码。

④客户的类别名称是用户对客户的信息描述,可以是汉字或英文字母,不能为空。

⑤单击【修改】按钮,可修改客户分类的类别名称,但不能修改类别编码。

⑥已被使用的客户分类不能被修改或删除,非末级的客户分类不能被删除。

4)客户档案

客户档案主要用于设置往来客户的档案信息,以便于对客户资料进行管理和业务数据的录入、统计、分析。客户档案中包含的信息非常丰富,不仅有反映客户基本情况的客户编码、客户名称等,还包括客户的联系方式、分管部门其他信息等。如果在建立账套时选择了客户分类,则必须在设置完成客户分类的情况下才能编辑客户档案。

【例 5-6】 输入如表 5-4 所示的客户档案。

(1)操作步骤。

①在【用友 ERP-U8-〖企业应用标准套件〗】对话框左下方的【设置】、【业务】、【工具】选项

中，选择【设置】选项，执行“基础档案→往来单位→客户档案”命令，打开【客户档案】对话框，如图 5-14 所示。

客户档案 表 5-4

客户编码	客户名称	客户简称	所属分类码
1	欣达公司	欣达	02001
2	宏盛公司	宏盛	02001
3	万隆公司	万隆	02002
4	丰新公司	丰新	02002

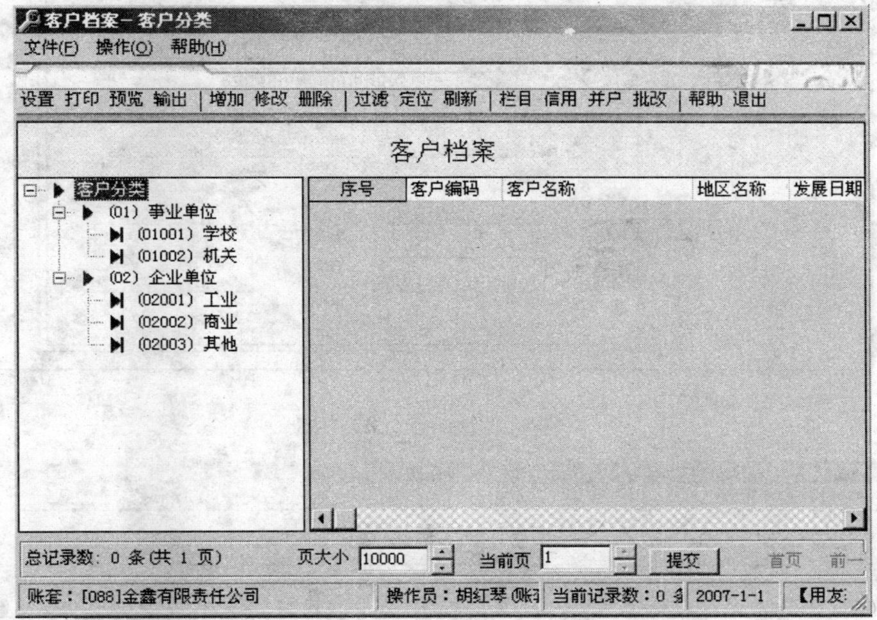

图 5-14 【客户档案】对话框

②选中左侧“客户分类”列表中客户“欣达公司”对应的末级客户分类“事业单位—工业”，单击【增加】按钮，打开【增加客户档案】对话框，输入客户编码“1”、客户名称“欣达公司”，客户简称“欣达”，如图 5-15 所示。

③单击【保存】按钮，保存输入的客户档案。

④选中下一个客户对应的客户分类，重复步骤②、③操作，继续输入其他客户档案的内容。全部客户档案输入完成后，选中左侧客户分类列表中的“客户分类”，系统显示输入的全部客户档案，如图 5-16 所示。

⑤单击【退出】按钮，关闭该对话框。

(2) 注意事项。

①客户编码必须录入，必须唯一。

②客户名称必须录入，可重复，相同名称的客户用编码进行识别。

③选定客户的分类编码时，只能选定末级分类编码。

④可对客户档案进行修改。选择要修改的客户记录，点击【修改】按钮，修改方法与新增

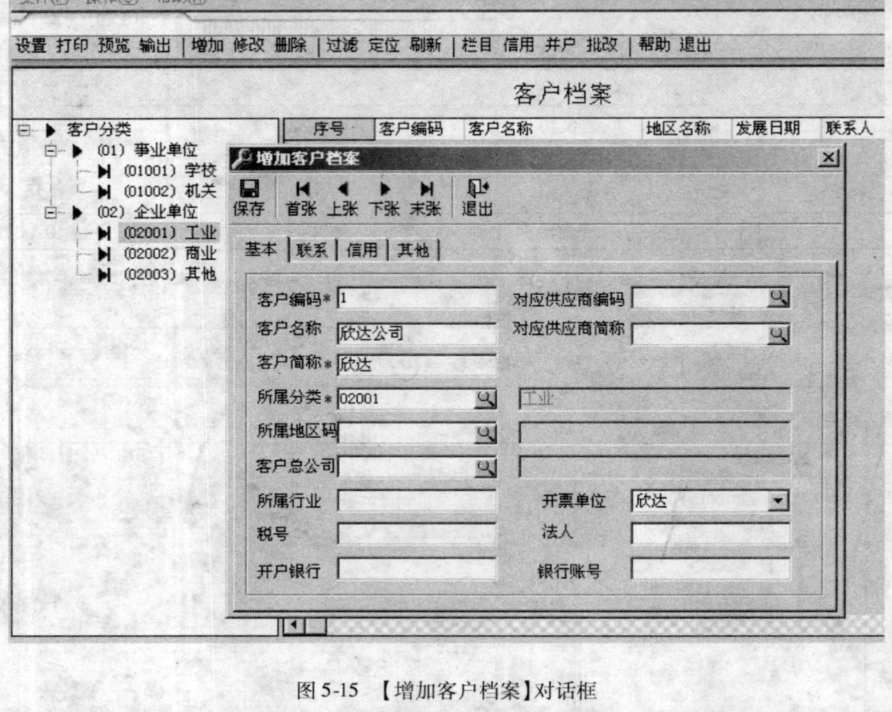

图 5-15 【增加客户档案】对话框

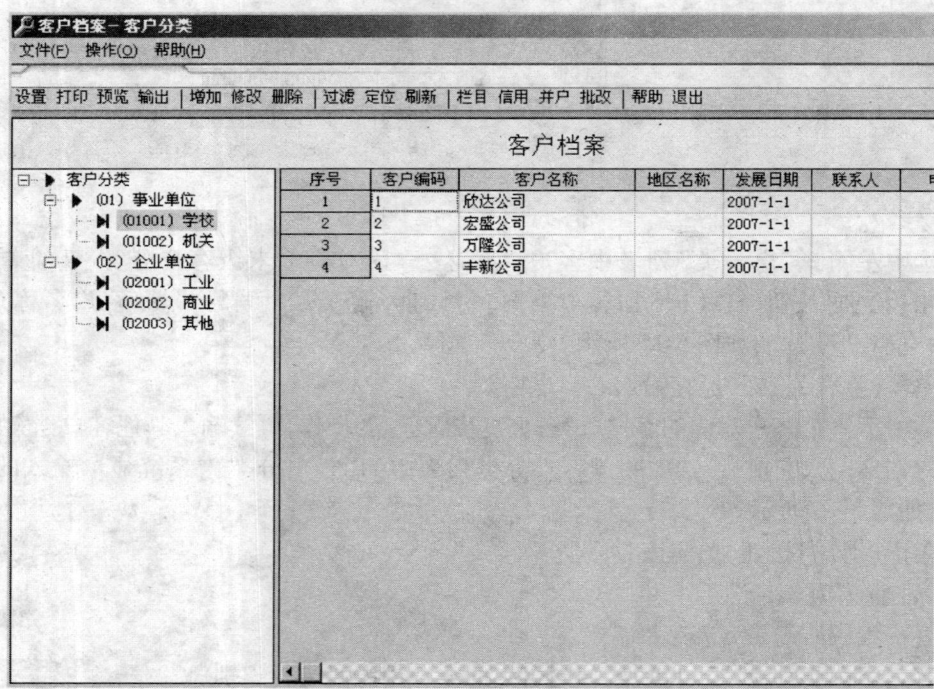

序号	客户编码	客户名称	地区名称	发展日期	联系人
1	1	欣达公司		2007-1-1	
2	2	宏盛公司		2007-1-1	
3	3	万隆公司		2007-1-1	
4	4	丰新公司		2007-1-1	

图 5-16 输入的客户档案

方法相同。但客户编码不可修改。

⑤可删除客户档案。选择要删除的客户记录，点击【删除】按钮即可删除。但已被调用的客户不能删除。

⑥已停用的客户（即客户档案的停用日期小于当前单据日期的客户），输入单据时不能再参照，否则系统提示“此客户已停用，请选择其他客户”。

⑦在进行单据或账表查询时，已停用的客户仍可继续查询。

5）供应商分类

供应商分类是指按照供应商的某种属性或特征，将供应商进行分类管理。

用户可以根据自身管理的需要选择分类方式，建立供应商分类体系，以便于对业务数据进行统计和分析。可将供应商按行业、地区等进行划分，设置供应商分类后，根据不同的分类建立供应商档案。没有对供应商进行分类管理需求的用户可以不使用本功能，直接建立供应商档案。

【例5-7】 录入如表5-5所示的供应商分类。

供应商分类　　表5-5

类别编码	类别名称	类别编码	类别名称
01	主要材料供应商	02	辅助材料供应商
0101	甲材料供应商	0201	丙材料供应商
0102	乙材料供应商	0202	丁材料供应商

（1）操作步骤。

①在【用友ERP-U8-〖企业应用标准套件〗】对话框左下方的【设置】、【业务】、【工具】选项中，选择【设置】选项，执行“基础档案→往来单位→供应商分类”命令，打开【供应商分类】对话框，如图5-17所示。

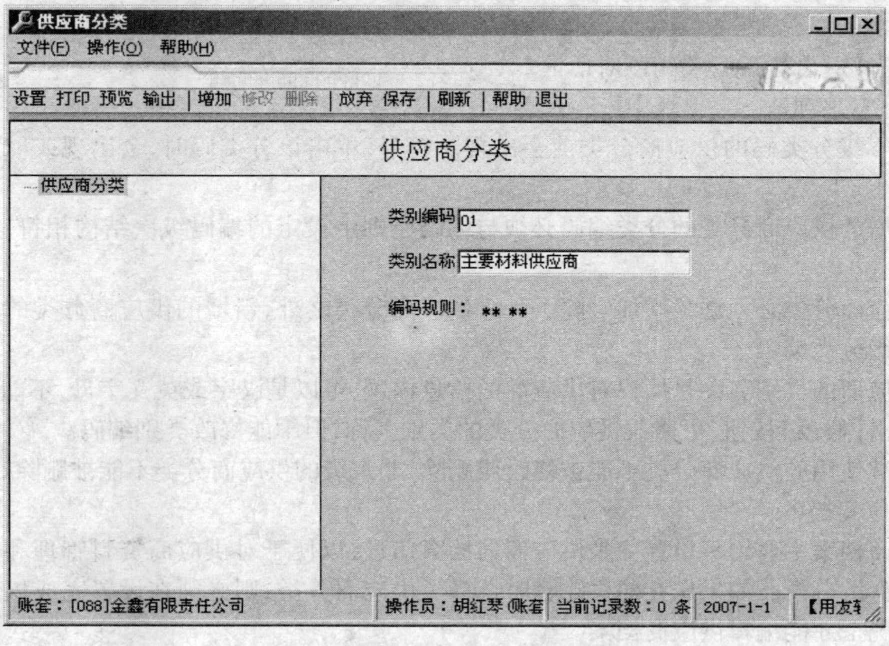

图5-17 【供应商分类】对话框

②单击【增加】按钮，输入类别编码“01”，类别名称“主要材料供应商”。

③单击【保存】按钮，保存输入的供应商分类。

④重复步骤②、③，继续输入供应商分类的内容，系统显示已输入的供应商分类，如图5-18所示。

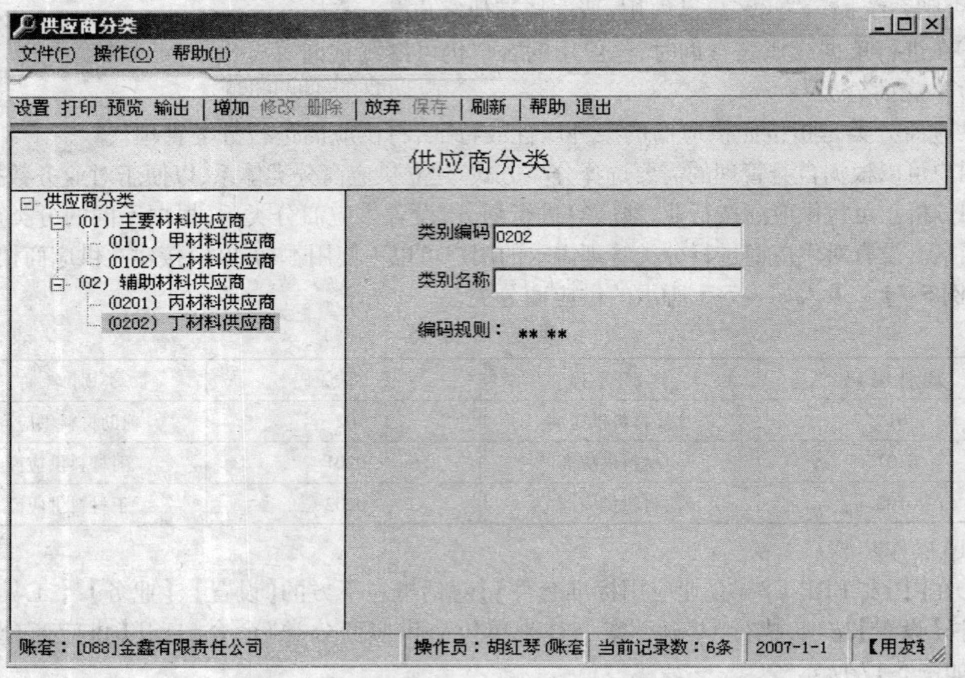

图5-18 输入的供应商分类

⑤单击【退出】按钮，关闭该对话框。

(2)注意事项。

①有下级分类码的供应商分类前会出现⊞符号，单击该分类码时，会出现或取消下级分类码。

②新增的供应商分类的分类编码必须与编码原则中设定的编码级次结构相符，且类别编码必须唯一。

③供应商分类必须逐级增加。除了一级供应商分类之外，新增的供应商分类的分类编码必须有上级分类编码。

④供应商的类别名称是用户对供应商的信息描述，可以是汉字或英文字母，不能为空。

⑤单击【修改】按钮，可修改供应商分类的类别名称，但不能修改类别编码。

⑥已被使用的供应商分类不能被修改或删除，非末级的供应商分类不能被删除。

6)供应商档案

供应商档案主要用于设置往来供应商的档案信息，以便于对供应商资料管理和业务数据的录入、统计、分析。如果您在建立账套时选择了供应商分类，则必须在设置完成供应商分类档案的情况下才能编辑供应商档案。

建立供应商档案主要是为用户的采购管理、库存管理、应付账管理服务的。在填制采购入库单、采购发票和进行采购结算、应付款结算和有关供货单位统计时都会用到供货单位档案，因此必须应先设立供应商档案，以减少工作差错。在输入单据时，如果单据上的供货单位不在供应商档案中，则必须在此建立该供应商的档案。

【例 5-8】 输入如表 5-6 所示的供应商档案。

供应商档案　　表 5-6

供应商编码	供应商名称	供应商简称	所属分类码
1	胜强公司	胜强	0101
2	三汇公司	三汇	0101
3	天和公司	天和	0102
4	兴采公司	兴采	0201

(1)操作步骤。

①在【用友 ERP-U8-〖企业应用标准套件〗】对话框左下方的【设置】、【业务】、【工具】选项中，选择【设置】选项，执行“基础档案→往来单位→供应商档案”命令，打开【供应商档案】对话框，如图 5-19 所示。

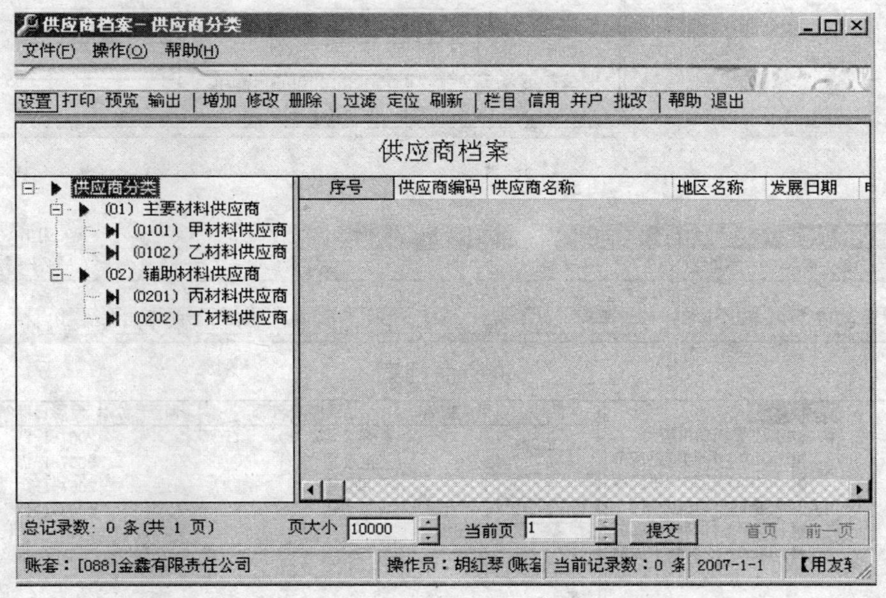

图 5-19 【供应商档案】对话框

②选中左侧“供应商分类”列表中供应商“胜强公司”对应的末级供应商分类“主要材料供应商—甲材料供应商”，单击【增加】按钮，打开【增加供应商档案】对话框，输入供应商编码“1”、供应商名称“胜强公司”，供应商简称“胜强”，如图 5-20 所示。

③单击【保存】按钮，保存输入的供应商档案。

④选中下一个供应商对应的供应商分类，重复步骤②、③操作，继续输入其他供应商档案的内容。全部供应商档案输入完成后，选中左侧供应商分类列表中的“供应商分类”，系统显示输入的全部供应商档案，如图 5-21 所示。

⑤单击【退出】按钮，关闭该对话框。

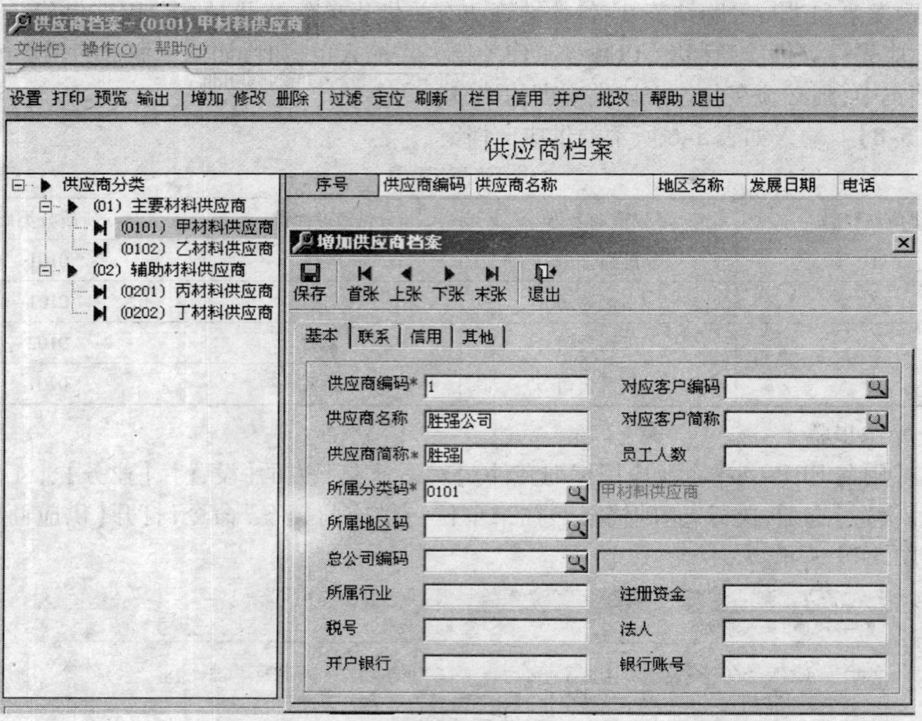

图 5-20 【增加供应商档案】对话框

供应商档案－供应商分类

文件(F) 操作(O) 帮助(H)

设置 打印 预览 输出 | 增加 修改 删除 | 过滤 定位 刷新 | 栏目 信用 并户 批改 | 帮助 退出

供应商档案

供应商分类
- (01) 主要材料供应商
  - (0101) 甲材料供应商
  - (0102) 乙材料供应商
- (02) 辅助材料供应商
  - (0201) 丙材料供应商
  - (0202) 丁材料供应商

序号	供应商编码	供应商名称	地区名称	发展日期
1	1	胜强公司		2007-1-1
2	2	三汇公司		2007-1-1
3	3	天和公司		2007-1-1
4	4	兴采公司		2007-1-1

总记录数：4 条 (共 1 页)　页大小 10000　当前页 1　提交　首页　前一页

账套：[088]金鑫有限责任公司　操作员：胡红琴 (账套　当前记录数：4 条　2007-1-1　【用友

图 5-21 输入的供应商档案

(2)注意事项。

①供应商编码必须录入,必须唯一。

②供应商名称必须录入,可重复,相同名称的供应商用编码进行识别。

③选定供应商的分类编码时,只能选定末级分类编码。

④可对供应商档案进行修改。选择要修改的供应商记录,点击【修改】按钮,修改方法与新增方法相同,但供应商编码不可修改。

⑤可删除供应商档案。选择要删除的供应商记录,点击【删除】按钮即可删除,但已被调用的供应商不能删除。

⑥已停用的供应商(即供应商档案的停用日期小于当前单据日期的供应商),输入单据时不能再参照,否则系统提示"此供应商已停用,请选择其他供应商"。

⑦在进行单据或账表查询时,已停用的供应商仍可继续查询。

2. 财务信息设置

1)设置会计科目

会计科目是对会计对象的具体内容进行分门别类核算所规定的项目。会计科目是填制会计凭证、登记会计账簿、编制会计报表的基础。会计科目设置的完整性影响着会计过程的顺利实施,会计科目设置的层次深度直接影响会计核算的详细、准确程度。会计科目设置的功能是将用户在会计核算和会计管理中所需要的科目在总账系统中进行设置,将其结果保存在科目文件中,实现对会计科目的管理。

财务管理软件所采用的一级会计科目必须符合国家会计制度的规定,而对于明细科目,则可根据实际情况,在满足核算和管理要求以及报表数据来源的基础上自行设定。利用会计科目设置的功能完成对会计科目的设立和管理,用户可以根据业务的需要方便地增加、插入、修改、查询、打印会计科目。

(1)会计科目设置的内容。

①科目编码:科目编码应是科目的全编码,即从一级科目至本级科目的各级科目编码组合。其中,一级科目的编码必须符合现行的会计制度,各级科目的编码必须唯一,且必须按科目级次的先后顺序建立,即先建上级科目,才能建立下级明细科目。通常的商品化财务管理软件在建立账套时,会自动装入规范的一级会计科目。

②科目名称:科目名称指本级科目的名称,一般包括科目中文名称和科目英文名称。在中文版中必须录入中文名称,英文版中必须录入英文名称。科目中文名称和英文名称不能同时为空。

③科目类型:科目类型指会计制度中规定的科目类型,分为资产、负债、所有者权益、成本和损益。

④账页格式:定义科目在账簿打印时的默认的打印格式。通常系统会提供金额式、外币金额式、数量金额式、数量外币式4种账页打印格式供选择。

⑤助记码:用于帮助记忆科目,提高科目的录入和查询速度。科目助记码不必唯一,也可以为空。

⑥科目性质(余额方向):用于说明科目一般的余额方向。增加记借方的科目,科目性质为借方;增加记贷方的科目,科目性质为贷方。一般情况下,资产类科目的科目性质为借方,负

债类和所有者权益类科目的科目性质为贷方。只能在一级科目设置科目性质,下级科目的科目性质与其一级科目的相同。已存在数据的科目不能再修改科目的性质。

⑦辅助核算:用于说明本科目是否有其他核算要求,系统除完成一般的总账、明细账核算外,还提供部门核算、个人往来核算、客户往来核算、供应商往来核算和项目核算5种专项核算功能供选择。

⑧日记账、银行账:用于说明现金和银行存款核算的特殊要求。现金科目要设为日记账,银行存款科目要设为日记账和银行账。

⑨外币核算:用于设定该科目是否有外币核算要求及核算的外币名称。一个科目只能核算一种外币,只有设定了外币核算的科目才允许也必须设定外币名称。

⑩数量核算:用于设定该科目是否有数量核算要求及数量的计量单位。计量单位可以是汉字或字符。

⑪封存:被封存的科目在制单时不可以使用。此选项只能在科目修改时进行设置。

⑫受控系统:为了加强各系统间的相互联系与控制,在定义会计科目时引入受控系统概念。即设置某科目为受控科目,受控于某一系统,则该受控系统只能使用受控科目制单。例如"应收账款"是应收系统的受控科目,则应收系统只能使用应收账款科目制单。

如果应收、应付系统是简单核算,则不要求凭证中的科目为受控科目。

⑬汇总打印:在同一张凭证中当某科目或有同一上级科目的末级科目有多笔同方向的分录时,如果您希望将这些笔分录按科目汇总成一笔打印,则需要将该科目设置汇总打印,汇总到的科目设置成该科目的本身或其上级科目。当将该科目设成汇总打印时,系统登记明细账仍按明细登记,而不是按汇总数登记,此设置仅供凭证打印输出。

(2)增加会计科目。

为了方便用户设置会计科目,系统在建立账套功能中提供了预置会计科目的功能,如果在建立账套时选择了预置会计科目,即在建立账套的同时,为所建立的账套设置了相应的一级会计科目及规定的明细科目。这样,在会计科目初始化时,只需根据用户的实际情况,增加需要的明细科目即可。

【例5-9】 增加如表5-7所示的会计科目,其中序号为4、5、6的科目采用复制科目的方法增加,序号为7、8、9、10的科目采用成批复制科目的方法增加。

会计科目　　表5-7

序号	科目编码	科目名称	辅助核算	备注
1	100101	人民币		日记账
2	100201	工行存款		日记账、银行账
3	120101	甲材料	数量核算	计量单位:kg
4	120102	乙材料	数量核算	计量单位:t
5	120103	丙材料	数量核算	计量单位:件
6	120104	丁材料	数量核算	计量单位:个
7	121101	甲材料	数量核算	计量单位:kg
8	121102	乙材料	数量核算	计量单位:t

续上表

序号	科目编码	科目名称	辅助核算	备　注
9	121103	丙材料	数量核算	计量单位:件
10	121104	丁材料	数量核算	计量单位:个
11	550201	工资		
12	550202	福利费		
13	550203	办公费	部门核算	

①操作步骤。

a. 在【用友 ERP-U8-〖企业应用标准套件〗】对话框左下方的【设置】、【业务】、【工具】选项中,选择【设置】选项,执行“基础档案→财务→会计科目”命令,打开【会计科目】对话框,如图 5-22 所示。

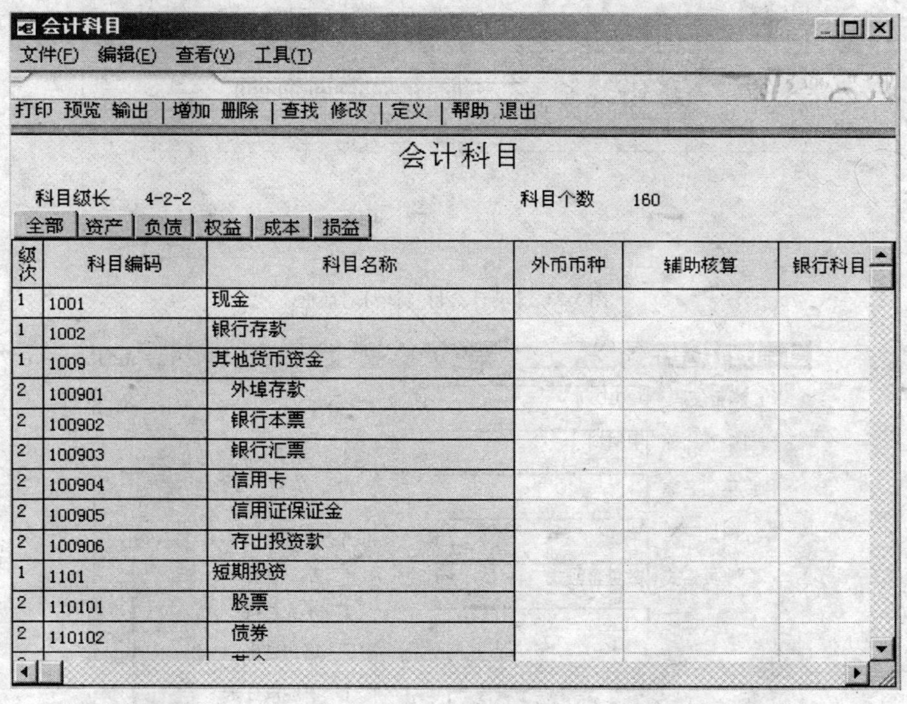

图 5-22 【会计科目】对话框

b. 单击【增加】按钮,打开【会计科目_新增】对话框,输入科目编码“100101”、科目名称“人民币”,选中【日记账】复选框,其他选项保留默认值,如图 5-23 所示。

c. 单击【确定】按钮,保存新增科目并保留输入方式,继续增加“100201,工行存款”会计科目的内容。

d. 单击【增加】按钮,输入科目编码“120101”、科目名称“甲材料”,在【账页格式】列表框中选择“数量金额式”,选中【数量核算】复选框,在【计量单位】文本框中输入“kg”,如图 5-24 所示。

e. 单击【确定】按钮,保存新增科目并保留输入方式,继续增加“120102,乙材料”会计科目的内容。

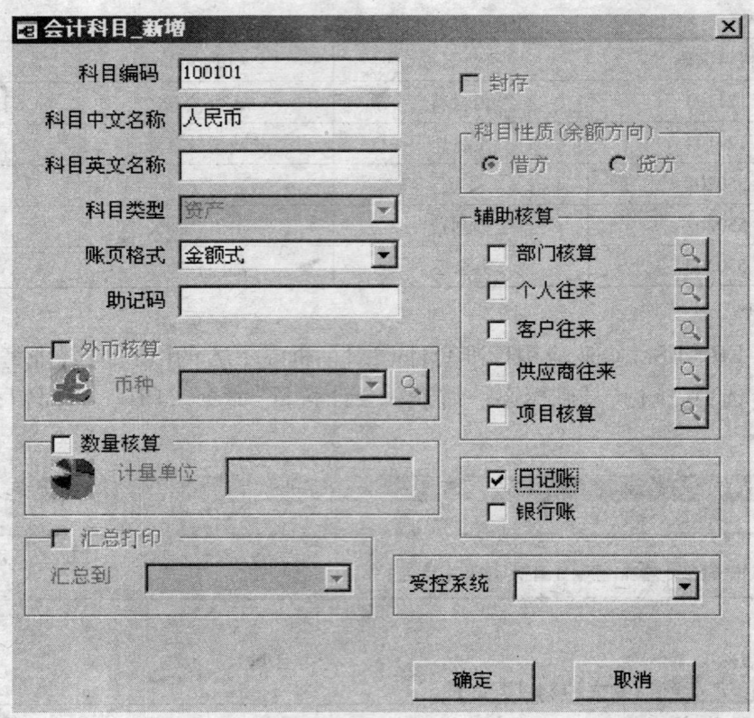

图 5-23 【会计科目_新增】对话框

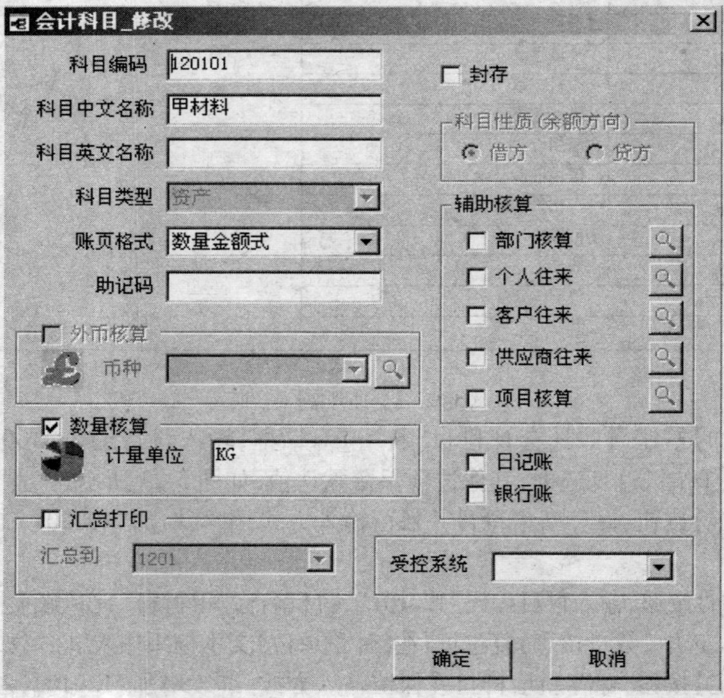

图 5-24 增加科目编码为“120101”的会计科目

f. 单击【关闭】按钮，完成增加会计科目的操作。

g. 复制科目：如果新增会计科目与某一已设置好的会计科目相似，可以使用科目复制功能复制增加新科目，对于不同之处，在新科目上略作修改即可，不用重新设置所有项。

选择要复制的科目，点击【编辑】菜单下的【复制】，增加一新科目，在新增界面修改不同之处，点击【保存】即增加一新科目。

h. 成批复制科目：

在新增会计科目过程中可能会遇到新增会计科目的下级科目与一个已设置好的科目的下级明细科目类似，在这种情况下如果设置一批新下级明细科目，非常浪费时间和人力，可以利用科目成批复制下级明细科目的功能，将本账套或其他账套中的相似的下级科目复制给某一科目，减少重复设置的工作量，并提高正确率和一致性。

a）本账套内复制：

选择【编辑】菜单下的【成批复制】，显示成批复制对话框，将“1201”科目的所有下级科目复制到“1211”，并选中【数量核算】复选框和【本账套】单选框，如图 5-25 所示。

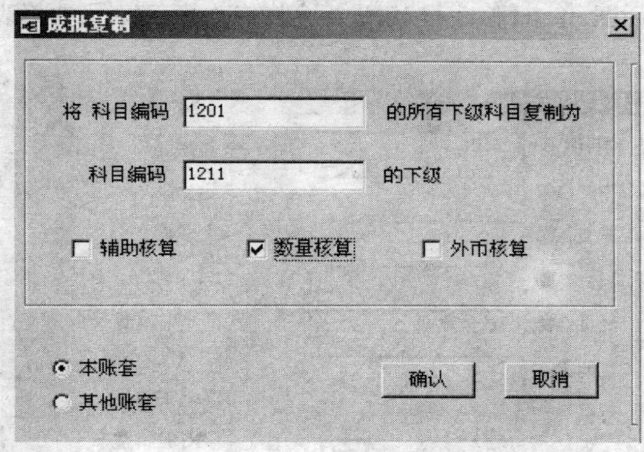

图 5-25 科目【成批复制】对话框

单击【确认】按钮，便将“1201”科目下的所有明细科目复制到了“1211”科目下。

b）其他账套复制：

操作方法同本账套内复制，只是选中【其他账套】单选框，并选择相应的账套号即可。注意科目复制到其他账套时，仅能在同一年度账之间复制。

如果需要复制携带辅助核算、数量核算和外币核算的，在 3 个辅助核算前打钩即可。

②注意事项。

a. 科目编码应输入全码，即从一级科目至本级科目的各级编码组成的编码组。

b. 科目编码必须唯一，不能重码、空码。

c. 增加会计科目时，必须从上一级至下一级逐级增加，不能越级。

d. 科目编码要反映科目间的统属和逻辑关系，既要满足核算需要，又要尽量减少位数，以免增加输入和运算的工作量，减少出错的可能性，这一点，取决于建立账套时科目编码方案是否合理。若在增加科目时发现科目的编码方案不适合用户的实际，或无法预留科目的扩展空间，可在删除所有增加科目的前提下，以修改账套的方式对科目编码进行修改。

e. 已经使用过的末级会计科目不能再增加下级科目。因此考虑到业务的扩展和管理要求的不断提高，科目编码应具有一定的扩展性，即在增加科目时，为以后科目的增加留下足够的空间。如先为“1001、现金”科目设置二级科目“10 0101、人民币”，使以后业务扩展出现使用其他币种核算时，便可方便地增加同级科目，如“100102、美元”等。

f. 设置一些特殊的明细科目，以满足会计核算的要求。如对于损益类科目，设置一个专门用于结转的末级科目，便于利用自动转账生成的功能，在会计期末时方便地将损益类科目的发生额转入“本年利润”。

g. 为满足编制报表的需要，设置一些特殊的明细科目。如按利润表中报表编制项目的排列顺序，将所有的损益类科目设置为“本年利润”科目的二级科目，可方便地利用系统的报表模块编制利润表。

(3) 修改会计科目。

①操作步骤。

a. 在【会计科目】对话框中，选择要修改的科目，执行“修改”命令或双击该科目，即可打开【会计科目_修改】对话框，单击【修改】按钮进入允许修改状态，对需要修改的会计科目进行修改，如图 5-26 所示。

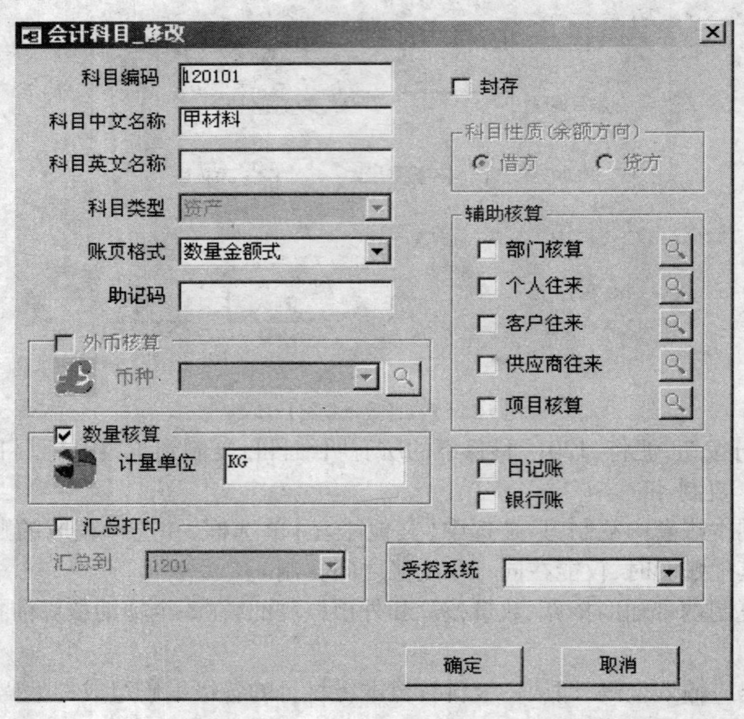

图 5-26 【会计科目_修改】对话框

b. 单击【确定】按钮保存修改的设置。

c. 如果需要成批修改，可单击◄、►按钮，直到查找到需修改的会计科目进行修改。否则，单击【返回】按钮，退出【会计科目_修改】对话框。

②注意事项。

a. 没有会计科目设置权的用户只能在此浏览科目的具体定义,而不能进行修改。

b. 不能修改一级会计科目的编码,已使用过的明细科目不能修改其编码。

c. 已使用的科目不能增加下级。

d. 对于已有数据的会计科目,如已在制单进使用或录入期初余额,应先将科目及其下级科目余额清零后再进行修改,修改完毕后要将余额及凭证补上。

e. 只有会计科目修改状态才能设置汇总打印和封存。

f. 只有末级科目才能设置汇总打印,且汇总到的科目必须为该科目的上级科目。

g. 被封存的会计科目在制单位时不可以使用。

(4)删除会计科目。

如果某些会计科目不适合用户的实际情况,可以在未使用前将其删除。

①操作步骤。

a. 在【会计科目】对话框中,选择要删除的科目,执行"删除"命令,即可打开【删除记录】对话框,如图 5-27 所示。

b. 单击【确定】按钮删除选择的科目;单击【取消】按钮关闭【删除记录】对话框。

②注意事项。

a. 科目删除后不能恢复,但可通过增加科目的方式来恢复。

b. 非末级科目不能删除。

c. 对于已有余额的会计科目,未结账前的,可通过将科目及其下级科目余额清零后删除,但已通过结账操作后的科目余额不能清零,也就不能删除。

d. 被指定为现金银行存款科目的会计科目不能删除。如需删除,必须先取消指定。

(5)查找会计科目。

a. 在【会计科目】对话框中,执行"查找"命令,即可打开【查找科目】对话框,如图 5-28 所示。

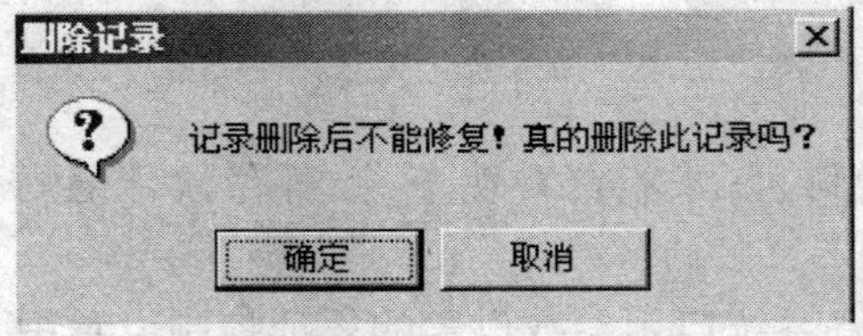

图 5-27 会计科目【删除记录】对话框

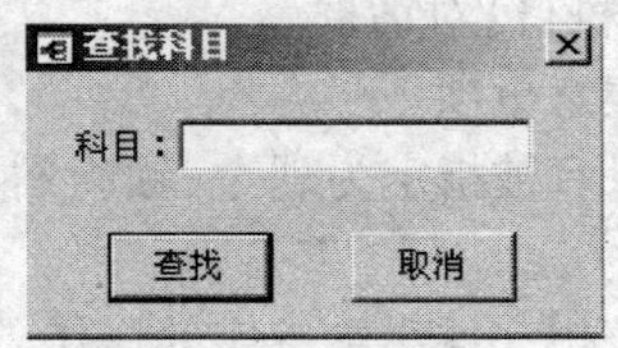

图 5-28 【查找科目】对话框

b. 输入需查找的会计科目编码、会计科目名称或助记码,单击【查找】按钮可在所有科目中迅速找到要查看的科目;单击【取消】按钮关闭【查找科目】对话框。

(6)指定会计科目。

指定会计科目包括两个方面的内容。一是指定出纳的专管科目。系统中只有指定科目后,才能执行出纳签字,才能查看现金、银行存款日记账,以加强现金、银行存款的保密管理。二是指定现金流量科目。系统设置了指定现金流量科目功能,使在填制凭证录入分录的同时录入现金流量项目,为以后的现金流量表的编制提供数据。

①操作步骤。

a. 在【会计科目】对话框中,执行"编辑→指定科目"命令,打开【指定科目】对话框,如图

5-29所示。

b. 在【指定科目】对话框中,单击【现金总账科目】单选按钮,在【待选科目】列表框中选择"1001 现金"选项,单击【 > 】按钮,系统自动将其添加到【已选科目】列表框中。

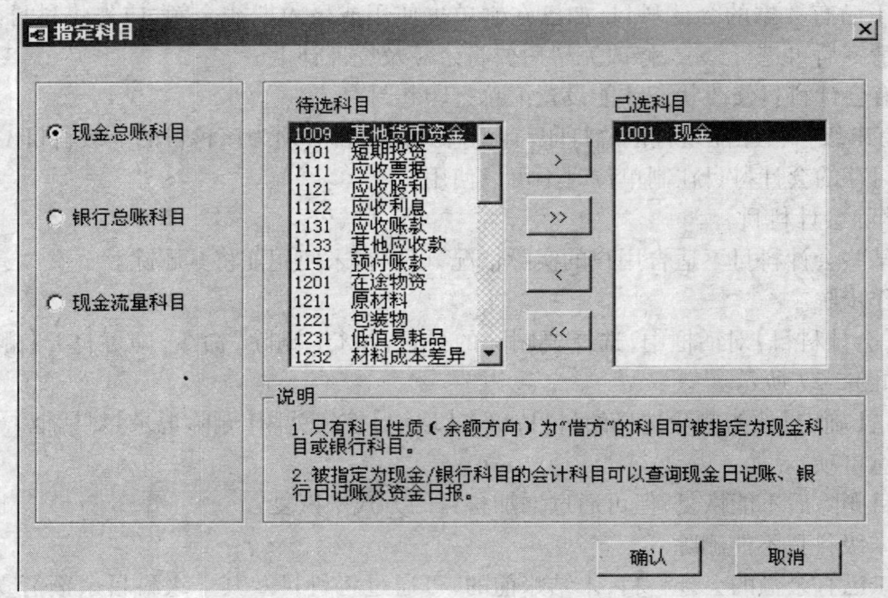

图 5-29 【指定科目】对话框,指定现金总账科目

c. 单击【确认】按钮,指定现金总账科目,并退回到【会计科目】对话框。

d. 用同样的方法,进行指定"银行总账科目"和"现金流量科目"的操作。

e. 取消已指定的会计科目,在【已选科目】列表框中,选中拟取消的指定科目,单击【 < 】按钮,系统自动将其退回到【待选科目】列表框中,单击【确认】按钮,取消已指定的科目,并退回到【会计科目】对话框。

②注意事项。

a. 只有被指定为现金、银行科目的会计科目,才能查看现金、银行存款日记账及资金日报表。

b. 若想完成出纳签字的操作,还应在总账系统启用参数设置的凭证控制设置中,选择【出纳凭证必须经由出纳签字】的复选框。

c. 只有被指定为现金流量科目的会计科目,才能在填制凭证时录入现金流量项目。

(7)会计科目辅助核算设置。

如果用户需要对往来单位、供应商、部门、项目和个人进行更进一步的管理,就需要通过设置明细科目来进行核算。在使用总账系统之后,应改用辅助核算进行管理,即将这些明细科目的上级科目设为末级科目并设为辅助核算科目,将这些明细科目设为相应的辅助核算目录。一个科目设置了辅助核算后,它所发生的每一笔业务将会同时登记在总账和辅助明细账上。可以进行辅助核算的内容主要有:部门核算、个人往来、客户往来、供应商往来和项目核算。

【例 5-10】 增加如表 5-8 所示科目的辅助核算内容。

会计科目的辅助核算 表5-8

科目编码	科目名称	辅助核算	备 注
1131	应收账款	客户往来	没有受控系统
1133	其他应收款	个人往来	
2121	应付账款	供应商往来	没有受控系统
550203	办公费	部门核算	

①操作步骤。

a. 在【会计科目】对话框中,选中“应收账款”科目,执行“修改”命令,打开【会计科目_修改】对话框。

b. 单击【修改】按钮,进入修改状态。

c. 选中【客户往来】复选框,在【受控系统】下拉列表中选择空白选项,如图5-30所示。

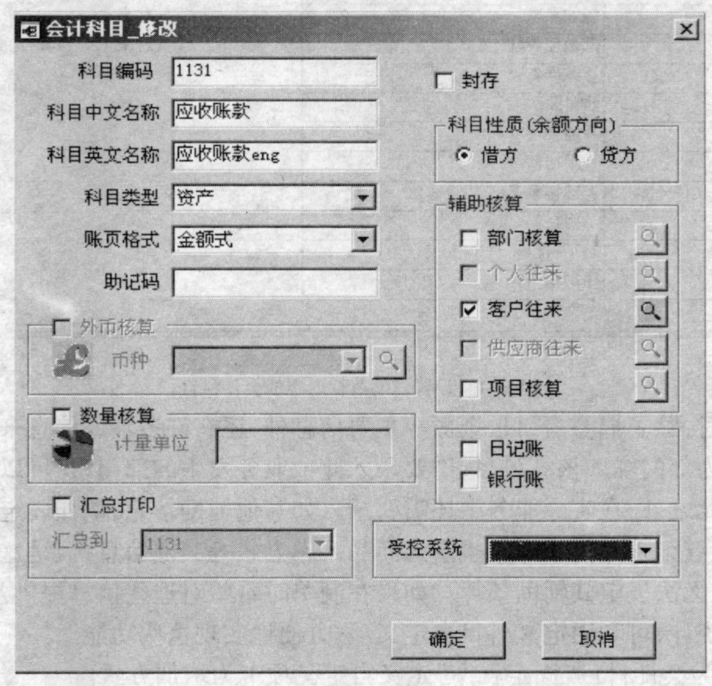

图5-30 【会计科目_修改】对话框,会计科目辅助核算设置

d. 单击【确定】按钮,保存修改结果。

e. 按次方法,继续修改“1133 其他应收款”、“2121 应付账款”、“550203 办公费”会计科目,完成会计科目辅助核算内容的设置,如图5-31所示。

②注意事项。

a. 辅助核算必须设在末级科目上,但为了查询或输出账簿的方便,可在其上级和末级科目上同时设置辅助核算。

b. 由于分别将会计科目“应收账款”、“其他应收款”、“应付账款”和“办公费”设置成了“客户往来”、“个人往来”、“供应商往来”和“部门核算”,在增加会计时,不必为它们增加明细会计科目,系统会自动按照“客户”、“个人”、“供应商”和“部门”的明细目录进行明细辅助核算。

(8)定义科目自定义项。

科目自定义项是由用户在会计科目处自由设置并在填制凭证中自由录入的科目辅助项。

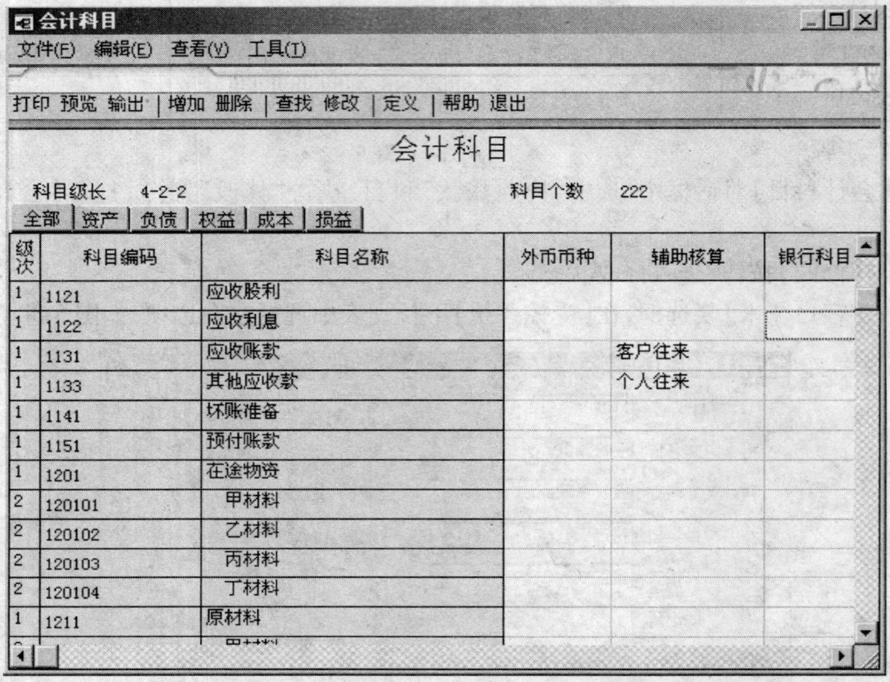

会计科目

文件(F) 编辑(E) 查看(V) 工具(T)

打印 预览 输出 | 增加 删除 | 查找 修改 | 定义 | 帮助 退出

会计科目

科目级长 4-2-2　　科目个数 222

全部 | 资产 | 负债 | 权益 | 成本 | 损益

级次	科目编码	科目名称	外币币种	辅助核算	银行科目
1	1121	应收股利			
1	1122	应收利息			
1	1131	应收账款		客户往来	
1	1133	其他应收款		个人往来	
1	1141	坏账准备			
1	1151	预付账款			
1	1201	在途物资			
2	120101	甲材料			
2	120102	乙材料			
2	120103	丙材料			
2	120104	丁材料			
1	1211	原材料			

图 5-31　设置辅助核算内容的会计科目

在填制凭证时,除了摘要、科目、金额等主要信息外,还有许多辅助信息来说明此项业务的情况,如:若科目为部门辅助核算科目,需要录入此项业务发生的部门,这可以通过设置辅助核算来实现。但除此之外,在实际业务中还需要录入如其他辅助信息,例如固定资产增加时希望录入其增加方式,登记入库商品时希望录入商品入库方式等其他信息,但是这些信息并不是凭证的主要信息,又无法设定其辅助核算。如果在制单时希望对这些信息提供录入的地方,并在查询时可以进行统计,可利用定义科目自定义项,方便地实现这些功能。

【例 5-11】 为会计科目“固定资产”定义自定义项 1 为增加方式。

①操作步骤。

a. 在【会计科目】对话框中,执行“编辑—定义自定义项”命令,打开【定义自定义项】对话框,设置“自定义项 1”为增加方式。

b. 选中“固定资产”科目,双击“自定义项 1”,出现“Y”,表明为会计科目“固定资产”定义了增加方式的一自定义项,如图 5-32 所示。

c. 再次双击已定义项,可取消科目的自定义项。

②注意事项。

a. 定义了自定义项的科目,可在制单中填写自定义项的内容,并在账簿查询中查看。

b. 在【定义自定义项】对话框中,键入 F8 可进行科目名称和科目编码的切换。

2)凭证类别设置

在开始使用计算机输入凭证之前,应根据用户管理和核算的要求在系统中设置凭证类别,以便将凭证按类别分别进行编制、管理、记账和汇总。系统提供了常用的凭证分类方式,用户也可根据自身的需要自行定义。某些类别的凭证在制单时对科目有一定的限制,如定义了

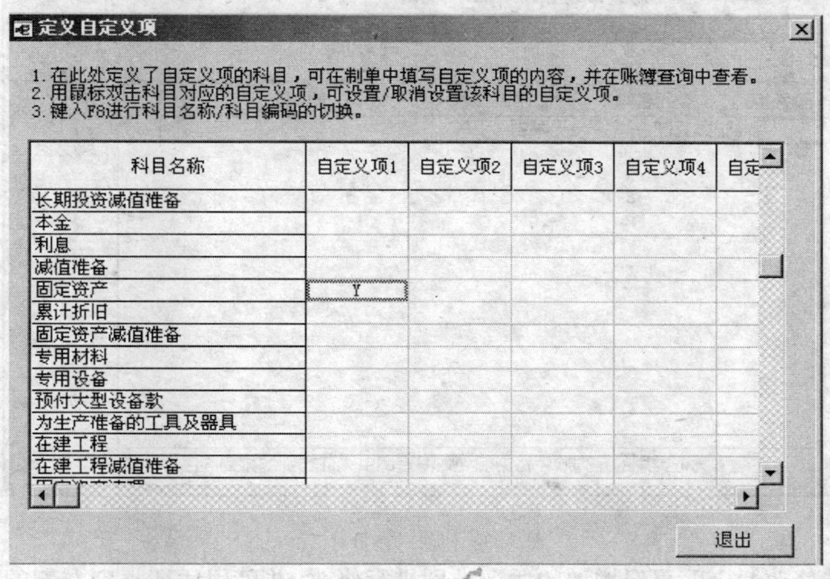

图 5-32 【定义自定义项】对话框

"收款凭证"、"付款凭证"和"转账凭证"方式,"收款凭证"的借方必须是现金或银行存款科目,"付款凭证"的贷方必须是现金或银行存款科目,而"转账凭证"的借方和贷方都不能出现现金或银行存款科目。因此,应根据凭证分类的特点进行相应限制条件的设置,以提高凭证处理的准确性。

【例 5-12】 设置凭证类别为收款凭证、付款凭证和转账凭证,如表 5-9 所示。

凭 证 类 别 表 5-9

类 别 字	类别名称	限制类型	限制科目
收	收款凭证	借方必有	1001,1002
付	付款凭证	贷方必有	1001,1002
转	转账凭证	凭证必无	1001,1002

(1)操作步骤。

①在【用友 ERP-U8-〖企业应用标准套件〗】对话框左下方的【设置】、【业务】、【工具】选项中,选择【设置】选项,执行"基础档案→财务→凭证"命令,打开【凭证类别】对话框,如图 5-33 所示。

②选中系统原有的凭证类型"记账凭证",单击【删除】按钮,打开【删除确认】对话框,如图 5-34 所示。单击【是】按钮,删除凭证类别"记账凭证"并关闭该对话框。

③单击【增加】按钮,在"类别字"栏输入"收",在"凭证名称"栏输入"收款凭证"。双击【限制类型】列,在打开的下拉列表中选择【借方必有】选项;双击【限制科目】列,在打开的下拉列表中选择【1001 现金】和【1002 银行存款】选项(也可直接输入"1001,1002")。

④重复③的操作,增加“付款凭证”和“转账凭证”,如图 5-35 所示。

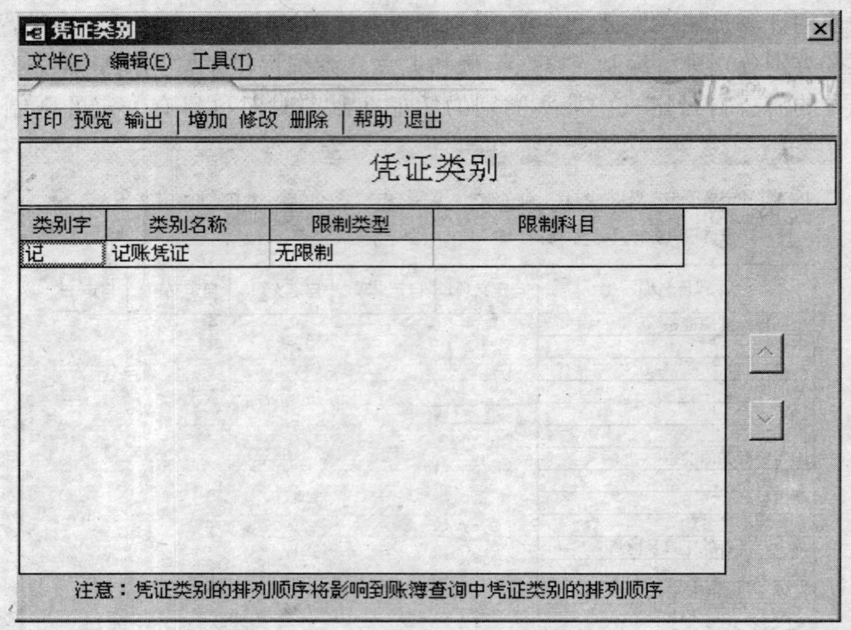

图 5-33 【凭证类别】对话框

⑤单击【修改】按钮,可对增加的凭证类别进行修改,并可用凭证类别右侧的上下箭头调整明细账中凭证的排列顺序。

⑥单击【退出】按钮,系统弹出对“凭证的顺序进行重新调整的提示信息”,如图 5-36 所示。单击【是】按钮,对凭证顺序进行重新调整并关闭【凭证类别】对话框。

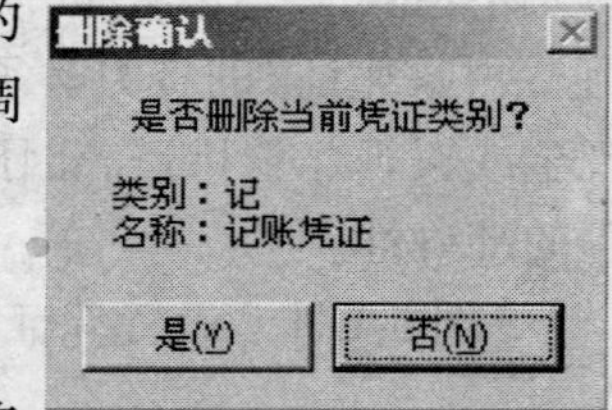

图 5-34 凭证【删除确认】对话框

(2)注意事项。

①限制科目的数量不限,科目间用半角状态下的逗号分隔。

②若限制科目为非末级科目,则在制单时,其所有下级科目都将受到同样的限制。

③填制凭证时,若不符合设置的限制条件,系统拒绝保存凭证。

④已使用的凭证类别不能被删除,也不能修改类别字。

3)结算方式设置

结算方式设置用于建立和管理用户在经营活动中涉及的结算方式。它与财务结算方式一致,如现金结算、支票结算等。

【例 5-13】 增加如表 5-10 所示的结算方式。

结 算 方 式 表 5-10

结算方式编码	结算方式名称	是否票据管理	结算方式编码	结算方式名称	是否票据管理
01	现金结算	否	022	转账支票	是
02	支票结算	否	03	其他	否
021	现金支票	是			

(1)操作步骤。

①在【用友 ERP-U8-〖企业应用标准套件〗】对话框左下方的【设置】、【业务】、【工具】选项中，选择【设置】选项，执行“基础档案→收付结算→结算方式”命令，打开【结算方式】对话框，如图 5-37 所示。

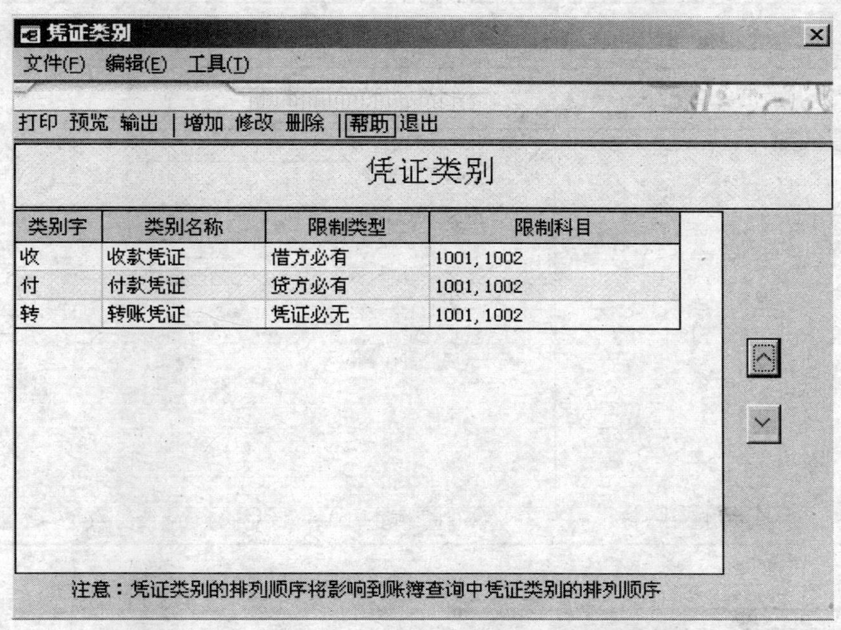

图 5-35 设置的收、付、转凭证类别

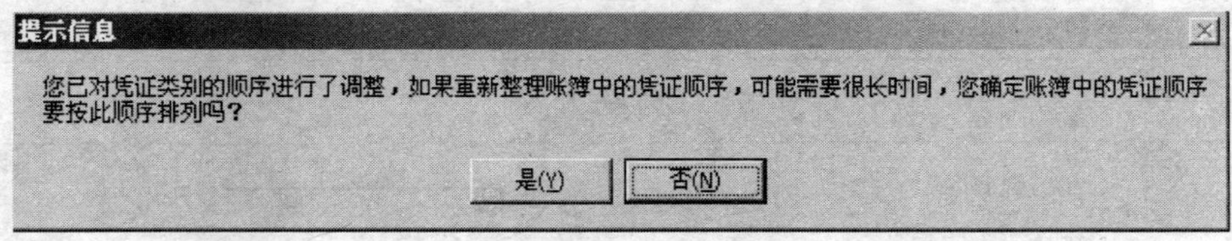

图 5-36 调整凭证顺序提示信息

②单击【增加】按钮，输入结算方式编码“01”，结算方式名称“现金”，单击【保存】按钮保存输入的内容。

③重复步骤②操作，输入其余的结算方式，对需票据管理的结算方式，在【是否票据管理】复选框中打钩，系统显示已输入的结算方式，如图 5-38 所示。

(2)注意事项。

①结算方式的编码必须符合编码原则，最多可分为 2 级。

②结算方式名称的输入内容必须唯一，最多可写 6 个汉字或 12 个字符。

③可以根据实际情况选择是否需要票据管理的标志。

④对已被引用的结算方式，不能进行修改或删除的操作。

3. 录入期初余额

为了保证会计数据的连续和完整，并与手工账簿数据衔接，账务系统第一次投入使用时，都需要将各种基础数据录入系统。这些基础数据包括各科目的年初余额和系统启动前各月的累计发生额。只需录入末级科目的余额和发生额,其上级科目的余额和发生额由系统自动计

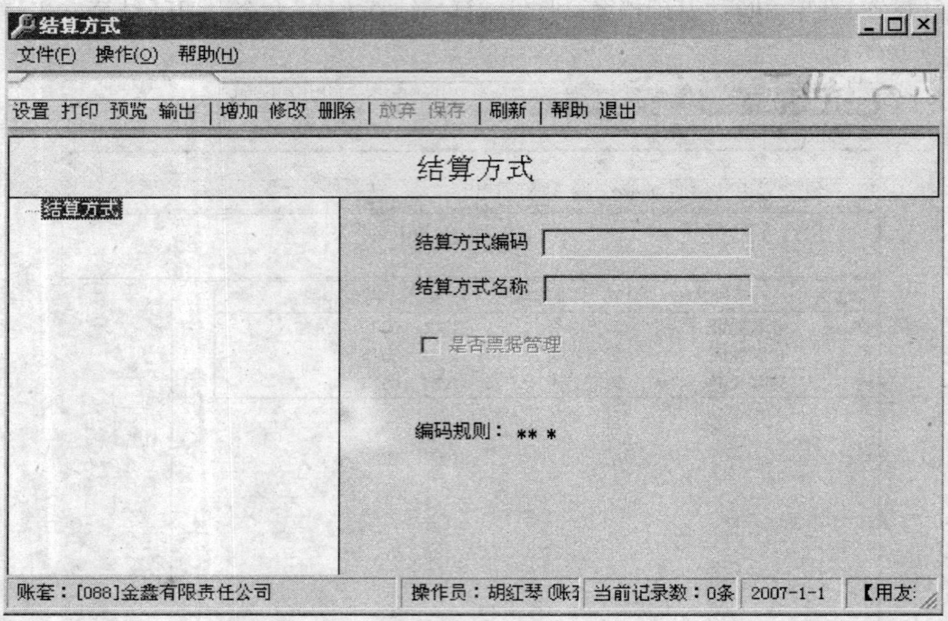

图 5-37 【结算方式】对话框

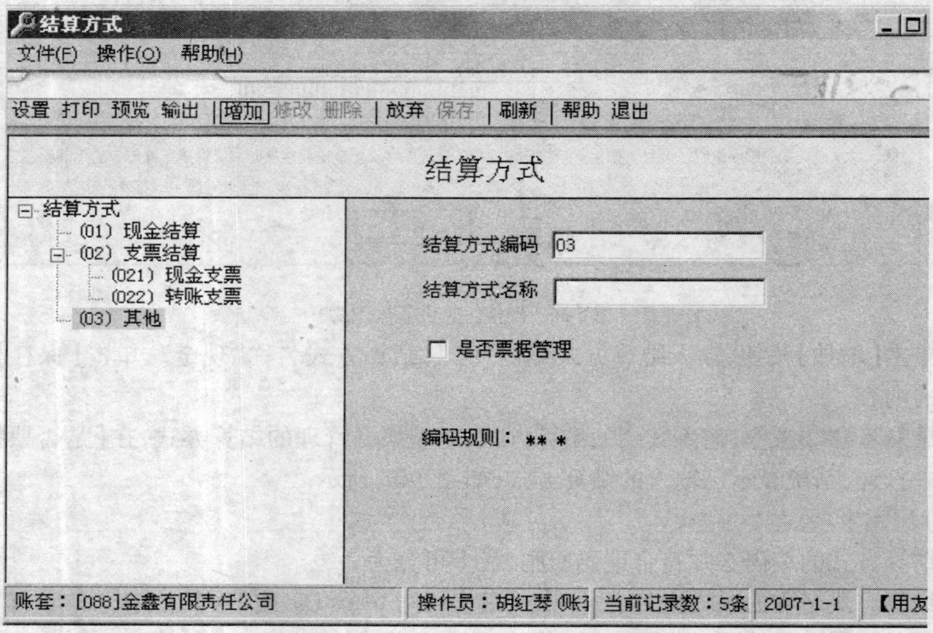

图 5-38 输入的结算方式

算。一般情况下,资产类科目的余额在借方,负债、所有者权益类科目的余额在贷方。费用类科目的发生额在借方,收入、利润类科目的发生额在贷方。如果是数量金额类科目,还应输入

相应的数量和单价。如果是外币科目,还应输入相应的外币金额。

1)录入基本科目余额

基本科目是指无往来、数量和外币等核算要求的科目。在开始使用总账系统时,应先将各账户启用月份的年初余额和从年初到启用月份的借贷方累计发生额计算清楚,并输入到总账系统中。

如果是年初建账,可以直接录入年初余额,将光标移到需要输入数据的余额栏,直接输入数据即可。如果是年中建账,比如是 9 月开始使用账务系统,建账月份为 9 月,则应录入 9 月初的期初余额以及 1 ~ 8 月的借、贷方累计发生额,系统自动计算年初余额。

【例 5-14】 2007 年 1 月,088 账套的部分基本科目的期初余额如表 5-11 所示。

088 账套部分基本科目的期初余额 表 5-11

科目名称	方 向	期初余额	科目名称	方 向	期初余额
现金—人民币	借	500	累计折旧	贷	50000
银行存款—工行户	借	120000	实收资本	贷	5829000
固定资产	借	6000000			

(1)操作步骤。

①在【用友 ERP-U8-〖企业应用标准套件〗】对话框左下方的【设置】、【业务】、【工具】选项中,选择【业务】选项,执行“财务会计→总账→设置→期初余额”命令,打开【期初余额录入】对话框,如图 5-39 所示。

期初余额录入

设置 打印 预览 输出 | 方向 | 刷新 | 试算 查找 | 对账 清零 | 帮助 退出

打印预览

期初余额

期初:2007年01月

□末级科目 □非末级科目 □辅助科目

科目名称	方向	币别/计量	期初余额
现金	借		500.00
人民币	借		500.00
银行存款	借		120,000.00
工行存款	借		120,000.00
其他货币资金	借		
外埠存款	借		
银行本票	借		
银行汇票	借		
信用卡	借		
信用证保证金	借		
存出投资款	借		
短期投资	借		
股票	借		
债券	借		
基金	借		
其他	借		
短期投资跌价准备	贷		
应收票据	借		
应收股利	借		

图 5-39 【期初余额录入】对话框

②将光标定位在“100101 人民币”科目的【期初余额】列中，输入期初余额“500”。依照此方法，继续录入其他会计科目的期初余额。

(2)注意事项。

①只需录入末级科目的余额，系统将根据其明细科目自动汇总计算并填入上级科目的余额。

②出现红字余额时，用负号输入。

③修改余额时，双击已录入的期初余额，直接输入正确数据即可。

④凭证记账后，期初余额变为浏览只读状态，不能再修改。

2)录入个人往来科目余额

如果某个科目涉及个人往来辅助核算，则需要输入如日期、凭证号、部门、个人、金额等个人往来的相关信息。

【例 5-15】 输入“1133 其他应收款”科目的期初余额为 700，相关信息如下：日期为“2006年 12 月 28 日”，凭证号为“付_201”，部门为“生产部”，个人名称为“唱路”，摘要为“出差借款”，方向为“借”，金额为“700”。

(1)操作步骤。

①在【期初余额录入】对话框中，将光标移到“1133 其他应收款”科目所在行，系统提示“个人往来”信息，如图 5-40 所示。

期初余额录入

设置 打印 预览 输出 | 方向 | 刷新 | 试算 查找 | 对账 清零 | 帮助 退出

期初余额

期初：2007年01月

□末级科目□非末级科目 □辅助科目

科目名称	方向	币别/计量	期初余额
应收利息	借		
应收账款	借		
其他应收款	借		
坏账准备	贷		个人往来
预付账款	借		
应收补贴款	借		
物资采购	借		
甲材料	借		
	借	KG	
乙材料	借		
	借	吨	
丙材料	借		
	借	件	
丁材料	借		
	借	个	
原材料	借		
甲材料	借		
	借	KG	
乙材料	借		

图 5-40 提示个人往来核算

②双击【期初余额】列，打开【个人往来期初】对话框，如图 5-41 所示。

③单击【增加】按钮，修改日期为“2006 年 12 月 28 日”。

④输入凭证号为"付_201",部门为"生产部",个人名称为"唱路",摘要为"出差借款"。或分别打开【日历】、【凭证号参照】、【部门参照】、【个人参照】和【常用摘要】对话框,在其中选择相关的信息。

个人往来期初

设置 打印 预览 输出 | 增加 删除 查找 | 帮助 退出

科目名称: 1133 其他应收款

日期	凭证号	部门	个人	摘要	方向	金额
2006-12-28	付-201	生产部	唱路	出差借款	借	700.00

图 5-41 【个人往来期初】对话框

⑤系统默认方向为"借",输入期初余额为"700"。

⑥输入完成后,单击【退出】按钮,保存输入的信息并关闭该对话框。

(2)注意事项。

①只需录入末级科目的余额和累计发生额,上级科目的余额和累计发生额由系统自动计算。

②期初余额在辅助项中录入,借贷方累计发生额直接录入。

③如果某个科目涉及部门辅助核算,也必须按部门的辅助项录入期初余额。具体操作步骤可参照个人往来期初余额录入。

3)录入客户往来、供应商往来科目余额

如果某个科目涉及客户往来辅助核算,则需要输入如日期、凭证号、客户、摘要、金额业务员、票号等客户往来的相关信息。如果某个科目涉及供应商往来辅助核算,则需要输入如日期、凭证号、供应商、摘要、金额、业务员、票号等供应商往来的相关信息。

【例 5-16】 输入"1131 应收账款"科目的期初余额为 60000,相关信息如下:日期为"2006 年 10 月 23 日",凭证号为"转_195",客户为"欣达公司",摘要为"赊销产品",方向为"借",金额为"60000"。

输入"2121 应付账款"科目的期初余额为 35000,相关信息如下:日期为"2006 年 11 月 27 日",凭证号为"转_219",供应商为"胜强公司",摘要为"赊购材料",方向为"贷",金额为"35000"。

(1)操作步骤。

①在【期初余额录入】对话框中,将光标移到"1131 应收账款"科目所在行,系统提示"客户往来"信息,如图 5-42 所示。

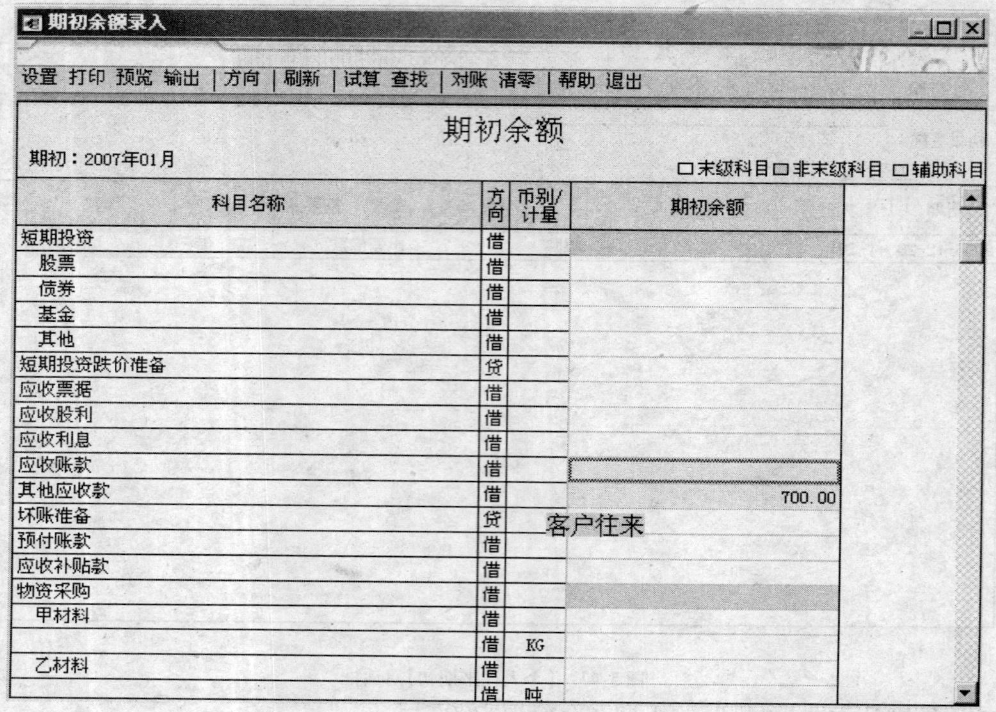

图 5-42 提示客户往来核算

②双击【期初余额】列,打开【客户往来期初】对话框,如图 5-43 所示。

③单击【增加】按钮,修改日期为"2006 年 10 月 23 日"。

④输入凭证号为"转_ 195",客户为"欣达公司",摘要为"赊销产品"。或分别打开【日历】、【凭证号参照】、【客户参照】和【常用摘要】对话框,在其中选择相关的信息。

⑤系统默认方向为"借",输入期初余额为"60000"。

⑥输入完成后,单击【退出】按钮,保存输入的信息并关闭该对话框。

⑦按照此方法,输入"2121 应付账款"科目的相关信息,如图 5-44 所示。

(2)注意事项。

无论往来核算在总账还是在应收应付系统,有往来辅助核算的科目都要按明细录入数据。

4)录入数量金额式科目余额

如果某个科目涉及数量辅助核算,则不仅需要输入金额,还需要输入数量。

【例 5-17】 输入"120101 甲材料"科目的期初余额为 2000 元,40kg。

(1)操作步骤。

①在【期初余额录入】对话框中,将光标定位在"120101 甲材料"科目的【期初余额】列中,输入期初余额"2000"。

②光标定位在"120101 甲材料"科目的【数量】行对应的【期初余额】列中,输入期初数量

"40",如图 5-45 所示。

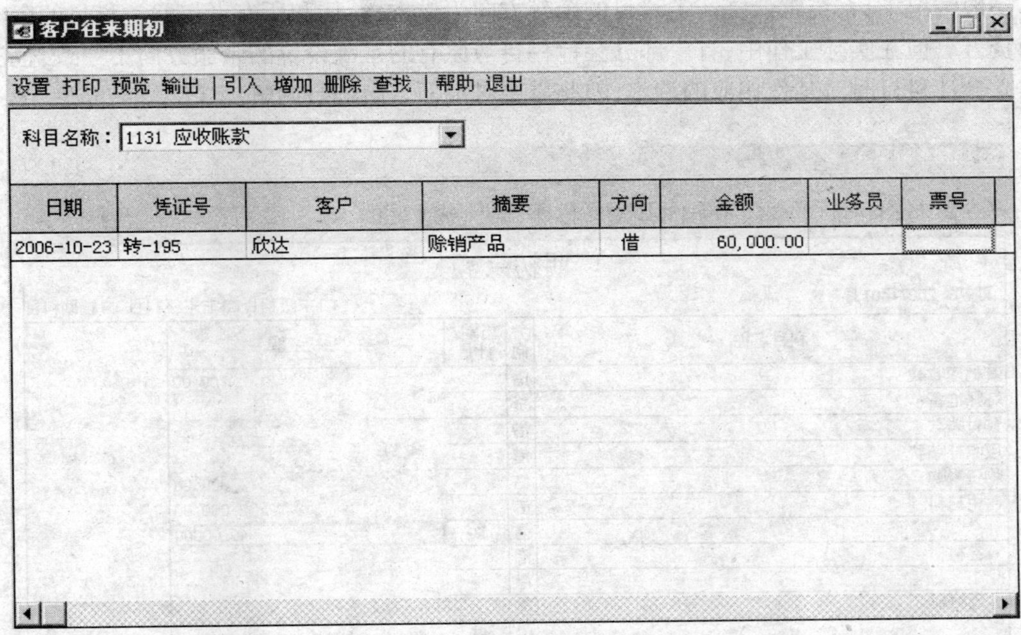

图 5-43 【客户往来期初】对话框

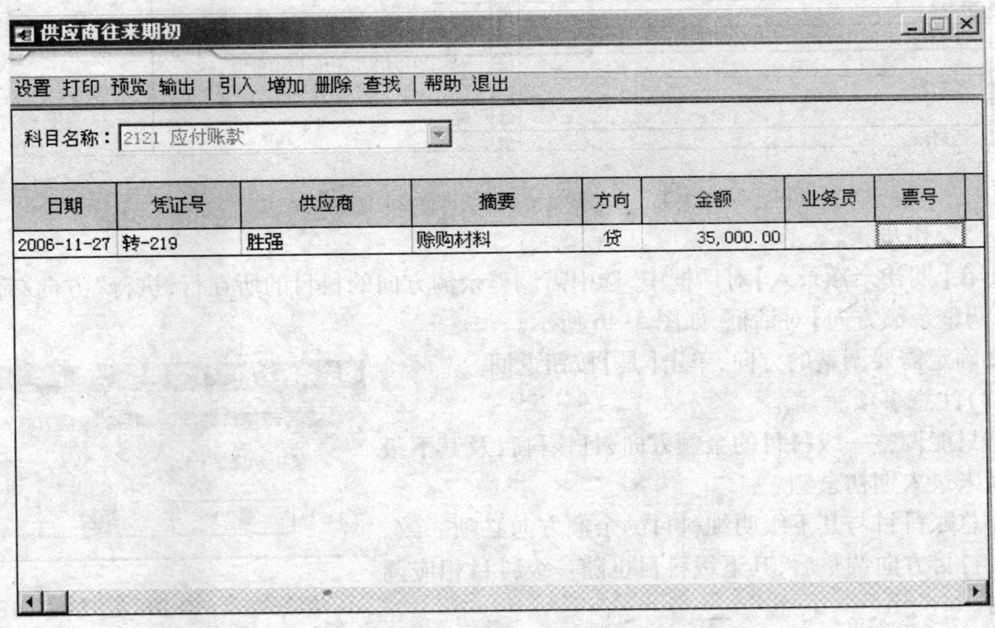

图 5-44 【供应商往来期初】对话框

(2)注意事项。

①必须先输入期初金额,才能输入期初数量。

②删除期初信息时,需先删除期初数量,再删除期初金额。

5）调整余额方向

一般情况下，系统默认资产类科目的余额方向为借方，负债和所有者权益类科目的余额方向为贷方。但在实际工作中，有一部分会计科目与原有的系统设置的余额方向不一致，也没有在建立会计科目时对其作相应的调整，因此需要对余额方向进行调整。

期初余额录入

设置 打印 预览 输出 | 方向 | 刷新 | 试算 查找 | 对账 清零 | 帮助 退出

期初余额

期初：2007年01月

□末级科目□非末级科目 □辅助科目

科目名称	方向	币别/计量	期初余额
其他应收款	借		700.00
坏账准备	贷		
预付账款	借		
应收补贴款	借		
物资采购	借		2,000.00
甲材料	借		2,000.00
	借	KG	40.00000
乙材料	借		
	借	吨	
丙材料	借		
	借	件	
丁材料	借		
	借	个	
原材料	借		
甲材料	借		
	借	KG	
乙材料	借		
	借	吨	
丙材料	借		

图 5-45 录入数量核算的会计科目的期初余额

（1）操作步骤。

①在【期初余额录入】对话框中，选中需调整余额方向的科目的所在行，执行“方向”命令，打开【调整余额方向】对话框，如图 5-46 所示。

②确定需要调整的方向，单击【是】按钮返回。

（2）注意事项。

①只能调整一级科目的余额方向，且该科目及其下级科目尚未录入期初余额。

②总账科目与其下级明细科目的余额方向必须一致。当一级科目方向调整后，其下级科目也随一级科目相应调整方向。

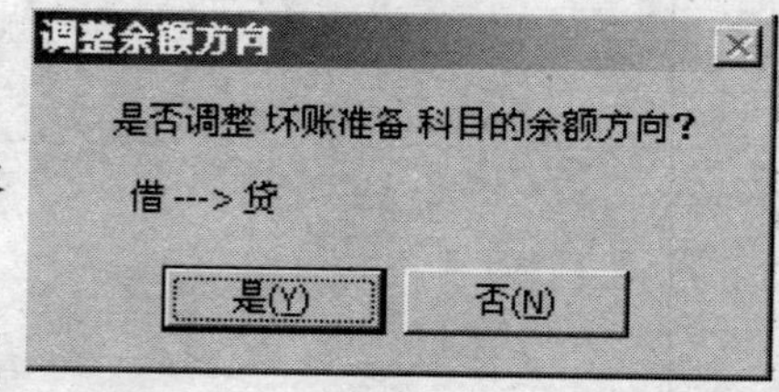

图 5-46 【调整余额方向】对话框

③余额的方向应以科目属性或类型为准，而不是以当前余额方向为准。

6）试算平衡

期初余额及累计发生额输入完成后，为了保证初始数据的正确性，必须依据“资产 = 负债 + 所有者权益 + 收入 - 成本费用”的会计方程式，进行试算平衡。

试算平衡工作由计算机自动完成。试算完成后,系统会自动生成一个期初试算平衡表,显示试算结果是否平衡,如果不平,应逐项检查重新调整至平衡后再进行下一步工作。

【例 5-18】 进行期初余额试算平衡检查。

(1)操作步骤。

①在【期初余额录入】对话框中,执行"试算"命令,打开【期初试算平衡表】对话框,进行期初余额试算并查看期初余额试算平衡表,检查余额是否平衡,如图 5-47 所示。

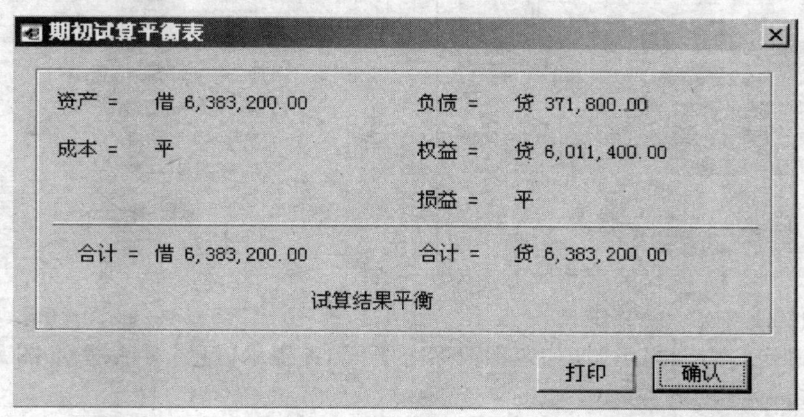

图 5-47 【期初试算平衡表】对话框

②试算结果不平衡,应逐项检查重新调整至平衡。

③试算结果平衡后,单击【退出】按钮,关闭该对话框。

(2)注意事项。

①期初余额试算不平衡,可以填制凭证,但不能记账。

②已经记账后,不能再录入、修改期初余额,也不能执行"结转上年余额"的功能。

7)对账

由于初次使用,对系统不太熟悉,在进行期初设置时的一些不经意的修改,可能会导致总账与辅助总账、总账与明细账核对有误。系统提供对期初余额进行对账的功能,可以及时做到账账核对,并可尽快修正错误的账务数据。

核对内容为:核对总账上下级、核对总账与部门账、核对总账与客户往来账、核对总账与供应商往来账、核对总账与个人往来账、核对总账与项目账。

(1)操作步骤。

①在【期初余额录入】对话框中,执行"对账"命令,打开【期初对账】对话框,如图 5-48 所示。

②按【开始】按钮可对当前期初余额进行对账,如图 5-49 所示。

③如果对账后发现有错误,可按【显示对账错误】按钮,系统将把对账中发现的问题列出来。

④如果对账后未发现有错误,单击【退出】按钮,关闭该对话框。

(2)注意事项。

对对账后发现的错误,应进行相应的修改。

8)清零

当某科目的下级科目的期初数据互相抵消使本科目的期初余额为零时,可利用清零功能清除此科目的所有下级科目的期初数据。

（1）操作步骤。

①在【期初余额录入】对话框中，选中需清零的科目，执行“清零”命令，打开【期初余额清零】对话框，如图5-50所示。

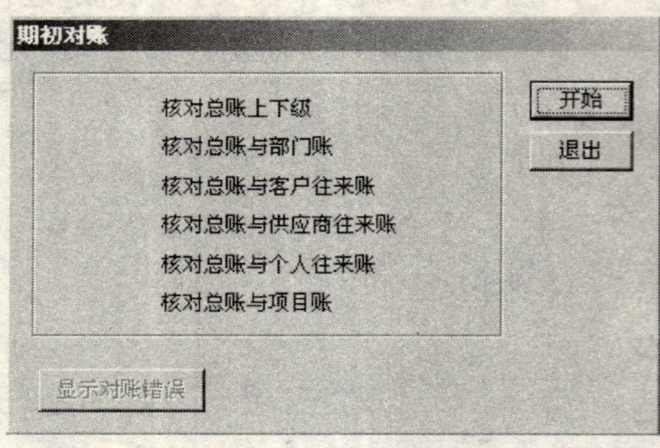

图5-48 【期初对账】对话框

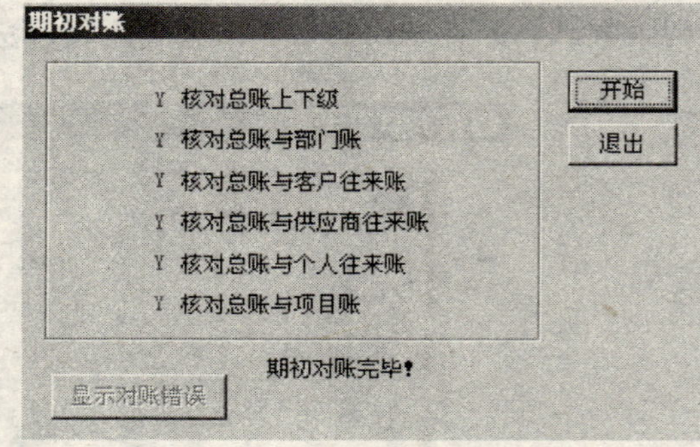

图5-49 显示对账结果

②单击【确定】按钮，显示“期初余额清零完毕！”的【提示信息】对话框，如图5-51所示。

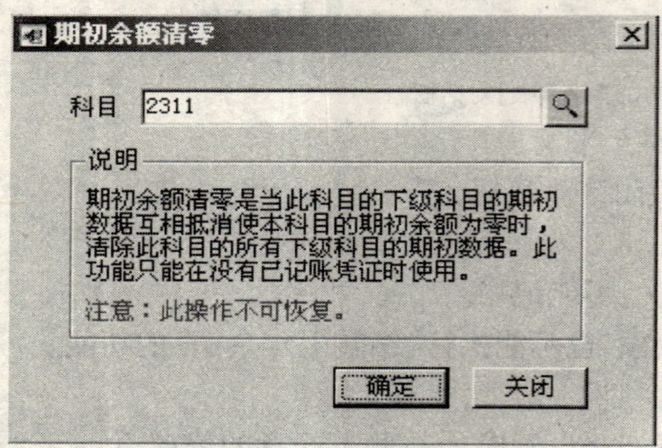

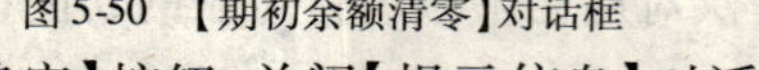

图5-50 【期初余额清零】对话框

图5-51 期初余额清零完毕【提示信息】对话框

③单击【确定】按钮，关闭【提示信息】对话框。

④单击【关闭】按钮，关闭【期初余额清零】对话框。

（2）注意事项。

①该功能只能在没有已记账凭证时使用。

②不能对末级科目进行期初余额清零的工作。

③科目的期初余额不等于零，不能进行清零工作。

实训二 启用总账

一、实训目的

掌握总账系统启用参数设置的内容，理解总账系统的参数设置实际是对总账系统的控制功能所作的进一步设置,理解这些设置对日常业务处理产生的影响。

二、实训内容

以账套主管的身份设置总账系统启用参数。

三、实训资料

1. 凭证控制参数:要求凭证审核控制到操作员、出纳凭证必须经由出纳签字,不使用存货受控科目,其余项目按系统默认的选项确定。

2. 账簿设置参数:明细账查询控制到科目,其余项目按系统默认的选项确定。

3. 会计日历和其他:按系统默认的选项确定。

实训三 基础档案设置

一、实训目的

掌握有关基础档案设置的内容;理解基础档案设置在整个总账系统中的作用;理解基础档案设置的数据对日常业务处理的影响,掌握基础档案设置的操作方法。

二、实训内容

以账套主管的身份设置基础档案,包括部门档案、职员档案、客户分类、客户档案、供应商分类、供应商档案。

三、实训资料

1. 部门档案见表5-12。

部门档案 表5-12

部门编码	部门名称	负责人	部门编码	部门名称	负责人
01	行政部	王新程	05	生产部	唱 路
02	财务部	李红明	061	销售一部	周清清
03	供应部	晏小华	062	销售二部	高 能
04	人事部	黄 河			

2. 职员档案见表5-13。

职员档案 表5-13

职员编码	职员名称	所属部门	职员编码	职员名称	所属部门
1	王新程	行政部	6	晏小华	供应部
2	张小新	财务部	7	黄 河	人事部
3	李红明	财务部	8	唱 路	生产部
4	王 艺	财务部	9	周清清	销售一部
5	胡红琴	财务部	10	高 能	销售二部

3. 客户分类见表5-14。

客户分类 表5-14

类别编码	类别名称	类别编码	类别名称
01	事业单位	02001	工业
01001	学校	02002	商业
01002	机关	02003	其他
02	企业单位		

4. 客户档案见表5-15。

客户档案 表5-15

客户编码	客户名称	客户简称	所属分类码
1	欣达公司	欣达	02001
2	宏盛公司	宏盛	02001
3	万隆公司	万隆	02002
4	丰新公司	丰新	02002

5. 供应商分类见表5-16。

供应商分类 表5-16

类别编码	类别名称	类别编码	类别名称
01	主要材料供应商	02	辅助材料供应商
0101	甲材料供应商	0201	丙材料供应商
0102	乙材料供应商	0202	丁材料供应商

6. 供应商档案见表5-17。

供应商档案 表5-17

供应商编码	供应商名称	供应商简称	所属分类码
1	胜强公司	胜强	0101
2	三汇公司	三汇	0101
3	天和公司	天和	0102
4	兴采公司	兴采	0201

实训四 总账系统初始化——财务信息设置、录入期初余额

一、实训目的

通过总账系统初始化——财务信息设置的实验操作，掌握总账系统初始化——财务信息设置的相关内容，理解总账系统初始化——财务信息设置的意义，掌握总账系统初始化——财务信息设置的操作方法。

二、实训内容

1. 会计科目设置。
2. 凭证类别设置。
3. 结算方式设置。
4. 录入期初余额。

三、实训资料

1. 会计科目明细核算要求见表5-18。

会计科目明细核算要求 表5-18

科目编码	科目名称	辅助核算	备注
100101	人民币		日记账
100201	工行存款		日记账、银行账
120101	甲材料	数量核算	计量单位:kg
120102	乙材料	数量核算	计量单位:t
120103	丙材料	数量核算	计量单位:件
120104	丁材料	数量核算	计量单位:个
121101	甲材料	数量核算	计量单位:kg
121102	乙材料	数量核算	计量单位:t
121103	丙材料	数量核算	计量单位:件
121104	丁材料	数量核算	计量单位:个
550201	工资		
550202	福利费		
550203	办公费	部门核算	

2. 会计科目辅助核算要求见表5-19。
3. 凭证类别见表5-20。

会计科目辅助核算要求 表5-19

科目编码	科目名称	辅助核算	备注
1131	应收账款	客户往来	没有受控系统
1133	其他应收款	个人往来	
2121	应付账款	供应商往来	没有受控系统
550203	办公费	部门核算	

凭证类别 表5-20

类别字	类别名称	限制类型	限制科目
收	收款凭证	借方必有	1001,1002
付	付款凭证	贷方必有	1001,1002
转	转账凭证	凭证必无	1001,1002

4. 结算方式见表5-21。

结算方式 表5-21

结算方式编码	结算方式名称	是否票据管理	结算方式编码	结算方式名称	是否票据管理
01	现金结算	否	022	转账支票	是
02	支票结算	否	03	其他	否
021	现金支票	是			

5. 2007 年 1 月,期初有关账户余额见表 5-22。

账户余额

单位:元　表 5-22

资　产	期初余额	负债和所有者权益	期初余额
现金—人民币	500	短期借款	48000
银行存款—工行存款	120000	应付账款—胜强公司	35000
其他应收款—唱路	700	应付票据	23900
应收账款—欣达公司	60000	应付职工薪酬—应付工资	5900
短期投资	40000		
原材料—甲材料	2000(40kg)		
长期投资	200000	长期借款	259000
固定资产	6000000	实收资本	5829000
累计折旧	50000	资本公积—资本溢价	123000
无形资产	10000	盈余公积—法定盈余公积	2700
		未分配利润	56700
资产合计	6383200	负债和所有者权益合计	6383200

第三节　日常会计业务处理

在总账系统中,当初始设置完成后,就可以开始进行日常会计业务处理。日常会计业务处理主要包括凭证处理、出纳管理、账簿管理和期末处理等内容。其中凭证处理是总账系统日常会计业务处理过程中手工业务处理和计算机业务处理的连接点,也是总账系统最基本最主要的数据来源。因此凭证处理是账务处理的关键环节。

一、凭证处理

凭证处理包括填制和修改凭证、出纳签字、审核凭证、记账等内容。通过凭证处理,将日常会计业务的数据输入计算机,记账后形成账簿。

1. 填制和修改凭证

记账凭证是登记账簿的依据,是总账系统的唯一数据来源。由于日常会计工作中需要处理的凭证数量很多,大量凭证需要依靠手工方式通过键盘输入计算机,因此填制凭证也是最基本和最频繁的工作。在使用计算机处理账务后,电子账簿的准确性与完整性完全依赖于记账凭证。因而在实际工作中,如何快速、准确地输入记账凭证是凭证处理的重点。

1)增加凭证

在实际工作中,用户可直接在计算机上根据审核无误准予报销的原始凭证填制记账凭证,也可先由人工制单后集中输入。通常,一张凭证中可填写的行数是没有限制的,可以是简单分录,也可以是复合分录,但每一张凭证只应记录一笔经济业务。

记账凭证一般包括凭证头和凭证正文两部分。

凭证头包括凭证类型、凭证编号、制单日期和附件张数等内容。

凭证类型:输入凭证类别字。凭证类别是初始化时设置的。如果没有凭证类别,则此处为空。此后,系统将自动生成凭证编号。

凭证编号:一般情况下,由系统分类按月自动编号,即每类凭证每月从0001号开始。如果只有一个人制单或使用单机版制单时,凭证右上角的凭证号即是正在填制的凭证的编号。而对于网络用户,如果是几个人同时制单,在凭证的右上角,系统提供一个参考凭证号,真正的凭证编号只有在凭证已填制并经保存完毕后才给出。系统同时也自动管理凭证页号。当凭证不止一页时,系统自动在凭证号后标出凭证页数。如果在启用账套或账簿设置时,设置凭证编号方式为"手工编号",则可以手工录入凭证编号。

制单日期:系统自动选取进入总账系统前输入的业务日期为记账凭证填制的日期,如果日期不对,可进行修改或参照输入。

附件张数:指证明该经济业务发生或确认的原始凭证及相关凭证的张数。

凭证正文包括摘要、科目、辅助信息、借贷方向、发生金额等内容。

摘要:输入本笔分录的业务说明,摘要要求简明扼要。可在填制凭证的过程中同时在摘要库中增加业务摘要。

科目:科目必须输入末级科目。可以输入科目编码、中文科目名称、英文科目名称或助记码。当输入的科目名称有重名现象时,系统会自动提示重名科目供选择。

辅助信息:对于有辅助核算要求的科目,系统提示输入相应的辅助核算信息。辅助核算信息包括客户往来、供应商往来、个人往来、部门往来和项目核算。如果一个科目同时要求多种辅助核算,则应同时输入各种辅助核算的有关内容。如果科目要进行数量核算,则输入"数量"和"单价",系统根据"数量×单价"自动计算出金额。如果科目为银行科目,还应输入"结算方式"、"票号"和"发生日期"。输入这些内容的目的主要是便于进行银行对账,同时也可以方便对支票的管理。

借贷方向及发生金额:即该笔分录的借方或贷方本位币的发生额,金额不能为零,但可以是红字,红字金额以负数形式输入。

【例5-19】 1月2日供应部晏小华采购甲材料2000kg,单价45.91元/kg;采购乙材料40t,单价200元/t。材料未入库,货款已付(附单据一张,转账支票号为ZZ4298)。

(1)操作步骤。

①在【用友ERP-U8-〖企业应用标准套件〗】对话框左下方的【设置】、【业务】、【工具】选项中,选择【业务】选项,执行"财务会计→总账→凭证→填制凭证"命令,打开【填制凭证】对话框。

②单击【增加】按钮(或按F5键),增加一张新凭证,如图5-52所示。

③在【凭证类别】文本框中单击参照按钮,选择【付款凭证】选项,输入制单日期为"2007.1.2",输入附单据数为"1",如图5-53所示。

④输入摘要"采购材料",也可单击"摘要"列中的参照按钮,打开【常用摘要】对话框,增加摘要,建立常用摘要库,如图5-54所示。以后相同业务的摘要可直接输入摘要代码或打开【常用摘要】对话框选择。

⑤在"科目名称"列中科目输入"在途物资—甲材料"的编码"120101"或单击参照按钮选择科目"在途物资—甲材料"。

⑥按 Enter 键,系统自动打开【辅助项】对话框,在【数量】文本框中输入"2000",在【单价】文本框中输入"45.91",如图 5-55 所示。

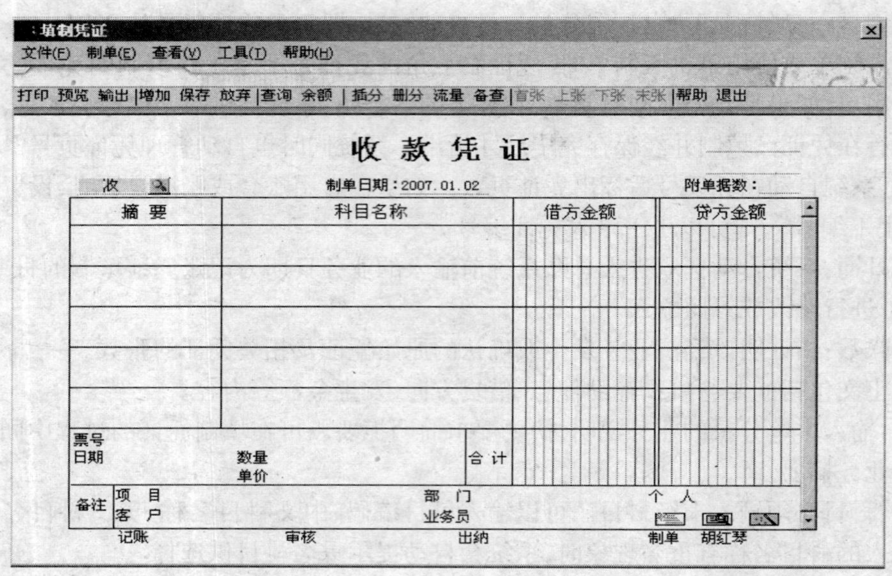

图 5-52 【填制凭证】对话框

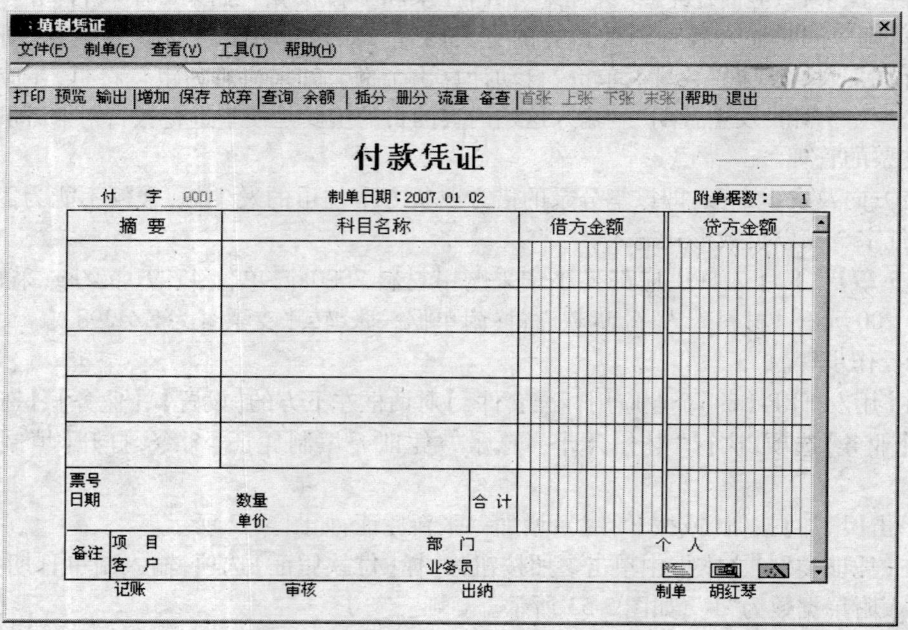

图 5-53 凭证头的填制

⑦单击【确认】按钮,系统自动按"数量×单价"计算出金额并填入借方,方向不符,可按空格键调整方向。按 Enter 键,继续输入科目"在途物资—乙材料"的编码"120102"、数量"40"、单价"200"和科目"应交税金—应交增值税(进项税额)"的编码"21710101"、金额"16959.4"。

⑧输入科目“银行存款—工行存款”的编码“100201” 按 Enter 键,系统自动打开【辅助项】对话框,在【结算方式】文本框中输入“转账支票”,【票号】文本框中输入 “ZZ4298”,【发生日期】文本框中输入 “2007.01.02”,如图 5-56 所示。

常用摘要

设置 打印 预览 输出 | 增加 删除 | 选入 | 帮助 退出

常用摘要

摘要编码	摘要内容	相关科目
01	采购材料	

图 5-54 【常用摘要】对话框

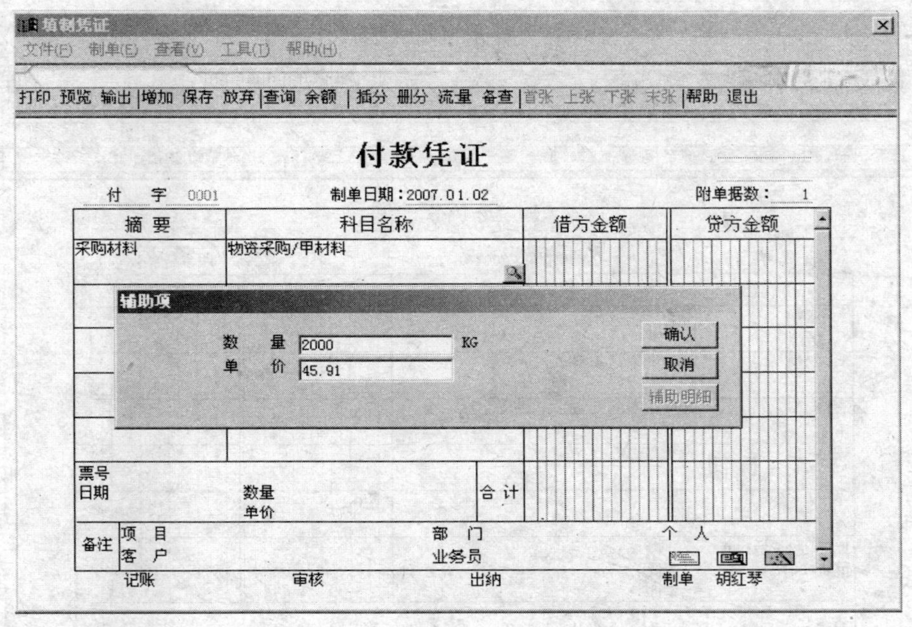

图 5-55 数量核算【辅助项】对话框

⑨单击【确认】按钮,将光标移至贷方金额列,按“ = ”键,系统自动取当前凭证借贷方金额的差额到光标处。

⑩单击【保存】按钮，系统保存并显示一张完整的凭证，如图5-57所示。

（2）注意事项。

①凭证类别为初始设置时已定义的凭证类别代码或名称。

②采用自动编号时，计算机自动按月分类别连续进行编号。

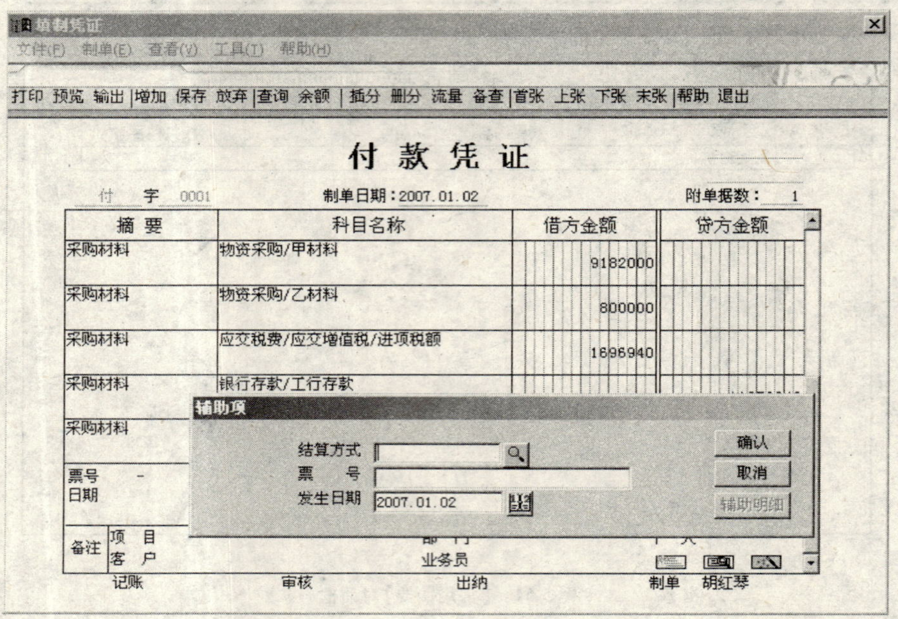

图5-56 结算方式【辅助项】对话框

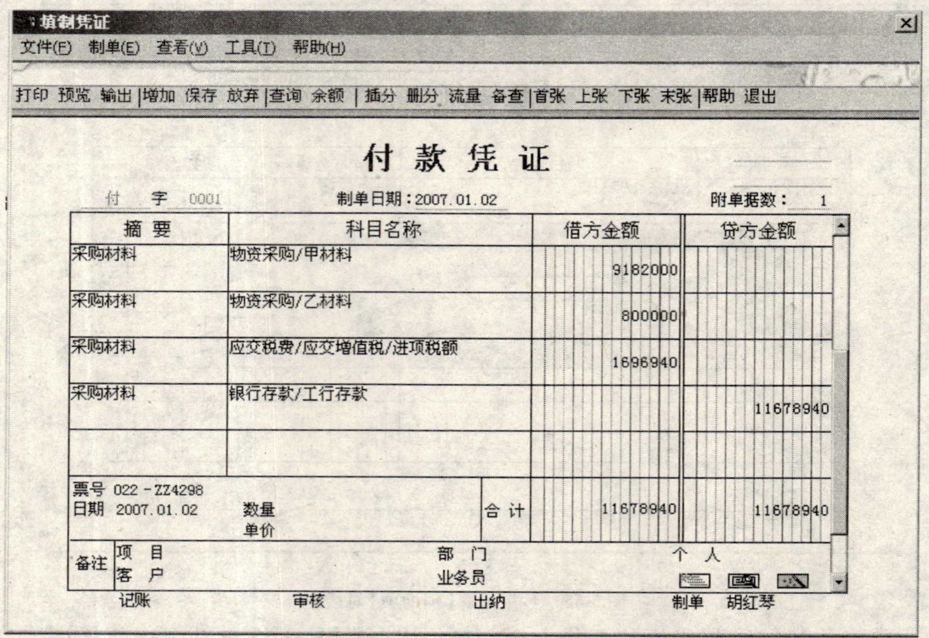

图5-57 已保存的付款凭证

③系统自动取当前业务日期为记账凭证填制的日期。采用序时控制时,凭证时期应大于或等于启用日期,但不能超过计算机内的系统日期。

④【附单据数】文本框可按 Enter 键跳过,也可输入单据数量。

⑤凭证一旦保存,凭证类别、凭证编号均不能修改。

⑥凭证正文中每行的摘要可相同,也可以不同,但不能为空。每行摘要将随相应的会计科目在明细账、日记账中出现。一行输入完成后,按 Enter 键,系统将摘要自动复制到下一行。

⑦科目编码必须是末级的科目编码。

⑧对于应进行数量辅助核算的科目,应输入数量和单价。系统根据“数量 × 单价”自动计算出金额,并将金额先放在借方。若方向不符,可将光标移到贷方后,按空格键即可调整金额方向。

⑨当选择支票控制,即结算方式被设为支票管理时,银行账辅助信息不能为空,而且该方式的票号应在支票登记簿中有记录。输入的结算方式、票号和发生日期将在进行银行对账时使用。

⑩金额不能为“0”,红字以“ - ”号表示。如果方向不符,可按空格键调整金额方向。

⑪如果填制凭证使用的科目为现金流量科目,那么在录完本条分录后要求指定该分录的现金流量项目。可将一条分录指定为多个现金流量项目,但总金额必须与分录的金额保持一致。对于未指定为现金流量的科目,如需指定现金流量项目,可在录入一条分录的金额后,点击【流量】按钮,则会弹出现金流量项目指定的窗口,要求输入此条分录对应的现金流量项目。

⑫凭证填制完成后,只要继续增加凭证或退出当前凭证,当前凭证均可自动保存。

⑬若想放弃当前未完成的分录的输入,可按【删行】按钮或 Ctrl + D 键删除当前分录即可。

⑭为了提高凭证的录入速度,可使用快捷键。主要快捷键功能操作如表 5-23 所示。

表 5-23

快捷键名称	功　　能	快捷键名称	功　　能
Ctrl + L	显示/隐藏数据位线(除千分线外)	Ctrl + S	录入、查询辅助核算(只对总账凭证有效)
Ctrl + I	插入一条分录	F2	输入常用摘要
Ctrl + D	删除光标当前行分录	F4	调用常用凭证
Ctrl + N	查询当前凭证类型的空号	空格键	自动转换借贷方向
Ctrl + F	自动复制凭证	F11	自动反算汇率
Ctrl + X	输入现金流量	F5	新增凭证
Ctrl + M	查询辅助明细	F8	科目转换
Ctrl + W	查询、录入备查资料内容	F6	保存当前内容

录入凭证时,不仅要录入凭证的类别、日期、编号、附件张数、摘要、科目、数量、单价、结算方式、金额等内容。对于设置了辅助核算属性的科目,还要输入辅助信息,如部门、个人、项目、客户、供应商、自定义项等。录入的辅助信息将在凭证下方的备注中显示。

【例 5-20】 生产部主任唱路出差归来,报销 650 元。

(1)操作步骤。

①在【填制凭证】对话框中,单击【增加】按钮(或按 F5 键),增加一张新凭证。

②在【凭证类别】文本框中单击参照按钮，选择【收款凭证】选项，输入制单日期为“2007.1.2”，输入附单据数为“1”。

③打开【常用摘要】对话框，增加摘要“职工报差费”，按【选入】按钮，输入摘要。

④在“科目名称”列中输入科目“管理费用—差旅费”的编码“550204”或单击参照按钮选择“管理费用—差旅费”，金额“650”。按 Enter 键，继续输入科目“现金—人民币”的编码“100101”和金额“50”。

⑤输入科目“其他应收款”的编码“1133”，按 Enter 键，系统自动打开【辅助项】对话框，在【部门】文本框中输入“生产部”，在【个人】文本框中输入“唱路”，如图 5-58 所示。

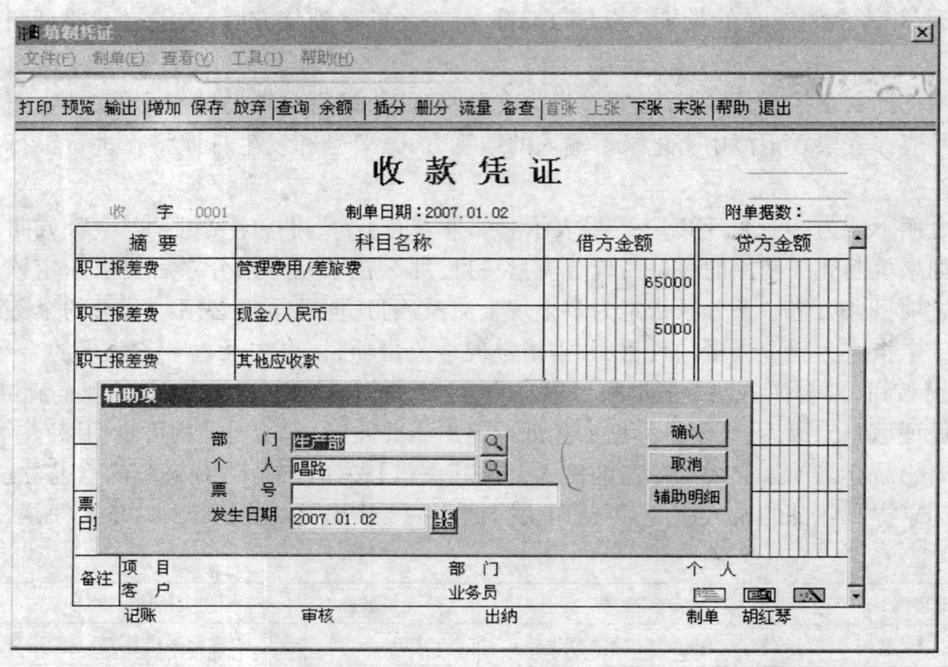

图 5-58 个人往来【辅助项】对话框

⑥单击【确认】按钮，关闭【辅助项】对话框。

⑦单击【保存】按钮，系统保存并显示一张完整的凭证，录入的辅助信息部门“生产部”和个人“唱路”在凭证下方的备注中显示出来，如图 5-59 所示。

(2)注意事项。

①只有在初始化被设置为个人往来的科目在使用时才会出现个人往来信息的辅助项对话框。

②当输入一个不存在的个人姓名时，应先编辑该姓名及其他资料，系统会自动追加到职员档案中。

③在输入个人信息时，若不输入“部门名称”，只输入“个人名称”，系统将根据所输入的个人名称自动输入其所属的部门。

④其他辅助核算如部门往来、客户往来、供应商往来和项目核算的辅助信息的录入可参照个人往来辅助信息的录入，不再赘述。

2）修改凭证

输入凭证时，由于会计分录错误或误操作，使输入的凭证出现一些错误。记账凭证的错误，必然影响系统的核算结果。为更正错误，可以通过系统提供的修改功能对错误凭证进行修改。

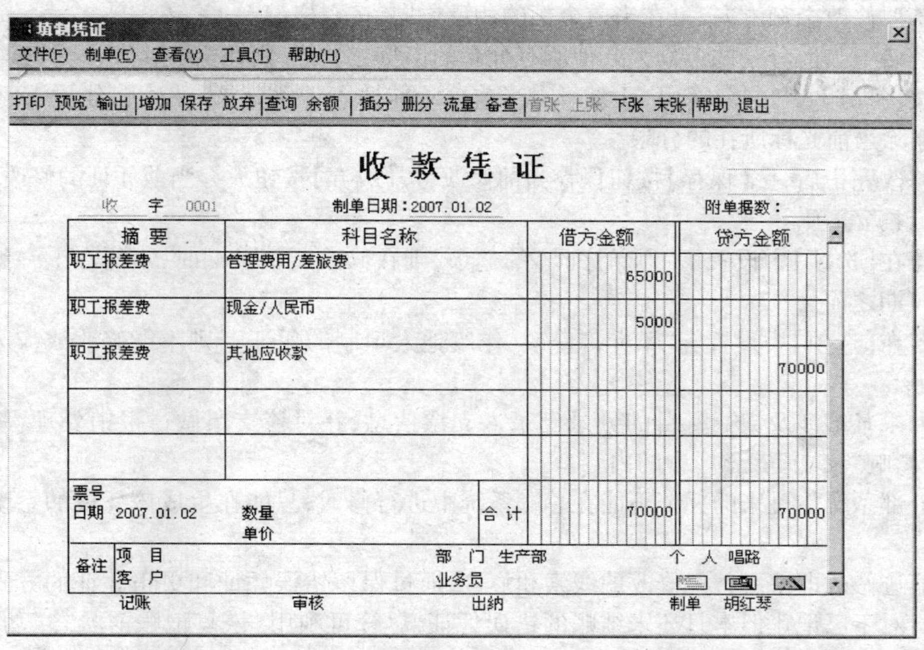

图5-59 保存的显示个人往来辅助信息的收款凭证

对错误凭证进行修改，可分为无痕迹修改和有痕迹修改两种。无痕迹修改即不留下任何曾经修改的线索和痕迹，以下两种状态的错误凭证可实现无痕迹修改。

已输入但未审核的错误凭证可通过"制单"功能直接修改；已审核未记账的错误凭证应先取消审核，再通过"制单"功能进行修改。

(1)操作步骤。

①在【填制凭证】对话框中，通过按【首页】、【上页】、【下页】、【末页】按钮翻页查找，或执行"查看→查询"命令，打开【凭证查询】对话框，输入查询条件，如图5-60所示。单击【确认】按钮，找到要修改的凭证。

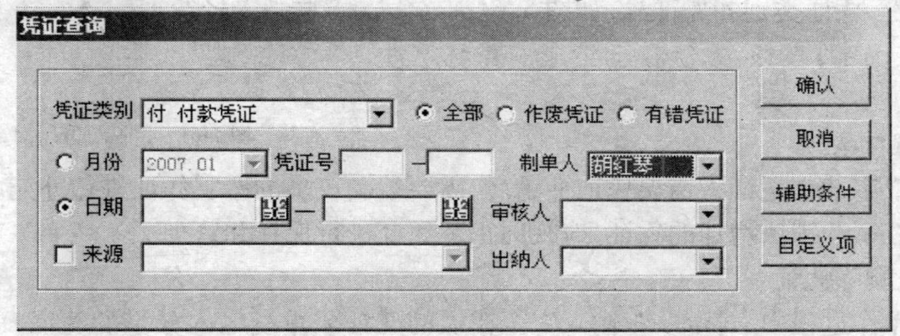

图5-60 【凭证查询】对话框

②将光标移到需修改的地方,即可直接修改,如制单日期、附单据数、摘要、科目、外币、汇率、金额等。

③双击要修改的辅助项,如数量、单价、结算方式、部门、个人、客户、供应商、项目等,打开【辅助项】对话框,可直接在上面修改。

④若要修改金额方向,可在当前金额的相反方向,按空格键。

⑤若希望当前分录的金额为其他所有分录的借贷方差额,则在金额处按"="键即可。

⑥按【插分】按钮或按 Ctrl + I 键可在当前分录前插入一条分录。按【删分】按钮或按 Ctrl + D 可删除当前光标所在的分录。

⑦修改完毕后,按【保存】按钮保存当前修改,按【放弃】按钮放弃当前凭证的修改。

(2)注意事项。

①若在【选项】中设置了"制单序时"的选项,则在修改制单日期时,不能在上一编号凭证的制单日期之前。

②若在【选项】中设置了"不允许修改、作废他人填制的凭证",则不能修改或作废他人填制的凭证。

③如果某笔涉及银行科目的分录已录入支票信息,并对该支票做过报销处理,修改该分录,将不影响"支票登记簿"中的内容。

④外部系统传过来的凭证不能在总账系统中进行修改,只能在生成该凭证的系统中进行修改。

有痕迹修改即留下曾经修改的线索和痕迹,通过保留错误凭证和更正凭证的方式留下修改痕迹。对于已记账但本月还未结账的错误凭证,尽管可利用"恢复记账前状态"功能,将本月已记账的凭证恢复到未记账状态,以实现无痕迹修改,但为了保证数据的准确,也为了留下审计线索,对此类错误凭证要求留下修改痕迹,即不利用"恢复记账前状态"功能,取消记账而实现无痕迹修改。这时应采用补充登记法和红字更正法进行更正。

3)制作红字冲销凭证

如果需要冲销某张已记账的错误凭证,可利用冲销凭证功能制作红字冲销凭证,自动冲销某张已记账的错误凭证。

(1)操作步骤。

①在【填制凭证】对话框中,执行"制单→冲销凭证"命令,打开【冲销凭证】对话框,输入需冲销的错误凭证的月份、凭证类别和凭证号,如图 5-61 所示。

②单击【确定】按钮,系统自动生成一张红字冲销凭证。

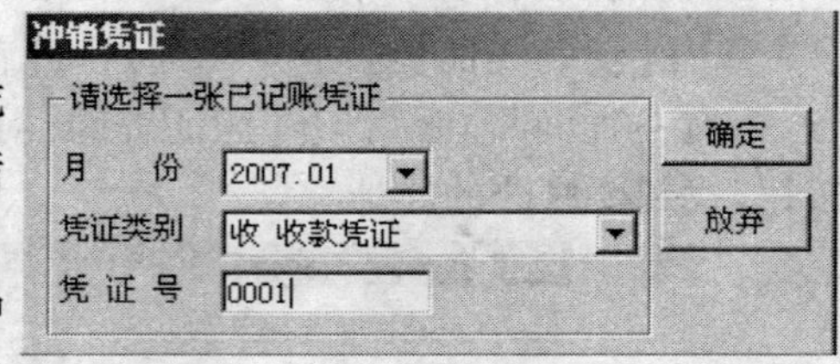

图 5-61 【冲销凭证】对话框

(2)注意事项。

①制作红字冲销凭证将错误凭证冲销后,需要编制正确的蓝字凭证进行补充。

②通过红字冲销法增加的凭证,应视同正常凭证进行保存和管理。

4)作废、删除凭证

在日常操作过程中,对于一张输入完全错误的凭证或重复输入分录的凭证,可通过作废、删除功能将完全错误或重复输入的凭证作废,并在此基础上将其删除。

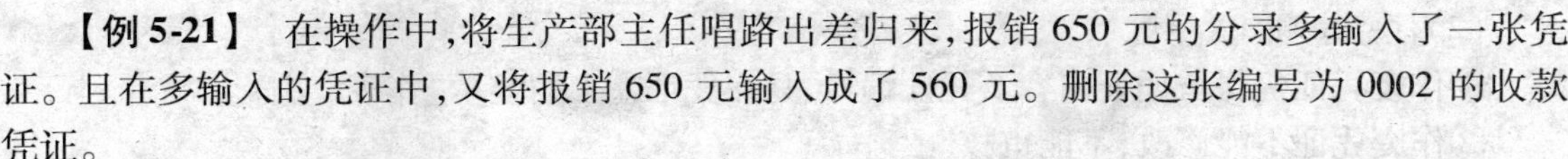

【例 5-21】　在操作中，将生产部主任唱路出差归来，报销 650 元的分录多输入了一张凭证。且在多输入的凭证中，又将报销 650 元输入成了 560 元。删除这张编号为 0002 的收款凭证。

(1)操作步骤。

①在【填制凭证】对话框中，通过按【首页】、【上页】、【下页】、【末页】按钮翻页查找，或按【查询】按钮，打开【凭证查询】对话框，输入查询条件，单击【确认】按钮，找到要作废的凭证。

②执行“制单→作废/恢复”命令，凭证左上角显示“作废”字样，表示已将 0002 号收款凭证作废，如图 5-62 所示。

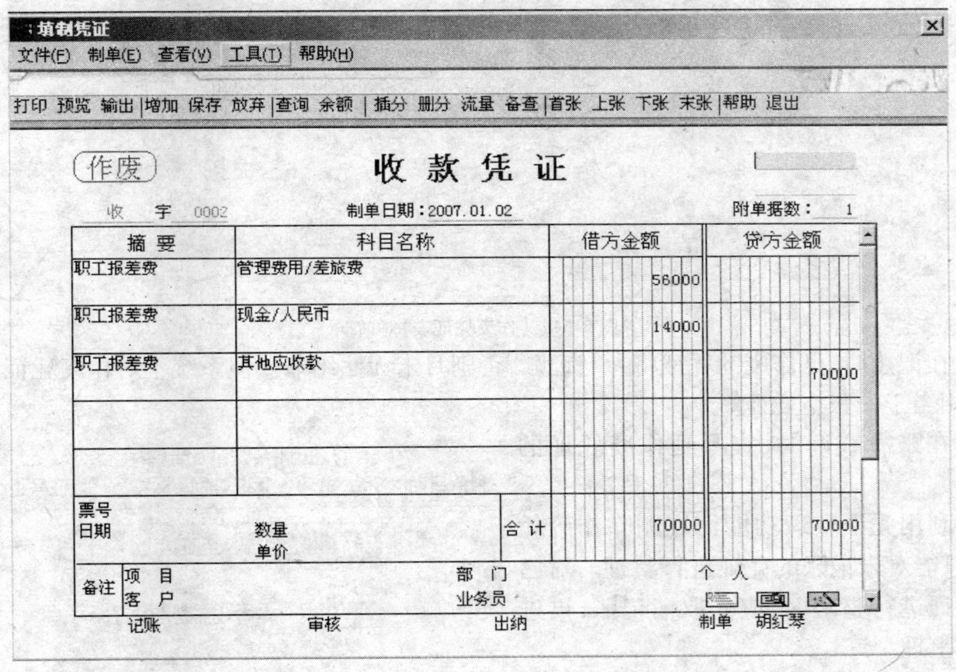

图 5-62　作废凭证

③若当前凭证已作废，再次执行“制单→作废/恢复”命令，可取消作废标志，并将当前凭证恢复为有效凭证。

④若当前凭证已作废，执行“制单→整理凭证”命令，打开【请选择凭证期间】对话框，如图 5-63 所示，按要求选择整理凭证的期间。

图 5-63　选择凭证作废的期间

⑤单击【确定】按钮，打开【作废凭证表】对话框。

⑥选择要彻底删除的凭证，双击【删除?】列，其中显示“Y”标记，如图 5-64 所示。

⑦单击【确定】按钮，系统提示正在删除凭证的相关信息，并弹出“是否需要整理凭证断号”提示对话框，如图 5-65 所示。

⑧单击【是】按钮，系统将标有“Y”标记的作废凭证进行彻底删除，并重新整理未记账凭证的编号。

(2)注意事项。

①作废凭证仍保留凭证内容及凭证编号,只在凭证左上角显示"作废"字样。

②作废凭证不能修改,不能审核。

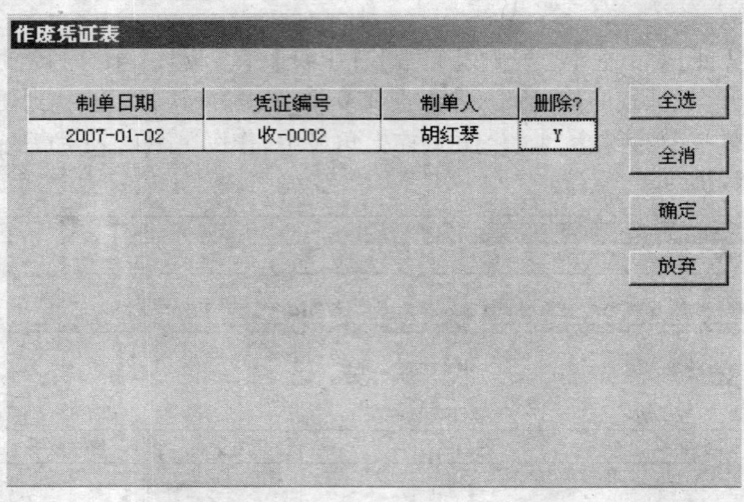

图 5-64 【作废凭证表】对话框

③在记账时,已作废的凭证将参与记账,否则月末无法结账。但系统不对作废凭证作数据处理,相当于一张空凭证。

④在账簿查询时,查不到作废凭证的数据。

⑤利用凭证整理功能彻底删除作废凭证时,只能对未记账的凭证进行整理。对已记账凭证进行整理时,应先取消记账,再进行凭证整理。

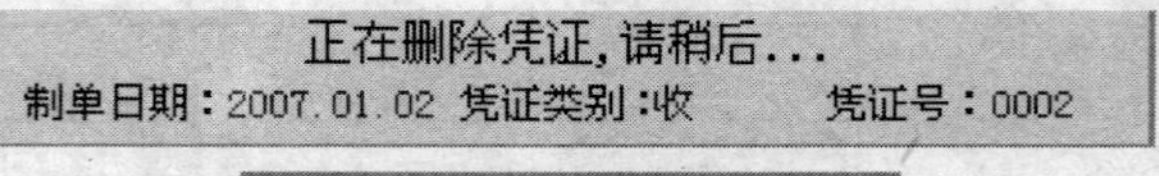

图 5-65 删除凭证的信息及整理断号提示

5)查询凭证

在制单过程中,可以通过凭证查询功能对凭证进行查看,以便随时了解经济业务发生的情况,保证填制凭证的正确性。

【例 5-22】 查看 2007 年 1 月 2 日未记账的付款凭证。

操作步骤如下:

(1)在【填制凭证】对话框中,通过按【首页】、【上页】、【下页】、【末页】按钮翻页查找,或执行"查看→查询"命令,打开【凭证查询】对话框,选择或输入查询条件,如图 5-66 所示,单击【确认】按钮,找到符合查看条件的凭证。

(2)对于已记账的凭证,还可通过下列方式查看。

在【用友 ERP-U8-〖企业应用标准套件〗】对话框左下方的【设置】、【业务】、【工具】选项中,选择【业务】选项,执行"财务会计→总账→凭证→查询凭证"命令,打开【凭证查询】对话框。选择或输入查询条件,如图 5-67 所示,单击【确认】按钮,找到符合查看条件的凭证。

(3)若符合条件的凭证有多张,可按【首页】、【上页】、【下页】、【末页】按钮翻页查找,查询的符合条件的凭证。

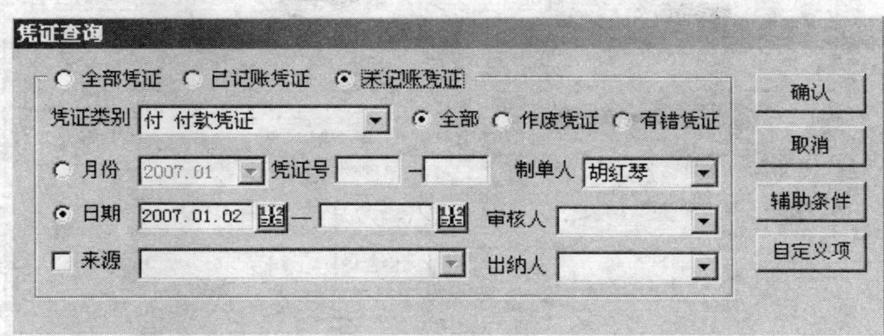

图 5-66 【凭证查询】对话框(查询未记账凭证)

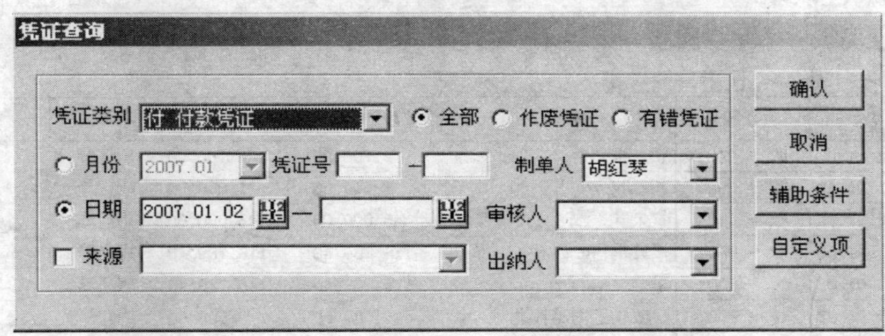

图 5-67 【凭证查询】对话框(查询全部记账凭证)

2. 出纳签字

出纳凭证是指涉及现金和银行存款科目的凭证。由于涉及现金的收入与支出,应加强对出纳凭证的管理。出纳人员可通过出纳签字功能对制单员填制的带有现金和银行存款科目的凭证进行检查核对,主要核对出纳凭证的出纳科目的金额是否正确。如果凭证正确,则在凭证上进行签字;如果凭证经审查认为错误或有异议,则不予进行出纳签字,交与填制人员修改后再核对。

【例 5-23】 以操作员 002(出纳李红明)的身份,将 2007 年 1 月所填制的收款凭证和付款凭证进行出纳签字。

1)操作步骤

(1)执行"系统→重注册"命令,打开【注册〖企业门户〗】对话框,以操作员 002 的身份注册打开【用友 ERP-U8-〖企业应用标准套件〗】对话框。

(2)在【用友 ERP-U8-〖企业应用标准套件〗】对话框左下方的【设置】、【业务】、【工具】选项中,选择【业务】选项,执行"财务会计→总账→凭证→出纳签字"命令,打开【出纳签字】对话框,如图 5-68 所示。

(3)单击【全部】按钮,然后单击【月份】按钮,在其下拉列表中选择"2007.01"选项,在【制单人】下拉列表中选择"胡红琴"。

(4)单击【确认】按钮,系统根据输入的查询条件,显示所有符合条件的凭证列表,如图 5-69所示。

(5)在凭证列表中双击某张凭证，则屏幕显示此张凭证。检查核对无误后，单击【签字】按钮，系统在凭证中的【出纳】文本框中自动签上出纳的姓名，如图5-70所示。

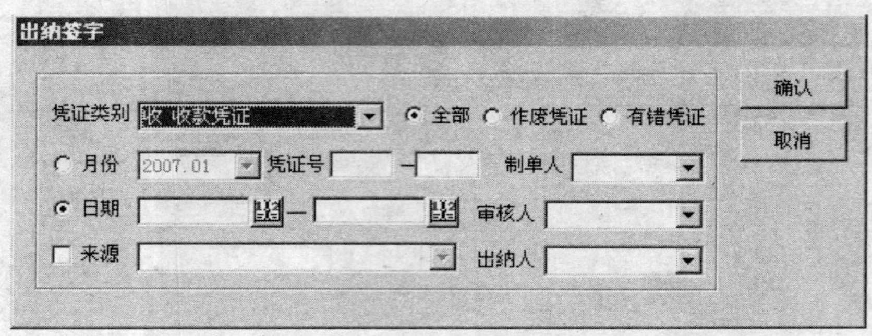

图5-68 【出纳签字】对话框

出纳签字

凭证共 11 张 已签字 0 张 未签字 11 张

制单日期	凭证编号	摘要	借方金额合计	贷方金额合计	制单人	签字人
2007.01.02	收 - 0001	职工报差费	700.00	700.00	胡红琴	
2007.01.22	收 - 0002	利息收入	1,800.00	1,800.00	胡红琴	
2007.01.22	收 - 0003	收欠款	48,000.00	48,000.00	胡红琴	
2007.01.29	收 - 0004	核算销售收入	116,789.40	116,789.40	胡红琴	
2007.01.02	付 - 0001	采购材料	116,789.40	116,789.40	胡红琴	
2007.01.02	付 - 0002	发放职工困难补助	500.00	500.00	胡红琴	
2007.01.05	付 - 0003	购办公用品	560.00	560.00	胡红琴	
2007.01.07	付 - 0004	订报刊	780.00	780.00	胡红琴	
2007.01.17	付 - 0005	提现	1,500.00	1,500.00	胡红琴	
2007.01.19	付 - 0006	支付广告费	340.00	340.00	胡红琴	
2007.01.24	付 - 0007	支付修理费	430.00	430.00	胡红琴	

确定 退出

图5-69 显示的符合条件的凭证

(6)单击【下张】按钮，对其他的凭证进行签字处理。

2)注意事项

(1)要对出纳凭证进行出纳签字，应在定义总账系统启用参数的【选项】对话框中【出纳凭证必须经由出纳签字】复选框，以及在系统初始化的科目设置时指定“现金”为“现金总账科目”，“银行存款”为“银行总账科目”。

(2)只能对未记账的凭证进行出纳签字。

(3)已签字的凭证，不能被修改、删除，只能取消签字后才能进行。

(4)已签字的凭证，不能填写票据，只能取消签字后才能进行。

(5)取消签字只能由出纳本人进行。

(6)如果已签字的凭证仍有错误，则需单击【取消】按钮，取消签字，然后由制单人修改。

(7)用户可根据实际需要决定是否要对出纳凭证进行出纳签字管理，若不需要此功能，在可定义总账系统启用参数的【选项】对话框中取消【出纳凭证必须经由出纳签字】复选框。

(8)为了提高工作效率,系统提供对凭证进行成批签字的功能,选择横向菜单【出纳】下的【成批出纳签字】和【成批取消签字】,系统自动对当前范围内的所有未签字凭证执行成批签字操作。

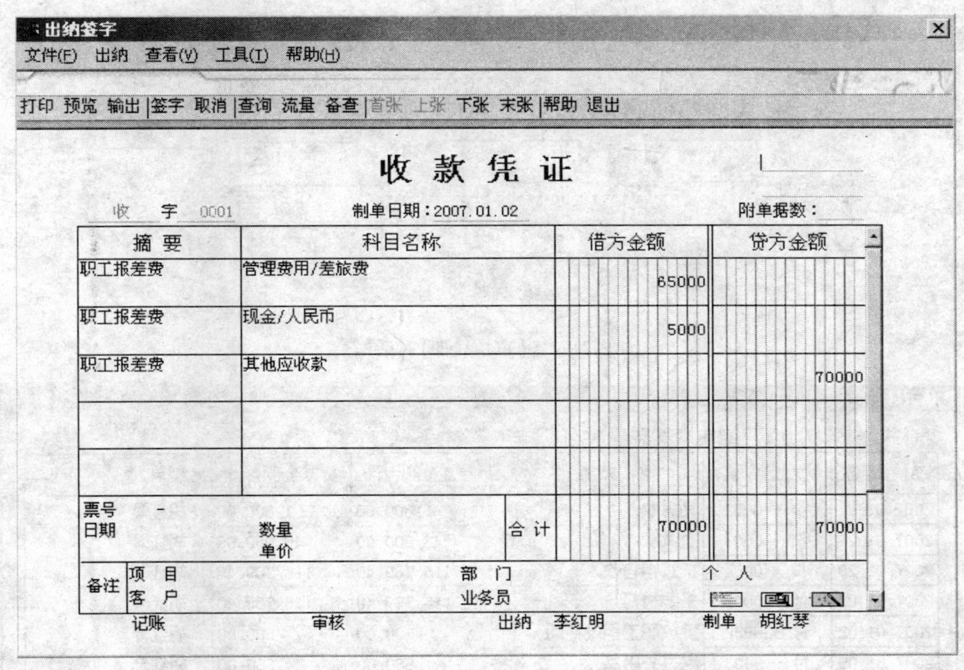

图5-70 已完成出纳签字的凭证

3. 审核凭证

为了保证登记到账簿的每一笔经济业务的准确性和可靠性,制单人填制的每一张凭证都必须经过审核员的审核。对制单人填制的记账凭证进行检查核对时,主要审核记账凭证是否与原始凭证相符,会计分录是否正确等。审查认为错误或有异议的凭证,应交与填制人员修改后再审核。

【例5-24】 以操作员001(账套主管 张小新)的身份,将2007年1月所填制的凭证进行审核。

1)操作步骤

(1)执行"系统→重注册"命令,打开【注册〖企业门户〗】对话框,以操作员001的身份注册打开【用友ERP-U8-〖企业应用标准套件〗】对话框。

(2)在【用友ERP-U8-〖企业应用标准套件〗】对话框左下方的【设置】、【业务】、【工具】选项中,选择【业务】选项,执行"财务会计→总账→凭证→审核凭证"命令,打开【凭证审核】对话框,如图5-71所示。

(3)单击【全部】按钮,然后单击【月份】按钮,在其下拉列表中选择"2007.01"选项,在【制单人】下拉列表中选择"胡红琴"。

(4)单击【确认】按钮,系统根据输入的查询条件,显示所有符合条件的凭证列表,如图

5-72所示。

(5)在凭证列表中双击某张凭证,则屏幕显示此张凭证。检查核对无误后,单击【审核】按钮,系统在凭证中的【审核】文本框中自动签上审核的姓名,如图5-73所示,且系统自动显示下一张待审核凭证。

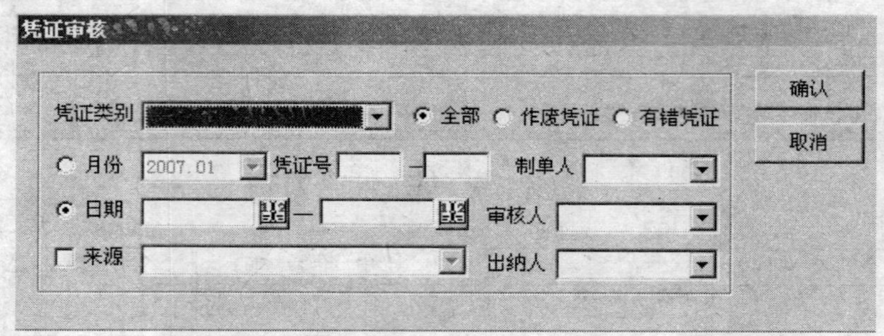

图5-71 【审核凭证】对话框

凭证审核

凭证共 28 张　　已审核 0 张　　未审核 28 张

制单日期	凭证编号	摘要	借方金额合计	贷方金额合计	制单人	审核
2007.01.22	收 - 0002	利息收入	1,800.00	1,800.00	胡红琴	
2007.01.22	收 - 0003	收欠款	48,000.00	48,000.00	胡红琴	
2007.01.29	收 - 0004	核算销售收入	116,789.40	116,789.40	胡红琴	
2007.01.02	付 - 0001	采购材料	116,789.40	116,789.40	胡红琴	
2007.01.02	付 - 0002	发放职工困难补助	500.00	500.00	胡红琴	
2007.01.05	付 - 0003	购办公用品	560.00	560.00	胡红琴	
2007.01.07	付 - 0004	订报刊	780.00	780.00	胡红琴	
2007.01.17	付 - 0005	提现	1,500.00	1,500.00	胡红琴	
2007.01.19	付 - 0006	支付广告费	340.00	340.00	胡红琴	
2007.01.24	付 - 0007	支付修理费	430.00	430.00	胡红琴	
2007.01.06	转 - 0001	材料入库	99,820.00	99,820.00	胡红琴	
2007.01.08	转 - 0002	预提借款利息	600.00	600.00	胡红琴	

对照式审核　取消审核　确定　退出

图5-72 显示的符合条件的凭证

(6)依此方法,对其他的凭证进行审核处理。

(7)若审核人员发现凭证有错误,可按单击【标错】按钮,对凭证进行标错,如图5-74所示,以便制单人可以对其进行修改。

2)注意事项

(1)审核人除了要具有审核权外,还需要有对待审核凭证制单人所制凭证的审核权,这个权限在"基础设置"的"数据权限"中设置。

(2)审核人和制单人不能是同一个人。

(3)凭证一经审核,就不能被修改、删除,只有被取消审核签字后才可以进行修改或删除。

(4)若想对已审核的凭证取消审核,单击【取消】按钮取消审核。取消审核签字只能由审核人自己进行。只有具有审核权的人才能使用本功能。

(5)采用手工制单的用户,在凭单上审核完后还须对录入机器中的凭证进行审核。

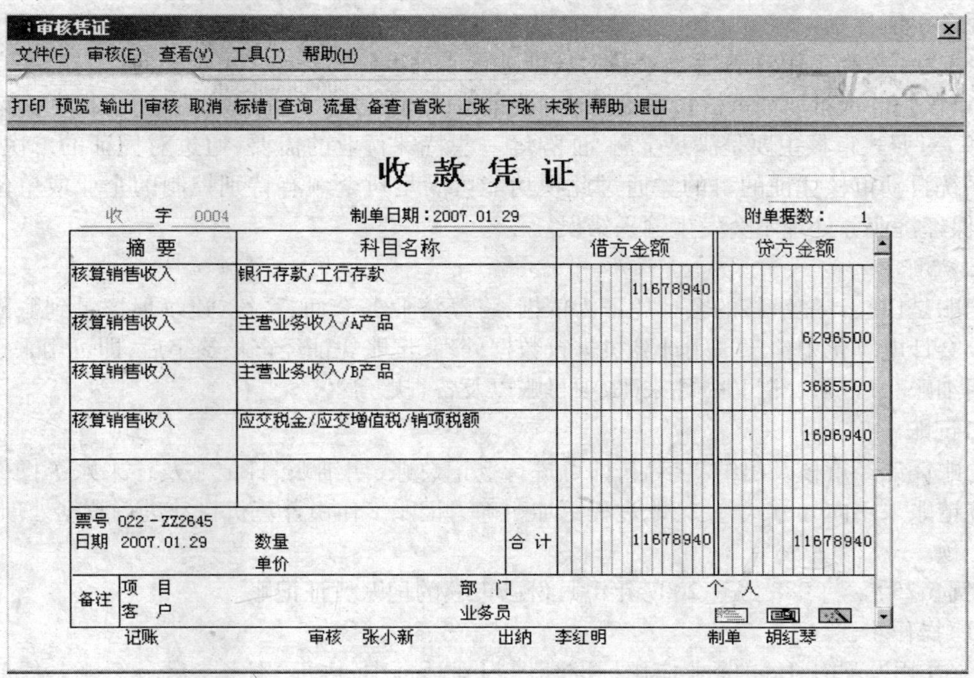

审核凭证

文件(F) 审核(E) 查看(V) 工具(T) 帮助(H)

打印 预览 输出 审核 取消 标错 查询 流量 备查 首张 上张 下张 末张 帮助 退出

收款凭证

收 字 0004 制单日期:2007.01.29 附单据数: 1

摘要	科目名称	借方金额	贷方金额
核算销售收入	银行存款/工行存款	11678940	
核算销售收入	主营业务收入/A产品		6296500
核算销售收入	主营业务收入/B产品		3685500
核算销售收入	应交税金/应交增值税/销项税额		1696940
票号 022－ZZ2645 日期 2007.01.29 数量 单价	合计	11678940	11678940
备注 项目 客户	部门 业务员	个人	

记账 审核 张小新 出纳 李红明 制单 胡红琴

图 5-73 已完成审核的凭证

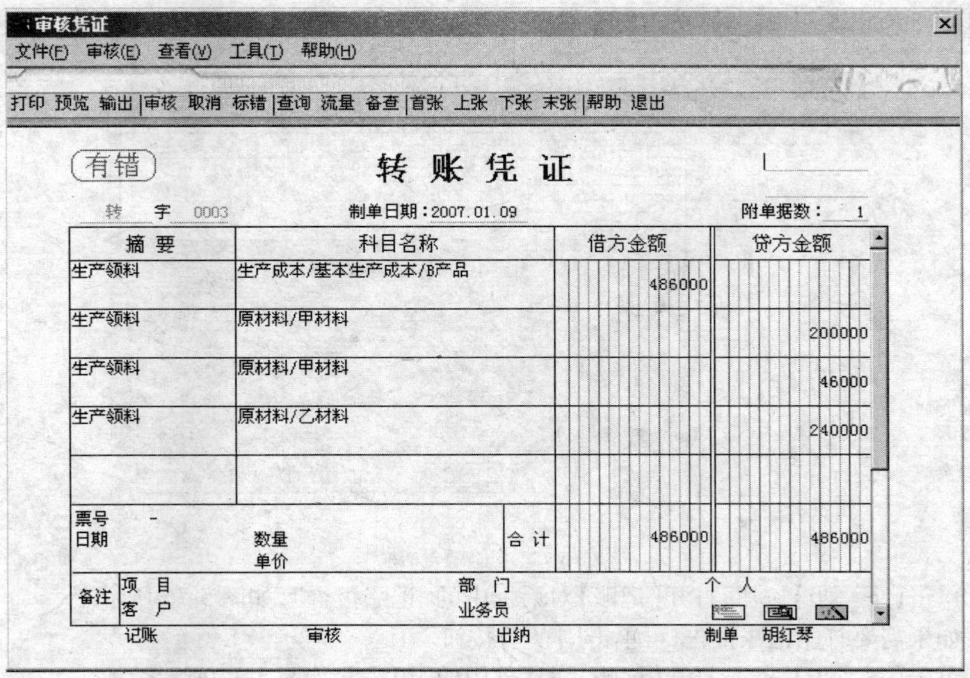

审核凭证

文件(F) 审核(E) 查看(V) 工具(T) 帮助(H)

打印 预览 输出 审核 取消 标错 查询 流量 备查 首张 上张 下张 末张 帮助 退出

有错

转账凭证

转 字 0003 制单日期:2007.01.09 附单据数: 1

摘要	科目名称	借方金额	贷方金额
生产领料	生产成本/基本生产成本/B产品	486000	
生产领料	原材料/甲材料		200000
生产领料	原材料/甲材料		46000
生产领料	原材料/乙材料		240000
票号 － 日期 数量 单价	合计	486000	486000
备注 项目 客户	部门 业务员	个人	

记账 审核 出纳 制单 胡红琴

图 5-74 审核中被标错的凭证

(6)作废凭证不能被审核,也不能被标错。

(7)已标错的凭证不能被审核,若想审核,需先按【取消】按钮取消标错后才能审核。已审核的凭证不能标错。

(8)为了提高工作效率,系统提供对凭证进行成批审核的功能。单击横向【审核】菜单下的【成批审核】和【成批取消审核】,系统自动对当前范围内的所有未审核凭证执行成批审核操作。

(9)对照式审核主要是满足金融、证券等一些特殊行业的需要,通过对凭证的二次录入,达到系统自动审核凭证的目的。通过此项功能可满足对金额有特别控制的企业或单位的要求,确保经济业务处理不会发生输入错误。

4. 记账

记账是以会计经审核的会计凭证为依据,将经济业务全面、系统、连续地记录到账簿中的方法。会计电算化中由于采用计算机进行数据处理,记账凭证经审核签字后,即可用来登记总账和明细账、日记账、部门账、往来账、项目账以及备查账等。

1)记账

记账凭证经审核及出纳签字后,即可进行登记总账、明细账、日记账及往来账等操作。总账系统记账采用向导方式,使记账过程更加明确。记账工作由计算机自动进行数据处理,不用人工干预。

【例5-25】 将088账套2007年1月份已审核的记账凭证记账。

(1)操作步骤。

①在【用友ERP-U8-〖企业应用标准套件〗】对话框中,执行"财务会计→总账→凭证→记账"命令,打开【记账】对话框。

②选择需记账的范围,默认为所有已审核未记账凭证,如图5-75所示。

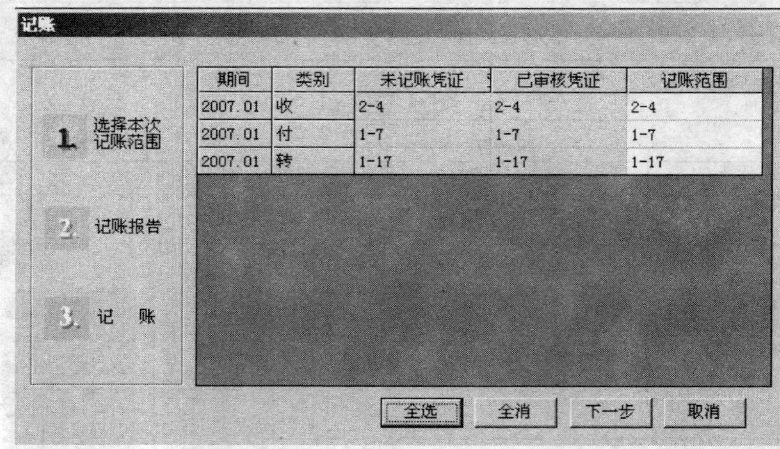

图5-75 【记账】对话框

③单击【下一步】按钮,打开【记账】对话框中的"记账报告",如图5-76所示。

④如果需要打印记账报告,可单击【打印】按钮。

⑤单击【下一步】按钮,打开【记账】对话框中的"记账",如图5-77所示。

⑥单击【记账】按钮,打开【期初试算平衡表】对话框,如图5-78所示。

图 5-76 【记账】对话框中显示的记账报告

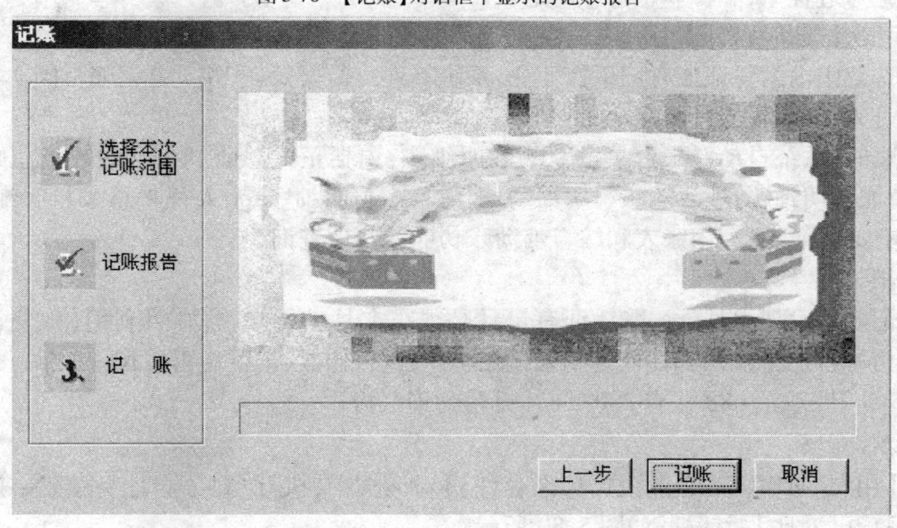

图 5-77 【记账】对话框中进行的记账

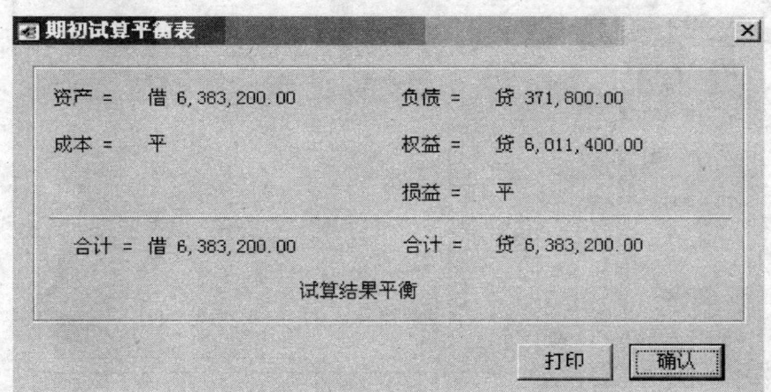

图 5-78 【期初试算平衡表】对话框

⑦单击【确认】按钮,系统自动记账,开始登录有关的总账和明细账、辅助账。登录结束后显示【记账完毕】提示信息,如图5-79所示。

单击【确定】按钮,关闭【记账】对话框,返回到在【用友ERP-U8-〖企业应用标准套件〗】对话框。

提示信息
记账完毕!
确定

图5-79 【记账完毕】提示对话框

(2)注意事项。

①选择记账范围,可输入连续编号范围,例如1-4表示1号至4号凭证;也可输入不连续编号,例如“1,4,9”,表示第1号、4号、9号凭证为此次要记账的凭证。默认表示选择全部的已审核未记账凭证。

②显示记账报告,是经过合法性检验后的提示信息,如此次要记账的凭证中有些凭证没有审核或未经出纳签字,属于不能记账的凭证,可根据提示修改后,再记账。

③在设置过程中,如果发现某一步设置错误,可单击【上一步】按钮,返回后进行修改。如果不想再继续记账,可单击【取消】按钮,取消本次记账工作。

④在记账过程中,不得非正常中断退出。

⑤第一次记账时,若期初余额试算不平衡,则不能记账。

⑥所选范围内的凭证如有不平衡凭证,系统将列出错误凭证,并重选记账范围。

⑦上月未结账时,本月不能记账。

⑧记账时,系统自动登录有关的总账和明细账,包括正式总账、明细账;数量总账与明细账;外币总账与明细账;项目总账与明细账,部门总账与明细账;个人往来总账与明细账,银行往来账等有关账簿,可利用账表和综合辅助账功能方便地查询。

2)取消记账

如果记账后发现本月已记账凭证有错且必须在本月进行修改,则可利用【恢复记账前状态】功能,将本月已记账的凭证恢复到未记账状态,进行修改、审核后再进行记账。

【例5-26】 取消088账套2007年1月份的记账操作。

(1)操作步骤。

①在【用友ERP-U8-〖企业应用标准套件〗】对话框中,执行“财务会计→总账→期末→对账”命令,打开【对账】对话框,如图5-80所示。

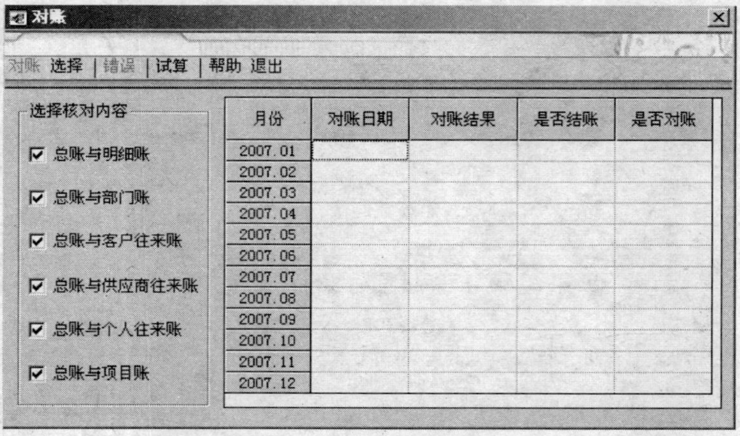

对账

对账 选择 | 错误 | 试算 | 帮助 退出

选择核对内容
☑ 总账与明细账
☑ 总账与部门账
☑ 总账与客户往来账
☑ 总账与供应商往来账
☑ 总账与个人往来账
☑ 总账与项目账

月份	对账日期	对账结果	是否结账	是否对账
2007.01				
2007.02				
2007.03				
2007.04				
2007.05				
2007.06				
2007.07				
2007.08				
2007.09				
2007.10				
2007.11				
2007.12				

图5-80 【对账】提示对话框

②单击【2007.01】月份所在行，按 Ctrl + H 快捷键，激活【恢复记账前状态】功能，如图 5-81 所示。单击【确定】按钮，关闭该提示信息对话框。

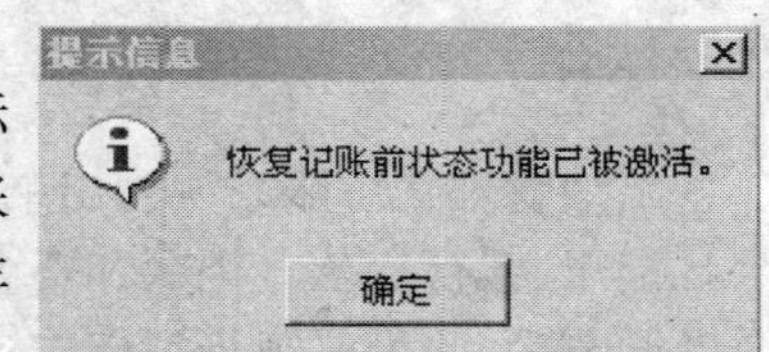

图 5-81 激活【恢复记账前状态功能】提示信息

③单击【退出】按钮，返回到【用友 ERP-U8-〖企业应用标准套件〗】对话框。执行“财务会计→总账→凭证→恢复记账前状态”命令，打开【恢复记账前状态】对话框，选择【2007 年 1 月初状态】单选按钮，如图 5-82 所示。

④单击【确定】按钮，系统打开【请输入主管口令】对话框，输入账套主管 004 的口令“008”，如图 5-83 所示。

⑤单击【确定】按钮，关闭【请输入主管口令】对话框，系统弹出【恢复记账完毕】提示信息对话框，如图 5-84 所示。

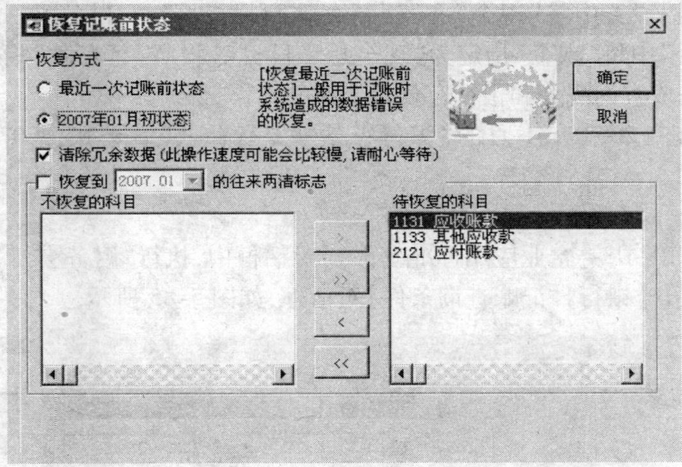

图 5-82 激活【恢复记账前状态】对话框

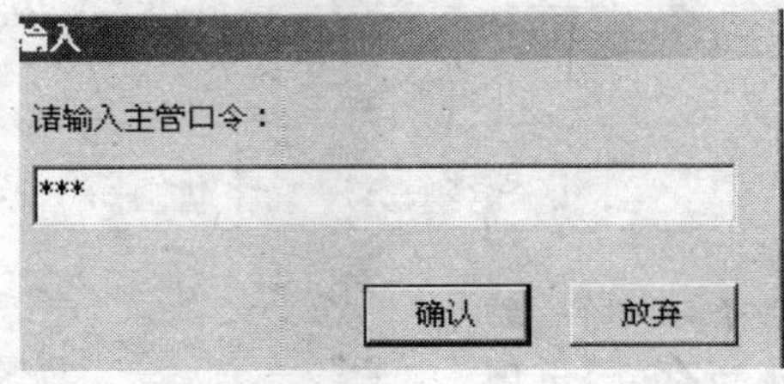

图 5-83 【输入主管口令】对话框

图 5-84 【恢复记账完毕】提示信息

⑥单击【确定】按钮，返回到【用友 ERP-U8-〖企业应用标准套件〗】对话框。

(2)注意事项。

①只有账套主管才有权限进行恢复到记账前状态的操作。

②对于已结账的月份，不能恢复记账前状态。

③可选择的恢复方式有两个。一是恢复至最近一次记账前状态。这种方式一般用于记账时系统造成数据错误的恢复。另一个是恢复到上个月初状态，即恢复到上个月初记账时的状态。

④恢复记账前状态时，还可灵活地选择需要恢复的科目和不需在恢复的科目。

⑤如果再次按下 Ctrl + H 快捷键，即隐藏【恢复记账前状态】功能。

二、出纳管理

出纳管理是总账系统为出纳人员提供的一套管理工具，它的主要功能包括查询和打印现金日记账、银行存款日记账和资金日报；登记和管理支票登记簿；进行银行对账，输出银行存款余额调节表，并可对银行长期未达账项提供审核报告。

1. 查询现金、银行存款日记账

在日常业务处理过程中，通过记账功能就能直接完成日记账的记账操作。日记账的作用只是用于查询和输出现金、银行存款的账务资料。既可查询某一天的现金和银行存款日记账，又可查询某一月的现金和银行存款日记账。要查询现金和银行存款日记账，除了在“系统初始化”的“会计科目”设置中将“现金”和“银行存款”科目设置为日记账外，还必须在“会计科目”下的“指定科目”中将“现金”指定为“现金总账科目”，将“银行存款”指定为“银行总账科目”，否则将不能完成查询现金和银行存款日记账的操作。

【例 5-27】 查询 2007 年 1 月的“银行存款—工行存款”日记账、2007 年 1 月的现金日记账。

1）操作步骤

（1）在【用友 ERP-U8-〖企业应用标准套件〗】对话框中，执行“财务会计→总账→出纳→银行日记账”命令，打开【银行日记账查询条件】对话框，如图 5-85 所示。

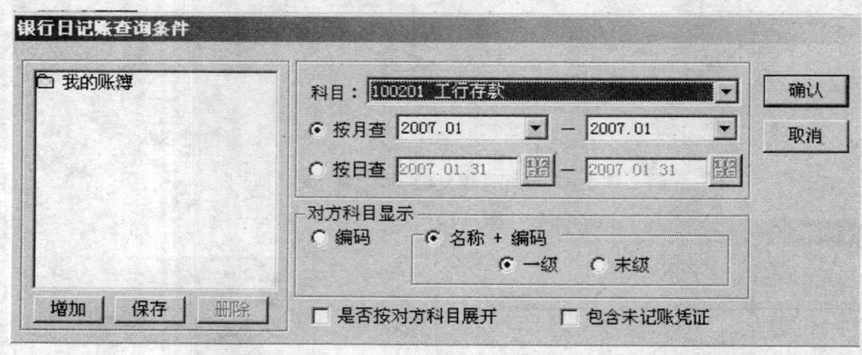

图 5-85 【银行日记账查询条件】对话框

（2）在【科目】下拉列表中的选择【100201 工行存款】选项。

（3）选择系统默认的按月查询，选择月份【2007.01—2007.01】，【对方科目显示】选择【名称 + 编码、一级】。

（4）如要保存查询结果，单击【保存】按钮，打开【我的账簿】对话框，输入保存账簿的名称，如图 5-86 所示。

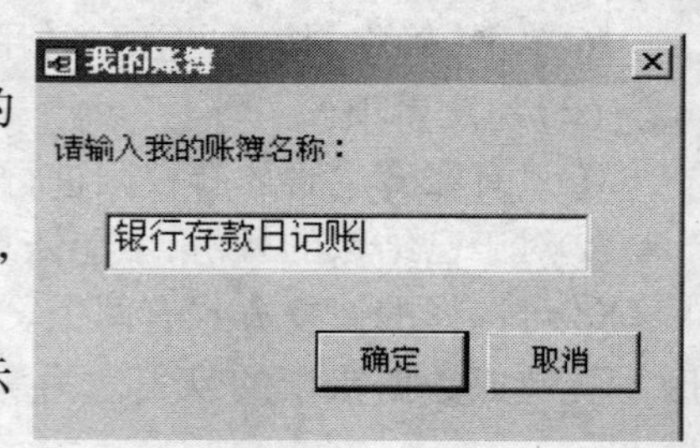

图 5-86 【我的账簿】对话框

（5）单击【确定】按钮，显示已保存“银行存款日记账”，如图 5-87 所示。

（6）单击【确认】按钮，打开【银行日记账】对话框，显示按查询条件查询到的银行存款日记账，如图 5-88 所示。

（7）查询现金日记账的操作同查询银行存款日记账，不

再赘述。

2)注意事项

(1)可按月或按查询日记账。

(2)在日记账中可显示对方科目,可只显示科目编码,也可同时显示科目名称和编码。

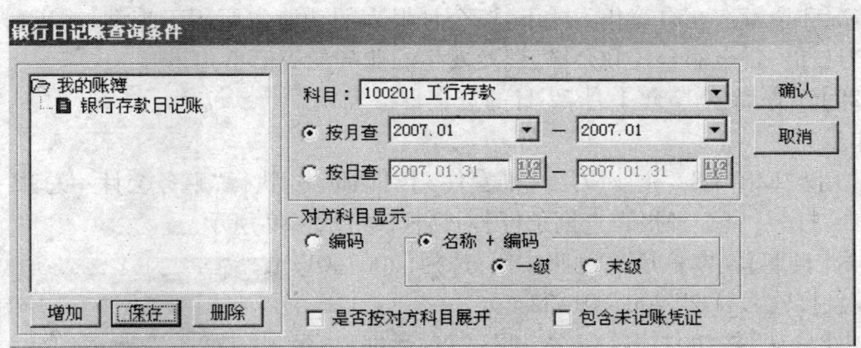

图 5-87 显示已保存银行存款日记账

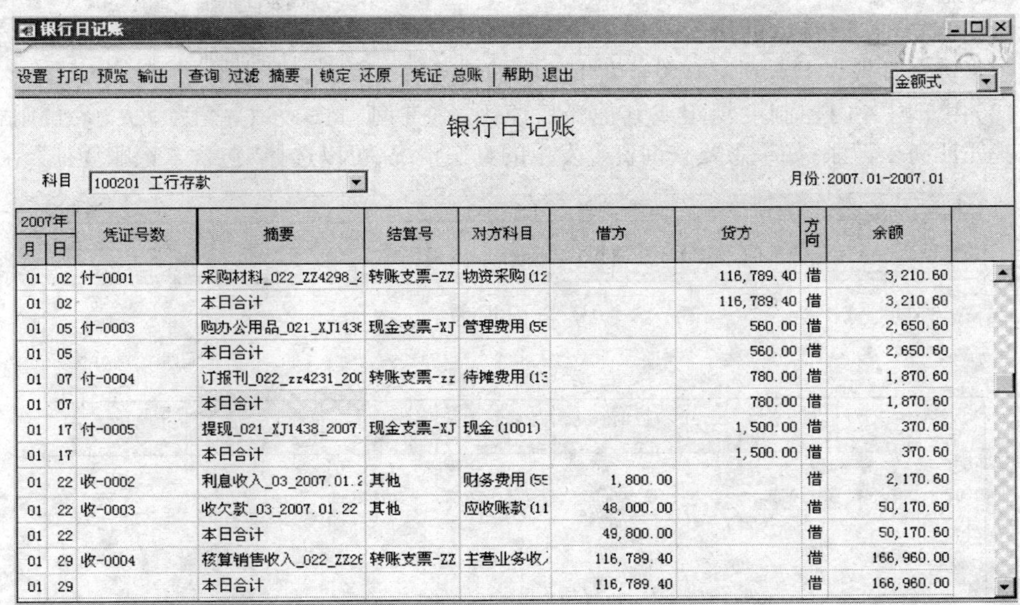

2007年 月	日	凭证号数	摘要	结算号	对方科目	借方	贷方	方向	余额
01	02	付-0001	采购材料_022_ZZ4298_2	转账支票-ZZ	物资采购(12		116,789.40	借	3,210.60
01	02		本日合计				116,789.40	借	3,210.60
01	05	付-0003	购办公用品_021_XJ1436	现金支票-XJ	管理费用(55		560.00	借	2,650.60
01	05		本日合计				560.00	借	2,650.60
01	07	付-0004	订报刊_022_zz4231_200	转账支票-zz	待摊费用(13		780.00	借	1,870.60
01	07		本日合计				780.00	借	1,870.60
01	17	付-0005	提现_021_XJ1438_2007.	现金支票-XJ	现金(1001)		1,500.00	借	370.60
01	17		本日合计				1,500.00	借	370.60
01	22	收-0002	利息收入_03_2007.01.2	其他	财务费用(55	1,800.00		借	2,170.60
01	22	收-0003	收欠款_03_2007.01.22	其他	应收账款(11	48,000.00		借	50,170.60
01	22		本日合计			49,800.00		借	50,170.60
01	29	收-0004	核算销售收入_022_ZZ26	转账支票-ZZ	主营业务收入	116,789.40		借	166,960.00
01	29		本日合计			116,789.40		借	166,960.00

图 5-88 【银行日记账】对话框

(3)由于未审核等原因,可能会有部分凭证尚未记账,所以如果要查询真实的现金收支情况时最好选择“包含未记账凭证”选择项。

(4)在银行日记账中,如果本月未结账,则显示“当前合计”、“当前累计”;如果本月已结账,则显示“本月合计”、“本年累计”。

(5)双击日记账的某栏,可查看相应的凭证。

(6)可调整、还原日记账的栏目列宽。单击【还原】按钮不可调整栏目列宽,点击【还原】按钮则返回系统默认的列宽。

（7）系统对查询的账簿提供保存和删除的功能。

2. 资金日报表

资金日报表是反映某日现金、银行存款发生额和余额情况的报表，在财务管理中占据重要的位置。在手工方式下，资金日报表由出纳员逐日填写，反映当天营业结束时的现金、银行存款的收支情况和余额。在电算化方式下，资金日报表的功能主要用于查询、输出、打印资金日报表，提供当日借、贷金额合计和余额，以及发生的业务量等信息。

【例 5-28】 查询 2007 年 1 月 22 日的资金日报表。

1）操作步骤

（1）在【用友 ERP-U8-〖企业应用标准套件〗】对话框中，执行“财务会计→总账→出纳→资金日报”命令，打开【资金日报表查询条件】对话框，如图 5-89 所示。

（2）单击【日期】文本框后的对照按钮，选择【2007. 01. 22】选项，或直接输入日期“2007. 01. 22”。

（3）单击【确认】按钮，打开【资金日报表】对话框，显示按查询条件查询到的资金日报表，如图 5-90 所示。

2）注意事项

（1）可选择查询科目的级次。如果选择多级查询，可以在一张资金日报表上看到所有资金发生的明细情况。

资金日报表查询条件
日期 2007.01.22
级次 1 — 1
确认
取消
☑ 包含未记账凭证
☑ 有余额无发生也显示

图 5-89 【资金日报表查询条件】对话框

（2）由于财务内控制度规定或其他滞后原因，在查询时有些凭证尚未记账，如果想要查询资金发生的真实情况，可以选择“包含未记账凭证”。

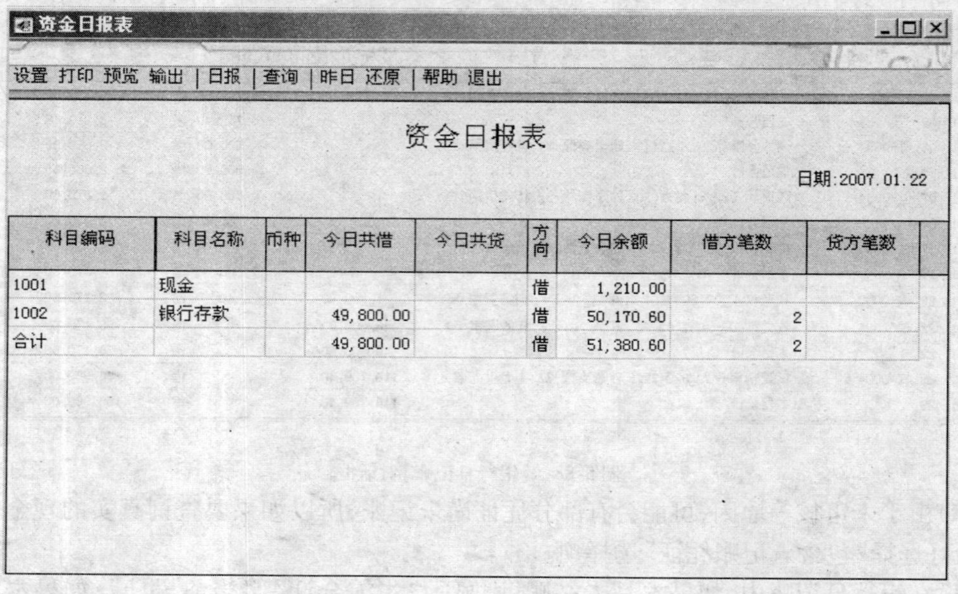

资金日报表

日期:2007.01.22

科目编码	科目名称	币种	今日共借	今日共贷	方向	今日余额	借方笔数	贷方笔数
1001	现金				借	1,210.00		
1002	银行存款		49,800.00		借	50,170.60	2	
合计			49,800.00		借	51,380.60	2	

图 5-90 【资金日报表】对话框

（3）选择“有无余额发生也显示”项后，即使现金或银行科目在查询日没有发生业务（即没有制作凭证），只要有余额则都会显示。

（4）单击【日报】按钮可显示、打印光标所在科目的日报单。

(5)单击【昨日】按钮,在表头增加“昨日余额”列,可查看各现金、银行科目的昨日余额。

(6)可调整、还原资金日报表的栏目列宽。在查看报表过程中,由于调整视图效果可能会改变列宽,可用【还原】按钮还原列宽。

3. 支票登记簿

为了加强支票管理,出纳人员通常要建立支票领用登记簿,用来登记支票领用情况。为此系统为出纳员提供了“支票登记簿”功能,以便详细登记支票领用人、领用日期、支票用途、是否报销等情况。当应收、应付系统或资金系统有支票领用时,自动填写。只有在“会计科目”中设置了银行账的科目才能使用支票登记簿。

【例 5-29】 登记如表 5-24 所示的本月支票的领用情况。

表 5-24

领用时期	领用部门	领用人	支票号	预计金额
1 月 2 日	供应部	晏小华	ZZ4298	120000.00
1 月 7 日	行政部	王新程	ZZ4331	800.00

1)操作步骤

(1)在【用友 ERP-U8-〖企业应用标准套件〗】对话框中,执行“财务会计→总账→出纳→支票登记簿”命令,打开【银行科目选择】对话框,如图 5-91 所示。

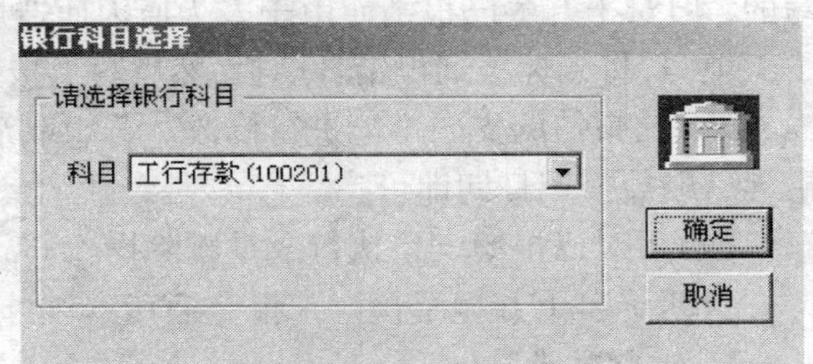

图 5-91 【银行科目选择】对话框

(2)在【科目】下拉列表中的选择【工行存款(100201)】选项。

(3)单击【确定】按钮,打开【支票登记】对话框,如图 5-92 所示。

(4)单击【增加】按钮,新增一空行,登记支票领用人、领用日期、支票用途、是否报销等信息。新增记录为未报销记录。

(5)单击【保存】按钮,保存已录入的支票领用信息。

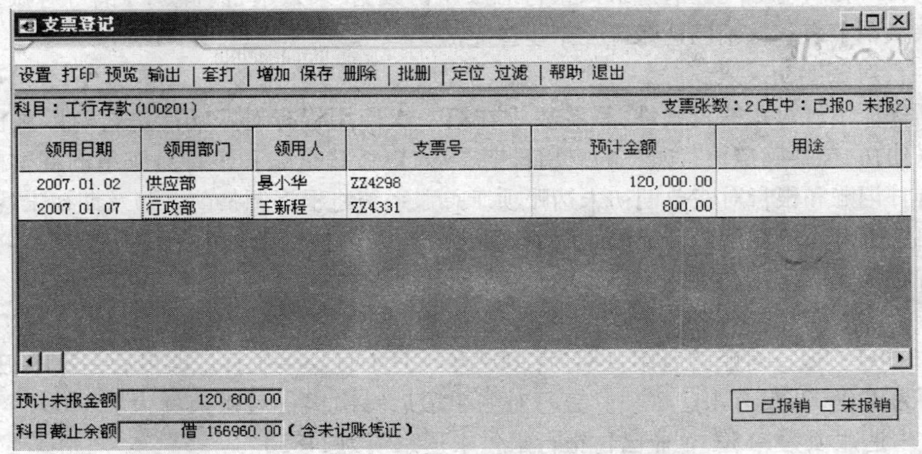

图 5-92 【支票登记】对话框

2)注意事项

(1)需要使用支票登记簿功能时,应在"结算方式"设置中对需使用支票登记簿的结算方式在"是否票据管理"前打"√"。

(2)对银行账户分别登记支票登记簿,所以应先选择要登记的银行账户,才能进入支票登记簿界面。

(3)领用日期和支票号必须输入,支票号必须唯一。其他内容可以为空。领用部门、领用人可以参照部门档案、职员档案输入。

(4)屏幕显示所有已登记的记录情况,右上角显示已报销和未报销支票数。未报销支票背景呈现白色。

(5)支票登记簿中报销日期为空时,表示该支票未报销,否则系统认为该支票已报销。

(6)当支票支出后,经办人持原始单据(发票)到财务部门报销,会计人员据此填制记账凭证,当在系统中录入该凭证时,系统要求录入该支票的结算方式和支票号,在系统填制完成该凭证后,系统自动在支票登记簿中将该号支票写上报销日期,该号支票即为已报销。

(7)报销日期不能在领用日期之前。支票登记簿中的报销日期栏,一般是由系统自动填写的,但对于有些已报销而由于人为原因而造成系统未能自动填写报销日期的支票,可进行手工填写,将光标移到报销日期栏,然后写上报销日期。

(8)已报销的支票不能进行修改。若想取消报销标志,只要将光标移到报销日期处,按空格键后删掉报销日期即可。

(9)可对已报销支票执行成批删除操作。

(10)屏幕下方显示预计未报金额和本科目的截止余额。

4. 银行对账

银行对账是货币资金管理的主要内容,是出纳员最基本的工作之一。由于企业与银行的账务处理和入账时间上的差异,经常会出现未达账项。为防止记账发生差错,准确掌握银行存款的实际余额,必须定期将银行存款日记账与银行出具的对账单进行核对,并编制银行存款余额调节表。在计算机中,总账系统要求银行对账的科目是在科目设置时定义为"银行账"辅助账类的科目。银行对账一般通过录入银行对账期初数据、录入银行对账单、银行对账、编制银行存款余额调节表和核销已达账等几个步骤完成。

1)银行对账期初录入

为了保证银行对账的正确性,系统要求在第一次使用银行对账功能进行对账之前,录入银行对账期初,包括确定银行账户的启用日期、录入银行日记账和银行对账单的调整前余额、录入银行日记账和银行对账单期初未达账项。总账系统将根据调整前余额及期初未达账项自动计算出银行对账单与用户日记账的调整后余额,如果调整后余额不平,应该调平。否则,在执行银行对账之后,会造成账面不平。

在开始使用银行对账之后,该功能不再使用。

【例5-30】 银行对账的启用日期为:2007年1月1日。单位日记账最后一次跟银行对账期末余额为120000,没有未达账项。银行对账单最后一次银行对账余额为128700,企业已收银行未收未达账项为3150,企业已付银行未付未达账项为11850。

(1)操作步骤。

①在【用友 ERP-U8-〖企业应用标准套件〗】对话框中，执行“财务会计→总账→出纳→银行对账→银行对账期初录入”命令，打开【银行科目选择】对话框，如图 5-93 所示。

②在【科目】下拉列表中的选择【工行存款(100201)】选项。

③单击【确定】按钮，打开【银行对账期初】对话框，如图 5-94 所示。

④在【启用日期】文本框内录入该银行账户的启用日期【2007.01.01】，或使用参照按钮确定启用日期。

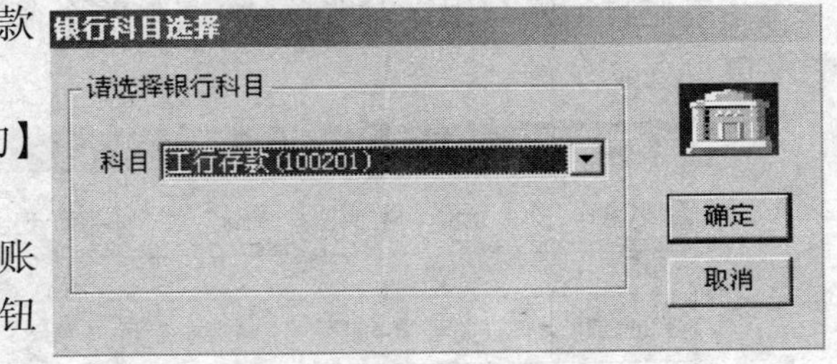

图 5-93 【银行科目选择】对话框

⑤在单位日记账【调整前余额】文本框中输入“120000”；在银行对账单【调整前余额】文本框中输入“128700”。

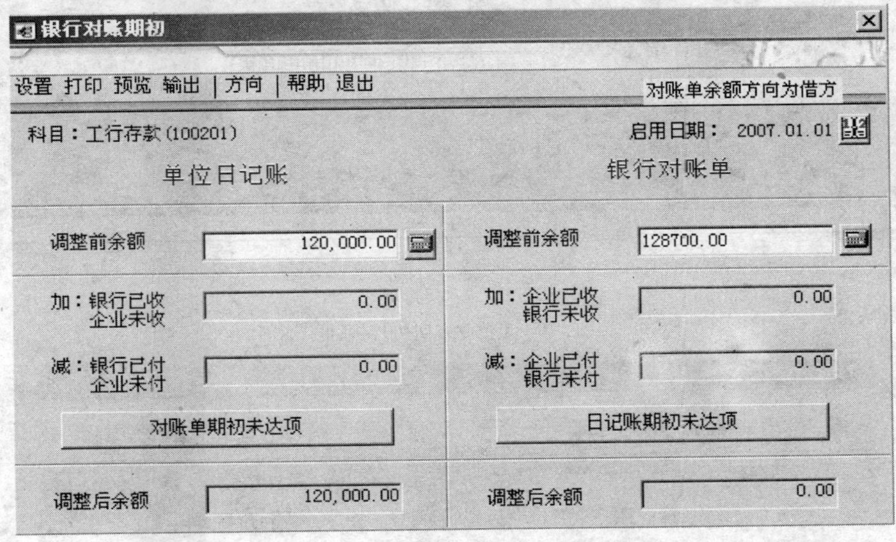

图 5-94 【银行对账期初】对话框

⑥单击【日记账期初未达项】按钮，打开【企业方期初】对话框，如图 5-95 所示。

⑦单击【增加】按钮，输入借方金额“3150”；再次单击【增加】按钮，输入贷方金额“11850”。

⑧单击【保存】按钮，保存已录入的数据，结果显示在【银行对账期初】对话框中，如图 5-96 所示。

⑨单击【退出】按钮，返回到【银行对账期初】对话框，系统显示调整前余额、未达账项调整及调整后余额。

⑩单击【对账单期初未达项】按钮，打开【银行方期初】对话框，按步骤⑦～⑨输入企业的未达账项。

⑪单击【退出】按钮，关闭【银行对账期初】对话框。

(2)注意事项。

①系统默认银行对账单余额方向为借方，与企业银行存款日记账的余额方向按相同方向

处理。按【方向】按钮可调整银行对账单余额方向，已进行过银行对账勾对的银行科目不能调整银行对账单余额方向。

②单位日记账与银行对账单的"调整前余额"应分别为启用日期时该银行科目的科目余额及银行存款余额。

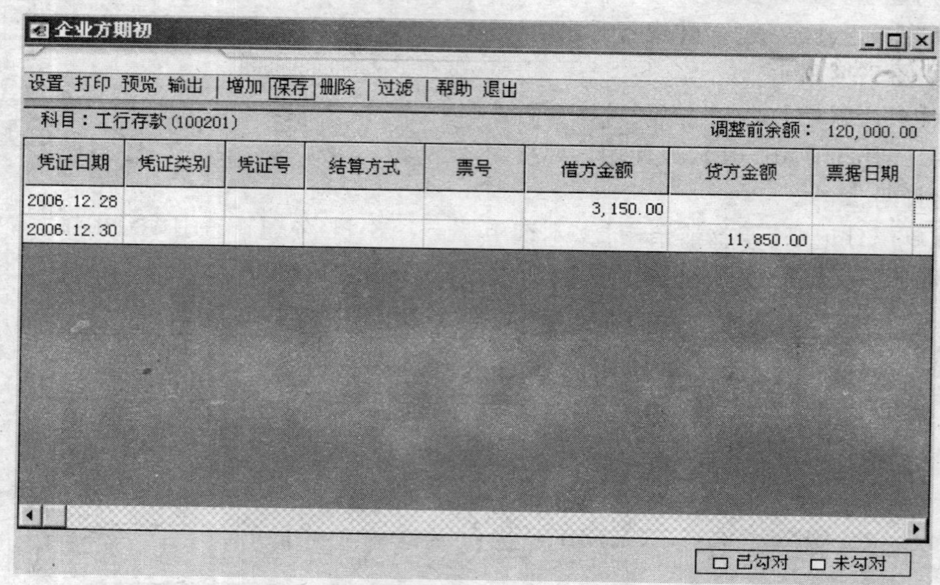

图 5-95 【企业方期初】对话框

银行对账期初
设置 打印 预览 输出 方向 帮助 退出
对账单余额方向为借方
科目：工行存款(100201)
启用日期： 2007.01.01

单位日记账		银行对账单	
调整前余额	120,000.00	调整前余额	128,700.00
加：银行已收企业未收	0.00	加：企业已收银行未收	3,150.00
减：银行已付企业未付	0.00	减：企业已付银行未付	11,850.00
对账单期初未达项		日记账期初未达项	
调整后余额	120,000.00	调整后余额	120,000.00

图 5-96 对未达账项进行调整后的【银行对账期初】对话框

③"期初未达项"分别为上次手工勾对截止日期到启用日期前的未达账项；"调整后余额"分别为上次手工勾对截止日期的该银行科目的科目余额及银行存款余额。

④输入银行对账单及单位日记账期初未达项，系统将根据调整前余额及期初未达项自动计算出银行对账单与单位日记账的调整后余额。若录入正确，单位日记账与银行对账单的调

整后余额应平衡。若不平衡,应检查并调整平衡,否则,在对账后编制《银行存款余额调节表》时,会造成银行存款与单位银行账的账面余额不平。

⑤如果银行科目有外币核算,应在这里录入外币余额、外币未达项。

⑥录入的银行对账单、单位日记账的期初未达项的发生日期不能大于等于此银行科目的启用日期。

⑦在录入完单位日记账、银行对账单期初未达项后,请不要随意调整启用日期,尤其是向前调,这样可能会造成启用日期后的期初数不能再参与对账。

⑧"银行对账期初"功能是用于第一次使用银行对账模块前录入日记账及对账单未达项,在开始使用银行对账之后一般不再使用。

2)银行对账单

在每一个会计期末,要实现计算机自动进行银行对账,需将银行开出的银行对账单输入计算机,存入对账单文件。该功能用于平时录入、查询和引入银行对账单。在此功能中显示的银行对账单为启用日期之后的对账单。

【例 5-31】 2007 年 1 月 31 日,银行对账单如表 5-25 所示。

表 5-25

日　期	摘　要	借　方	贷　方	方　向	余　额
2007 年 1 月 1 日	余额			借	128700.00
2007 年 1 月 2 日	付款		116789.40		11910.60
2007 年 1 月 5 日	付款		560.00		11350.60
2007 年 1 月 7 日	付款		780.00		10570.60
2007 年 1 月 8 日	收款	3150.00			13720.60
2007 年 1 月 15 日	付款		11850.00		1870.60
2007 年 1 月 17 日	付款		1500.00		370.60
2007 年 1 月 22 日	收款	1800.00			2170.60
2007 年 1 月 27 日	收款	48000.00			50170.60
2007 年 1 月 29 日	收款	116789.40			166960.00
2007 年 1 月 31 日	余额				166960.00

(1)操作步骤。

①在【用友 ERP-U8-〖企业应用标准套件〗】对话框中,执行"财务会计→总账→出纳→银行对账→银行对账单"命令,打开【银行科目选择】对话框。

②在【科目】下拉列表中的选择【工行存款(100201)】选项,在【月份】下拉列表中的选择【2007.01—2007.01】选项。

③单击【确定】按钮,打开【银行对账单】对话框,如图 5-97 所示。

④单击【增加】按钮,输入日期"2007.01.02",借方金额"116789.40"。

⑤单击【增加】按钮,继续输入银行对账单的其他数据资料,【银行对账单】对话框中显示输入的所有结果。

⑥单击【保存】按钮,保存输入的对账单数据资料;单击【退出】按钮,关闭【银行对账单】

对话框。

(2)注意事项。

①银行对账单的期初余额在录入银行对账单时不需录入。

②除日期和借、贷方金额外,其他项目可为空。

③输入的结算方式同制单时所使用的结算方式可相同也可不同。

④录入票号和借、贷方金额,系统自动计算余额,并按对账单日期顺序显示。在此输入的票号应同制单时输的票号位长相同。

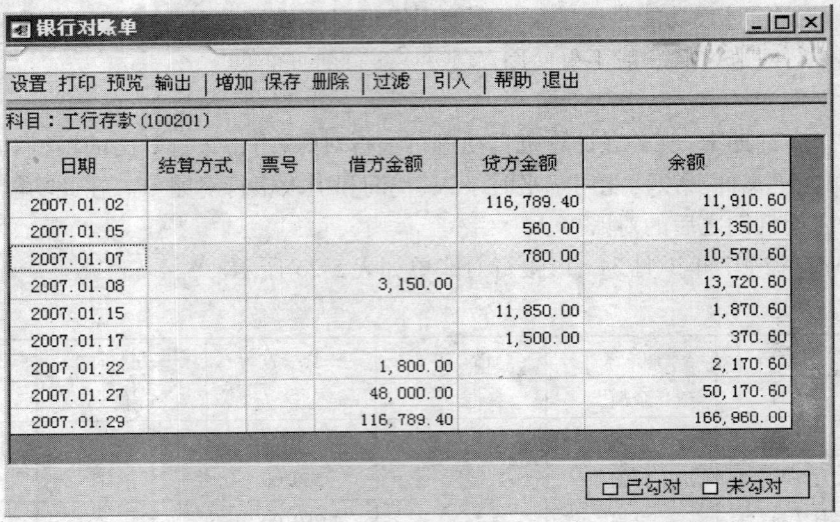

银行对账单

设置 打印 预览 输出 | 增加 保存 删除 | 过滤 | 引入 | 帮助 退出

科目:工行存款(100201)

日期	结算方式	票号	借方金额	贷方金额	余额
2007.01.02				116,789.40	11,910.60
2007.01.05				560.00	11,350.60
2007.01.07				780.00	10,570.60
2007.01.08			3,150.00		13,720.60
2007.01.15				11,850.00	1,870.60
2007.01.17				1,500.00	370.60
2007.01.22			1,800.00		2,170.60
2007.01.27			48,000.00		50,170.60
2007.01.29			116,789.40		166,960.00

□已勾对 □未勾对

图 5-97 输入银行对账单数据的【银行对账单】对话框

⑤【银行科目选择】对话框中,指定科目、月份范围,确定后,显示指定范围内的银行对账单列表。注意终止月份必须大于等于起始月份。

⑥若企业在多家银行开户,银行对账单应与其对应的银行存款下的末级科目一致。

⑦最后一笔对账单业务的余额即为期末余额,也是下一期的期初余额。

3)银行对账

银行对账采用自动对账与手工对账相结合的方式。

自动对账是计算机根据对账依据自动进行核对、勾销。对账依据由用户根据需要选择,其中"方向、金额相同"是必要条件,其他可选条件是票号相同、结算方式相同、日期在多少天之内。对于已核对上的银行业务,系统将自动在银行存款日记账和银行对账单双方标上两清标志,并视为已达账项。对于在两清栏未标上两清符号的记录,系统则视其为未达账项。由于自动对账是以银行存款日记账和银行对账单双方对账依据完全相同为条件,所以为了保证自动对账正确和彻底,必须保证对账数据的规范合理。如银行存款日记账和银行对账单的票号要统一位长,否则,系统将无法识别。

手工对账是对自动对账的补充,使用完自动对账后,可能还有一些特殊的已达账没有对出来,而被视为未达账项,为了保证对账更彻底正确,可用手工对账来进行调整。

除对账单文件中一条记录和银行日记账未达账项文件中一条记录完全相同的情况能自动

对账外，其余情况（如对账单文件中一条记录和银行日记账未达账项文件中多条记录完全相同、对账单文件中多条记录和银行日记账未达账项文件中一条记录完全相同、对账单文件中多条记录和银行日记账未达账项文件中多条记录完全相同）均需采用手工对账来强制核销。

（1）自动对账。

【例 5-32】 以最大条件对 2007 年 1 月的银行存款业务进行银行自动对账。

①操作步骤。

a. 在【用友 ERP-U8-〖企业应用标准套件〗】对话框中，执行"财务会计→总账→出纳→银行对账→银行对账单"命令，打开【银行科目选择】对话框。

b. 在【科目】下拉列表中的选择【工行存款（100201）】选项，系统默认选择【显示已达项】复选框。在【月份】下拉列表中的选择【2007.01—2007.01】选项。

c. 单击【确定】按钮，打开【银行对账】对话框，如图 5-98 所示。

银行对账

对账 取消 | 过滤 对照 | 检查 | 帮助 | 退出　科目：100201（工行存款）

单位日记账

凭证日期	票据日期	结算方式	票号	方向	金额
2007.01.02	2007.01.02	022	ZZ4298	贷	116,789.40
2007.01.05	2007.01.05	021	XJ1436	贷	560.00
2007.01.07	2007.01.05	022	zz4231	贷	780.00
2007.01.17	2007.01.17	021	XJ1438	贷	1,500.00
2007.01.22	2007.01.22	03		借	1,800.00
2007.01.22	2007.01.22	03		借	48,000.00
2007.01.29	2007.01.29	022	ZZ2645	借	116,789.40

银行对账单　显示方向

日期	结算方式	票号	方向	金额
2007.01.02			贷	116,789.40
2007.01.05			贷	560.00
2007.01.07			贷	780.00
2007.01.08			借	3,150.00
2007.01.15			贷	11,850.00
2007.01.17			贷	1,500.00
2007.01.22			借	1,800.00
2007.01.27			借	48,000.00
2007.01.29			借	116,789.40

图 5-98 【银行对账】对话框

d. 单击【对账】按钮，打开【自动对账】对话框。

e. 单击【截止日期】文本框后面的参照按钮，选择截止日期为【2007.01.31】。

f. 系统默认【日期相差 12 天之内】、【结算方式相同】、【结算票号相同】，取消这 3 个对账条件的限制，以最大条件进行银行对账，如图 5-99 所示。

g. 单击【确定】按钮，系统进行自动对账，并显示自动对账结果，如图 5-100 所示。

②注意事项。

a. 对账条件中的方向、金额相同是必选条件。

b. 对账截止日期可输入，也可不输入。

c. 对于已达账项，系统自动在银行存款日记账和银行对账单双方的【两清】列标记圆圈标志。

d. 单击【检查】按钮，检查对账是否有错，如果有错误，应进行调整。

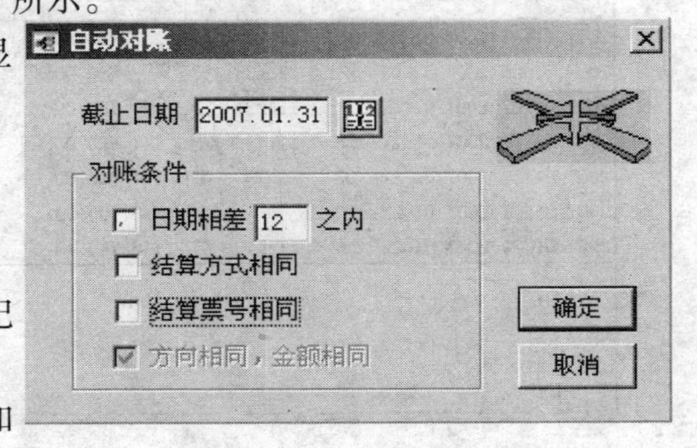

图 5-99 【自动对账】对话框

e. 单击【取消】按钮，自动取消指定时间内的所有已两清的银行账两清标志。

f. 若所选银行科目是核算外币的科目，则单位日记账中为外币账，同时也只对外币账进行勾对。

银行对账

对账 取消 | 过滤 对照 | 检查 | 帮助 退出　　科目：100201(工行存款)

单位日记账

票据日期	结算方式	票号	方向	金额	两清	凭证号数
2007.01.02	022	ZZ4298	贷	116,789.40	○	付-0001
2007.01.05	021	XJ1436	贷	560.00	○	付-0003
2007.01.05	022	zz4231	贷	780.00	○	付-0004
2007.01.17	021	XJ1438	贷	1,500.00	○	付-0005
2007.01.22	03		借	1,800.00	○	收-0002
2007.01.22	03		借	48,000.00	○	收-0003
2007.01.29	022	ZZ2645	借	116,789.40	○	收-0004

银行对账单　　显示方向

日期	结算方式	票号	方向	金额	两清
2007.01.02			贷	116,789.40	○
2007.01.05			贷	560.00	○
2007.01.07			贷	780.00	○
2007.01.08			借	3,150.00	
2007.01.15			贷	11,850.00	
2007.01.17			贷	1,500.00	○
2007.01.22			借	1,800.00	○
2007.01.27			借	48,000.00	○
2007.01.29			借	116,789.40	○

图 5-100　显示自动对账结果

(2)手工对账。

由于系统中的银行未达账项是通过凭证处理自动形成的，期间有人工录入过程，可能存在有关项目内容输入不规范或不全面的情况，造成无法实现全面自动对账，此时可采用系统提供的手工对账功能。

①操作步骤。

a. 在【银行对账】对话框中，在单位日记账中单击要对账的记录所在行。

b. 单击【对照】按钮，系统在银行对账单中显示与要进行对账的单位日记账的对应记录。

c. 人工检查后，双击两清列，显示【Y】标志，如图 5-101 所示。

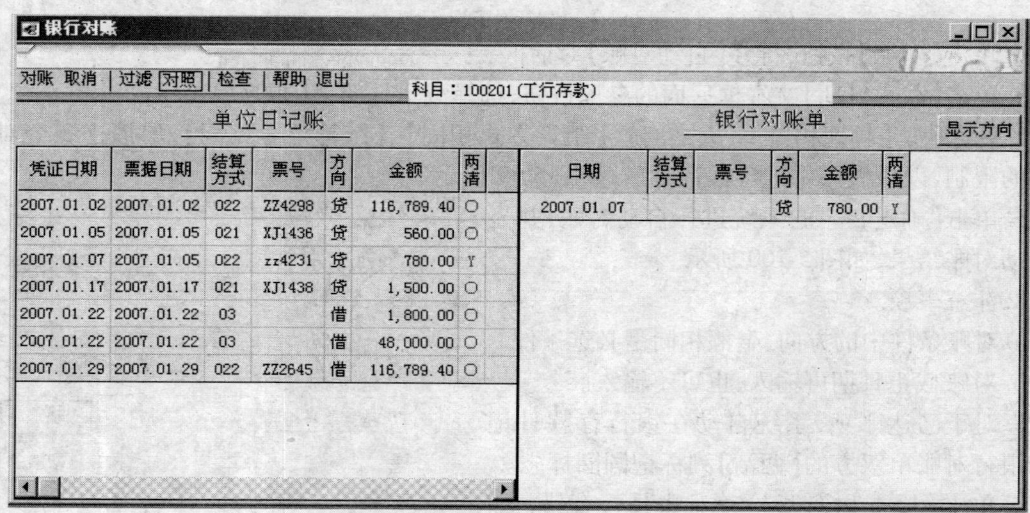
银行对账

对账 取消 | 过滤 对照 | 检查 | 帮助 退出　　科目：100201(工行存款)

单位日记账

凭证日期	票据日期	结算方式	票号	方向	金额	两清
2007.01.02	2007.01.02	022	ZZ4298	贷	116,789.40	○
2007.01.05	2007.01.05	021	XJ1436	贷	560.00	○
2007.01.07	2007.01.05	022	zz4231	贷	780.00	Y
2007.01.17	2007.01.17	021	XJ1438	贷	1,500.00	○
2007.01.22	2007.01.22	03		借	1,800.00	○
2007.01.22	2007.01.22	03		借	48,000.00	○
2007.01.29	2007.01.29	022	ZZ2645	借	116,789.40	○

银行对账单　　显示方向

日期	结算方式	票号	方向	金额	两清
2007.01.07			贷	780.00	Y

图 5-101　显示手工对账结果

d. 单击【检查】按钮，打开【对账平衡检查】对话框，如图 5-102 所示。

e. 若显示不平衡，单击【确认】按钮，返回【银行对账】对话框。继续通过手工对账功能进行对账，直至平衡为止。

②注意事项。

如果在银行对账单中有两笔以上的记录同银行存款日记账对应，则所有对应的银行对账单中的记录都应标上两清标志。

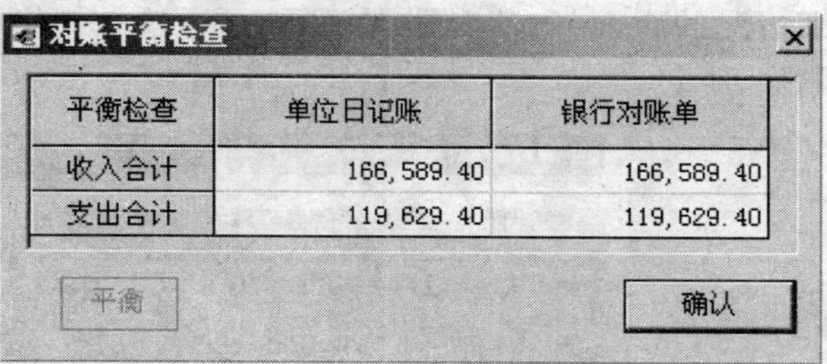
对账平衡检查

平衡检查	单位日记账	银行对账单
收入合计	166, 589. 40	166, 589. 40
支出合计	119, 629. 40	119, 629. 40

平衡 确认

图 5-102 【对账平衡检查】对话框

4）余额调节表查询

对账完成后，系统自动整理汇总未达账和已达账，生成银行存款余额调节表。通过余额调节表查询功能，可查询银行存款余额调节表。

【例 5-33】 编制 2007 年 1 月的银行存款余额调节表。

（1）操作步骤。

①在【用友 ERP-U8-〖企业应用标准套件〗】对话框中，执行“财务会计→总账→出纳→银行对账→余额调节表查询”命令，打开【银行存款余额调节表】对话框，如图 5-103 所示。

银行存款余额调节表

设置 打印 预览 输出 | 查看 | 帮助 退出

银行科目（账户）	对账截止日期	单位账面余额	对账单账面余额
工行存款(100201)	2007. 01. 31	166, 960. 00	166, 960. 00

图 5-103 【银行存款余额调节表】对话框

②单击【查看】按钮，可查看详细的银行存款余额调节表，如图 5-104 所示。

（2）注意事项。

①此时查询的余额调节表为对账截止时期的余额调节表。若无对账截止日期，则为最新的银行存款余额调节表。

②如果余额调节表显示账面余额不平，则应检查以下几处：

【银行对账期初录入】中的【调整后余额】是否平衡？如不平衡应查看“调整前余额”、“日记账期初未达项”及“银行对账单期初未达项”是否录入正确。如不正确应进行调整。

银行对账单录入是否正确？如不正确应进行调整。

【银行对账】中勾对是否正确、对账是否平衡？如不正确应进行调整。

5）核销已达账

在总账系统中，用于银行对账的银行日记账和银行对账单的数据是会计核算和财务管理的辅助数据。正确对账后，已达账项数据已无保留价值，因此在通过上述对账的结果和对账明细情况的查询，确信对账准确后，可通过核销银行账功能将核对正确并确认无误的已达账删除。

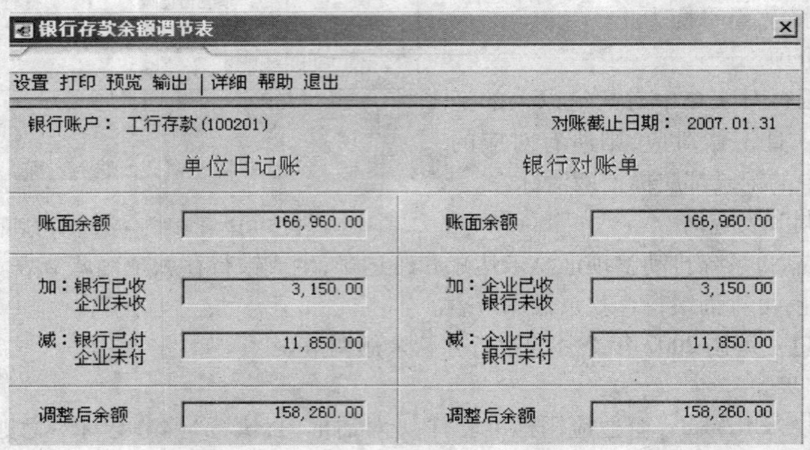

图 5-104 详细的银行存款余额调节表

(1)查询对账勾对情况。

在进行核销已达账之前，应先查询单位日记账和银行对账单的对账结果，要检查无误后，可核销已达账。核销后的单位日记账及银行对账单的数据将不再参与以后的银行存款的勾对。

【例 5-34】 查询银行对账的勾对情况。

①操作步骤。

a. 在【用友 ERP-U8-〖企业应用标准套件〗】对话框中，执行“财务会计→总账→出纳→银行对账→查询对账勾对情况”命令，打开【银行科目选择】对话框，如图 5-105 所示。

b. 选择【科目】下拉列表中的【工行存款(100201)】选项，并选择【全部显示】单选按钮。

c. 单击【确定】按钮，打开【查询银行勾对情况】对话框，其中显示银行对账单，如图 5-106所示。

d. 单击【退出】按钮，关闭该对话框。

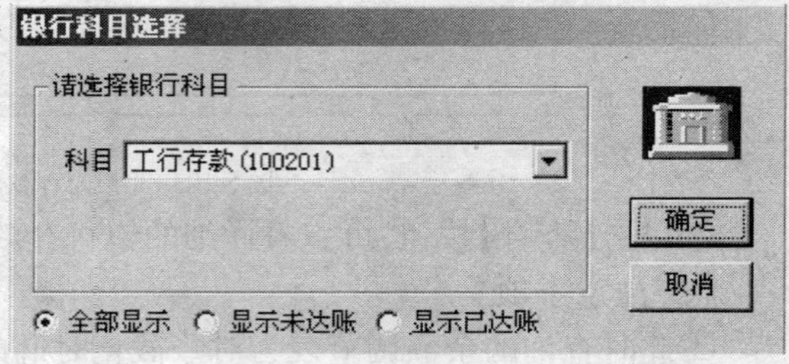

图 5-105 【银行科目选择】对话框

②注意事项。

a. 系统提供 3 种查询方式供选择，即：全部显示、显示未达账、显示已达账，系统默认全部显示。

b. 通过单击银行对账单、单位日记账页签切换显示对账情况。

(2)核销银行账。

核销银行账核销用于对账的银行日记账和银行对账单的已达账项，核销后已达账项消失，不能被恢复。如果银行对账不平衡，则不能使用核销银行账的功能。

【例 5-35】 核销 2007 年 1 月已完成对账的银行账。

①操作步骤。

a. 在【用友 ERP-U8-〖企业应用标准套件〗】对话框中，执行“财务会计→总账→出纳→银行对账→核销银行账”命令，打开【核销银行账】对话框，如图 5-107 所示。

查询银行勾对情况

设置 打印 预览 输出 | 查询 定位 过滤 | 帮助 退出

银行对账单

科目：工行存款(100201)

□已对账 □未对账

银行对账单 | 单位日记账

日期	结算方式	票号	借方金额	贷方金额	两清标志
2007.01.02				116,789.40	○
2007.01.05				560.00	○
2007.01.07				780.00	Y
2007.01.08			3,150.00		
2007.01.15				11,850.00	
2007.01.17				1,500.00	○
2007.01.22			1,800.00		○
2007.01.27			48,000.00		○
2007.01.29			116,789.40		○
合计			169,739.40	131,479.40	

图 5-106 【查询银行勾对情况】对话框

b. 选择【科目】下拉列表中的【工行存款(100201)】选项。

c. 单击【确定】按钮，系统弹出“您是否确实要进行银行账核销”提示信息对话框，如图 5-108所示。

d. 单击【是】按钮，系统弹出“银行账核销完毕”提示信息对话框，如图 5-109 所示，完成银行账的核销。

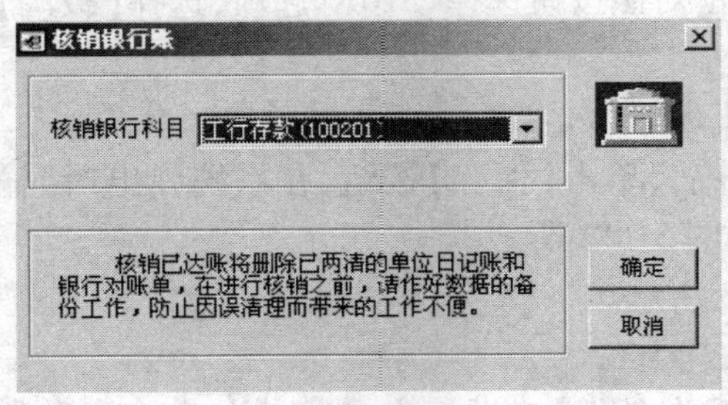

图 5-107 【核销银行账】对话框

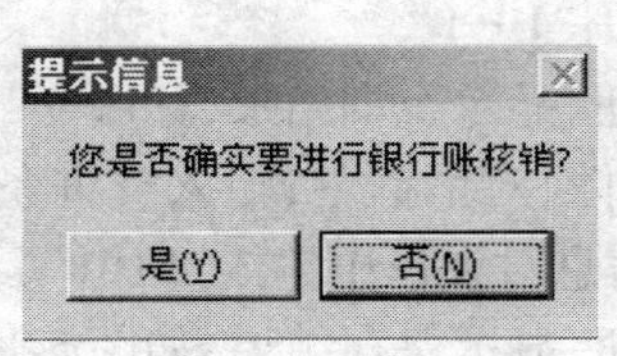

图 5-108 是否进行银行账核销【提示信息】对话框

图 5-109 银行账核销完毕【提示信息】对话框

e. 单击【确定】按钮，返回到【核销银行账】对话框。

②注意事项。

a. 如果银行对账不平衡，则不能使用核销银行账的功能。

b. 核销银行账后，不影响银行日记账的查询和打印。

三、账簿输出

企业发生的经济业务，经过制单、审核、记账操作之后，就形成了正式的会计账簿。为了能够及时了解账簿中的数据资料，并满足对账簿数据的统计分析、打印的需要，总账系统提供了强大的账簿查询输出功能，既包括基本会计核算账簿的查询输出，如总账、明细账、科目余额表、序时账、多栏账等，也包括现金日记账、银行存款日记账和客户往来、供应商往来、个人往来、部门辅助账、项目辅助账的查询输出。整个系统还可方便地实现对总账、明细账及凭证等账、证、表资料的联查。

1．总账

总账查询主要包括查询三栏式总账和余额表。通过总账和余额表查询，可概括地了解总账及余额表的期初余额、本期发生额和期末余额的情况。通过总账与明细账的联查，还可查询明细账的年初余额、各月发生额合计和月末余额。

【例 5-36】 查询 2007 年 1 月份的账簿记录中的科目“5101 主营业务收入”的总账余额。

1）操作步骤

（1）在【用友 ERP-U8-〖企业应用标准套件〗】对话框中，执行“财务会计→总账→账表→科目账→总账”命令，打开【总账查询条件】对话框，如图 5-110 所示。

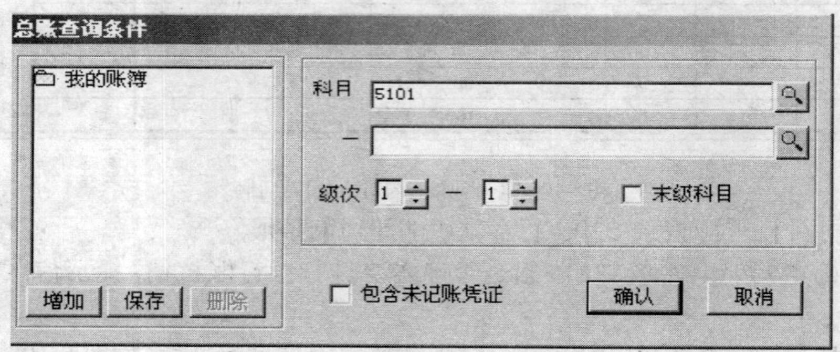

图 5-110 【总账查询条件】对话框

（2）在【科目】文本框中，直接输入“5101”，或单击对照按钮选择“5101”选项，选择【级次】文本框中默认的级次范围“1—1”。

（3）单击【确定】按钮，显示查询结果，如图 5-111 所示。

（4）在【总账查询条件】对话框中，输入查询条件后，单击【保存】按钮，在系统弹出“请输入我的账簿名称”提示信息对话框中输入“5101”，如图 5-112 所示。

（5）单击【确定】按钮，显示保存结果，如图 5-113 所示。

2）注意事项

（1）如需查询包括未记账凭证的总账，应【总账查询条件】对话框中，选中【包含未记账凭证】复选框。

（2）在【总账】对话框中，选中【当前合计】行后，单击【明细】按钮，可查询明细账。

（3）可将查询条件保存到【我的账簿】文件中，以备以后查询时调用。

2．余额表

余额表与总账查询基本相似，主要用于查询和统计各级科目的本期发生额、累计发生额和余额等。传统的总账是以总账科目分页设账，而余额表则可以输出某月或某几个月的所有总账科目或明细科目的期初余额、本期发生额、累计发生额、期末余额。还可以按会计科目的类型和金额区间等方式查询。因此，在实行计算机记账后，用余额表代替总账更加方便。

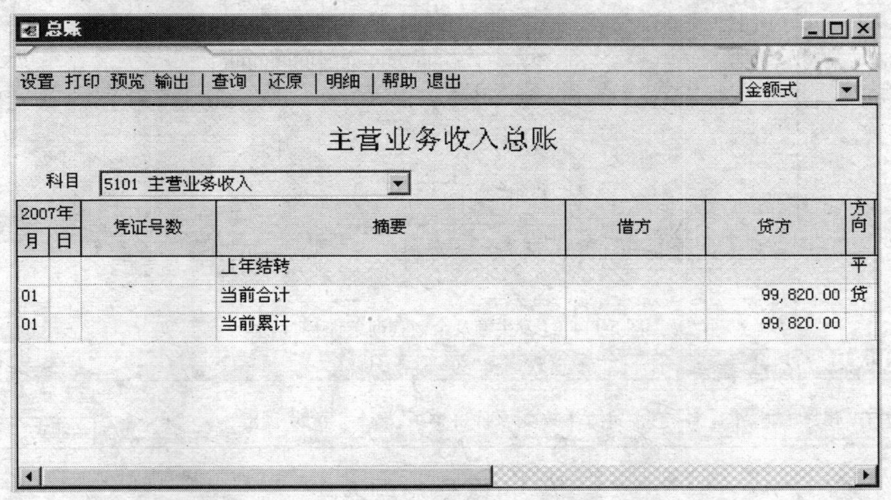

图 5-111　主营业务收入总账查询结果

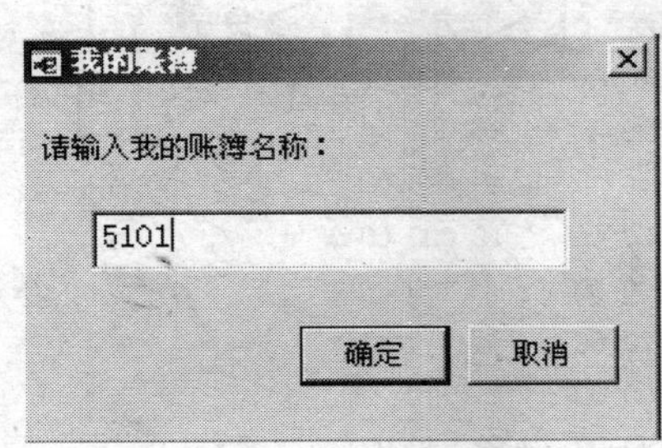

图 5-112　保存总账查询条件的【我的账簿】对话框

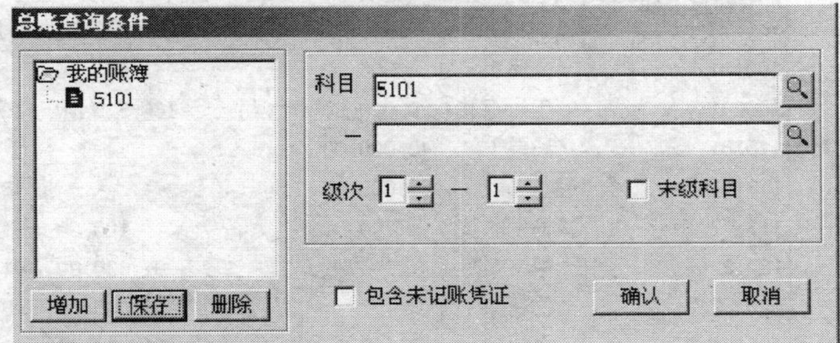

图 5-113　显示保存总账查询条件的结果

【例 5-37】　查询 2007 年 1 月份包含未记账凭证的所有科目的余额表。

1）操作步骤

（1）在【用友 ERP-U8-〖企业应用标准套件〗】对话框中，执行“财务会计→总账→账表→科目账→余额表”命令，打开【发生额及余额查询条件】对话框，如图 5-114 所示。

（2）在【月份】下拉列表中，选择起止月份范围【2007. 01—2007. 01】。

（3）选中【末级科目】及【包含未记账凭证】复选框。

（4）单击【确认】按钮，打开【发生额及余额表】对话框，如图 5-115 所示。

（5）在【账页格式】下拉列表中可转换账页格式。

（6）单击【查询】或【定位】按钮，可快速查询指定科目的余额。

（7）单击【过滤】按钮，打开【过滤】对话框，如图 5-116 所示。

（8）单击【确定】按钮，单独显示被过滤科目的查询结果，如图 5-117 所示，显示被过滤科目“1243 库存商品”的查询结果。

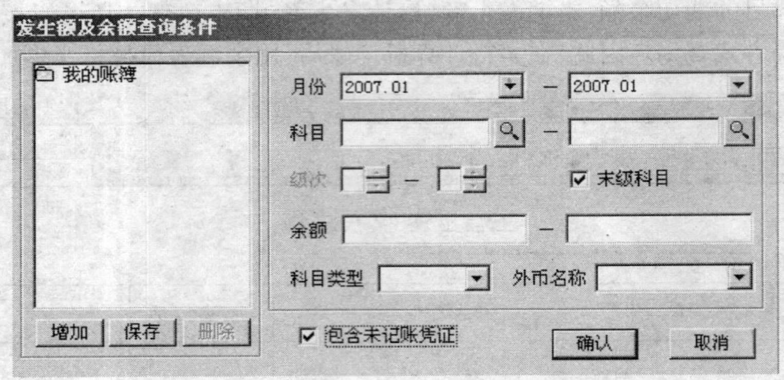

图 5-114 【发生额及余额查询条件】对话框

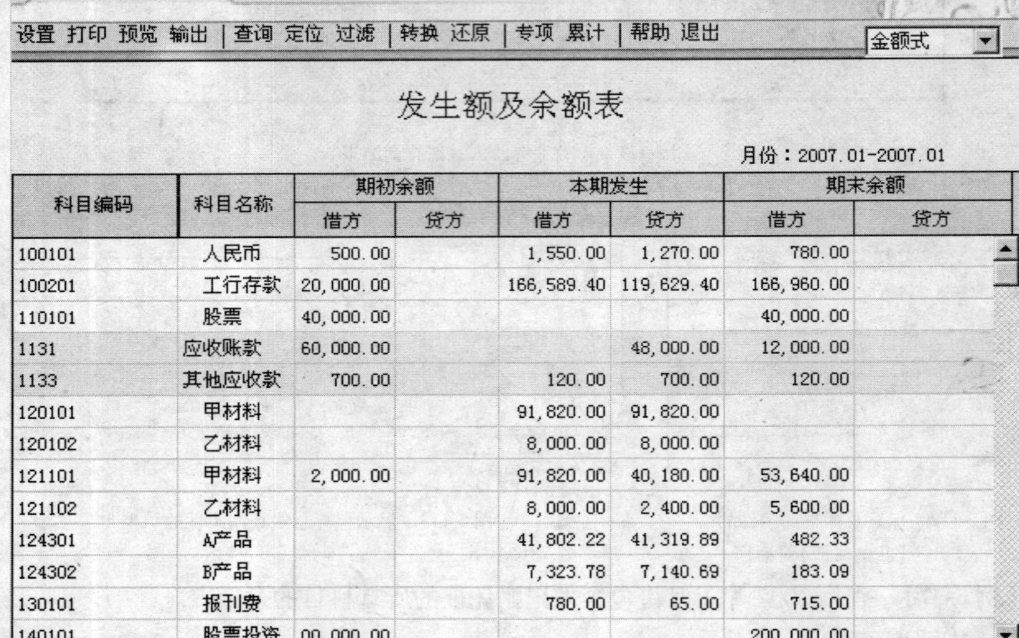

发生额及余额表

月份：2007.01-2007.01

科目编码	科目名称	期初余额		本期发生		期末余额	
		借方	贷方	借方	贷方	借方	贷方
100101	人民币	500.00		1,550.00	1,270.00	780.00	
100201	工行存款	20,000.00		166,589.40	119,629.40	166,960.00	
110101	股票	40,000.00				40,000.00	
1131	应收账款	60,000.00			48,000.00	12,000.00	
1133	其他应收款	700.00		120.00	700.00	120.00	
120101	甲材料			91,820.00	91,820.00		
120102	乙材料			8,000.00	8,000.00		
121101	甲材料	2,000.00		91,820.00	40,180.00	53,640.00	
121102	乙材料			8,000.00	2,400.00	5,600.00	
124301	A产品			41,802.22	41,319.89	482.33	
124302	B产品			7,323.78	7,140.69	183.09	
130101	报刊费			780.00	65.00	715.00	
140101	股票投资	00,000.00				200,000.00	

图 5-115 【发生额及余额表】对话框

(9)双击被过滤科目的发生额和余额所在行，显示该科目的明细账查询结果，如图 5-118 所示。

(10)再单击【过滤】按钮，直接按【取消】按钮，则返回到全部科目余额表。

图 5-116 【过滤】对话框

(11)将光标定位在具有辅助核算的科目所在行，单击【专项】按钮，可查找到相应科目的辅助总账及余额表，如图 5-119 所示，显示个人往来科目“1133 其他应收款”

的查询结果。

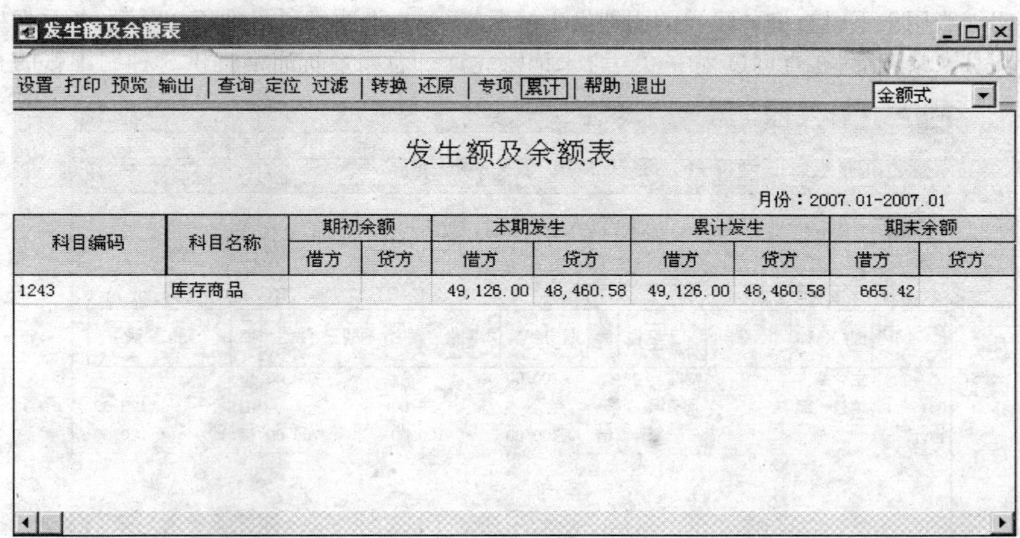

发生额及余额表

设置 打印 预览 输出 | 查询 定位 过滤 | 转换 还原 | 专项 累计 | 帮助 退出　金额式

发生额及余额表

月份：2007.01-2007.01

科目编码	科目名称	期初余额		本期发生		累计发生		期末余额	
		借方	贷方	借方	贷方	借方	贷方	借方	贷方
1243	库存商品			49,126.00	48,460.58	49,126.00	48,460.58	665.42	

图 5-117　单独显示被过滤科目的查询结果

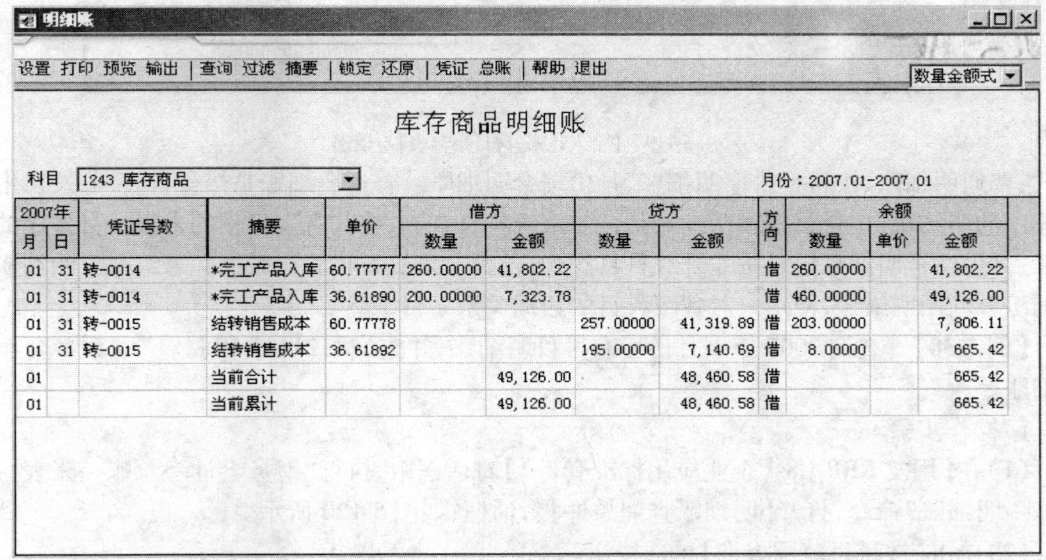

明细账

设置 打印 预览 输出 | 查询 过滤 摘要 | 锁定 还原 | 凭证 总账 | 帮助 退出　数量金额式

库存商品明细账

科目　1243 库存商品　　月份：2007.01-2007.01

2007年		凭证号数	摘要	单价	借方		贷方		方向	余额		
月	日				数量	金额	数量	金额		数量	单价	金额
01	31	转-0014	*完工产品入库	60.77777	260.00000	41,802.22			借	260.00000		41,802.22
01	31	转-0014	*完工产品入库	36.61890	200.00000	7,323.78			借	460.00000		49,126.00
01	31	转-0015	结转销售成本	60.77778			257.00000	41,319.89	借	203.00000		7,806.11
01	31	转-0015	结转销售成本	36.61892			195.00000	7,140.69	借	8.00000		665.42
01			当前合计			49,126.00		48,460.58	借			665.42
01			当前累计			49,126.00		48,460.58	借			665.42

图 5-118　单独显示被过滤科目的明细账

(12)单击【累计】按钮,系统自动显示借贷方累计发生额。

(13)在【发生额及余额查询条件】对话框中,可保存输入的查询条件。

2)注意事项

(1)如需查询包括未记账凭证的余额表,应【发生额及余额查询条件】对话框中,选中【包含未记账凭证】复选框。

(2)在【发生额及余额表】对话框中,选中某科目所有行,可查询该科目的明细账。

(3)可将查询条件保存到【我的账簿】文件中,以备以后查询时调用。

3. 明细账

明细账用于平时查询各账户的明细发生情况，主要查询明细科目的年初余额、各月发生额合计和月末余额等，在查询过程中可包含未记账凭证。总账系统通常提供3种明细账的查询

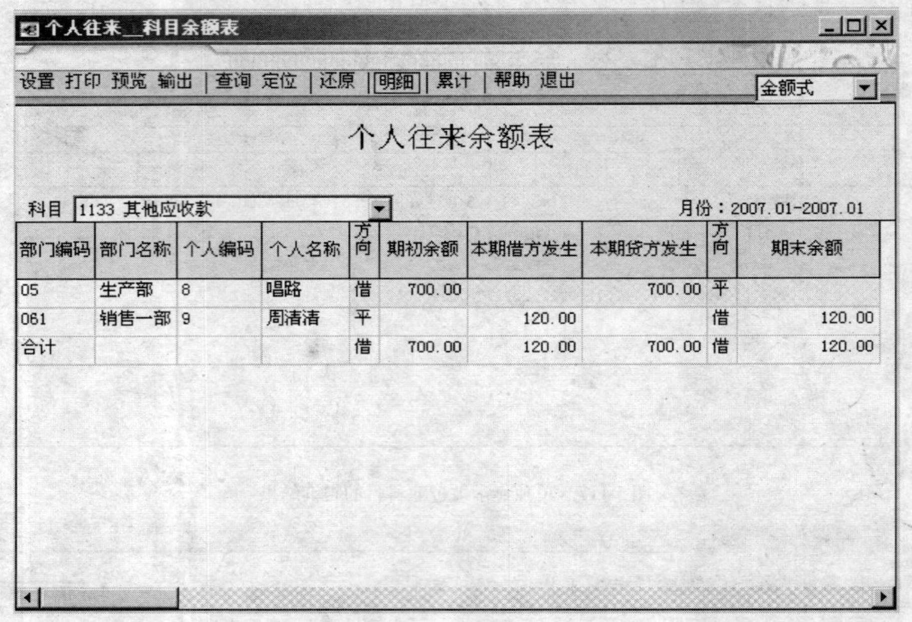

部门编码	部门名称	个人编码	个人名称	方向	期初余额	本期借方发生	本期贷方发生	方向	期末余额
05	生产部	8	唱路	借	700.00		700.00	平	
061	销售一部	9	周清清	平		120.00		借	120.00
合计				借	700.00	120.00	700.00	借	120.00

图5-119 【个人往来_科目余额表】对话框

格式：普通明细账、按科目排序明细账、月份综合明细账。普通明细账是按科目查询，按发生日期排序的明细账；按科目排序明细账是按非末级科目查询，按其有发生额的末级科目排序的明细账；月份综合明细账也是按非末级科目查询，包含非末级科目总账数据和末级科目明细账数据的综合利用明细账，使用户对各级科目的数据关系一目了然。

【例5-38】 查询2007年1月份所有科目明细账，并查询"121101 甲材料"的数量金额式明细账。

1)操作步骤

(1)在【用友ERP-U8-〖企业应用标准套件〗】对话框中，执行"财务会计→总账→账表→科目账→明细账"命令，打开【明细账查询条件】对话框，如图5-120所示。

(2)单击【按科目范围查询】单选按钮。

(3)在【科目】文本框中，直接输入"121101"，或单击对照按钮，选择"121101"选项。科目范围为空表示查询所有科目。

(4)在【月份】下拉列表中，选择起止月份范围【2007.01—2007.01】。

(5)选中【包含未记账凭证】及【按科目排序】复选框。

(6)单击【确认】按钮，打开【明细账】对话框，如图5-121所示。

(7)在【明细账】对话框的【科目】文本框中，选择查询的科目，在右上角【账页格式】下拉列表中选择相应的账簿格式，则显示该科目对应账簿格式的明细账。如选择科目"121101"，账簿格式"数量金额式"，则显示原材料—甲材料的数量金额式明细账，如图5-122所示。

(8)在【明细账查询条件】对话框中,可保存输入的查询条件。

2)注意事项

(1)如需查询包括未记账凭证的余额表,应【明细账查询条件】对话框中,选中【包含未记账凭证】复选框。

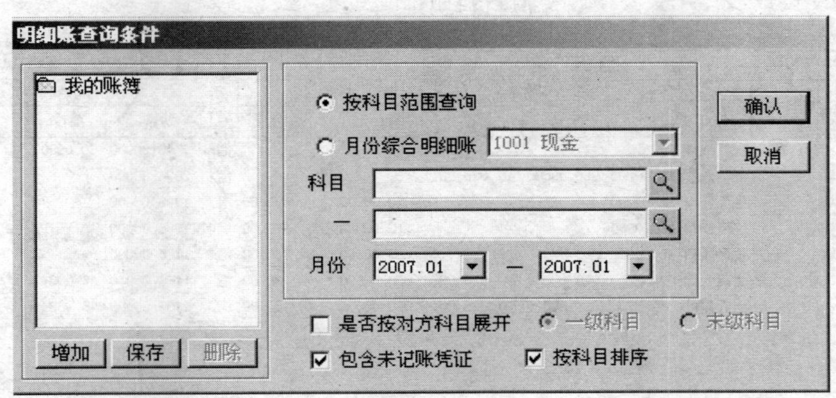

图 5-120 【明细账查询条件】对话框

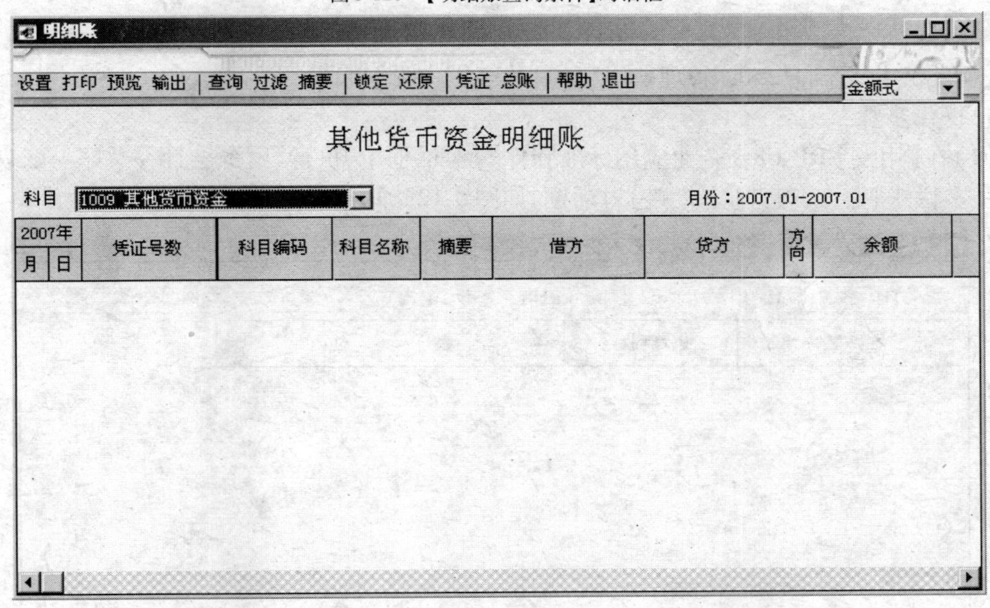

图 5-121 【明细账】对话框

(2)在【明细账】对话框中,可联查到相应科目的总账和记账凭证。

(3)可将查询条件保存到【我的账簿】文件中,以备以后查询时调用。

4. 多栏账

在总账系统中,普通多栏账由系统将要分析科目的下级科目自动生成"多栏账"。一般情况下,负债、收入类科目分析其下级科目的贷方发生额,资产、费用类科目分析其下级科目的借方发生额,并允许随时调整。在查询多栏账之前,必须先定义查询格式。进行多栏账栏目定义有两种方式,一是自动编制栏目,二是手动编制栏目。一般先进行自动编制再进行手动调整,可提高录入效率。

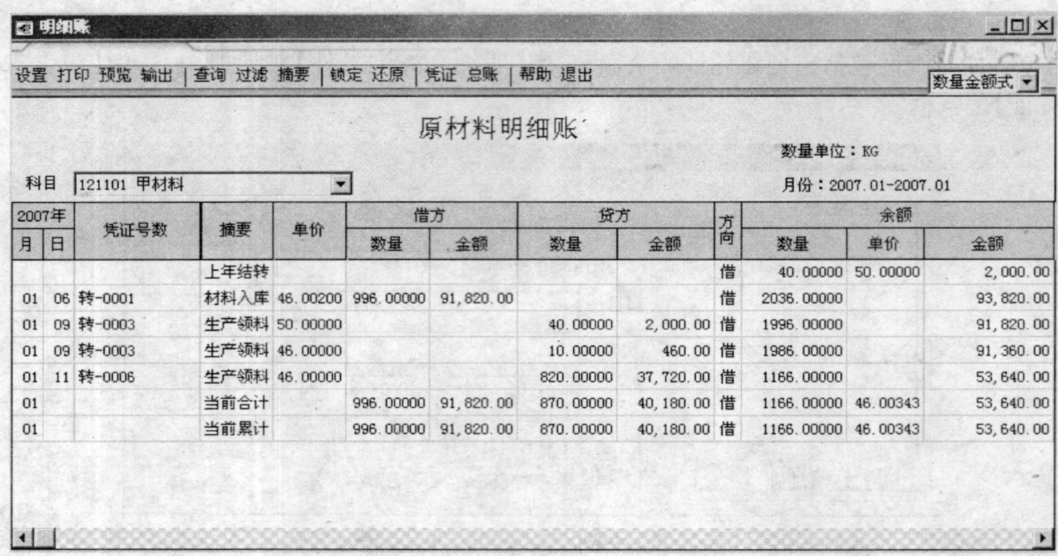

明细账

设置 打印 预览 输出 | 查询 过滤 摘要 | 锁定 还原 | 凭证 总账 | 帮助 退出　　数量金额式

原材料明细账

数量单位：KG

科目 121101 甲材料　　月份：2007.01-2007.01

2007年 月	日	凭证号数	摘要	单价	借方 数量	借方 金额	贷方 数量	贷方 金额	方向	余额 数量	余额 单价	余额 金额
			上年结转						借	40.00000	50.00000	2,000.00
01	06	转-0001	材料入库	46.00200	996.00000	91,820.00			借	2036.00000		93,820.00
01	09	转-0003	生产领料	50.00000			40.00000	2,000.00	借	1996.00000		91,820.00
01	09	转-0003	生产领料	46.00000			10.00000	460.00	借	1986.00000		91,360.00
01	11	转-0006	生产领料	46.00000			820.00000	37,720.00	借	1166.00000		53,640.00
01			当前合计		996.00000	91,820.00	870.00000	40,180.00	借	1166.00000	46.00343	53,640.00
01			当前累计		996.00000	91,820.00	870.00000	40,180.00	借	1166.00000	46.00343	53,640.00

图 5-122　甲材料数量金额式明细账

【例 5-39】　查询“5502 管理费用”科目的多栏式明细账。

1）操作步骤

（1）在【用友 ERP-U8-〖企业应用标准套件〗】对话框中，执行“财务会计→总账→账表→科目账→多栏账”命令，打开【多栏账】对话框，如图 5-123 所示。

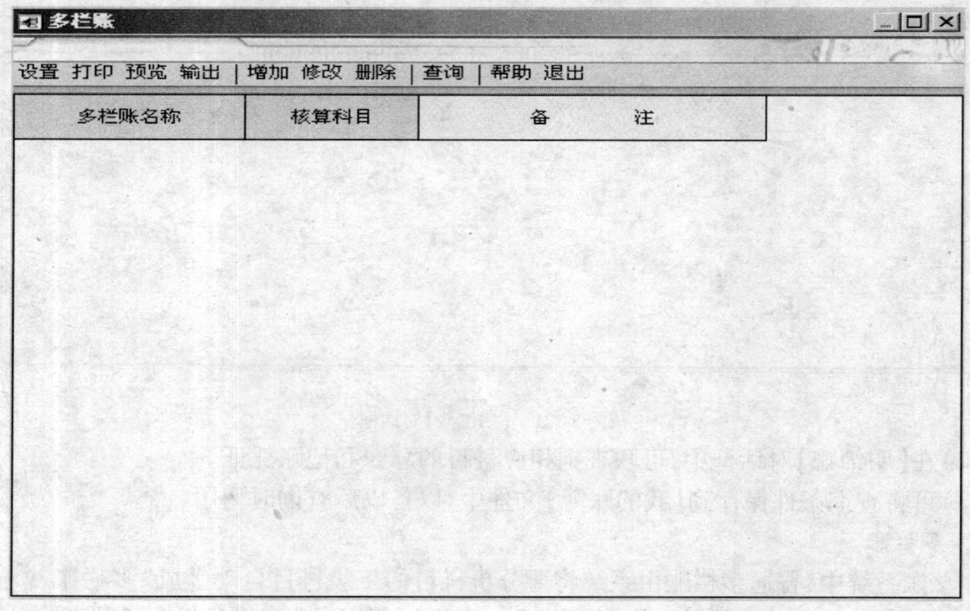

图 5-123　【多栏账】对话框

（2）在【多栏账】对话框中，单击【增加】按钮，打开【多栏账定义】对话框，如图 5-124 所示。

(3)在【核算科目】下拉列表中，选择【5502 管理费用】选项，单击【自动编制】按钮，系统自动编制查询格式，如图 5-125 所示。

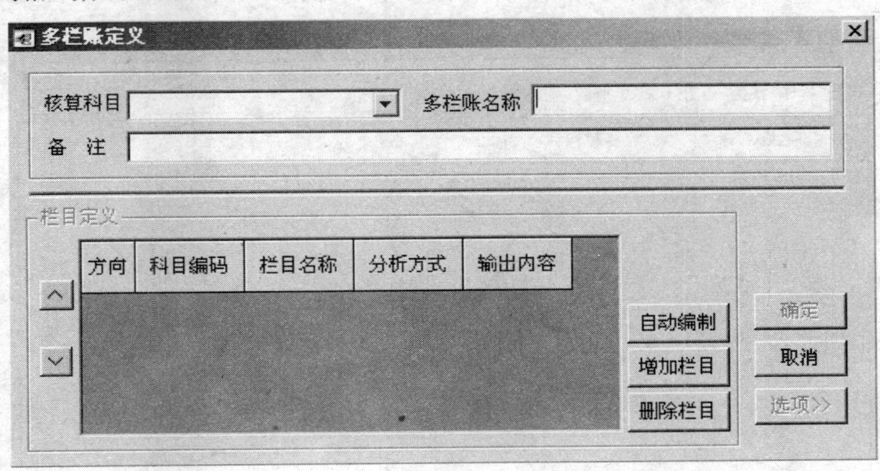

图 5-124 【多栏账定义】对话框

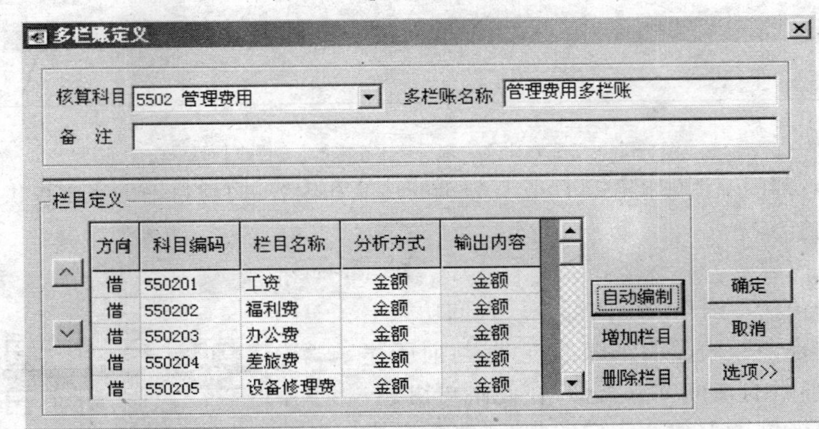

图 5-125 系统自动编制的管理费用多栏账查询格式

(4)单击【确定】按钮，返回到【多栏账】对话框，显示已定义管理费用多栏账，如图 5-126 所示。

(5)选中管理费用多栏账行，单击【查询】按钮，打开【多栏账查询】对话框，如图 5-127 所示。

(6)单击【确认】按钮，显示多栏账的查询结果，如图 5-128 所示。

2)注意事项

(1)选中多栏账的某行，单击【凭证】按钮，可查询对应的记账凭证。选中【包含未记账凭证】复选框。

(2)在【多栏】下拉列表中，可选择其他已定义多栏账查询格式的科目，进行其他科目多栏账内容的查询。

5. 辅助账

辅助账包括客户往来辅助账、供应商往来辅助账、个人往来账、部门辅助账和项目辅助账

5类，各类辅助账均主要提供余额表、明细或总账的查询功能。在此基础上，根据各类辅助账的特点，提供不同的内容。如客户、供应商、个人往来账提供往来两清、催款单位、账龄分析等

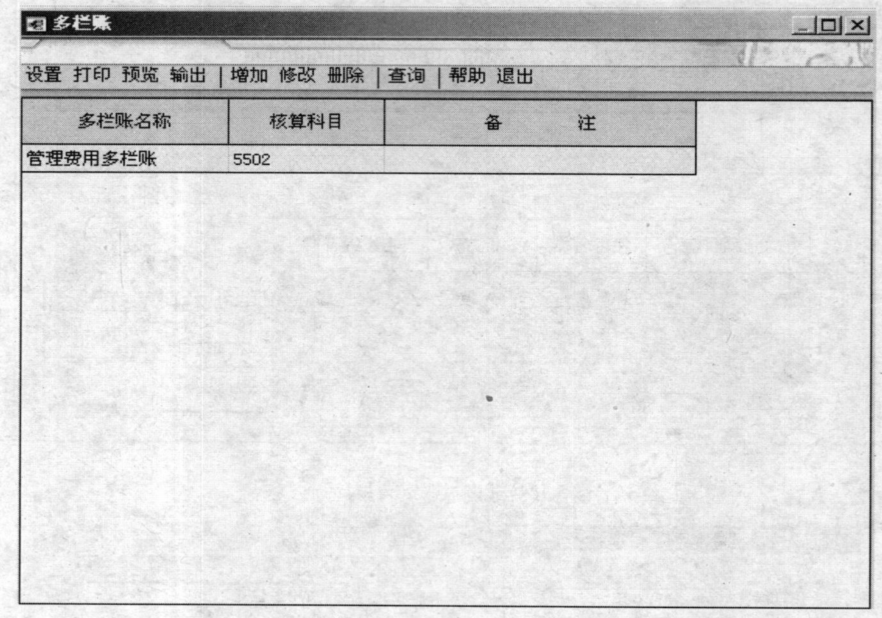

图 5-126 显示已定义管理费用多栏账的【多栏账】对话框

的功能和内容；部门辅助账提供部门收支分析的功能和内容；而项目辅助账则提供项目统计分析的功能和内容。

1）个人往来账

个人往来包括查询和清理两部分。查询功能主要提供个人往来余额表及明细账的查询，与前所述的余额表、明细账的查询方法类似，在此不再讲述。清理功能主要提供个人往来账户的勾对、账龄分析及催款单。个人往来账户的勾对主要是对个人借款、还款情况进行清理，能够及时地了解个人借款、还款情况，清理个人借款。勾对是将已达账项打上结清的标记，而两清则是将已达账项中的借款业务和对应的还款业务同时打开标记，表示这笔往来业务已结清。

图 5-127 【多栏账查询】对话框

【例 5-40】 对生产部门唱路的个人往来账进行清理，并进行个人往来的账龄分析。

(1)操作步骤。

①在【用友 ERP-U8-〖企业应用标准套件〗】对话框中，执行“财务会计→总账→账表→科目账→个人往来账→个人往来清理”命令，打开【个人往来两清条件】对话框，如图 5-129 所示。

②在【个人往来两清条件】对话框的【部门】下拉列表中，选择【生产部】选项，在【个人】下拉列表中，选择【唱路】选项，在【截止月份】下拉列表中，选择【2007.01】选项。

③单击【确认】按钮，打开【个人往来两清】对话框，显示了生成的个人往来明细账，如图5-130所示。

④用鼠标双击两清栏可进行手工两清，如图 5-131 所示。

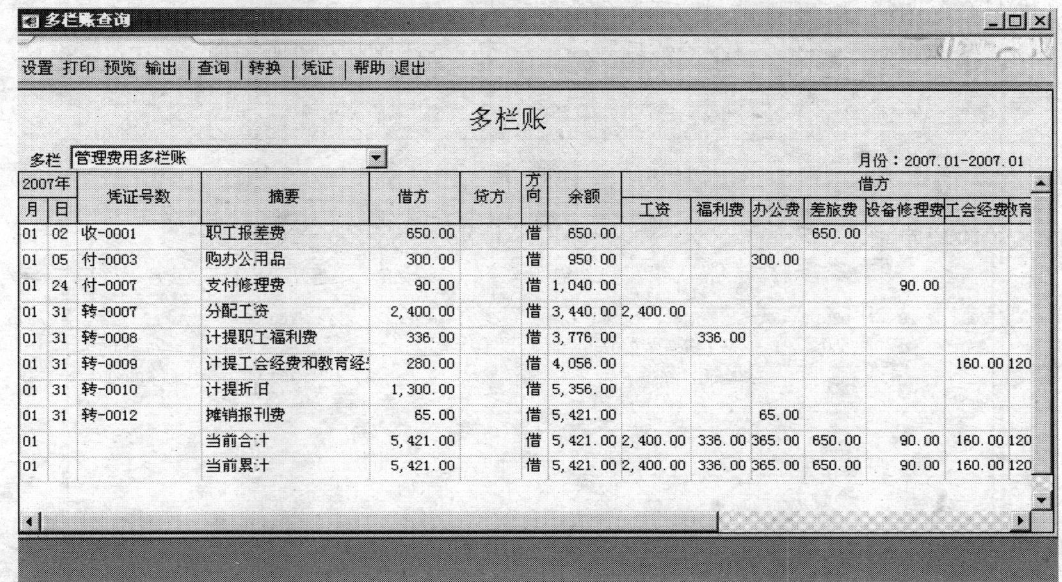

2007年 月	日	凭证号数	摘要	借方	贷方	方向	余额	借方 工资	福利费	办公费	差旅费	设备修理费	工会经费	教育
01	02	收-0001	职工报差费	650.00		借	650.00				650.00			
01	05	付-0003	购办公用品	300.00		借	950.00			300.00				
01	24	付-0007	支付修理费	90.00		借	1,040.00					90.00		
01	31	转-0007	分配工资	2,400.00		借	3,440.00	2,400.00						
01	31	转-0008	计提职工福利费	336.00		借	3,776.00		336.00					
01	31	转-0009	计提工会经费和教育经	280.00		借	4,056.00						160.00	120
01	31	转-0010	计提折日	1,300.00		借	5,356.00							
01	31	转-0012	摊销报刊费	65.00		借	5,421.00			65.00				
01			当前合计	5,421.00		借	5,421.00	2,400.00	336.00	365.00	650.00	90.00	160.00	120
01			当前累计	5,421.00		借	5,421.00	2,400.00	336.00	365.00	650.00	90.00	160.00	120

图 5-128　显示多栏账查询结果

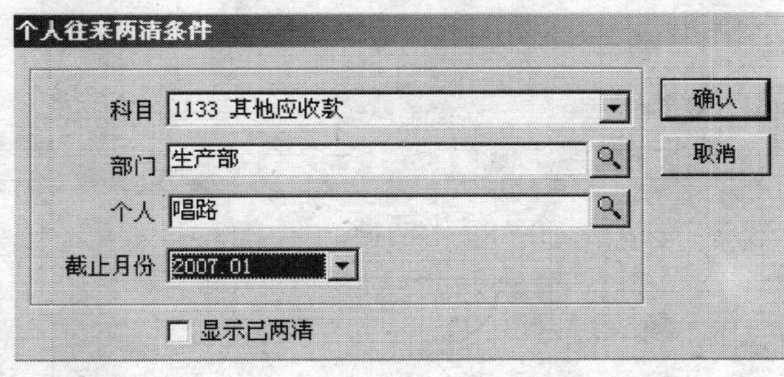

图 5-129　【个人往来两清条件】对话框

⑤单击【勾对】按钮，可进行自动勾对。

⑥单击【取消】按钮，打开【个人反两清条件】对话框，如图 5-132 所示。

⑦单击【确定】按钮，取消两清，并返回到【个人往来两清】对话框。

⑧同样，在【用友 ERP-U8-〖企业应用标准套件〗】对话框中，执行"财务会计→总账→账表→科目账→个人往来账→个人往来催款单"命令，打开【个人往来催款单条件】对话框，如图 5-133 所示。选择相应的条件，进行与个人往来两清类似的操作。

⑨在【用友 ERP-U8-〖企业应用标准套件〗】对话框中，执行"财务会计→总账→账表→科目账→个人往来账→个人往来账龄分析"命令，打开【个人往来账龄分析条件】对话框，如图 5-134 所示。

⑩选中【包含未记账凭证】单选框，单击【确定】按钮，打开【个人往来账龄分析】对话框，

显示账龄分析的结果，如图5-135所示。

(2)注意事项。

①在个人往来两清中，可进行总账和凭证的联查。

②只有未两清的账项才能显示账龄分析的结果。

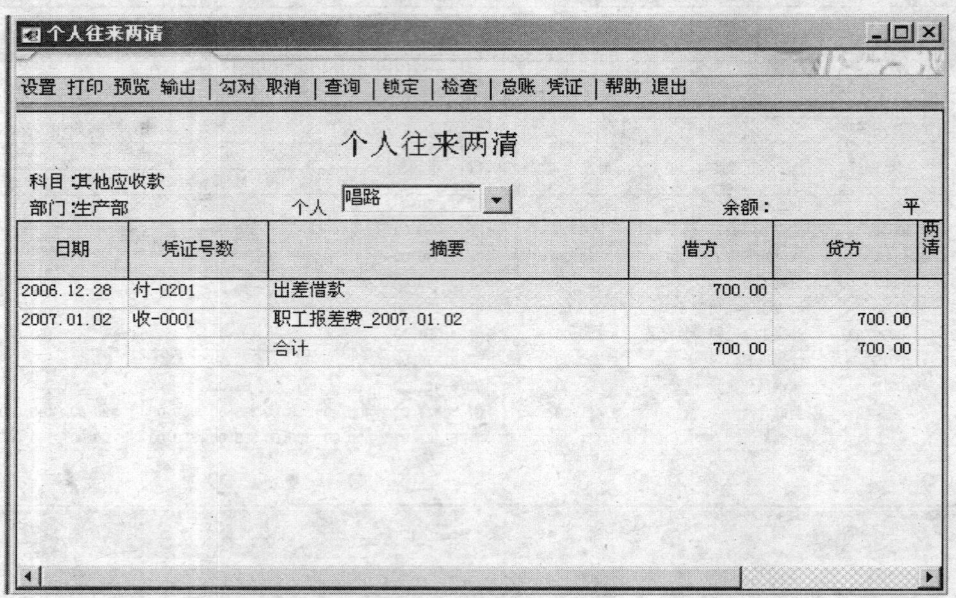

图5-130 【个人往来两清】对话框

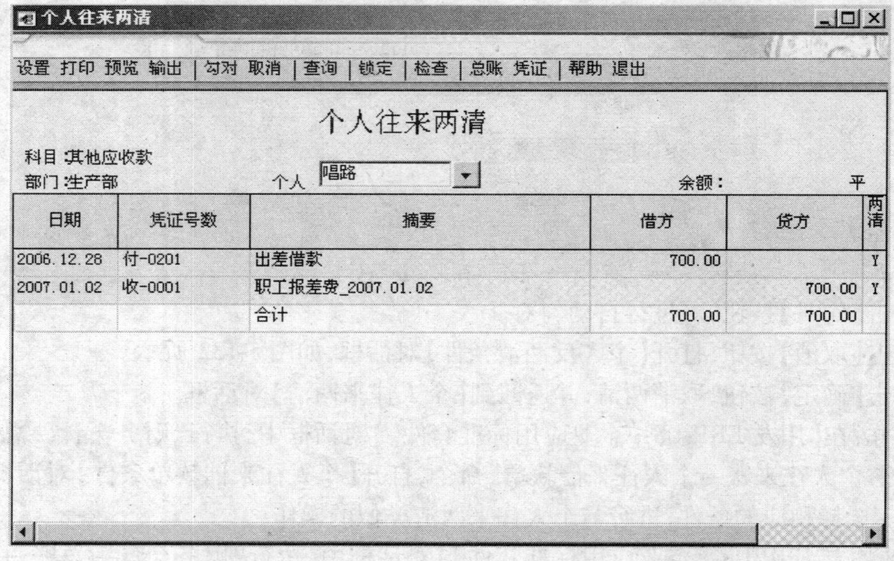

图5-131 手工进行个人往来两清

2)部门辅助账

部门辅助账包括查询和分析两部分。查询功能主要提供部门总账及明细账的查询，与前所述的总、明细账的查询方法类似，在此不再讲述。分析功能主要提供部门收支分析。

【例 5-41】 进行部门收支分析。

(1)操作步骤。

①在【用友 ERP-U8-〖企业应用标准套件〗】对话框中，执行“财务会计→总账→账表→科目账→部门辅助账→部门收支分析”命令，打开【部门收支分析条件—选择分析科目】对话框。

②在该对话框中，选择 ✓ 按钮，选择要进行分析的科目，如图 5-136 所示。

图 5-132 【个人反两清条件】对话框

③单击【下一步】按钮，打开【部门收支分析条件—选择分析部门】对话框。

④在该对话框中，选择 ✓ 按钮，选择要进行分析的部门，如图 5-137 所示。

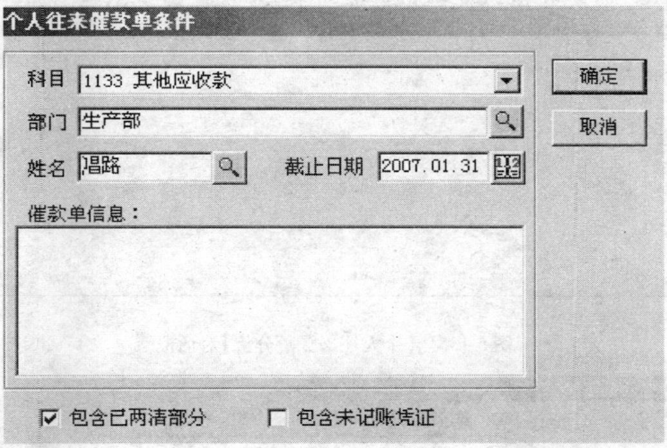

图 5-133 【个人往来催款单条件】对话框

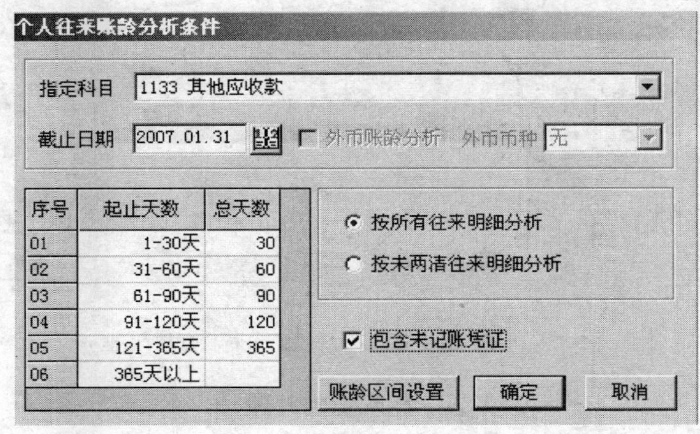

图 5-134 【个人往来账龄分析条件】对话框

⑤单击【下一步】按钮，打开【部门收支分析条件—选择分析月份】对话框，如图 5-138

所示。

⑥单击【完成】按钮，打开【部门收支分析】对话框，显示部门收支分析表，如图 5-139 所示。

(2)注意事项。

在【部门收支分析】对话框中，单击【收入科目】选项卡，可查询部门收入的情况；单击【费用科目】选项卡，可查询部门费用的情况。

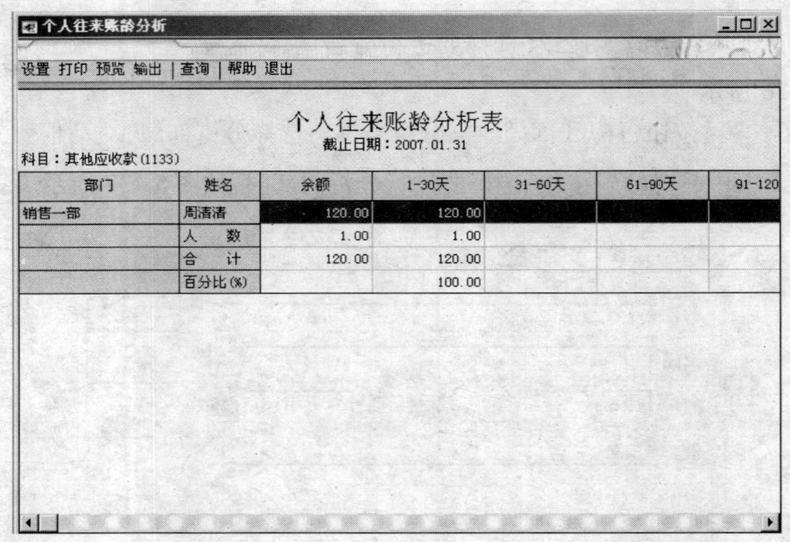

图 5-135 【个人往来账龄分析】对话框

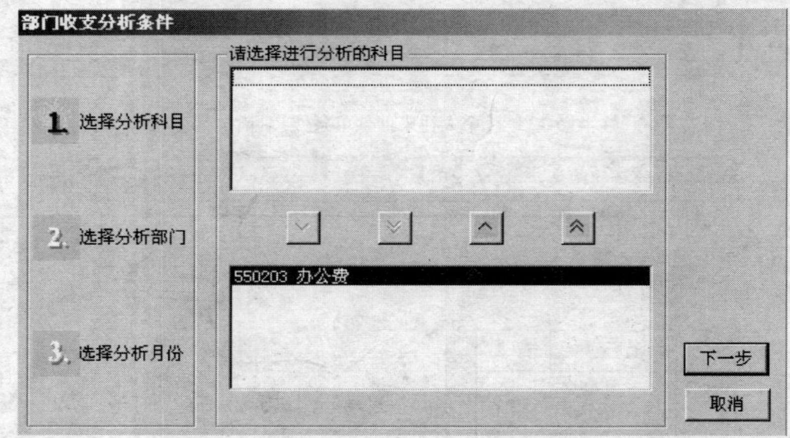

图 5-136 【部门收支分析条件—选择分析科目】对话框

四、期末业务处理

期末业务处理是指会计人员将本月发生的所有经济业务登记入账后，在每个会计期间的期末都需要完成的一些特定的有规律性的工作，主要包括待摊费用的摊销、预提费用的预提、结转业务的处理(结转所有收入、结转所有支出、结转本年利润、计算所得税、进行利润分配等)、试算平衡、对账和结账等。由于会计期间的许多期末业务都具有一定的规律性,且业务处理的主要数据来源于账簿记录,因此比较适合由计算机来处理。这样,不仅可以规范会计业务的处理,还可大大提高处理期末业务的工作效率和准确性。期末业务处理主要包括转账定义、转账生成、对账 和结账。

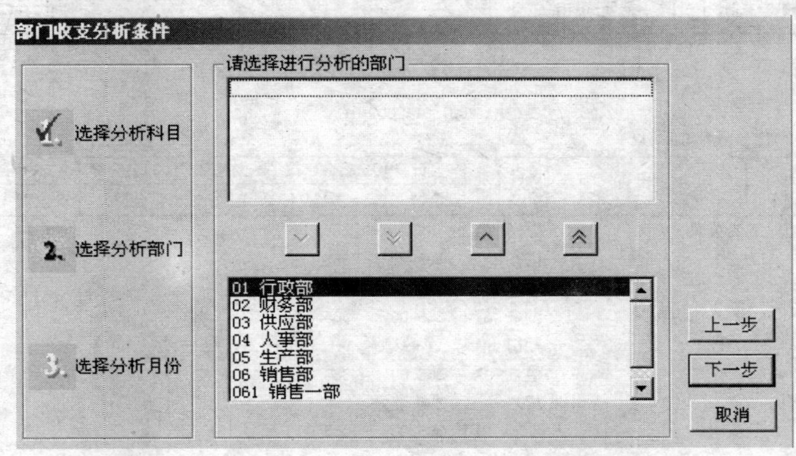

图 5-137 【部门收支分析条件—选择分析部门】对话框

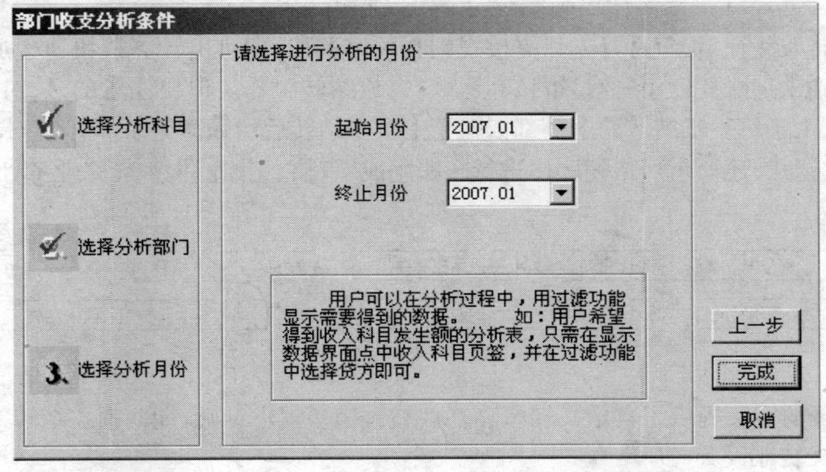

图 5-138 【部门收支分析条件—选择分析月份】对话框

1. 转账定义

期末业务通常是在每个会计期间结账之前都要进行的固定业务,这些业务具有凭证摘要固定、涉及的会计科目基本固定、会计分录中金额的来源和计算方法相对固定的特点,因此总账系统中设置了自动转账功能,通过定义自动转账凭证,在使用时按规则和业务顺序调用,生成转账凭证,完成期末转账业务的处理。通过定义转账凭证可以完成的转账业务主要有:

"费用分配"的结转,如工资分配等。

"费用分摊"的结转,如辅助生产成本、制造费用的分摊。

"提取各项费用",如提取福利费、工会经费、教育经费、折旧费。

"税金计算"的结转,如城市建设维护税、教育费附加的计算。

"收入费用"的结转,如结转产品的销售成本,将所有收入和支出结转到本年利润等。

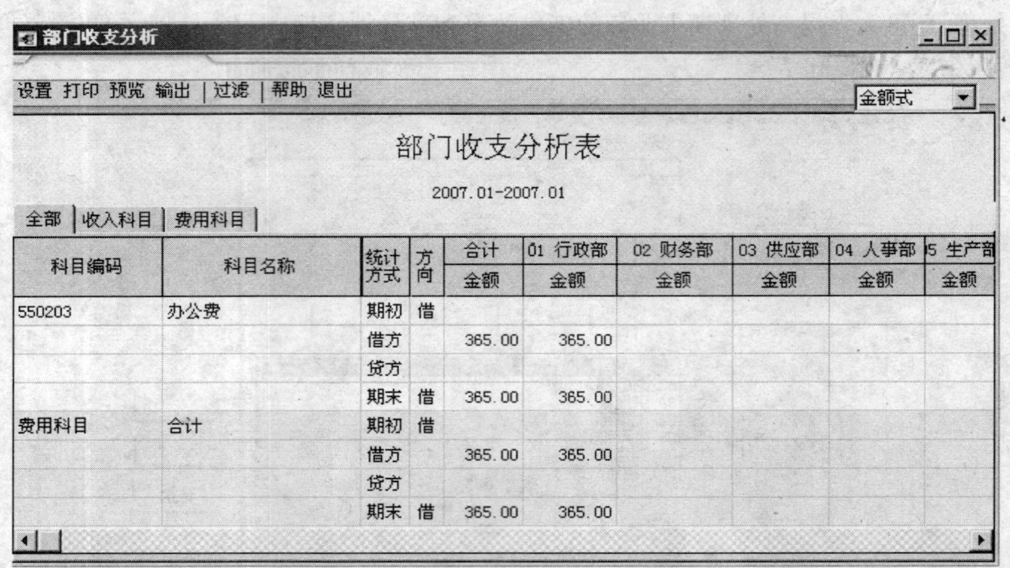

科目编码	科目名称	统计方式	方向	合计	01 行政部	02 财务部	03 供应部	04 人事部	5 生产部
				金额	金额	金额	金额	金额	金额
550203	办公费	期初	借						
		借方		365.00	365.00				
		贷方							
		期末	借	365.00	365.00				
费用科目	合计	期初	借						
		借方		365.00	365.00				
		贷方							
		期末	借	365.00	365.00				

图 5-139 【部门收支分析】对话框

定义完转账凭证后,每月月末只需按规则和顺序调用,即可由计算机快速生成转账凭证,并自动追加到未记账凭证中,通过审核和记账,完成结转工作。但要注意的是,对于一些相关的转账业务,由于每一步结转的金额都依赖于上一步结转后的账簿记录,不仅要求生成转账凭证后要审核、记账,还要求严格按顺序进行转账生成、审核、记账。期末转账业务处理的顺序如图 5-140 所示:

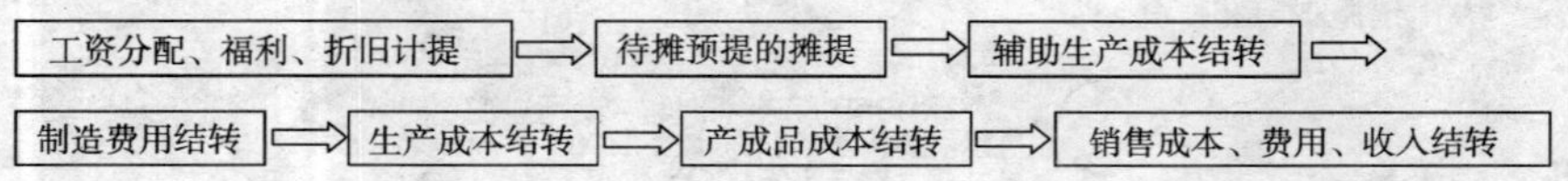

图 5-140

转账凭证的定义提供了自定义转账、对应结转、销售成本结转、期间损益结转等功能。

1)自定义转账设置

由于各个用户会计核算的要求和采用的会计方法等情况的不同,期末结转业务的处理方法也有所不同,特别是对各类成本费用的分摊结转方法差异较大。在会计电算化方式下同,为了实现各个用户期末会计业务处理的通用性,总账系统提供了自定义转账功能,以完成各个会计期末的固定会计业务的自动结转。自定义转账凭证功能可以完成对各种费用的计提、分摊、分配,税金的计算等。

【例 5-42】 自定义转账凭证,分配制造费用。转账序号:0001,转账说明:分配制造费用。凭证类别:转账凭证。自定义转账分录为:

借:生产成本—基本生产成本—A 产品(41010101)

（金额为制造费用本月借方发生额×工时比例0.67）
—B产品(41010102)
（金额为制造费用本月借方发生额×工时比例0.33）
贷:制造费用 (4105)
（金额为制造费用本月借方发生额或为借贷平衡差额）

按A、B产品的工时对制造费用进行分配(A产品:670工时,B产品:330工时)。

(1)操作步骤。

①以账套主管004的身份注册进入【企业门户】,打开【用友ERP-U8-〖企业应用标准套件〗】对话框。

②在【用友ERP-U8-〖企业应用标准套件〗】对话框左下方的【设置】、【业务】、【工具】选项中,选择【业务】选项,执行“财务会计→总账→期末→转账定义→自定义转账”命令,打开【自定义转账设置】对话框,如图5-141所示。

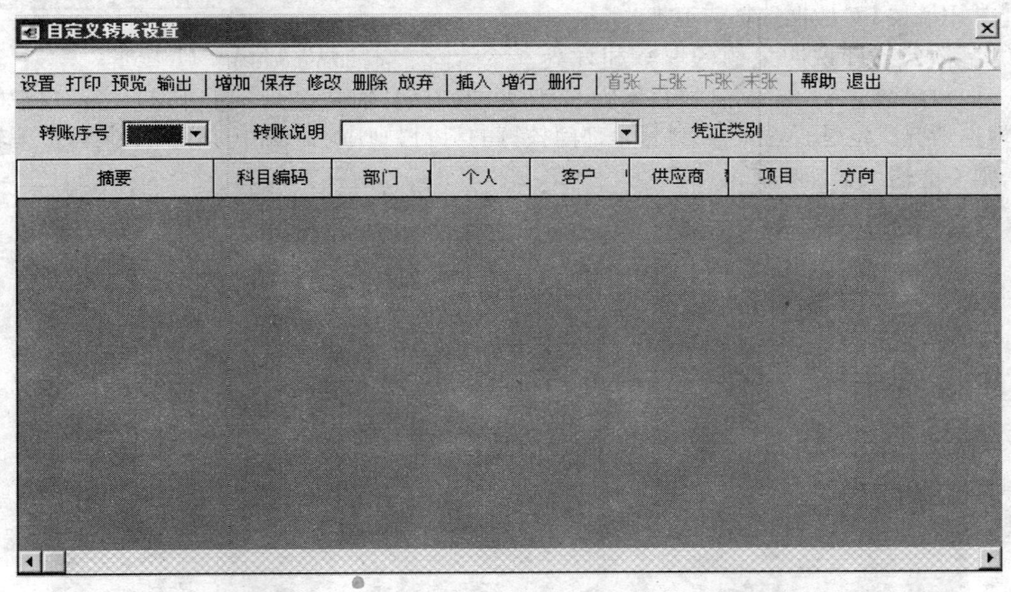

图5-141 【自定义转账设置】对话框

③单击【增加】按钮,打开【转账目录】对话框。

④输入转账序号为“0001”,转账说明为“分配制造费用”,在【凭证类别】下拉列表中选择【转 转账凭证】选项,如图5-142所示。

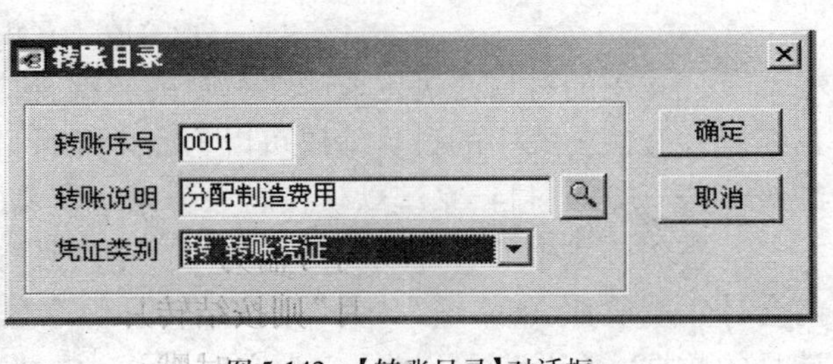

图5-142 【转账目录】对话框

⑤单击【确定】按钮,返回到【自定义转账设置】对话框。

⑥按分配制造费用分录的内涵输入借方内容。借方第一行科目为“401010101”,应用公式向导输入金额公式为“FS(4105,月,借)＊0.67”。单击【增行】按钮,输入借方第二行科目为

"401010102",应用公式向导输入金额公式为"FS(4105,月,借) * 0.33"。

⑦按【增行】按钮,并按分配制造费用分录的内涵输入贷方内容。科目为"4105",应用公式向导输入金额公式为"CE()"(借贷平衡差额)。

【公式向导】对话框如图 5-143 所示,自定义的"分配制造费用"转账凭证如图 5-144 所示。

⑧单击【保存】按钮,保存设置的内容。

(2)注意事项。

①转账序号指自定义转账凭证的代号,不是凭证号,它可以是任意定义,但只能输入数字、字母,且不能重号。

②转账说明即生成转账凭证的摘要,可打开【常用摘要】对话框选择或追加。

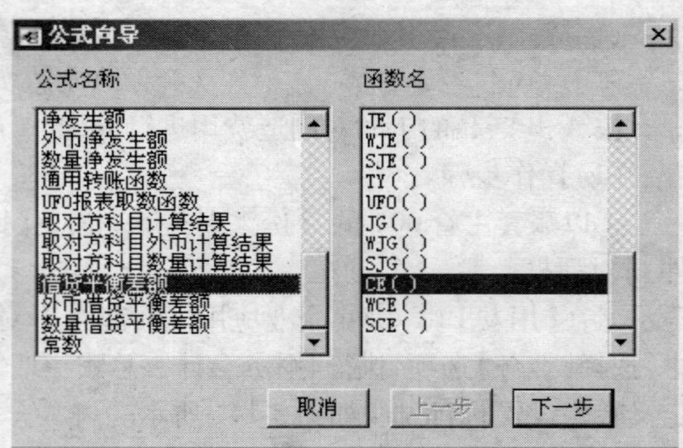

图 5-143 【公式向导】对话框

③金额公式即说明金额的取数和计算公式。取数函数格式:函数名(科目编码,会计期间,方向,辅助项 1,辅助项 2)。函数中的各项可根据情况决定是否输入,如科目是部门核算的科目,则应输入部门信息,如某科目无辅助核算,则不能输入辅助项。

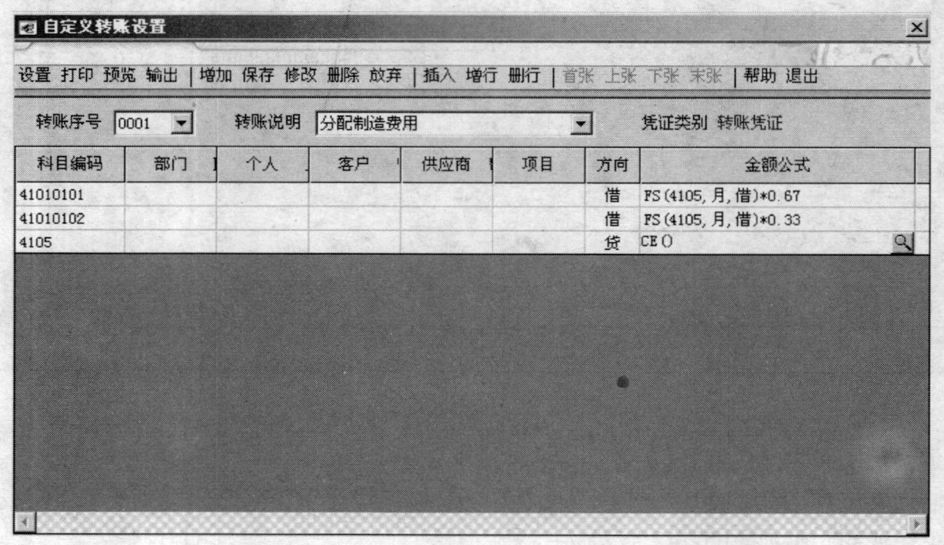

科目编码	部门	个人	客户	供应商	项目	方向	金额公式
41010101						借	FS(4105,月,借)*0.67
41010102						借	FS(4105,月,借)*0.33
4105						贷	CE()

图 5-144 自定义的"分配制造费用"转账凭证

④公式中的科目是决定取哪个科目的数据,科目编码必须是总账系统中已定义的会计科目编码。金额公式中的科目编码可以为非末级科目,但各辅助项必须为末级,部门只能录入明细级。若不输入科目,系统默认按转账分录中定义的科目和辅助项取数。

⑤金额公式中的会计期间可输为"年"或"月"或输入"1、2…12"。如果输入"年"则按当前会计年度取数,如果输入"月"则按结转月份取数,如果输入"1"、"2"等数字时,表示取此会计月的数据。会计期可以为空,为空时默认为"月"。当输入 1 ~ 12 的数字时,代表从 1 ~ 12

的会计期,而不是自然月。

⑥金额公式中选择期初、期末时,方向一般为空,避免由于出现反向余额时发生取数错误。

⑦可以直接在【金额公式】列中输入公式、运算符号及常数。但注意英文为大写,标点符号在英文状态下输入。

⑧输入公式时,如果公式的表达式不太明确,可以采用公式向导输入金额公式。

⑨如果想继续输入公式,则单击【继续输入公式】选项,选择加、减、乘、除运算符号,并单击【下一步】;如果不用继续录入公式,则应单击【完成】,系统将定义的结果以公式的形式表示出来。

⑩如果选择UFO报表取数,则输入报表文件名、表页、行号及列号。

⑪一张凭证中最多定义一个差额函数。一张凭证可以定义多个结果函数,但必须在同一方向。一张凭证可同时定义结果函数与差额函数,但必须在同一方向。如果一张凭证有差额函数,则在转账生成时总是最后执行差额函数。

⑫结转月份可在转账凭证生成时选择。

2)对应结转设置

当两个或多个上级科目的下级科目及辅助项有一一对应关系时,可进行将其余额按一定比例系数进行对应结转,可一对一结转,也可一对多结转。本功能只结转期末余额。

【例5-43】 以账套主管004的身份进行完工产品入库的对应结转设置。编号:0001,凭证类别:转账凭证,摘要:完工产品入库。结转系数:1。对应结转分录为:

借:库存商品(1243)(金额为科目410101本月借方发生额)

　　贷:生产成本—基本生产成本(410101)(金额为其本月借方发生额)

(1)操作步骤。

①在【用友ERP-U8-〖企业应用标准套件〗】对话框中,执行"财务会计→总账→期末→转账定义→对应结转"命令,打开【对应结转设置】对话框,如图5-145所示。

②输入编号为"0001",在【凭证类别】下拉列表中选择【转 转账凭证】选项,输入摘要为"完工产品入库"。

③输入或单击参照按钮选择转出科目编码为"410101"。

④单击【增行】按钮,输入转入科目编码为"1243",结转系数为"1"。

⑤单击【保存】按钮,保存设置的内容,完成完工产品入库的对应结转设置,如图5-146所示。

(2)注意事项。

①编号是该张转账凭证的代号,转账编号不是凭证号,转账凭证的凭证号在每月转账时自动产生。一张转账凭证对应一个转账编号,转账编号可任意定义,但只能输入数字、字母,不能重号。

②转出科目即将此科目的余额转出到转入科目中去,可单击或按F2键参照科目录入,有辅助项还需输入辅助项内容。

③点击参照图标可参照输入部门、客户、项目等辅助核算项目内容。辅助项可根据科目性质进行参照,若转出科目有复合账类,系统弹出辅助项录入窗,如该科目为部门项目辅助账类,要求录入结转的项目和部门,录入完毕后,系统用逗号分隔显示在表格中。

④可单击或按F2键参照科目录入转入科目，可有多个转入科目，辅助项可与转出科目不同。

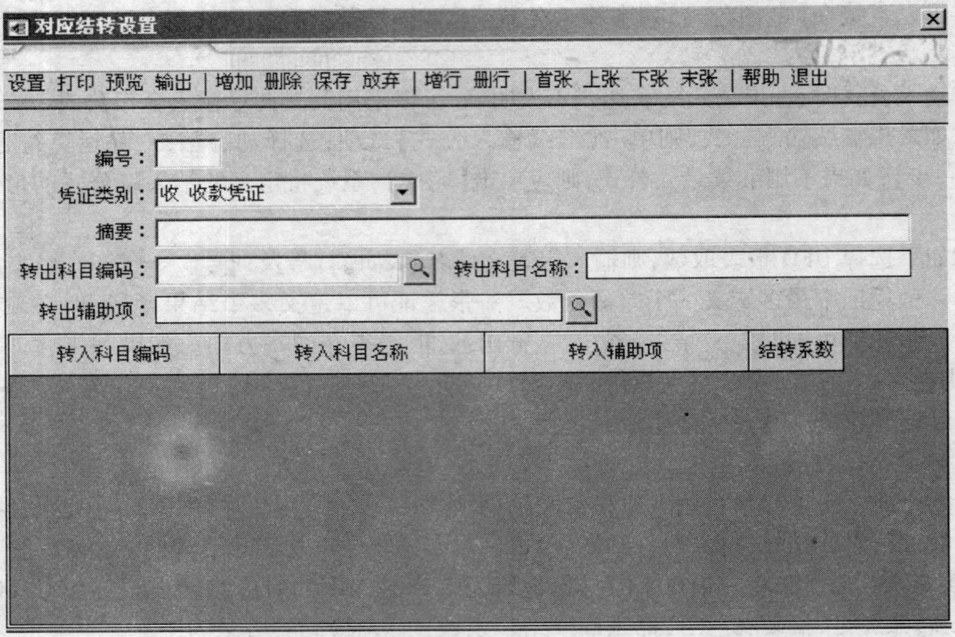

对应结转设置

设置 打印 预览 输出 | 增加 删除 保存 放弃 | 增行 删行 | 首张 上张 下张 末张 | 帮助 退出

编号：

凭证类别：收 收款凭证

摘要：

转出科目编码： 转出科目名称：

转出辅助项：

转入科目编码	转入科目名称	转入辅助项	结转系数

图5-145 【对应结转设置】对话框

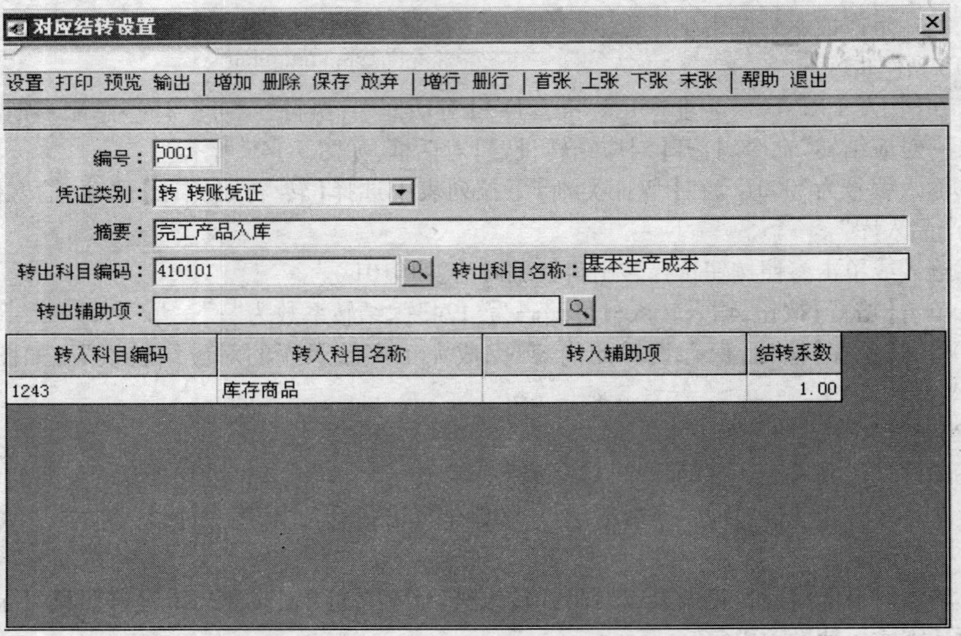

对应结转设置

设置 打印 预览 输出 | 增加 删除 保存 放弃 | 增行 删行 | 首张 上张 下张 末张 | 帮助 退出

编号：0001

凭证类别：转 转账凭证

摘要：完工产品入库

转出科目编码：410101 转出科目名称：基本生产成本

转出辅助项：

转入科目编码	转入科目名称	转入辅助项	结转系数
1243	库存商品		1.00

图5-146 完工产品入库的对应结转设置

⑤结转系数即转入科目取数＝转出科目取值×结转系数，若未输入系统默认为1。

⑥一张凭证可定义多行，转出科目与转入科目必须有相同的科目结构，但转出辅助项与转

入辅助项可不相同。

⑦对应结转只结转期末余额。

⑧自动生成转账凭证时,如果同一凭证转入科目有多个,并且若同一凭证的结转系数之和为1,则最后一笔结转金额为转出科目余额减当前凭证已转出的余额。

3)销售成本结转

销售成本结转是指按配比原则,在确认销售收入后,将已销售产品的成本从库存商品中转出。按商品销售的贷方数量合计乘以库存单价计算。

【例5-44】 以账套主管004的身份进行销售成本结转。凭证类别:转账凭证,库存商品科目:1243,商品销售收入科目:5101,商品销售成本科目;5401,按商品销售(贷方)数量结转。

(1)操作步骤。

①以账套主管004的身份,执行“财务会计→总账→期末→转账定义→销售成本结转”命令,打开【销售成本结转设置】对话框,如图5-147所示。

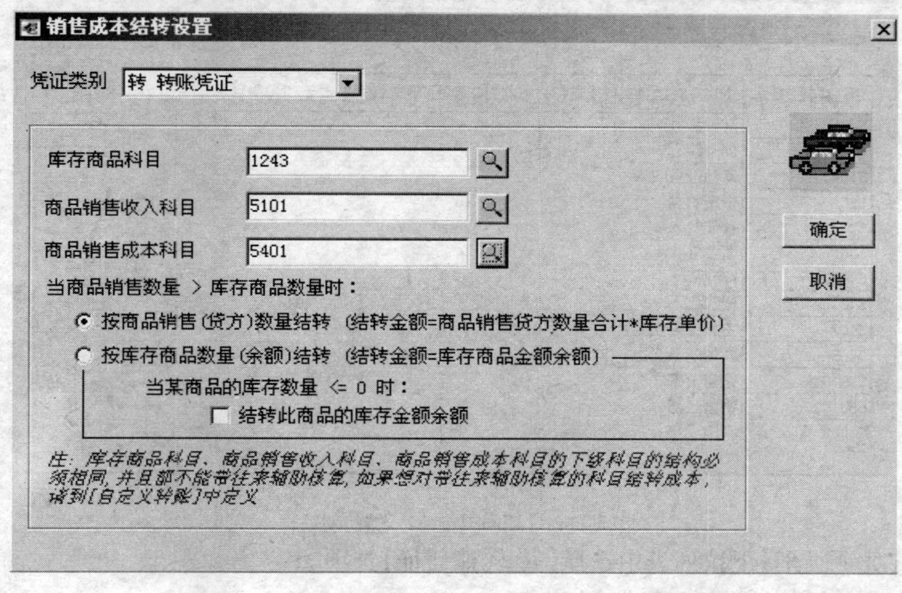

图5-147 【销售成本结转设置】对话框

②在【凭证类别】下拉列表中选择【转 转账凭证】选项。

③在【库存商品科目】下拉列表中输入“1243”、【商品销售收入科目】下拉列表中输入“5101”、【商品销售成本科目】下拉列表中输入“5401”。3个科目均应进行数量核算。

④确定结转的金额。当商品销售数量大于库存商品数量时,按商品销售的数量结转。

⑤单击【确定】按钮,保存设置并关闭【销售成本结转设置】对话框。

(2)注意事项。

①结转的3个科目库存商品、商品销售收入、商品销售成本均应进行数量核算。

②结转时,明确已销售的数量,按其占库存的比例结转。

4)期间损益结转

期间损益结转是指期末结转收入、结转支出、计算利润、所得税的核算工作。设置期间损益结转时,不论损益类科目本期是否有发生额,均应全部进行结转设置,以保证以后结转损益的完整性。

【例 5-45】 以账套主管 004 的身份进行期间损益结转。凭证类别:转账凭证。结转分录为:

借:所有的收入类科目

贷:本年利润(对应于收入科目的明细科目)

借:本年利润(对应于成本、费用科目的明细科目)

贷:所有的成本、费用科目

(1)操作步骤。

①以账套主管 004 的身份,执行“财务会计→总账→期末→转账定义→期间损益结转”命令,打开【期间损益结转设置】对话框,如图 5-148 所示。

图 5-148 【期间损益结转设置】对话框

②在【凭证类别】下拉列表中选择【转 转账凭证】选项。

③输入本年利润科目“3131”。

④对每一个损益类科目,输入与之对应的本年利润的明细账,如图 5-149 所示。

⑤单击【确定】按钮,保存设置并关闭【期间损益结转设置】对话框。

(2)注意事项。

要求将所有损益类科目设置为本年利润科目的明细账,以便于对应结转。

2. 转账生成

转账生成是指在记账后,根据定义的自动转账凭证从账簿记录中自动取数生成相应的凭证的过程。

【例 5-46】 转账生成分配制造费用、完工产品入库、结转销售成本、结转所有收入、所有支出到本年利润的凭证。

1)操作步骤

(1)以账套主管 004 的身份,执行“财务会计→总账→期末→转账生成”命令,打开【转账生成】对话框，如图 5-150 所示。

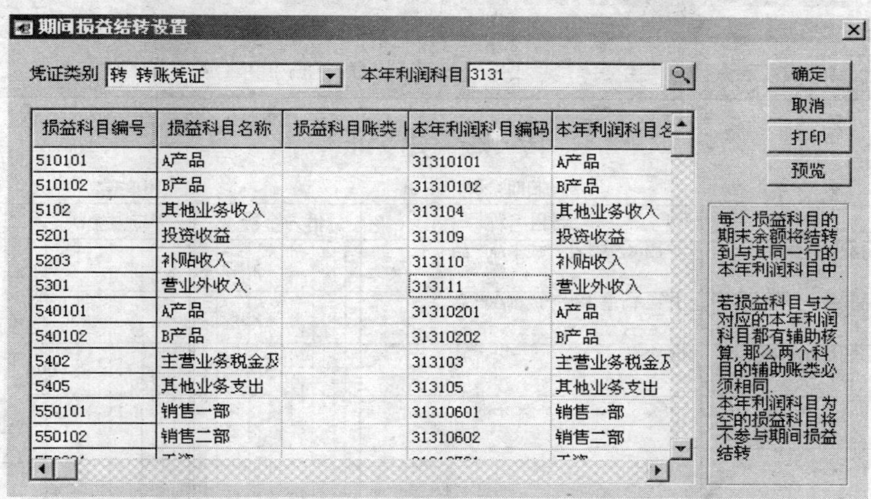

图 5-149 结转所有收入、支出到本年利润的结转设置

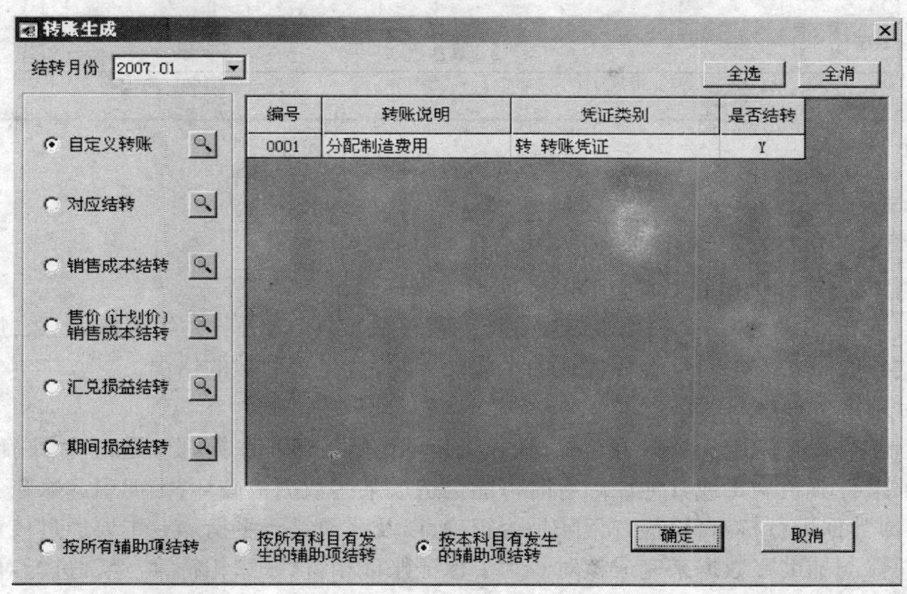

图 5-150 【转账生成】对话框

(2)在【结转月份】下拉列表中选择转账生成的月份，如“2007.01”。

(3)选择定义的转账凭证的类别，如是自定义转账，还是对应结转、销售成本结转、期间损益结转等。如选择【自定义转账】单选按钮。

(4)双击【是否结转】，或单击【全选】按钮，在该列表中显示【Y】标记，表示要自动生成该转账凭证对应的凭证。

(5)单击【确定】按钮，生成相应的转账凭证。

(6)单击【保存】按钮，系统自动将生成的凭证保存在未记账凭证中，如图 5-151 所示。

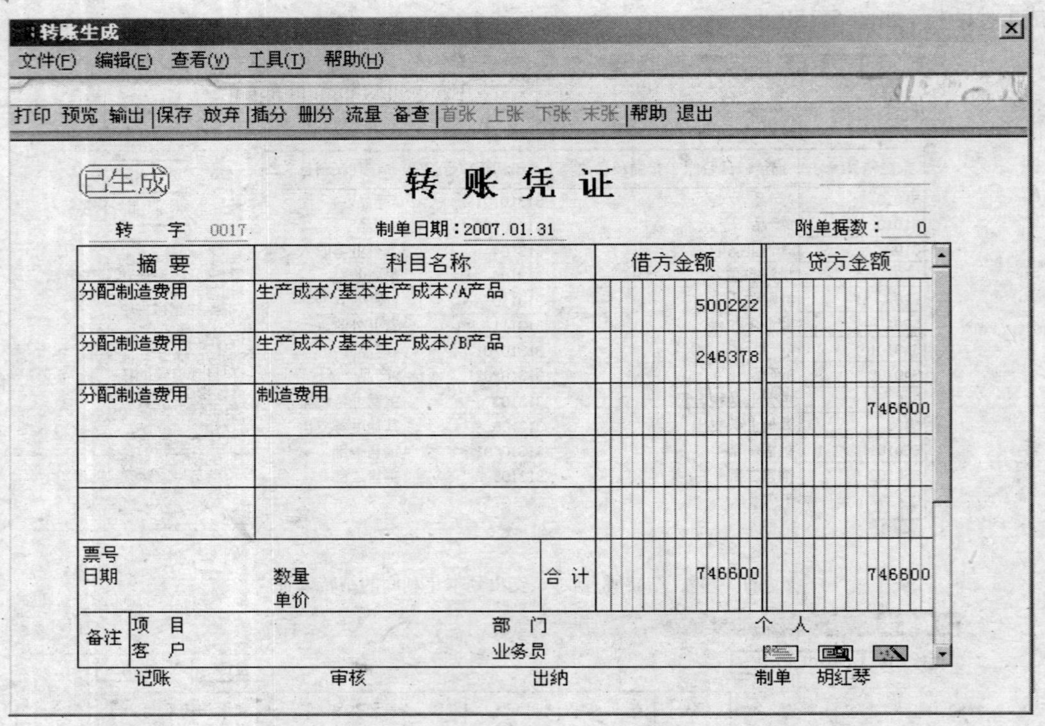

转账生成

文件(F) 编辑(E) 查看(V) 工具(T) 帮助(H)

打印 预览 输出 |保存 放弃 |插分 删分 流量 备查 |首张 上张 下张 末张 |帮助 退出

已生成

转 账 凭 证

转 字 0017　　制单日期：2007.01.31　　附单据数：0

摘 要	科目名称	借方金额	贷方金额
分配制造费用	生产成本/基本生产成本/A产品	500222	
分配制造费用	生产成本/基本生产成本/B产品	246378	
分配制造费用	制造费用		746600
票号 日期　数量 单价	合 计	746600	746600

备注　项 目　部 门　个 人
客 户　业务员

记账　审核　出纳　制单 胡红琴

图 5-151　自定义转账生成的分配制造费用的凭证

2）注意事项

（1）生成的凭证在保存系统自动为其编号。

（2）生成的凭证仍要经审核，记账，才能形成账簿记录。

（3）生成转账凭证时，要按期末结转业务的程序生成转账凭证，并经审核、记账，形成账簿记录后，再进行下一步的自动转账凭证的生成。否则，会出现取数的错误。

3．对账

一般说来，只要记账凭证录入正确，计算机自动记账后各种账簿都应是正确、平衡的，但由于非法操作、计算机病毒或其他原因有时可能会造成某些数据被破坏，因而引起账账不符。对账是对账簿数据进行核对，以检查记账是否正确，以及账簿是否平衡。它主要通过核对总账与明细账、总账与辅助账数据来完成核对。为了保证账证相符、账账相符，应经常进行对账，至少一个月一次，一般可在月末结账前进行。

【例 5-47】　核对 2007 年 1 月的账簿记录。

1）操作步骤

（1）以账套主管 004 的身份，执行“财务会计→总账→期末→对账”命令，打开【对账】对话框。

（2）将光标定位在要进行对账的月份上，如 2007.01，单击【选择】按钮或双击【是否对账】列。

（3）单击【对账】按钮，开始自动对账，并显示对账结果，如图 5-152 所示。

（4）单击【试算】按钮，可以进行试算，并显示试算结果，如图 5-153 所示。

2）注意事项

图 5-152 【对账】对话框

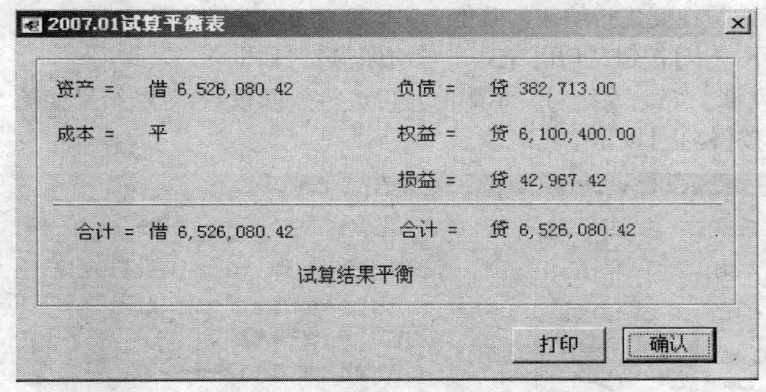

图 5-153 对账后的试算平衡表

(1)可选择要对账的会计期间和对账内容,选择总账与哪些辅助账进行核对。系统默认为全部核对。

(2)在对账过程中,按【对账】按钮可停止对账。

(3)若对账结果为账账相符,则对账月份的对账结果处显示“正确”;若对账结果为账账不符,则对账月份的对账结果处显示“错误”,按【错误】可查看引起账账不符的原因。

(4)在对账功能中,按 Ctrl + H 快捷键,可激活恢复记账前状态功能。

4. 结账

结账指每月月末计算和结转各账簿的本期发生额和余额,并结束该会计期间的账务处理工作。在手工会计处理中,都有结账的过程,在计算机会计处理中也应有这一过程,以符合会计制度的要求,因此总账系统特别提供了结账功能。

【例 5-48】 将 2007 年 1 月的业务进行结账处理。

1)操作步骤

(1)以账套主管 004 的身份,执行“财务会计→总账→期末→结账”命令,打开【结账】对话框，如图 5-154 所示。

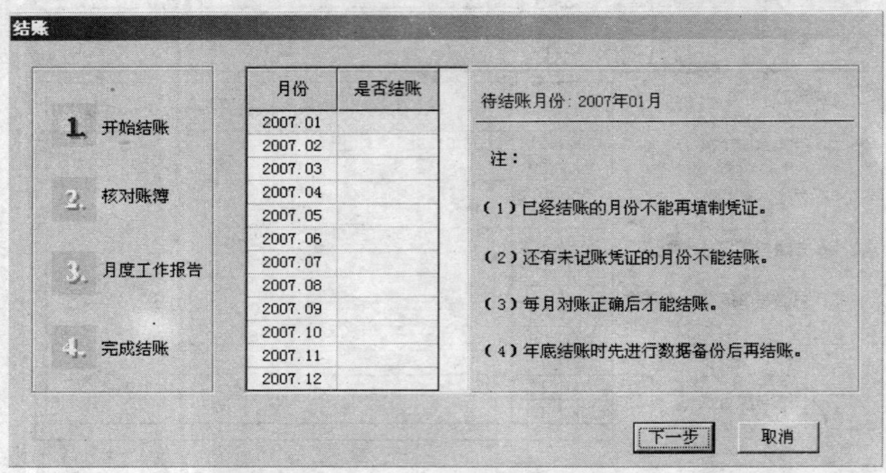

图 5-154 【结账】对话框

（2）将光标定位在要进行结账的月份上，如 2007.01，选择结账月份。

（3）单击【下一步】按钮，打开【结账—核对账簿】对话框。

（4）单击【对账】按钮，系统对要结账的月份进行账账核对，对账结果如图 5-155 所示。在对账过程中，可按【停止】按钮中止对账。

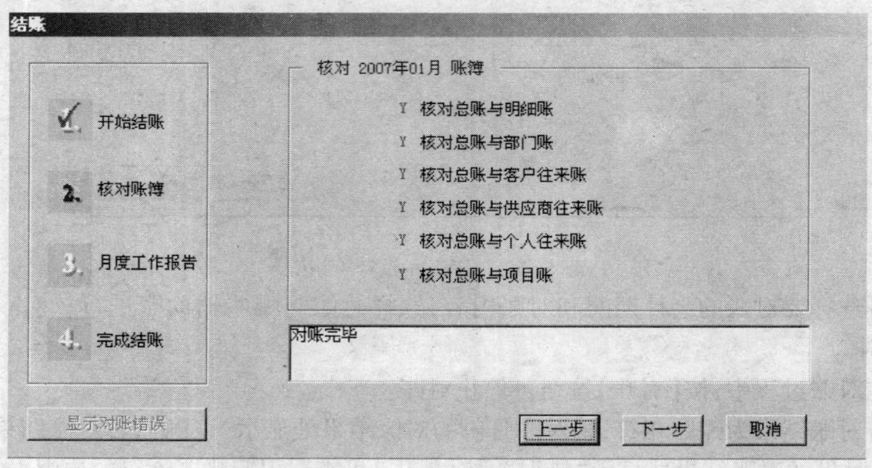

图 5-155 显示对账结果

（5）对账完成后，单击【下一步】按钮，打开【结账—月度工作报告】对话框，如图 5-156 所示。若需打印，单击【打印月度工作报告】按钮即可。

（6）查看工作报告后。单击【下一步】，打开【结账—完成结账】对话框，如图 5-157 所示。

（7）单击【结账】按钮，若符合结账要求，系统将进行结账，否则不予结账。

2）注意事项

（1）结账只能由有结账权的人进行。

（2）本月还有未记账凭证时，则本月不能结账。

(3)结账必须按月连续进行，如果上月未结账，则本月也不能结账，但可以填制和审核凭证。

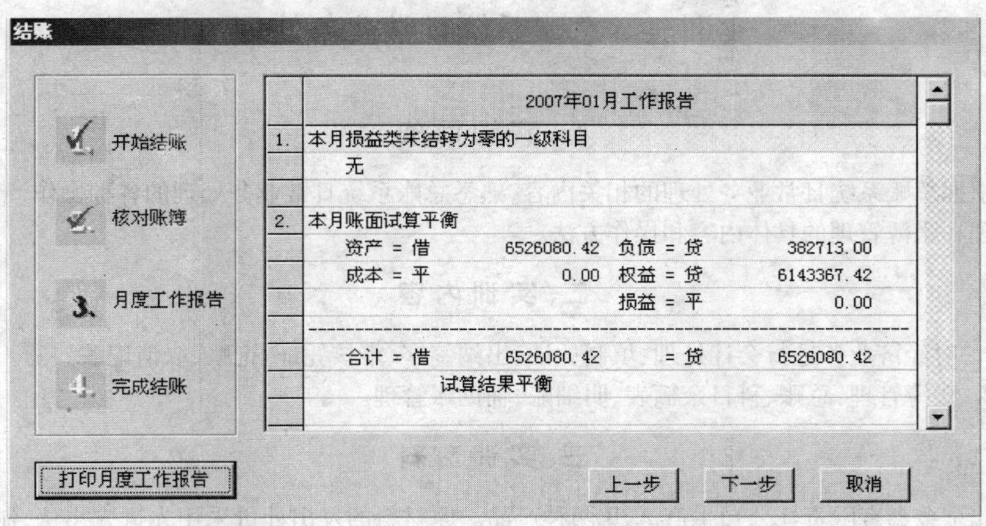

图 5-156 【结账—月度工作报告】对话框

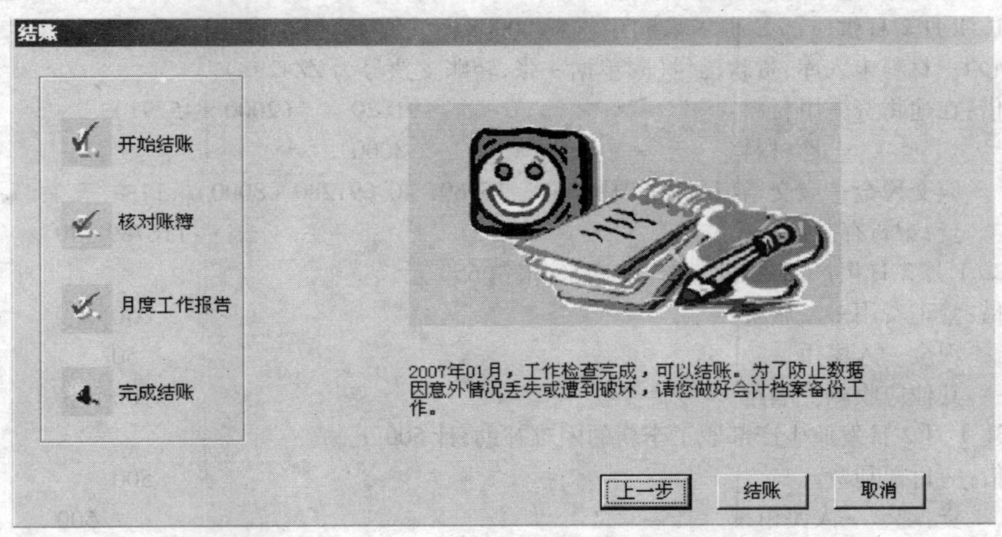

图 5-157 【结账—完成结账】对话框

(4)若总账与明细账对账不符，则不能结账。

(5)如果与其他子系统联合使用，在其他子系统未全部结账时，总账系统不能结账。

(6)已结账月份不能再填制凭证。

(7)结账前，应进行数据备份。在结账过程中，可以单击【取消】按钮，取消正在进行的结账操作。

(8)反结账。如果结账后发现记账凭证错误等需要进行修改，则可进行反结账操作方法，取消结账。按 Ctrl + Shift + F6 键,输入账套主管的密码,即可进行反结账操作。

实训五 总账系统日常业务处理

一、实训目的

掌握总账系统日常业务处理的相关内容,熟悉总账系统日常业务处理的各种操作,掌握凭证管理和账簿管理的具体内容和操作方法。

二、实训内容

1. 对经济业务进行会计处理:填制凭证、出纳签字、审核凭证、记账、取消记账。
2. 账簿管理:总账、科目余额表、明细账、辅助账管理。

三、实训资料

北京金鑫有限责任公司生产 A、B 两种产品。原材料的发出计价采用先进先出法,制造费用按产品的生产工时进行分配。

2006 年 1 月,发生以下经济业务:

1. 1 月 2 日供应部晏小华采购甲材料 2000kg,单价 45.91 元/kg,采购乙材料 40t,单价 200 元/t。材料未入库,货款已付(附单据一张,转账支票号为 ZZ4298)。

借:在途物资—甲材料　　91820　(2000 ×45.91)

　　　　　　—乙材料　　8000

　应交税金—应交增值税(进项税额)　16969. 40 (91280 +8000) ×17%

　贷:银行存款　　116789. 40

2. 1 月 2 日生产部主任唱路出差归来,报销 650 元。

借:管理费用—差旅费　　650

　现金—人民币　　50

　其他应收款—唱路　　700

3. 1 月 2 日发放生产部职工李新的困难补助,计 500 元。

借:应付福利费　　500

　贷:现金—人民币　　500

4. 1 月 5 日购买办公用品 560 元,其中行政部 300 元,生产部 160 元,销售一部 100 元,用银行存款支付(现金支票,票号 XJ1436)。

借:管理费用—办公费　　300

　营业费用—销售一部　　100

　制造费用　　160

　贷:银行存款—工行存款　　560

5. 1 月 6 日,1 月 2 日采购的材料入库,经验收,发现甲材料短少 4kg,系路途合理损耗,乙材料无损耗。

借:原材料—甲材料 91820

—乙材料 8000

贷:在途物资—甲材料 91820

—乙材料 8000

6. 1月7日订2005年全年报刊杂志费780元,用银行存款支付(转账支票,票号ZZ4231)。

借:待摊费用—报刊杂志费 780

贷:银行存款—工行存款 780

7. 1月8日预提借款利息600元。

借:财务费用 600

贷:预提费用—利息费用 600

8. 1月9日生产部生产B产品200件,领用甲材料50kg,乙材料12t。

借:生产成本—基本生产成本—B产品 4860

贷:原材料—甲材料 2460 (40× +10×46)

乙材料 2400

9. 1月10日销售一部周清清违反劳动纪律,被记扣工资120元。

借:其他应收款—周清清 120

贷:营业外收入—罚款收入 120

10. 1月11日生产部领用甲材料820kg,其中投产A产品260件耗用800kg,生产一般性耗用20kg。

借:生产成本—基本生产成本—A产品 36800 (800×46)

制造费用 920 (20×46)

贷:原材料—甲材料 37720

11. 1月11日接受某投资人用固定资产投资,该固定资产原价120000元,已计折旧20000元,双方协议投资额为89000元。

借:固定资产 89000

贷:实收资本 89000

12. 1月17日提取现金1500元备用(现金支票,票号XJ1438)。

借:现金—人民币 1500

贷:银行存款—工行存款 1500

13. 1月19日销售二部制作产品宣传单,现金支付340元。

借:营业费用—销售二部 340

贷:现金—人民币 340

14. 1月22日银行结算存款利息收入1800元。

借:银行存款—工行存款 1800

贷:财务费用 1800

15. 1月24日发生固定资产修理费计430元,其中生产部340元,财务部90元,用现金支付。

借:管理费用—设备修理费用 90

制造费用 340

贷:现金 430

16. 1月27日接银行通知,收到客户欣达公司委托银行付款48000元。

借:银行存款 —工行存款 48000

贷:应收账款—欣达公司 48000

17. 1月28日投产的A、B产品均全部完工入库。A产品本月工时670,B产品本月工时330。

待月末结算完后才能计算完工产品的成本,利用自定义转账设置功能自动生成凭证。

18. 1月29日销售A产品257件,单价245元;B产品195件,单价189元。款项收存银行(转账支票,票号ZZ2645)。

先核算产品销售收入

借:银行存款—工行存款 116789.4

贷:主营业务收入—A产品 62965 (257×245)

—B产品 36855 (195×189)

应交税金—应交增值税(销项税额) 16969.4 (62965+36855)×17%

待月末核算产品成本后再结转产品销售成本。

19. 1月31日计算本月应付职工薪酬—应付工资共8000元,其中管理部门2400元,生产部2900元,销售一部1100元,销售二部1600元(该业务也可在工资管理系统中通过工资分摊进行核算)。

(1)分配工资

借:管理费用 2400

制造费用 2900

营业费用—销售一部 1100

—销售二部 1600

贷:应付职工薪酬—应付工资 8000

(2)计提职工福利费

借:管理费用 336 (2400×14%)

制造费用 406 (2900×14%)

营业费用—销售一部 154 (1100×14%)

—销售二部 224 (1600×14%)

贷:应付职工薪酬—职工福利费 1120

(3)计提工会经费和教育经费

借:管理费用—工会经费 160(8000×2%)

—教育经费 120(8000×1.5%)

贷:其他应付款—工会经费 160

—教育经费 120

20. 1月31日计提本月固定资产折旧共3400元,其中管理部门1300元,生产部2100元。

借:管理费用—折旧费 1300

制造费用 2100

贷:累计折旧 3400

21. 1 月 31 日预提生产部设备大修理费 640 元。

借:制造费用 640

贷:预提费用 640

22. 摊销本月的报刊杂志费。

借:管理费用—办公费 65 (780/12)

贷:待摊费用—报刊杂志费 65

23. 计算完成产品成本并结转销售产品成本。

本月生产的 A、B 产品均全部完工入库。A 产品本月工时 670,B 产品本月工时 330。

(1)分配制造费用(在期末转账定义时设置自动转账凭证)

借:生产成本—基本生产成本—A 产品

—B 产品

贷:制造费用

(2)完工产品入库(在期末转账定义时设置对应结转)

借:库存商品—A 产品

—B 产品

贷:生产成本—基本生产成本—A 产品

—B 产品

(3)结算已销售产品的成本(在期末转账定义时结转销售成本)

借:主营业务成本—A 产品

—B 产品

贷:库存商品—A 产品

—B 产品

24. 该企业本月应交增值税 1350 元(不作会计处理),应交营业税 580 元。

(1)应交营业税处理

借:主营业务税金及附加 580

贷:应交税金—应交营业税 580

(2)计算应交的城市建设维护税和教育费附加

借:主营业务税金及附加 193

贷:应交税费—应交城市建设维护税 135.1 [(1350+580)×7%]

其他应交款—教育费附加 57.9 [(1350+580)×3%]

实训六 期末业务处理

一、实训目的

通过期末业务处理的实训操作,理解期末业务处理内容,理解期末业务处理的程序,掌握期末业务处理中的自定义转账凭证的设置方法。

二、实训内容

1. 自定义转账

制造费用分配、完工产品入库、产品销售成本的结转、计算利润和所得税、利润分配及利润分配明细账的结转。

2. 生成自动转账凭证、审核、记账。

3. 对账、结账。

三、实训资料

1. 自定义转账凭证,分配制造费用。转账序号:0001,转账说明:分配制造费用。凭证类别:转账凭证。自定义转账分录为:

借:生产成本—基本生产成本—A 产品(41010101)

(金额为制造费用本月借方发生额×工时比例0.67)

—B 产品(41010102)

(金额为制造费用本月借方发生额×工时比例0.33)

贷:制造费用 (4105)

(金额为制造费用本月借方发生额或为借贷平衡差额)

按A、B产品的工时对制造费用进行分配(A产品:670工时,B产品:330工时)。

2. 对应结转设置,完工产品入库。编号:0001,凭证类别:转账凭证,摘要:完工产品入库。结转系数:1。对应结转分录为:

借:库存商品(1243)(金额为科目410101本月借方发生额)

贷:生产成本—基本生产成本(410101)(金额为其本月借方发生额)

3. 结转产品销售成本(计算已销售产品的成本)

借:主营业务成本—A 产品 (540101)

—B 产品 (540102)

贷:库存商品—A 产品 (124301)

—B 产品 (124302)

4. 结转利润和企业所得税。

(1)结转所有的收入

借:主营业务收入—A 产品

—B 产品

其他业务收入

投资收益

营业外收入

贷:本年利润—明细账对应收入科目

(2)结转所有支出

借:本年利润 —明细账对应支出科目

贷:主营业务成本—A 产品
—B 产品
主营业务税金及附加
其他业务支出
营业费用
管理费用—所有的明细账
财务费用
营业外支出

(3)计算应交所得税

借:所得税 [(利润总额)×税率](假设无相关所得税调整项目)
贷:应交税费—应交所得税

(4)将所得税结转到本年利润

借:本年利润—所得税
贷:所得税

(5)将本年利润结转到利润分配(计算出净利润)

借:本年利润—结转用
贷:利润分配—未分配利润

5. 提取盈余公积 15%(其中公积金 10%,公益金 5%)。

借:利润分配—提取盈余公积
贷:盈余公积—公积金
—公益金

6. 用提取盈余公积后的利润的 55% 向投资人分配现金股利。

借:利润分配—应付利润
贷:应付股利

7. 利润分配明细账的结转

借:利润分配—未分配利润
贷:利润分配—提取盈余公积
—应付利润

实训七 账簿管理

一、实训目的

掌握会计核算账簿查询输出的操作。结合实验五总账系统日常业务处理、实验六期末业务处理的操作,查询账簿记录,加深对期末业务处理程序的理解。

二、实训内容

查询总账、余额表、明细账、序时账、多栏账、日记账和日报表等。

三、实训资料

实验五总账系统日常业务处理、实验六期末业务处理后记账形成的账簿记录。

实训八 出纳管理

一、实训目的

通过实验，掌握查询和打印现金日记账、银行存款日记账和资金日报的方法；登记和管理支票登记簿；进行银行对账，输出银行存款余额调节表。

二、实训内容

1. 查询现金、银行存款日记账、资金日报表。
2. 登记支票登记簿。
3. 银行对账，包括银行对账期初录入、编制银行对账单、采用自动对账与手工对账相结合的方式进行银行对账，并对银行存款余额调节表进行查询。

三、实训资料

1. 本月支票的领用情况如表5-26所示。

表5-26

领用时期	领用部门	领用人	支票号	预计金额
1月2日	供应部	晏小华	ZZ4298	120000.00
1月7日	行政部	王新程	ZZ4331	800.00

2. 银行对账单如表5-27所示。

表5-27

日　期	摘　要	借　方	贷　方	方　向	余　额
2007年1月1日	余额			借	128700.00
2007年1月2日	付款		116789.40		11910.60
2007年1月5日	付款		560.00		11350.60
2007年1月7日	付款		780.00		10570.60
2007年1月8日	收款	3150.00			13720.60
2007年1月15日	付款		11850.00		1870.60
2007年1月17日	付款		1500.00		370.60
2007年1月22日	收款	1800.00			2170.60
2007年1月27日	收款	48000.00			50170.60
2007年1月29日	收款	116789.40			166960.00
2007年1月31日	余额				166960.00

复习思考题

一、名词解释

1. 总账系统;

2. 总账系统的初始化;

3. 期末业务处理。

二、判断题

1. 记账凭证数据是整个系统的最基础数据,是决定系统输出结果正确与否的关键。

2. 总账系统的启用日期不能超前于计算机内的系统日期。

3. 期初余额试算不平衡,可以填制凭证,但不能记账。

4. 在会计电算化中,红字金额以负数形式输入。

5. 在总账系统中记账凭证一旦设定并投入使用,一般来说既不允许修改也不允许删除。

6. 要对出纳凭证进行出纳签字,应在定义总账系统启用参数的【选项】对话框中【出纳凭证必须经由出纳签字】复选框,以及在系统初始化的科目设置时指定“现金”为“现金总账科目”,“银行存款”为“银行总账科目”。

7. 总账系统提供了两种凭证编号方式,即“系统编号”和“手工编号”。系统默认的是“系统编号”。

8. 凭证的审核人和制单人不能是同一个人。

9. 对于已结账的月份,应先取消结账,才能恢复记账前状态。

10. 账簿设置主要是确定使用的账簿格式和一些调整各种账簿的输出方式及打印要求方面系统能够进行的操作控制。

11. 职员档案被使用后,可由账套主管进行修改或删除的操作。

12. 凭证处理是总账系统日常会计业务处理过程中手工业务处理和计算机业务处理的连接点,也是总账系统最基本最主要的数据来源。

13. 凭证一旦保存,凭证类别、凭证编号、会计科目等均不能修改。

14. 对错误凭证进行修改,可分为无痕迹修改和有痕迹修改两种。

15. 部门编码必须符合编码分类原则,必须录入、必须唯一。

16. 可以不对客户进行分类管理,而直接建立客户档案。

17. 外部系统传过来的凭证不能在总账系统中进行修改,只能在生成该凭证的系统中进行修改。

18. 通过制作红字冲销凭证,可实现凭证的无痕迹修改。

19. 只有系统管理员才有权限进行恢复到记账前状态的操作。

20. 银行对账采用自动对账与手工对账相结合的方式。

三、选择题

1. 总账系统的必备功能包括(　　)。

A. 记账凭证的处理　　B. 记账　　C. 期末结转　　D. 往来核算

2. 总账系统启用参数设置主要包括(　　)等内容。

A. 账簿设置　　B. 凭证控制设置
C. 会计期间　　D. 开始和结束日期的确定

3. 凭证正文包括(　　)等内容。
A. 摘要　　B. 科目　　C. 借贷方向　　D. 发生金额

4. 下列操作中，不属于凭证处理内容的是(　　)。
A. 出纳签字　　B. 记账　　C. 对账　　D. 结账

5. 辅助核算管理包括(　　)和项目核算等内容。
A. 个人往来　　B. 客户往来　　C. 供应商往来　　D. 部门核算

6. 总账系统初始化时，基础信息的设置包括(　　)等内容。
A. 基础档案设置　　B. 财务信息设置
C. 账套基本信息设置　　D. 期初余额录入

7. 下列设置中，不属于总账系统初始化的内容的是(　　)。
A. 部门档案设置　　B. 会计科目设置
C. 固定资产类别设置　　D. 凭证类别设置

8. 总账系统的初始设置可由(　　)进行。
A. 账套主管　　B. 账套主管指定的专人
C. 系统管理员　　D. 系统维护员

9. 日常会计业务处理主要包括(　　)等内容。
A. 凭证处理　　B. 出纳管理　　C. 期末处理　　D. 报表管理

10. 对于已作废的凭证，不能进行的操作包括(　　)。
A. 修改　　B. 审核　　C. 记账　　D. 查询

11. 对已签字的凭证，不能进行的操作是(　　)。
A. 填写票据　　B. 取消签字　　C. 修改　　D. 删除

12. 上月未结账时，本月不能(　　)。
A. 填制凭证　　B. 查询账簿记录　　C. 记账　　D. 结账

13. 会计科目的设置应满足(　　)的要求。
A. 管理和会计核算　　B. 报表　　C. 会计制度　　D. 灵活性

14. 出纳管理是总账系统为出纳人员提供的一套管理工具，它的主要功能包括(　　)。
A. 查询和打印现金日记账、银行存款日记账　　B. 管理支票登记簿
C. 进行筹资管理　　D. 进行银行对账

15. 期末业务处理主要包括(　　)。
A. 转账定义　　B. 转账生成　　C. 对账　　D. 结账

16. 期末处理是指会计期间所发生的日常经济业务全部登记入账后，所进行的特定的会计工作，包括(　　)等。
A. 期末转账业务　　B. 试算平衡　　C. 凭证审核　　D. 对账和结账

17. 下列关于结账的说法中，不正确的是(　　)。
A. 本月还有未记账凭证时，则本月不能结账
B. 结账只能由主管会计进行

C. 上月未结账,则本月也不能结账

D. 其他子系统未全部结账时,总账系统不能结账

18. 银行对账一般通过(　　)和核销已达账等几个步骤完成。

A. 录入银行对账期初数据　　B. 录入银行对账单

C. 银行对账　　D. 编制银行存款余额调节表

19. 通过账簿查询输出功能,可查询的账簿包括(　　)。

A. 总账　　B. 明细账　　C. 日记账　　D. 各种辅助账

20. 针对不同的期末处理业务,转账凭证的定义提供了(　　)等方式。

A. 自定义转账　　B. 对应结转　　C. 销售成本结转　　D. 期间损益结转

四、简答题

1. 财务系统手工处理流程和计算机处理流程有什么不同?
2. 总账系统包括哪些功能?
3. 为什么要进行总账系统初始化的设置?具体包括哪些内容?
4. 为什么要进行总账系统参数设置?具体包括哪些内容?
5. 基础档案设置包括的内容,怎样进行基础档案的设置?
6. 财务信息设置包括的内容,怎样进行财务信息的设置?
7. 日常会计业务处理包括哪些内容?
8. 凭证处理包括哪些内容?
9. 凭证填制、修改和审核中应注意哪些问题?
10. 在计算机方式下记账应注意哪些问题?怎样取消记账?
11. 出纳管理包括哪些内容?
12. 期末业务处理包括哪些内容?
13. 使用转账生成功能生成凭证时应注意哪些问题?

第六章 报表编制子系统

• 知识目标 •

解释会计报表、报表计算公式、报表模板的概念；描述通用报表编制子系统的基本处理流程和功能，报表的结构及基本构成要素，报表公式的内容和编辑报表公式的要点。

• 能力目标 •

进行报表格式设计、报表公式设置的操作，具有报表格式设计、报表公式设置的能力。能利用报表模板，生成相应的报表数据。对报表数据处理中的错误，具有一定的判断、检查和修改的能力。

第一节 报表编制子系统概述

一、会计报表概述

会计报表（财务会计报告）是综合反映企业一定时点、时期的财务状况和经营成本及现金流量等相关会计信息的书面文件，是企业全部经济活动的一个总结性反映。传统的手工会计报表的编制，是从“会计凭证→科目汇总表（或汇总凭证）→明细账→总账→报表”，电算化环境下的报表编制，从“凭证编制→审核→记账→报表”。目前部分软件支持“凭证编制→报表（选择含未记账凭证选项）”。

1. 报表分类

会计报表按其反映的会计信息，通常分为时期报表和时点报表。

（1）时期报表是反映某一特定时间段的会计信息的报表。如利润表反映某一个月（或一年）的收入支出信息；现金流量表反映某一年度的资金收支信息。

（2）时点报表是反映某一特定的时间点，如 1 月 31 日、12 月 31 日等的相关会计信息；如资产负债表反映报表编制当日的相关财务状况信息。

2. 常用报表

按照现行的财务会计法律法规规定，企业需要编制资产负债表、利润表、现金流量表、所有者权益变动表等相关主要报表。可以根据实际情况，编制主营业务收支明细表、增值税明细表、主要产品成本表等相关附表。

二、报表编制子系统的功能

财务报表是通用电子表格软件,既可以独立使用,也可以和财务管理软件的其他模块结合使用,适用于各行业的财务、会计、人事、计划、统计、税务及物资等部门编制各种报表。

财务报表管理系统的主要功能有:

1)提供各行业报表模板

系统提供了29个行业的标准财务报表模板。如果标准行业报表仍不能满足需要,系统还提供了自定义模板的功能,可以根据本单位的实际需要定制模板。

2)文件管理功能

系统提供了种类文件管理功能,除能完成一般的文件管理外,UFO电子表的数据文件还能转换为不同的文件格式,如Access文件、Excel文件、Lotus 1-2-3文件。

3)格式管理功能

系统提供的格式设计功能,可以设置报表尺寸、组合单元、画表格线(包括斜线),调整行高、列宽,设置字体和颜色,设置显示比例等;可以制作各种要求的报表。

4)数据处理功能

UFO以固定的格式管理大量不同的表页,能将多达99张具有相同格式的报表资料统一在一个报表文件中管理,并且在每张表页之间建立有机联系。

此外,还提供了排序、审核、舍位平衡、汇兑功能;提供了绝对单元公式,可以方便、迅速地定义计算公式;提供种类丰富的函数,在系统向导的帮助下轻松地从财务及其他子系统中提取数据,生成财务报表。

5)图表功能

采用"图文混排",可以很方便地进行图形数据组织,制作包括直方图、立体图等10种图式的分析图表。可以编辑图表的位置、大小、标题、字体、颜色等,并打印输出报表。

6)打印功能

采用"所见即所得"的打印方式,报表和图形都可以打印输出。提供"打印预览"功能,可以随时观看报表或图形的打印效果。报表打印时,可以打印格式或数据,可以设置表头和表尾,可以在0.3~3倍之间缩放打印。

7)二次开发功能

系统提供了批命令和自定义菜单,自动记录命令窗口中输入的多个命令,可以将具有规律性的操作过程编制成批命令文件;提供了Windows风格的自定义菜单,综合利用批命令,可以在短时间内开发出本企业的专用系统。

第二节　报表系统应用

一、报表结构及基本要素

会计报表,与其他报表大体一致,通常是由若干行和若干列组成一个二维表格,只是在行和列上,可能有相关特殊的行和列的格式。如表6-1所示为一张资产负债表(简表)。

资产负债表(简表) 表6-1

标题

会企01表

编制单位: 单位:元

表头

资产	行次	年初数	期末数	负债和所有者权益	行次	年初数	期末数
流动资产:				流动负债:			
货币资金	1			短期借款	68		
短期投资	2			应付票据	69		
应收票据	3			应付账款	70		
应收股利	4			预收账款	71		
应收利息	5			应付工资	72		
应收账款	6			应付福利费	73		
其他应收款	7			应付股利	74		
预付账款	8			应交税金	75		
应收补贴款	9			其他应交款	80		
存货	10			其他应付款	81		
待摊费用	11			预提费用	82		
一年内到期的长期债权投资	21			预计负债	83		
其他流动资产	24			一年内到期的长期负债	86		
流动资产合计	31			其他流动负债	90		
长期投资:							
长期股权投资	32			流动负债合计	100		
长期债权投资	34			长期负债:			
长期投资合计	38			长期借款	101		
固定资产:				应付债券	102		
固定资产原价	39			长期应付款	103		
减:累计折价	40			专项应付款	106		
固定资产净值	41			其他长期负债	108		
减:固定资产减值准备	42			长期负债合计	110		
固定资产净额	43			递延税项:			
工程物资	44			递延税款贷项	111		
在建工程	45			负债合计	114		
固定资产清理	46						
固定资产合计	50			所有者权益:			
无形资产及其他资产:				实收资本	115		
无形资产	51			减:已归还投资	116		
长期待摊费用	52			实收资本净额	117		
其他长期资产	53			资本公积	118		
无形资产及其他资产合计	60			盈余公积	119		
				其中:法定公益金	120		
递延税项:				未分配利润	121		
递延税款借项	61			所有者权益合计	122		
资产总计	67			负债和所有者权益总计	135		

表体

补充资料:已贴现商业汇票_____元。

编制: 会计机构负责人: 财务负责人: 单位负责人:

表尾

报表一般由标题、表头、表体、表尾共4个部分组成,我们把这4个部分称为报表的基本要素。

1. 标题

标题用来表示报表的名称,如资产负债表、利润表。通常报表标题只有一行,但有时为了准确说明报表名称,会出现副标题,会涉及两行;或报表名称较长时,为了报表的整体美观,也会分为两行显示。

2. 表头

表头用来说明报表的编制主体、编制日期、报表编号、报表主体中相关数据的单位、报表栏目名称等内容。编制主体即编制单位,一般为会计主体,但也可以是会计主体内的某个部门等其他编制主体。编制日期与报表的类别和相关数据来源有重要关系,如时期报表反映某个时间段的信息,而时点报表反映某一个特定时点的信息,这将与报表主体中相关数据的取得有直接关系。报表编号、单位等附加信息,如资产负债表为"会企01表"、单位为"元"。表头中另一个重要的内容为报表栏目名称,报表主体中的相关数据,将与栏目名称相对应,如表6-1中的"年初数"、"期末数",主体中的数据将与之相对应。

3. 表体

表体是报表的核心,是报表信息的主要体现区域。表体在横向上由若干"行"组成,具体的行一般用数字1、2、3……组成,在纵向上由若干"列"组成,具体的列一般用字母A、B、C……组成。行与列与EXCEL表中的行列表示基本一致。

4. 表尾

报表相关附注辅助说明部分,及编制人,审核人等签章内容。

二、报表格式设计

报表格式包括报表表样、单元类型及单元风格等内容。

1. 启动财务报表

在使用财务报表系统之前,需要启动UFO系统,并建立一张空白表,然后在这张空白表的基础上设计报表格式。

【例6-1】 2007年1月31日,以操作员胡红琴(操作代码004,密码008)的身份,登录088账套的"财务报表"系统并新增一张报表。

1)操作步骤

(1)执行"开始→所有程序→用友ERP-U8→企业门户",打开【注册〖企业门户〗】对话框,如图6-1所示。

(2)输入用户名和密码,选择【账套】下拉列表中的【088 金鑫有限责任公司】选项,选择【操作日期】为【2007-01-31】。

(3)单击【确定】按钮,打开【用友ERP企业标准套件】窗口,如图6-2所示。

(4)执行"UFO报表"命令,打开【UFO报表】窗口,如图6-3所示。

(5)执行"文件→新建"命令,或单击【新建】按钮,建立一张新的报表,如图6-4所示。

2)注意事项

(1)操作日期必须是操作年度中的某一天。

(2)建立新表后,将得到一张系统默认格式的报表,报表名默认为Report1. rep。

(3)空白报表建立起来以后,里面没有内容,所有单元格的类型均默认为数值单元。

(4)新报表建立后,默认状态为格式状态。

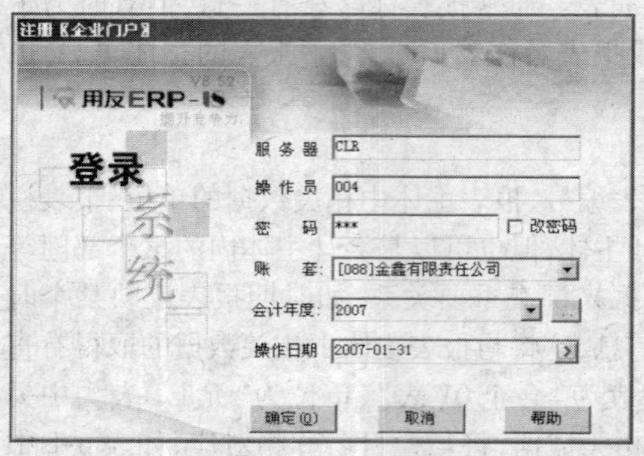

图 6-1 【注册〖企业门户〗】对话框

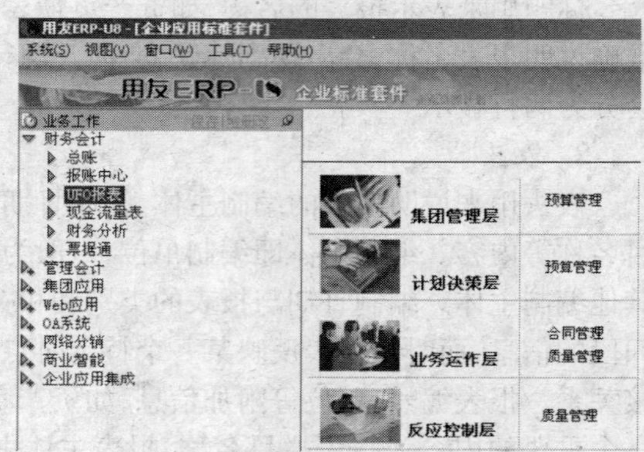

图 6-2 【用友 ERP 企业标准套件】窗口

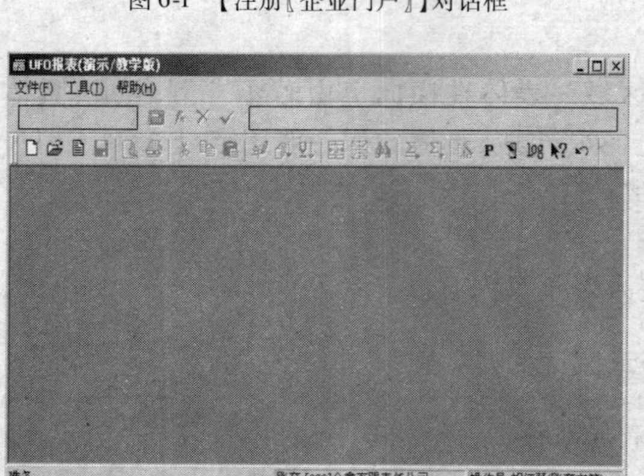

图 6-3 【UFO 报表】窗口

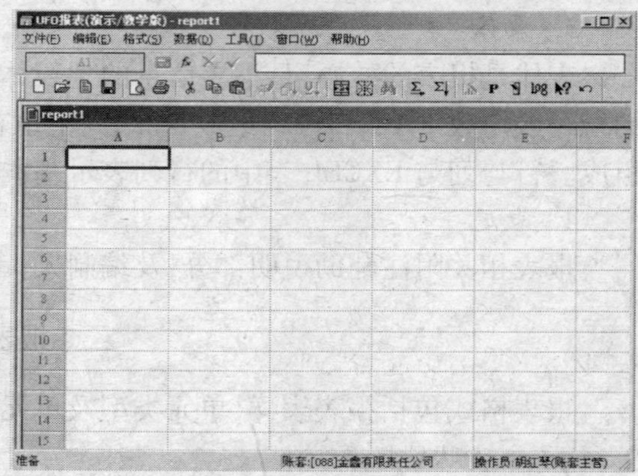

图 6-4 新建一张报表

2. 设计表样

表样的设计主要包括设计报表的表格,输入报表的表间项目及定义项目的显示风格,定义单元属性。通过设置报表表样,可以确定报表的大小和外观,使设计的报表更加符合阅读习惯,更美观清晰。

报表表样设置的具体内容包括:设置报表尺寸,定义报表行高、列宽,画表格线,定义组合单元,输入表头、表体、表尾内容,定义显示风格,定义单元属性等。

1)设置报表尺寸

设置报表尺寸就是设计报表的行数和列数。

【例 6-2】 设置报表尺寸为 20 行 8 列。

(1)操作步骤。

①在【UFO 报表】窗口中,执行"格式→表尺寸"命令,打开【表尺寸】对话框。

②直接输入或单击【行数】及【列数】文本框的微调按钮,分别选择 20 和 8,如图 6-5 所示。

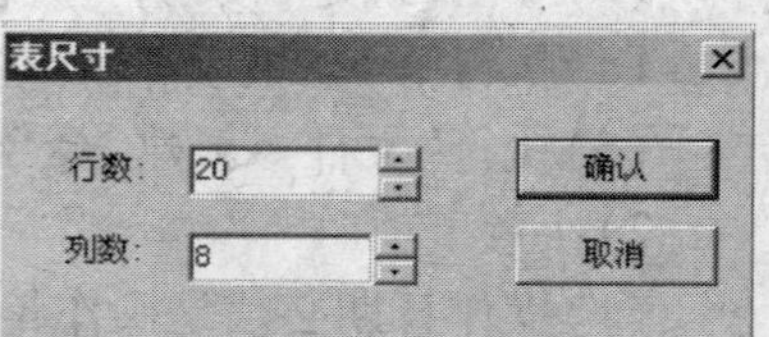

图 6-5 【表尺寸】对话框

③单击【确认】按钮关闭该对话框,并显示一张20行8列的报表区域,如图6-6所示。

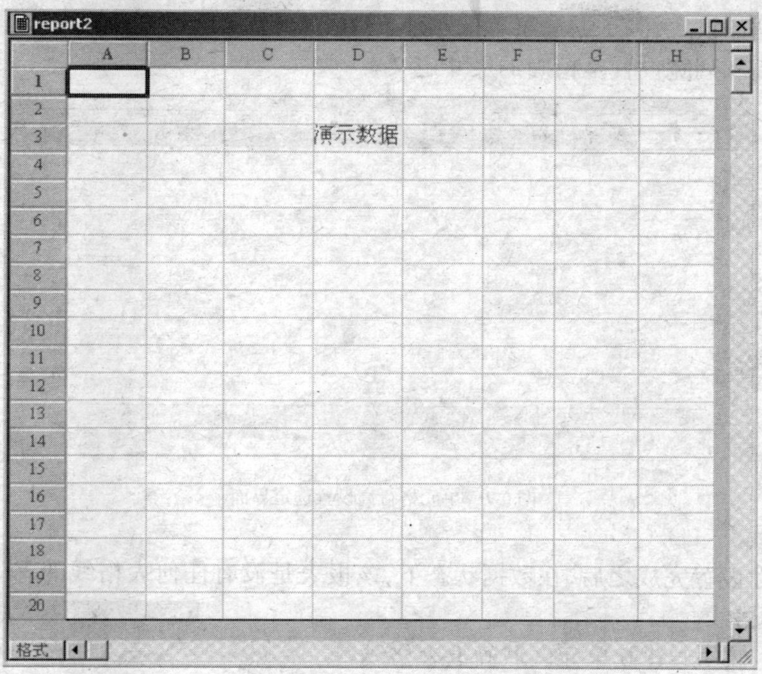

	A	B	C	D	E	F	G	H
1								
2								
3				演示数据				
4								
5								
6								
7								
8								
9								
10								
11								
12								
13								
14								
15								
16								
17								
18								
19								
20								

图6-6 按报表尺寸设置显示的报表区域

(2)注意事项。

报表尺寸设置完成后,还可以选择【格式】菜单中的【插入】或【删除】命令增加或减少行和列来调整报表大小。

2)定义报表的行高和列宽

对于报表中某些有特殊要求的行或列,可以调整相应的行高或列宽。

【例6-3】 定义报表第1行行高为12mm,其余行行高为8mm。第1、5列列宽为40mm,第2、6列列宽为8mm,其余列列宽为15mm。

(1)操作步骤。

①将鼠标指针移动到A1单元并单击,拖动至H1单元,或双击行号"1",选中第一行,如图6-7所示。

②执行"格式→行高"命令,打开【行高】对话框,如图6-8所示。

③直接输入或单击【行高】文本框的微调按钮选择12,单击【确认】按钮。

④选中第2~20行,重复步骤②、③操作,输入或单击【行高】文本框的微调按钮选择8,单击【确认】按钮。

⑤将鼠标指针移动到A1单元并单击,拖动至A20单元,或双击列号"A",选中第一列,如图6-9所示。

⑥执行"格式→列宽"命令,打开【列宽】对话框,如图6-10所示。

⑦直接输入或单击【列宽】文本框的微调按钮选择40,单击【确认】按钮。

⑧重复步骤⑤~⑦操作,设置第2~8列的列宽。

(2)注意事项。

行高和列宽的设定,除了通过菜单操作外,还可直接利用鼠标拖动来调整。不同的是通过菜单操作的行高和列宽设置是精确的尺寸定义。

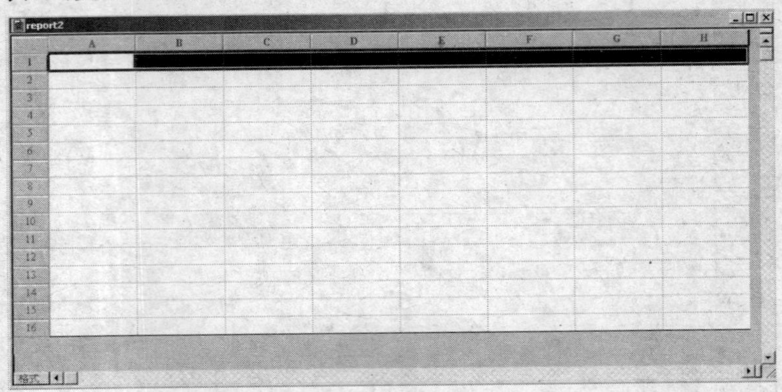

图 6-7 单元格行高设置选定界面

3)画表格线

报表的尺寸设置完成之后,在数据状态下,该报表是没有任何表格线的,为了满足打印需要,还要画上表格线。

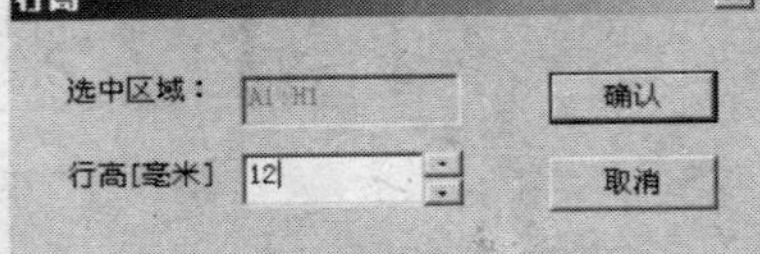

图 6-8 【行高】对话框

【例 6-4】 将 A2:H20 单元区域画上表格线。

(1)操作步骤。

①将鼠标指针移动到 A2 单元并单击,拖动至 H20 单元,选择需要画线的单元区域 A2:H20。

②执行“格式→区域画线”命令,打开【区域画线】对话框。

③选择【网线】单选框,确定画线类型和样式,如图 6-11 所示。

④单击【确认】按钮,关闭该对话框并显示已画线的表格。

(2)注意事项。

①对某些单元内的表格线的特殊要求,可选择“正斜线”、“反斜线”等选项来完成。

图 6-9 单元格列高设置选定界面

②对已画上但并不满意的表格线,可通过执行"格式→单元属性→边框"命令,取消已画上的表格线。再按画表格线的操作重新画线,直到满意为止。

图 6-10 【列宽】对话框

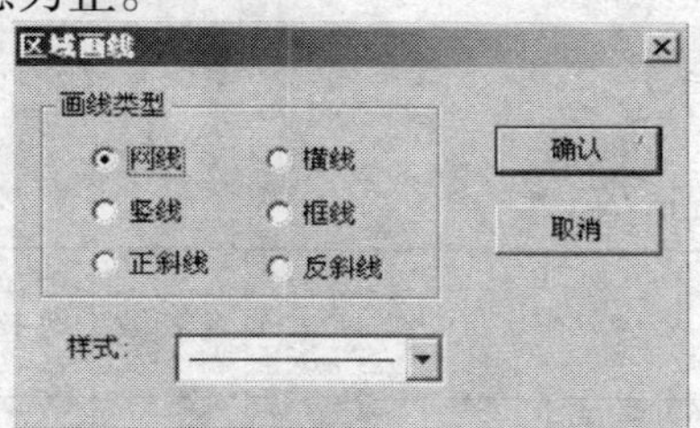

图 6-11 【区域画线】对话框

4)定义组合单元

在设计表样中,对设定范围内所有的处理都是以单元为基本处理单位。在进行格式设置时,有些内容如编制单位、报表标题、表尾的说明等在一个单元可能容纳不下,可以定义组合单元,将横向几个相邻单元组合成一个单元。使用组合单元功能还可以解决复合报表表头的设置工作。

【例 6-5】 将 A1:A20 组合成一个单元区。

(1)操作步骤。

①将鼠标指针移动到 A1 单元并单击,拖动至 H1 单元,选定了需要组合的单元区域 A1:H1,如图 6-12 所示。

图 6-12 单元格组合选定界面

②执行"格式→组合单元"命令,打开组合单元对话框,如图 6-13 所示。

③单击【按行组合】或【整体组合】按钮,A1:H1 单元区域就组合成了一个单元。

(2)注意事项。

①组合区域可以用该区域名或区域中任一单元名来表示。

②组合单元实际上就是一个大的单元,在操作时适用于所有对单元的操作。

③若要取消所定义的组合单元,可以在【组合单元】对话框中单击【取消组合】按钮来取消。

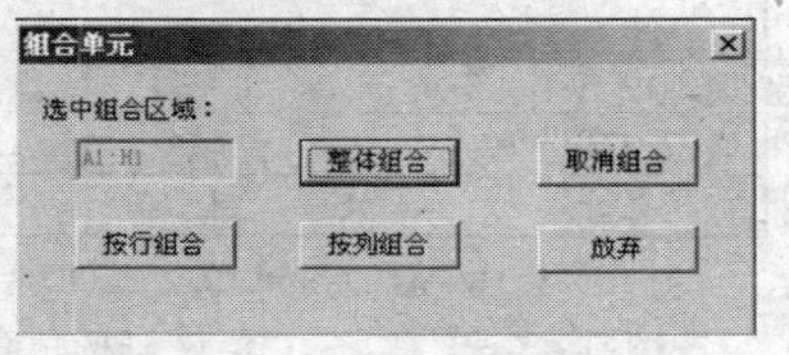

图 6-13 【组合单元】对话框

5)输入表间项目

报表表间项目是指报表的文字内容,包括表头内容、表体内容及表尾项目等。

【例 6-6】 录入表 6-2 所示的报表项目。

表 6-2

资 产 负 债 表

标题

会企 01 表

编制单位: 单位:元

表头

资 产	行次	年初数	期末数	负债和所有者权益	行次	年初数	期末数
流动资产:				流动负债:			
货币资金	1			短期借款	68		
短期投资	2			应付票据	69		
应收票据	3			应付账款	70		
应收股利	4			预收账款	71		
应收利息	5			应付工资	72		
应收账款	6			应付福利费	73		
其他应收款	7			应付股利	74		
预付账款	8			应交税金	75		
应收补贴款	9			其他应交款	80		
存货	10			其他应付款	81		
待摊费用	11			预提费用	82		
一年内到期的长期债权投资	21			预计负债	83		
其他流动资产	24			一年内到期的长期负债	86		
流动资产合计	31			其他流动负债	90		
长期投资:							
长期股权投资	32			流动负债合计	100		
长期债权投资	34			长期负债:			
长期投资合计	38			长期借款	101		
固定资产:				应付债券	102		
固定资产原价	39			长期应付款	103		
减:累计折价	40			专项应付款	106		
固定资产净值	41			其他长期负债	108		
减:固定资产减值准备	42			长期负债合计	110		
固定资产净额	43			递延税项:			
工程物资	44			递延税款贷项	111		
在建工程	45			负债合计	114		
固定资产清理	46						
固定资产合计	50			所有者权益:			
无形资产及其他资产:				实收资本	115		
无形资产	51			减:已归还投资	116		
长期待摊费用	52			实收资本净额	117		
其他长期资产	53			资本公积	118		
无形资产及其他资产合计	60			盈余公积	119		
				其中:法定公益金	120		
递延税项:				未分配利润	121		
递延税款借项	61			所有者权益合计	122		
资产总计	67			负债和所有者权益总计	135		

表体

补充资料:已贴现商业汇票_____元。

编制: 会计机构负责人: 财务负责人: 单位负责人:

表尾

(1)操作步骤。

①将鼠标指针移动到 A1 单元,输入“资产负债表”。

②将鼠标指针移动到 A4 单元,输入“资产”。

③将鼠标指针移动到 A5 单元,输入“流动资产”。

④重复上述操作,录入其他文字内容。

(2)注意事项。

①在输入报表项目时,编制单位、日期一般不需要录入,UFO 系统将其单独设置为关键字。

②项目输入完成之后,默认字体均为普通宋体,字号为 12 号,对齐方式为居左。

③一个表样单元最多能显示 63 个字符或 31 个汉字,且允许换行显示。

6)定义单元属性。

单元属性主要是指单元内容的性质,如是数字、字符还是表样。定义单元属性包括单元类型、数字格式、边框样式等内容的设置。

【例 6-7】 将单元区域 C5:D20 的单元类型设置为数值、数值格式为逗号,小数位数为 2 位。

(1)操作步骤。

①选择单元区域 C5:D20,执行“格式→单元属性”命令,打开【单元格属性】对话框,如图 6-14所示。

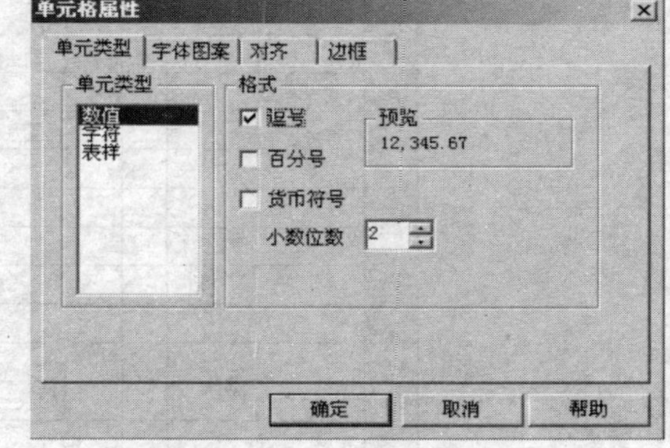

图 6-14 【单元格属性】对话框

②选择【单元类型】选项组中的【数值】选项,选中【格式】选项组中的【逗号】复选框,确定小数位数为 2 位。

③单击【确定】按钮关闭该对话框,完成相应的设置。

(2)注意事项。

①报表新建时,所有单元的单元属性均默认为数值型。

②格式状态下,输入的内容均默认为表样单元。

③字符单元和数值单元输入后只对本表页有效,表样在单元输入后对所有的表页有效。

7)设置单元风格

单元风格主要指的是单元内容的字体、字号、字型、对齐方式、颜色图案等。设置好单元风格,报表将更加符合大家的阅读习惯,也更加漂亮。

【例 6-8】 将文本“资产负债表”的字体设置为“仿宋_ GB2316”,字型为“加粗”,字号“20 号”,水平方向和垂直方向居中。

(1)操作步骤。

①将鼠标移动到 A1 单元,并单击,执行“格式→单元属性”命令,打开【单元格属性】对话框,切换到【字体图案】选项卡。

②选择【字体】下拉列表中的【仿宋_ GB2316】,【字型】下拉列表中的【粗体】选项,【字

号】下拉列表中的 20，如图 6-15 所示。

③切换到【对齐】选项卡，选择【水平方向】选项组中的【居中】及【垂直方向】选项组中的【居中】单选按钮，如图 6-16 所示。

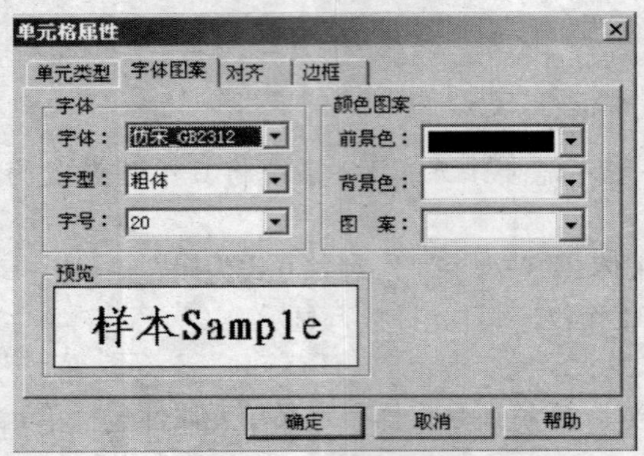

图 6-15 【单元格属性—字体图案】选项卡

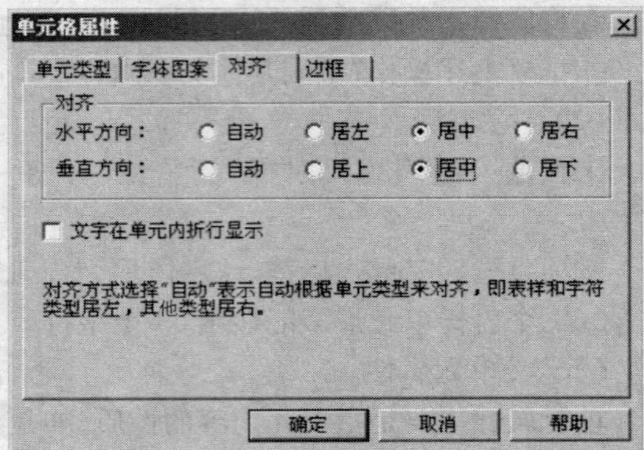

图 6-16 【单元格属性—对齐】选项卡

④单击【确定】按钮关闭该对话框，并显示设置效果如图 6-17 所示。

	A	B	C	D	E	F	G	H
1	资产负债表							
2								
3								
4	资产	行次	年初数	期末数	负债和所有者权益	行次	年初数	期末数
5	流动资产：							
6	货币资金							
7								
8								
9								
10								
11							演示数据	
12								
13								
14								
15								

图 6-17 单元格完成设置后的效果

(2)注意事项。

应针对不同的报表项目设置不同的单元风格，使报表更加适用和美观。

3. 设置关键字

报表的关键字是一个表页的唯一标识，关键字中的值和表页中的数据是相关联的。通过设置关键字，在编制报表时录入关键字，可确认报表数据取数的账套和时间范围。UFO 报表系统中共有 6 种关键字，具体为单位名称、单位编号、年、季、月、日。另外还可以根据需要自定义关键字。

【例 6-9】 将 A3 单元中的"编制单位"定义为关键字。

1)操作步骤

(1)将鼠标指针移动到A3单元并单击，执行“数据→关键字→设置”命令，打开【设置关键字】对话框，如图6-18所示。

(2)选择【单位名称】单选按钮，单击【确定】按钮，完成操作，如图6-19所示。

2)注意事项

(1)关键字在格式状态下定义，关键字的值则是在数据状态下输入。

(2)每张报表可以同时定义多个关键字。

(3)关键字会随同报表数据一起显示。在定义关键字时，既要考虑编制报表的需要，又要考虑打印的需要。

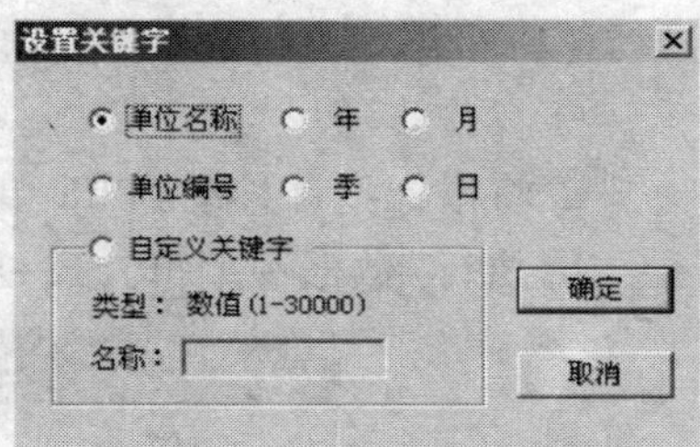

图6-18　【设置关键字】对话框

(4)如果关键字的位置设置错误，可以执行“数据→关键字→取消”命令，取消后再重新设置。

(5)一个关键字在一张报表中只能定义一次，即同一张报表中不能有重复的关键字。

	A	B	C	D	E	F	G	H
1	资产负债表							
2								
3	单位名称：xxxxxxxxxxxxxxxxxxxxxxxxxxxxxxxxxxxxxxxxx							
4	资产	行次	年初数	期末数	负债和所有者权益	行次	年初数	期末数
5	流动资产：							
6	货币资金							
7								
8								
9								
10								
11								
12		演示数据						
13								
14								
15								
16								

图6-19　设置关键字完成后的效果

4. 编辑公式

由于各种报表之间存在密切的数据逻辑关系，所以报表中的很多数据的采集、运算的勾稽关系的检测需要使用不同的公式。报表公式主要有计算公式、审核公式和舍位平衡公式。

计算公式是为报表单元赋值的公式，利用它可以将单元赋值为数值，也可以赋值为字符。对于需要从报表本身或其他模块和一些小计、合计、汇总等的数据单元取数，都会利用到单元公式。

审核公式是指对于报表中各个数据之间的某种勾稽关系，通过设置审核公式进行检验，验证报表数据是否正确。

舍位平衡公式是指对于报表的货币度量单位可能不一致，需要将报表的数据进行舍位平衡，或在汇总数据时，由于数据的庞大，需要将个位转换到千位、万位时，需要设置舍位平衡公式。

1)定义单元公式

在定义公式时，可以直接输入单元公式，也可以利用函数向导定义单元公式。

【例 6-10】 用直接输入单元公式的方法在资产负债表 C6 单元中输入货币资金、年初数的计算公式;利用函数向导定义单元公式在 D6 单元中输入货币资金、期末数的计算公式。

(1)直接输入单元公式。

①操作步骤。

a. 将鼠标指针移动到 C6 单元并单击。

b. 执行“数据→编辑公式→单元公式”命令,打开【定义公式】对话框,如图 6-20 所示。

图 6-20 【定义公式】对话框

c. 直接输入总账期初函数公式,如图 6-21 所示。

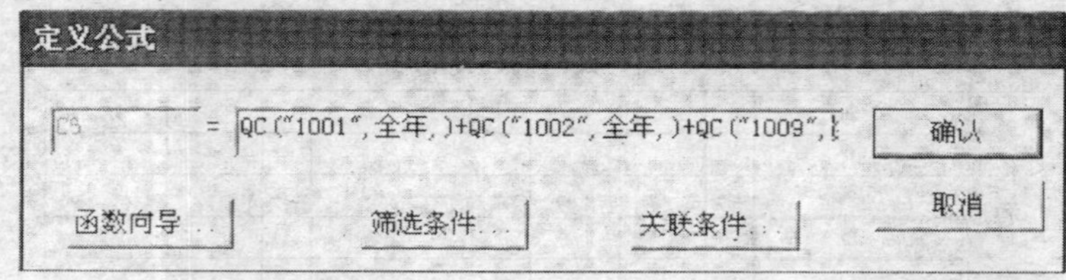

图 6-21 输入的报表单元公式

d. 单击【确定】按钮关闭该对话框。

②注意事项。

单元公式在输入时,凡是涉及数学符号和标点符号的,应在英文半角状态下输入,否则系统不会接受。

(2)利用函数向导定义单元公式。

①操作步骤。

a. 将鼠标指针移动到 D6 单元并单击。

b. 执行“数据→编辑公式→单元公式”命令,打开【定义公式】对话框。

c. 单击【函数向导】按钮,打开【函数向导】对话框。

d. 选择函数分类【用友账务函数】和函数名【期末 QM】,如图 6-22 所示。

e. 单击【下一步】按钮,打开【用友账务函数】对话框,如图 6-23 所示。

f. 单击【参照】按钮,打开【账务函数】对话框,如图 6-24 所示。

g. 单击科目对话框,选择【1001】现金选项。

h. 单击【确定】按钮,关闭【账务函数】对话框,返回到【用友账务函数】对话框。

i. 重复步骤 f ~ h 的操作,选择【1002】银行存款选项和【1009】其他货币资金选项。

j. 单击【确定】按钮,完成公式的定义并返回到【定义公式】对话框。再单击【确定】按钮,关闭【定义公式】对话框。完成公式定义后的报表格式如图 6-25 所示。

②注意事项。

a. 账套号和会计年度如果选择默认,以后再选择账套时,需要进行账套初始工作。如果直接输入,则不需要再进行账套的初始工作。

b. 如果输入的会计科目有辅助核算,还可以输入相关辅助核算内容。如果没有辅助核算,则【辅助核算】选项组显示为灰色,不可输入。

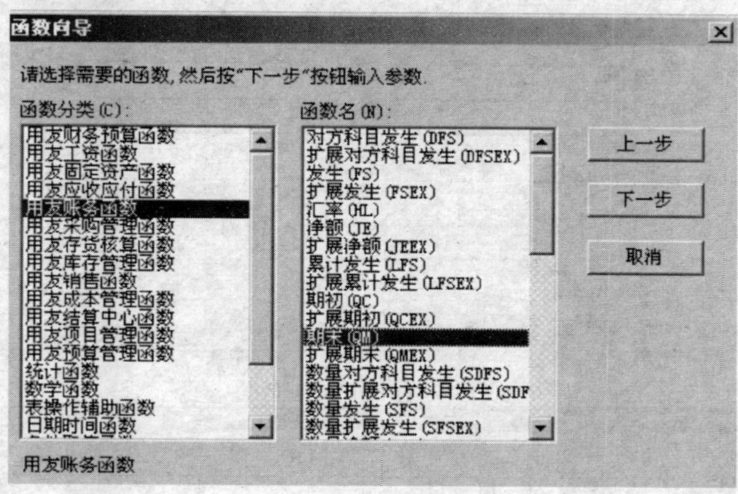

图 6-22 【函数向导】对话框

2)定义审核公式

由于报表中许多项目之间以及与其他报表间存在一定的勾稽关系,可以通过定义审核公式来对报表间的勾稽关系进行审核。审核报表数据来源的合法性和报表数据的正确性。

【例 6-11】 设置审核公式:"资产总计年初数 = 负债及所有者权益总计年初数","资产总计期末数 = 负债及所有者权益总计期末数"。

(1)操作步骤。

①执行"数据→编辑公式→审核公式"命令,打开【审核公式】对话框,如图 6-26 所示。

②在审核关系文本框中输入:

C43 = G43, D43 = H43

MESS"资产与权益不等!"

③单击【确定】按钮关闭该对话框。

(2)注意事项。

审核公式是在格式状态下进行编辑的,审核公式的执行是在数据状态下执行的。

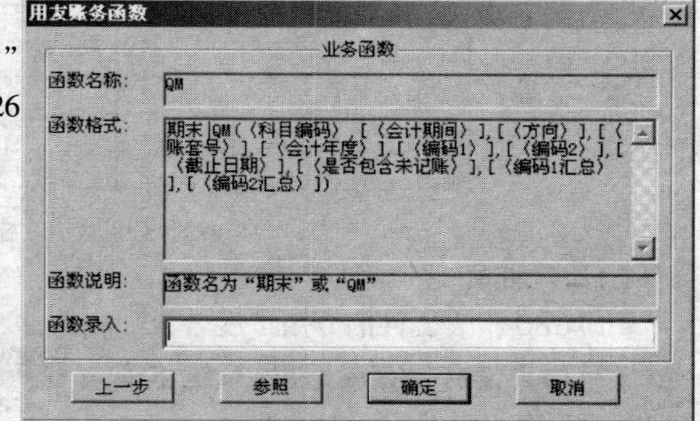

图 6-23 【用友账务函数】对话框

5. 保存报表

报表的格式设置好后,为了确保今后能够顺利地随时调出使用并生成报表数据,应当将会计报表的格式保存起来。

【例 6-12】 保存当前报表为资产负债表。

1)操作步骤

(1)在格式状态下,执行"文件→保存"命令(或者按 Ctrl + S),打开【另存为】对话框。

(2)确定报表保存的位置。

(3)在【文件名】文本框中输入“资产负债表”。

(4)单击【保存】按钮关闭该对话框。

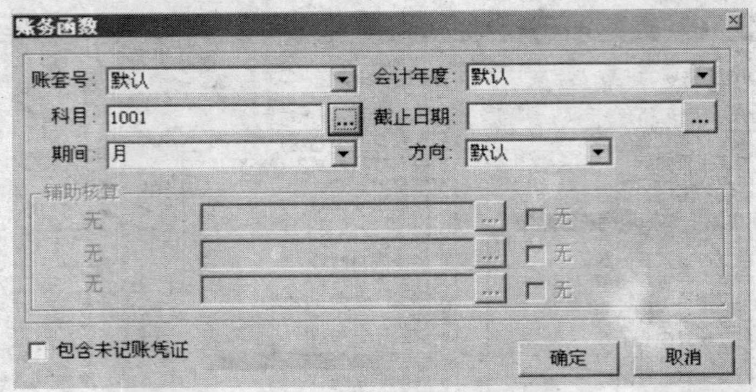

图 6-24 【账务函数】对话框

	A	B	C	D	E	F	G	H
1	资产负债表							
2								
3	单位名称：xxxxxxxxxxxxxxxxxxxxxxxxxxxxxxxxxx							
4	资产	行次	年初数	期末数	负债和所有者权益	行次	年初数	期末数
5	流动资产：							
6	货币资金		公式单元	公式单元				
7								
8								
9								
10		演示数据						
11								
12								
13								
14								
15								

图 6-25 定义公式后的报表格式

2)注意事项

(1)UFO 报表文件的专用扩展名为“. rep”。

(2)如果没有保存就退出,系统将弹出“是否保存报表?”提示对话框。

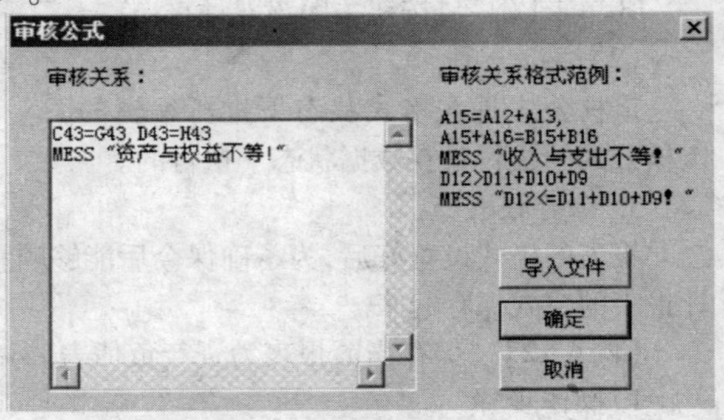

图 6-26 【审核公式】对话框

三、报表数据处理

报表数据处理主要包括生成报表、审核报表及舍位平衡等操作。这些操作必须是在数据状态下进行的。计算机会根据定义的单元公式、审核公式和舍位平衡公式自动进行取数、审核及舍位操作。

报表数据包括报表单元的数值和字符以及游离于单元之外的关键字。数值单元能生成数字,字符单元既能生成数字,又能生成字符。数值单元和字符单元可以由公式生成,也可由键盘输入,关键字则必须由键盘输入。

1. 进入报表数据状态

进入报表数据状态的方法有两种,一是直接使用菜单,二是直接使用【数据/格式】按钮。

1)操作步骤

(1)执行"文件→打开"命令,打开【打开】对话框,如图 6-27 所示。

(2)在【打开】对话框中,选择保存的资产负债表,单击【打开】按钮。

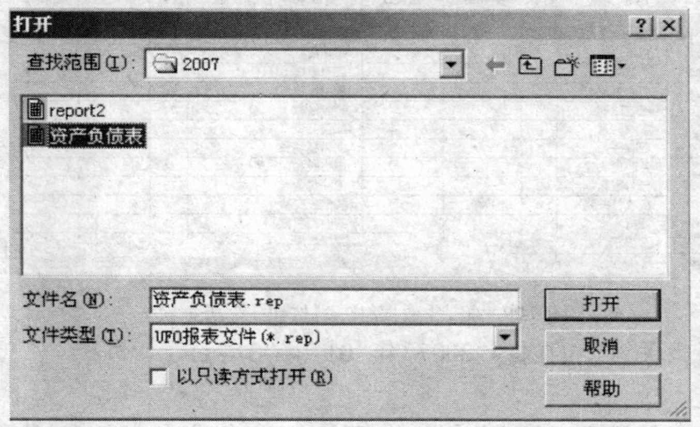

图 6-27　报表【打开】对话框

(3)或直接在资产负债表的格式状态下,单击报表左下角的【数据/格式】按钮,进入报表的数据状态,如图 6-28、图 6-29 所示。

UFO报表 - [zcfzb]

文件(F)　编辑(E)　格式(S)　数据(D)　工具(T)　窗口(W)　帮助(H)

流动资产:

A	B	C	D	E	F	G	H
资产负债表							
							会企01表
编制单位:		xxxx 年	xx 月	xx 日			单位:元
资　产	行次	年初数	期末数	负债和所有者权益（或股东权益）	行次	年初数	期末数
流动资产:				流动负债:			
货币资金	1	公式单元	公式单元	短期借款	68	公式单元	公式单元
短期投资	2	公式单元	公式单元	应付票据	69	公式单元	公式单元
应收票据	3	公式单元	公式单元	应付账款	70	公式单元	公式单元
应收股利	4	公式单元	公式单元	预收账款	71	公式单元	公式单元
应收利息	5	公式单元	公式单元	应付工资	72	公式单元	公式单元
应收账款	6	公式单元	公式单元	应付福利费	73	公式单元	公式单元
其他应收款	7	公式单元	公式单元	应付股利	74	公式单元	公式单元
预付账款	8	公式单元	公式单元	应交税金	75	公式单元	公式单元
应收补贴款	9	公式单元	公式单元	其他应交款	80	公式单元	公式单元
存货	10	公式单元	公式单元	其他应付款	81	公式单元	公式单元

格式　准备　账套:[888]北京金鑫有限责任公司　操作员:SYSTEM(账套主管)

图 6-28　报表【数据/格式】按钮——格式状态

2)注意事项

报表数据处理需在数据状态下进行,应注意所处的状态,按需要进行转换。

2. 录入关键字

关键字的设置是在格式状态下进行的，而要给关键字赋值，则需要在数据状态下进行。关键字只有在赋值后，才能真正成为表页的鉴别标志，为表页间、表间的取数提供依据。

图 6-29　报表【数据/格式】按钮——数据状态

【例 6-13】　录入关键字的内容“2007”年“01”月“31”日。

1）操作步骤

（1）执行“数据→关键字→录入”命令，打开【录入关键字】对话框，如图 6-30 所示。

（2）输入年“2007”、月“1”、日“31”。

（3）单击【确认】按钮，系统弹出“是否重算第 1 页?”提示对话框，如图 6-31 所示。如果需要现在生成报表数据，单击【是】按钮，不需要现在生成数据则选择【否】按钮。

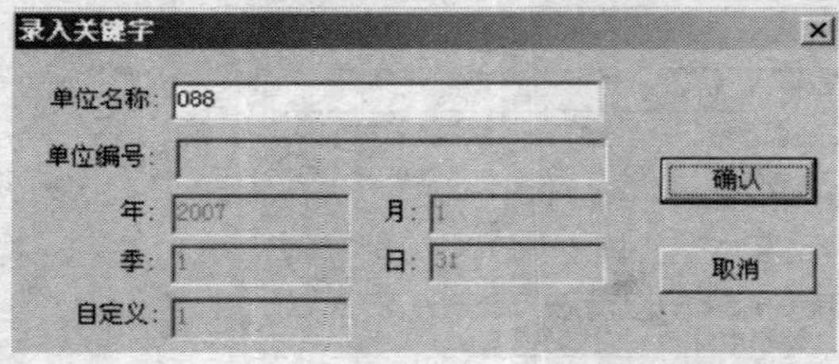

图 6-30　【录入关键字】对话框

图 6-31　【是否重算第 1 页?】提示对话框

2）注意事项

（1）每一张表页均对应不同的关键字，输出时同单元一起显示。

（2）日期关键字可以确认报表数据取数的时间范围，即确定数据生成的具体日期。

3. 整表重算

在我们完成了报表的基础设置后，就计算指定账套、指定时间的报表数据了。计算报表数据是在数据处理状态下进行的，既可以在录入完成报表的关键字后，直接计算，也可以使用菜单功能计算。

【例 6-14】　计算金鑫公司 2007 年 1 月 31 日的资产负债表。

1）操作步骤

(1)执行“数据→表页重算”命令,系统弹出“是否重算第1页?”提示对话框。

(2)单击【是】按钮,系统将自动计算生成金鑫公司2007年1月31日的资产负债表数据。

2)注意事项

整表重算有“整表重算、表页重算、表页不计算和计算时提示选择账套”菜单选项,可根据需要选择。如图6-32示。

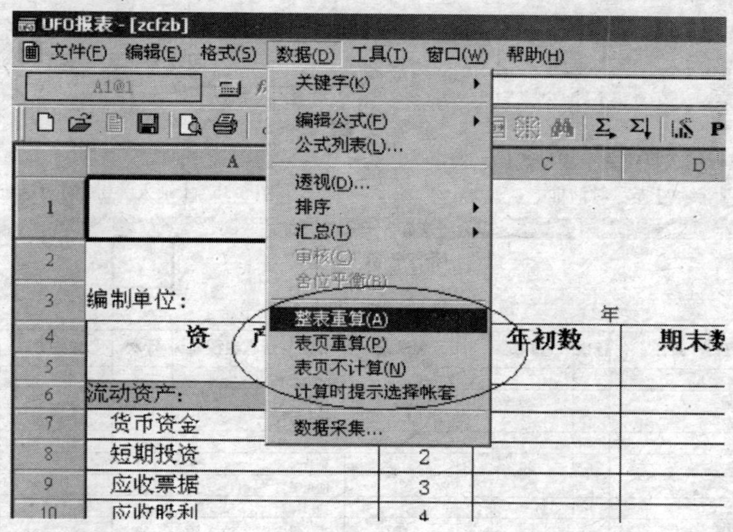

图6-32　报表整表重算菜单选项

四、报表模板

自定义报表可以设计出个性化的报表,但有些常用的、格式基本固定的财务报表,用友UFO电子表格系统为用户提供了多个行业的各种标准财务报表格式。用户可以套用系统提供的标准报表格式,也可以在其基础上修改,以满足用户自身的需要。

除了系统提供的报表模板外,用户也可以根据自己的需要设计自己的报表模板。

1. 调用报表模板生成报表数据

【例6-15】　调用执行“工业企业会计制度的资产负债表模板”。

1)操作步骤

(1)在【用友财务报表】窗口中,执行“文件→新建”命令,新建一张会计报表。

(2)在格式状态下,执行“格式→报表模板”命令,打开【报表模板】对话框。

(3)选择【您所在的行业】下拉列表中的【工业企业】选项及【财务报表】下拉列表中的【资产负债表】选项,如图6-33所示。

(4)单击【确认】按钮。

(5)系统弹出“模板格式将覆盖本表格式！是否继续?”提示对话框,单击【确定】按钮,将打开调用的【资产负债表】模板,如图6-34所示。

(6)单击左下角的【格式】/【数据】切换按钮,进入资产负债表的数据状态。

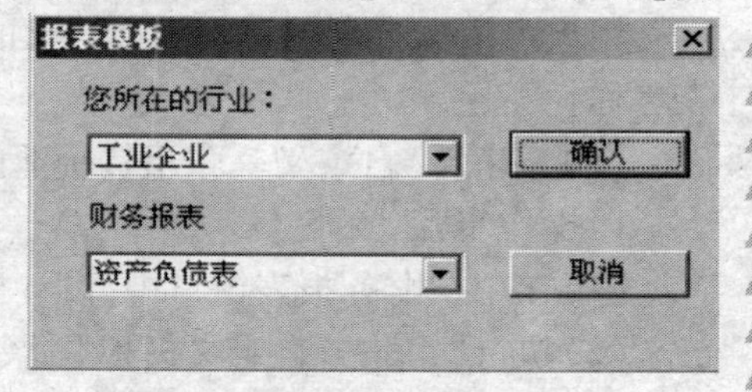

图6-33　【报表模板】对话框

(7)执行"数据→关键字→录入"命令,打开【录入关键字】对话框,如图6-35所示。

(8)单击【确认】按钮,系统弹出"是否重算第1页?"的提示对话框。

(9)单击【确认】按钮,生成资产负债表的数据,如图6-36所示。

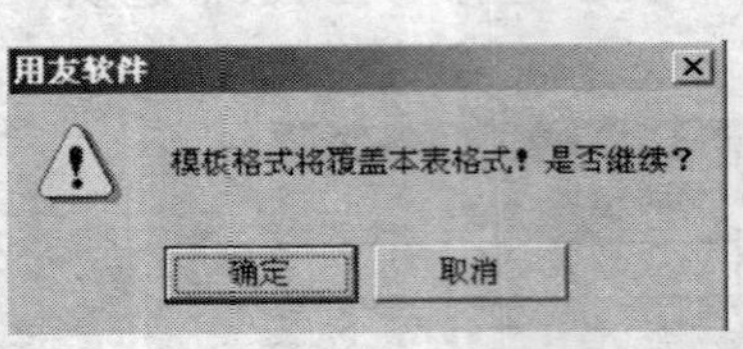

图6-34 【模板格式将覆盖本表格式!是否继续?】提示对话框

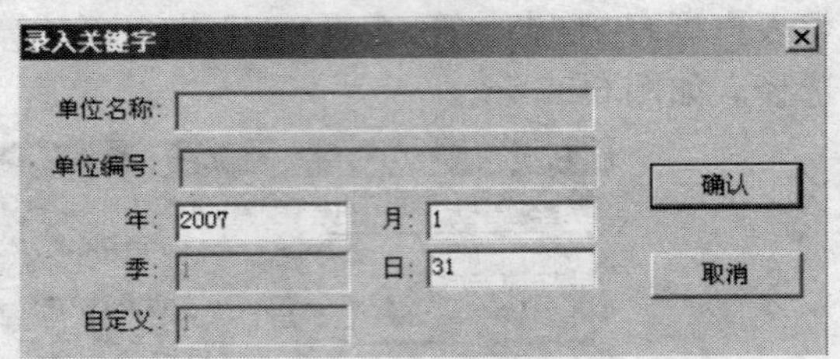

图6-35 【录入关键字】对话框

	A	B	C	D	E	F	G	H
1				资产负债表				
2								会工01表
3	单位名称：088		2007 年	1 月演示数据		31 日		单位：元
4	资　　产	行次	年初数	期末数	负债及所有者权益	行次	年初数	期末数
5	流动资产：				流动负债：			
6	货币资金	1	120,500.00	167,740.00	短期借款	51	48,000.00	48,000.00
7	短期投资	2			应付票据	52	23,900.00	23,900.00
8	应收票据	3			应付账款	53	35,000.00	35,000.00
9	应收账款	4	60,000.00	12,000.00	预收账款	54		
10					应付工资	56	5,900.00	13,900.00
11	预付账款	7			应付福利费	57		620.00
12	应收补贴款	8			未交税金	58		715.10
13	其他应收款	9			未付利润	59		
14	存货	10	2,000.00	59,905.42	其他未交款	60		
15	待摊费用	11			预提费用	61		
16	待处理流动资产净损失	12			一年内到期的长期负债	62		
17	一年内到期的长期债券投资	13			其他流动负债	63		
18	其他流动资产	14			流动负债合计	70	112,800.00	122,135.10
19	流动资产合计	20	122,500.00	227,645.42	长期负债：			
20	长期投资：				长期借款	71	259,000.00	259,000.00
21	长期投资	21	200,000.00	200,000.00	应付债券	72		
22	固定资产：				长期应付款	73		
23	固定资产原价	24	6,000,000.00	6,089,000.00	其他长期负债	80		
24	减：累计折旧	25	50,000.00	53,400.00	其中：住房周转金	81		
25	固定资产净值	26	5,950,000.00	6,035,600.00	长期负债合计	83	259,000.00	259,000.00
26	固定资产清理	27			递延税项：			

图6-36 生成的资产负债表(局部)

2)注意事项

如果需要的报表格式或公式与调用的模板有所不同,可以在格式状态下直接修改,然后再进行系统初始、录入关键字、计算报表数据等操作,最后生成报表数据。

2. 自定义报表模板

用户可根据自身的需要设计自己的报表模板,在设计时主要需要定义报表所属行业及报表名称。

【例6-16】 自定义一张租赁企业的利润表报表模板。

1)操作步骤

(1)在用友财务报表窗口中,设计出需要设置为模板的会计报表。

(2)执行"格式→自定义模板"命令,打开【自定义模板】对话框,如图6-37所示。

(3)单击【增加】按钮,打开【定义模板】对话框,输入模板所属行业的名称,如"租赁企业”，如图 6-38 所示。

（4）单击【确定】按钮，返回到【自定义模板】对话框。

（5）在【行业名】列表框中，选中【租赁企业】，单击【下一步】按钮后，再单击【增加】按钮，打开【添加模板】对话框，选择要定义为报表模板的报表路径，并输入模板名称“利润表”，如图6-39所示。

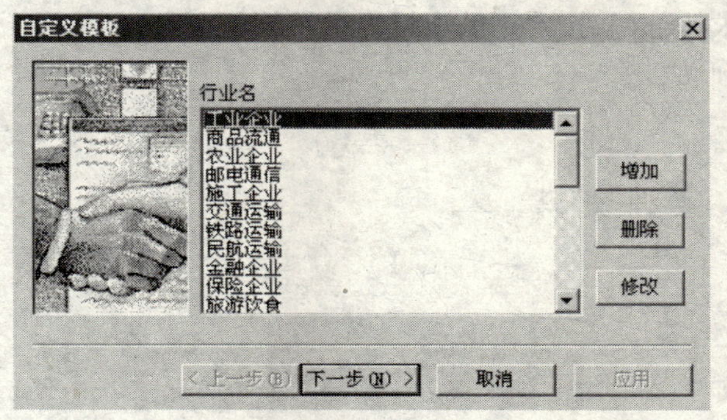

图 6-37　【自定义模板】对话框

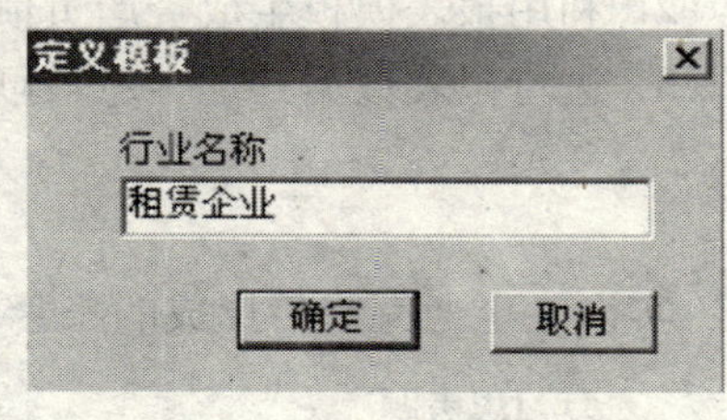

图 6-38　【定义模板】对话框

（6）单击【添加】按钮，再单击【完成】按钮，该报表即定制为一个会计报表模板。

2）注意事项

如果某张报表模板不需要，可以在此删除。

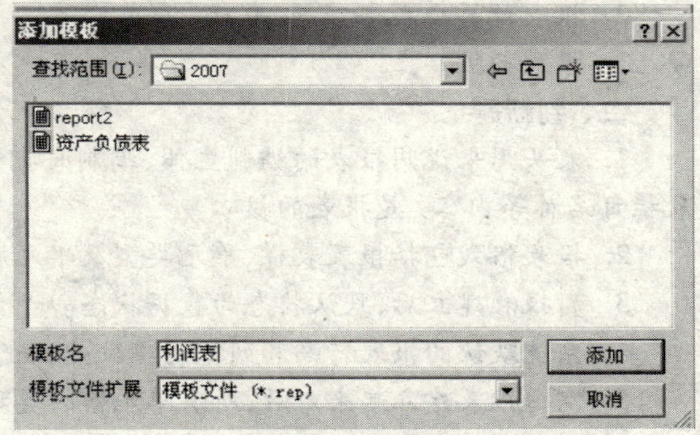

图 6-39　【添加模板】对话框

五、报表数据分析简介

1. 图表概述

（1）图表格式：UFO 提供了直方图、圆饼图、折线图、面积图 4 大类共 10 种格式的图表。

（2）图表与报表的关系：图表是利用报表文件中的数据生成的，图表与报表存在着紧密的联系，当报表中的源数据发生变化时，图表也随之变化。一个报表文件可以生成多个图表，最多可以保留 12 个图表。

（3）图表的存在方式：图表以图表窗口的形式存在。图表并不是独立的文件，它的存在依附于源数据所在的报表文件，只有打开报表文件后，才能打开有关的图表。报表文件被删除之后，由该报表文件中的数据生成的图表也同时删除。

（4）图表的操作：图表可以命名，可以选择图表名打开图表，可以修改图表，保存或删除图表。与报表文件一样，图表可以打印输出。

实训九　财务报表管理

一、实训目的

通过操作，理解报表编制的原理及流程，掌握报表格式定义、公式定义的操作方法，掌握报表单元公式的设置方法。在此基础上,掌握报表数据处理、表页管理的操作,并能利用报表模板生成会计报表。

二、实训内容

1. 自定义一张管理费用明细表。要求按部门、按费用的项目提供核算信息。
2. 利用报表模板生成资产负债表和利润表。
3. 进行报表数据处理、表页管理。

三、实训资料

实训一至七完成后形成的账套数据。

复习思考题

一、名词解释

1. 会计报表;
2. 报表计算公式;
3. 报表模板。

二、判断题

1. 表头用来说明报表的编制主体、编制日期、报表编号、报表主体中相关数据的单位、报表栏目名称等内容,是报表的核心。
2. 报表格式包括报表表样、单元类型及单元风格等内容。
3. 新报表建立后,默认状态为数据状态。
4. 系统默认的报表行高和列宽的单位是mm。
5. 空白报表建立起来以后,所有单元格的类型均默认为数值单元。
6. 建立新表后,将得到一张系统默认格式的报表,报表名默认为Report1.eep。
7. 报表项目输入完成之后,系统默认的对齐方式为居中。
8. 字符单元和数值单元输入后只对本表页有效,表样在单元输入后对所有的表页有效。
9. 图表是利用报表文件中的数据生成的,图表与报表存在着紧密的联系。
10. 单元属性主要是指单元内容的性质,如是数字、字符还是表样。
11. 关键字在数据状态下定义,关键字的值则是在格式状态下输入。
12. 在定义公式时,可以直接输入单元公式,也可以利用函数向导定义单元公式。
13. 报表的关键字是一个表页的唯一标识,关键字中的值和表页中的数据是相关联的。
14. 审核公式主要审核报表数据来源的合法性和报表数据的正确性。
15. 报表数据处理时,数值单元和字符单元可以由公式生成,也可由键盘输入,关键字则必须由键盘输入。
16. 报表数据处理需在格式状态下进行。
17. 关键字只有在赋值后,才能真正成为表页的鉴别标志,为表页间、表间的取数提供依据。

18. 不能对系统提供的报表模板进行修改。

19. 日期关键字可以确认报表数据取数的时间范围，即确定数据生成的具体日期。

20. 图表以图表窗口的形式存在。图表并不是独立的文件，它的存在依附于源数据所在的报表文件。

三、选择题

1. 财务报表管理系统的主要功能有(　　)等功能。
A. 提供报表模板　B. 文件管理　C. 数据处理　D. 图表功能

2. 会计报表按其反映的会计信息，通常分(　　)。
A. 对内报表　B. 对外报表　C. 时期报表　D. 时点报表

3. 可通过(　　)来定义组合单元。
A. 整体组合　B. 混合组合　C. 按行组合　D. 按列组合

4. 表样的设计主要包括(　　)等内容。
A. 设计报表的表格　B. 输入报表的表间项目
C. 定义项目的显示风格　D. 定义单元属性

5. 下列财务报表中，属于静态报表的是(　　)。
A. 资产负债表　B. 利润分配表　C. 利润表　D. 现金流量表

6. 报表表间项目是指报表的文字内容，包括(　　)等。
A. 表头内容　B. 表体内容　C. 表尾项目　D. 报表公式

7. 单元风格主要指的是单元内容的(　　)颜色图案等。
A. 字体　B. 字号　C. 字型　D. 对齐方式

8. 报表审核公式的主要作用是根据报表中各个数据之间的(　　)，通过设置审核公式进行检验，验证报表数据是否正确。
A. 汇总关系　B. 勾稽关系　C. 合并关系　D. 运算关系

9. 报表数据处理主要包括(　　)等操作。
A. 生成报表　B. 审核报表　C. 舍位平衡　D. 汇总报表

10. 报表公式主要有(　　)。
A. 计算公式　B. 审核公式　C. 舍位平衡公式　D. 逻辑判断公式

11. 按照现行的财务会计法律法规规定，企业需要编制(　　)等相关主要报表。
A. 资产负债表　B. 利润表
C. 现金流量表　D. 所有者权益变动表

12. 报表一般由(　　)几部分组成，我们把它们称为报表的基本要素。
A. 表尾　B. 表头　C. 标题　D. 表体

13. 在输入报表项目时，(　　)一般不需要录入，UFO 系统将其单独设置为关键字。
A. 编制单位　B. 编制日期　C. 编制人员　D. 报送人员

14. 报表新建时，所有单元的单元属性均默认为(　　)。
A. 字符型　B. 数值型　C. 混合型　D. 文本型

15. UFO 提供了(　　)等大类共 10 种格式的图表。
A. 直方图　B. 点线图　C. 折线图　D. 面积图

16. 可以利用自定义模板的,为(　　)行业处自定义报表格式。

A. 施工企业　　B. 保险　　C. 金融　　D. 交通运输

17. 报表数据包括(　　)。

A. 报表单元的数值　　B. 报表单元的数值和字符

C. 关键字　　D. 报表格式

18. 报表之间的勾稽关系主要有(　　)。

A. 资产总计年初数 = 负债及所有者权益总计年初数

B. 资产总计期末数 = 负债及所有者权益总计期末数

C. 资产负债表的未分配利润 = 利润分配表的未分配利润

D. 利润分配表的盈余公积 = 资产负债表的盈余公积

19. 除了(　　)外,还可以自定义关键字。

A. 单位名称　　B. 单位地址　　C. 单位编号　　D. 法人代表

20. 反映一定时期内企业经营成果的财务报表是(　　)。

A. 现金流量表　　B. 利润表　　C. 资产负债表　　D. 利润分配表

四、简答题

1. 简述通用报表编制子系统的基本处理流程,它与传统的手工会计报表的编制有什么不同?

2. 通用报表编制子系统包括哪些功能?

3. 简述报表的结构及基本构成要素。

4. 报表格式包括哪些内容? 设置报表格式的要点是什么?

5. 报表公式包括哪些内容? 编辑报表公式要点是什么?

6. 报表数据处理主要包括哪些内容?

7. 怎样利用报表模板生成报表?

8. 怎样进行自定义报表模板的操作?

第七章

工资管理系统

• 知识目标 •

解释工资类别、设置工资计算公式、工资分摊的概念；描述工资核算的功能和特点，设置公共信息的意义和内容，工资类别进行初始设置的具体内容，工资管理业务处理的内容。

• 能力目标 •

进行系统的启用和工资账套的建立、公共信息的建立、工资管理的业务处理的操作，具有利用工资管理系统进行工资核算、个人所得税计算和对工资报表进行分析的能力。

第一节 工资管理系统概述及启用

一、工资核算的功能与特点

工资核算是每一个单位财务部门最基本的业务之一，它不仅关系到每个职工的切身利益，也是影响产品成本的重要因素。使用计算机进行工资核算，包括公共信息的设置、日常业务的处理、工资的统计分析等。

1. 功能

工资系统是 UF-ERP8.52 的一个构成部分，能够实现无缝与总账系统下的账务处理系统等其他系统的集成。通过工资系统可以实现根据企业劳动人事部门提供的工资计算计量依据自动计算相关人员的工资，包括：应发工资、扣款项目、实发工资等信息；能够根据不同部门不同发生的工资，进行汇总和分配，与成本核算系统集成；能够实现与企业应付福利费、职工教育经费、工会经费等相关依据工资计提的费用项目的自动生成；提供宽泛的数据交换，适应企业自行发放工资和银行代发工资相关数据的需要。

2. 特点

工资是人事或财务部门的重要工作之一，同时也是经常性的工作。用友工资系统具有以下特点：

1）政策性强

只要相关部门如实提供了相关工资计算的基础数据，系统能够按照设置的工资计算要求自动考虑工资。

2）及时性和准确性

解决了手工工资计算花费的相关时间和准确性受人为因素影响的问题，在准确性上，可以在系统中设置为元、角、分三个级次。

二、工资核算的业务流程和数据流程

工资核算的业务流程和数据流程如图7-1所示。

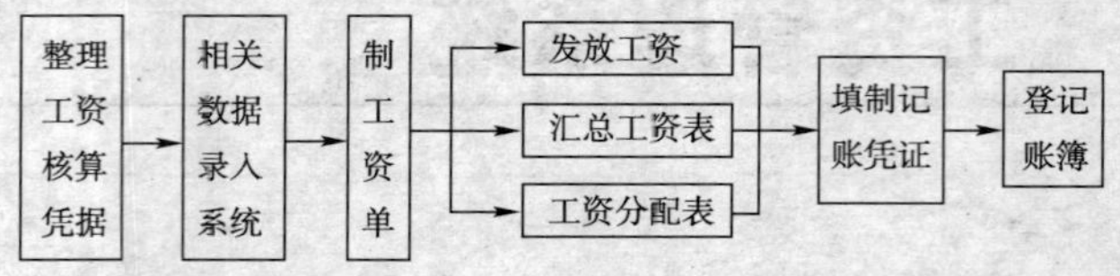

图7-1　工资核算的业务流程和数据流程

三、工资管理系统的功能结构

（1）录入如考勤、工时等各种工资数据。

（2）准确无误地进行工资核算：按出勤情况自动进行个人工资的计算；按收入情况自动进行个人所得税计算；可进行数据转换实现银行代发工资。

（3）查询个人工资、部门工资、单位工资以及各种工资数据。

（4）打印工资发放条、工资表、汇总表入职工花名册等。

四、工资管理系统的启用和工资账套的建立

使用计算机进行工资核算之前，需要进行工资系统的初始设置，以建立工资的应用环境。在进行初始设置之前，应对规划职工的编码规则，进行人员类别的划分，整理好设置的工资项目及核算方法等进行必要的数据准备，并准备好部门档案、人员档案、基本工资数据等信息。在使用计算机进行工资核算之前，还应启用工资管理系统，并根据用户的实际情况建立相应的工资账套。工资账套的建立分为4个步骤，即参数设置、扣税设置、扣零设置和人员编码设置。

【例7-1】　由操作员胡红琴（用户名004，密码008）建立工资账套，并进行相应参数的设置。工资账套的参数为“所需处理的工资类别为多个、核算计件工资”；扣税设置为“从工资中代扣个人所得税”；扣零设置为“扣零至分”；人员编码长度为6位。

1. 操作步骤

（1）执行“企业门户→财务会计→工资管理”命令，启用工资系统，如图7-2所示。

（2）执行【工资】命令，打开【建立工资套—参数设置】对话框，进行工资类别设置。工资类别是指一个单位全部实行计件工资或计时工资类别，如果既涉及计时工资，又涉及计件工资的，应选择多个工资类别，如图7-3所示。

（3）单击【下一步】按钮，打开【建立工资套—扣税设置】对话框，如果涉及代扣代缴个人所得税的，应在选项上选择代扣个人所得税，如图7-4所示。

（4）单击【下一步】按钮，打开【建立工资套—扣零设置】对话框，如图7-5所示。扣款项目

除个人所得税外，可能还涉及如个人借款、养老保险等其他的扣款项目，但也存在职员如果当月工资不足扣款时，如何处理的问题。如果强行扣款，实发工资数会出现“负数”，所以，系统会提示是否“扣至零”为限，未扣款部分下月再扣除。并且根据实际情况，提供了扣零是指扣至

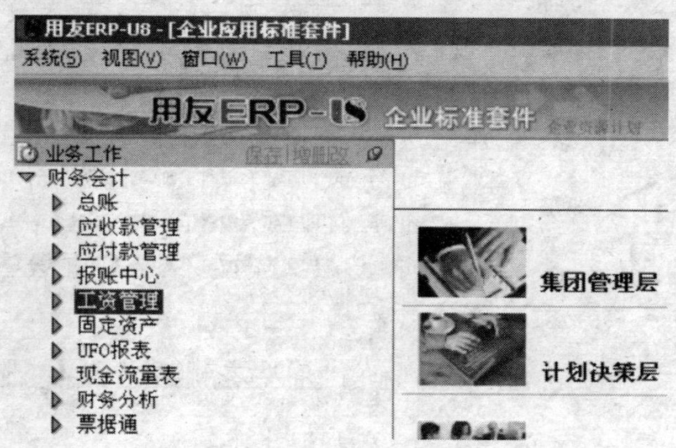

图 7-2 【用友 ERP-U8-〖企业应用标准套件〗】对话框(局部)启动工资管理系统

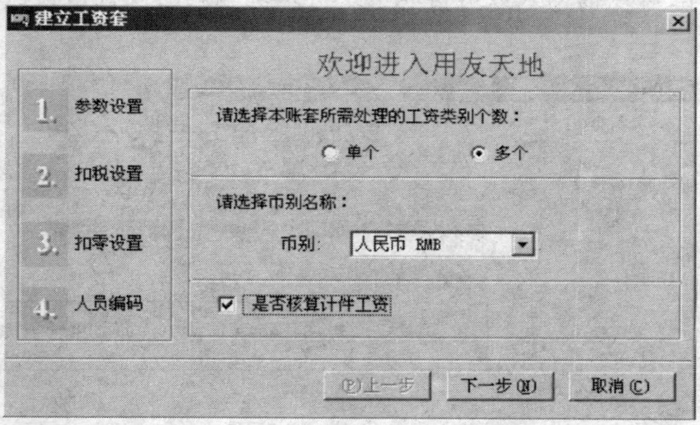

建立工资套
欢迎进入用友天地
1. 参数设置
2. 扣税设置
3. 扣零设置
4. 人员编码
请选择本账套所需处理的工资类别个数：
单个 多个
请选择币别名称：
币别: 人民币 RMB
是否核算计件工资
(P)上一步 下一步(N) 取消(C)

图 7-3 【建立工资套—参数设置】对话框

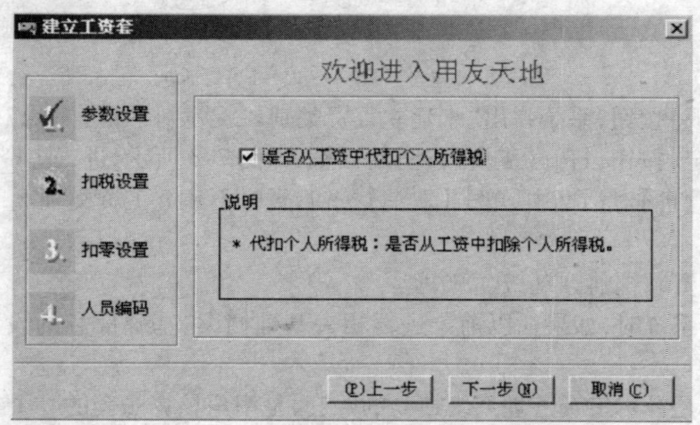

图 7-4 【建立工资套—扣税设置】对话框

元、角,还是分。

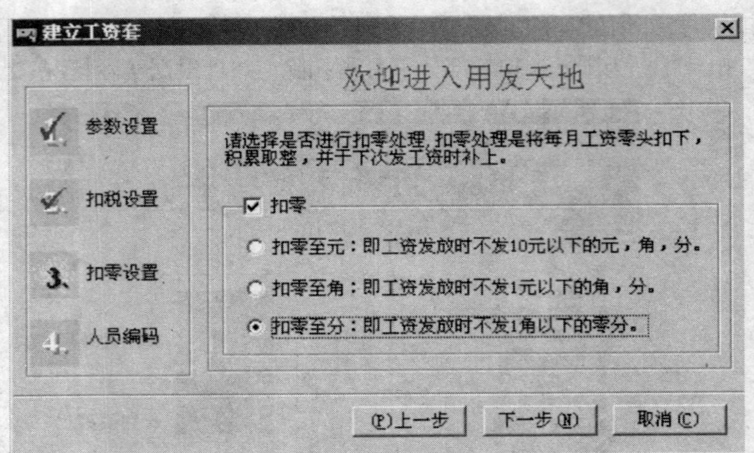

图7-5 【建立工资套—扣零设置】对话框

(5)单击【下一步】按钮,打开【建立工资套—人员编码】对话框,如图7-6所示。不同的单位,职员人数不一样,可以根据人数进行职员工资系统编码的设置,在设置时,应留有一定的余地。

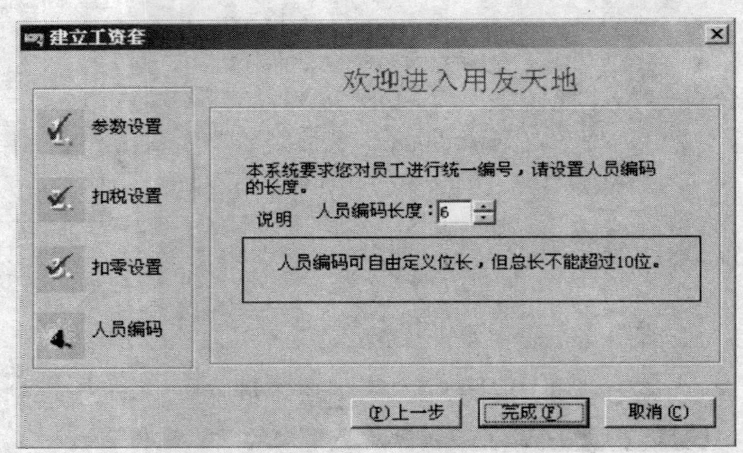

图7-6 【建立工资套—人员编码】对话框

(6)单击【完成】按钮,系统弹出"未建立工资类别!"提示对话框,如图7-7所示。

(7)单击【确定】按钮,打开【工资管理】对话框,如图7-8所示,进入工资类别的向导。

(8)在【工资管理】对话框中,单击【取消】按钮,暂时不建立工资类别。

2. 注意事项

(1)在启动工资系统前,应已建立账套。

(2)进入工资系统时,如果在以前未进行相关基础档案、基础信息的设置,系统会提示进行设置。

(3)工资账套是针对工资管理系统建立的账套,是用户核算账套的一个组成部分。

(4)工资账套建立完成后可直接设置工资类别,也可在以后再设置工资类别。

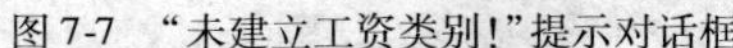
图 7-7　“未建立工资类别!”提示对话框

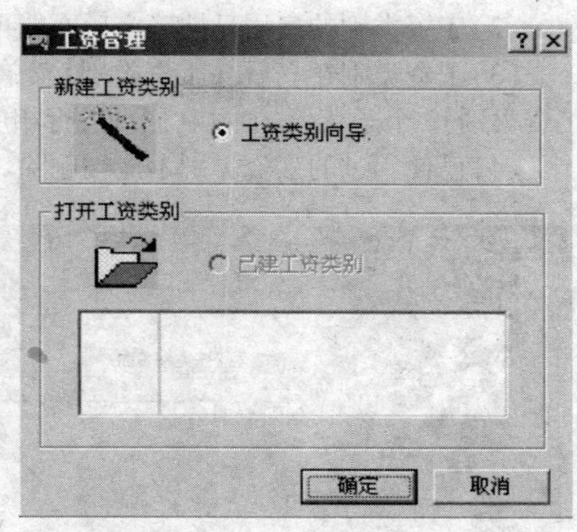

图 7-8　【工资管理】对话框

第二节　设置公共信息

设置公共信息是在进行工资核算前，对有关工资核算的公共信息进行设置，包括工资类别设置、人员附加信息设置、人员类别设置、工资项目设置、银行名称设置和部门设置等内容。

一、设置工资类别

不同的用户、不同类别的人员，工资发放的项目不尽相同，计算公式也不相同。为了进行统一的工资核算，工资管理系统按工资类别进行管理。工资类别是指职工的类别，在每个职工类别下有职工档案、工资变动、工资数据、扣税处理和银行账号代发等内容。工资管理系统提供处理多个工资类别的功能，对不同的工资发放时间、不同工资项目、工资计算公式的人员的工资核算提供解决方案。

【例 7-2】　分别设置“在职人员”和“退休人员”的工资类别。“在职人员”的所在部门包括各个部门，“退休人员”只属于“行政部”。工资类别的启用日期均为“2007 年 1 月 1 日”。

1. 操作步骤

(1)在工资管理系统中，执行“工资管理→工资类别→新建工资类别”命令，打开【新建工资类别】对话框，录入工资类别名称为“在职人员”，如图 7-9 所示。

(2)单击【下一步】按钮，打开【请选择部门】对话框，分别选中所有部门前的复选框，或直接选定全部部门，如图 7-10 所示。

(3)单击【完成】按钮，系统弹出“是否以 2007-01-01 为当前工资类别的启用日期?”提示对话框，如图 7-11 所示。

(4)单击【是】按钮，关闭该提示对话框，完成“在职人员”工资类别的设置。重复步骤(1)~(3)，继续设置“退休人员”的工资类别。已设置的工资类别如图 7-12 所示。

2. 注意事项

(1)同一个部门可以被多个工资类别选中。已被使用的部门不能取消选择。

(2)工资类别的启用日期确定后不能再修改。

(3)工资类别建立后,【工资类别】菜单下显示【新建工资类别】、【打开工资类别】和【删除工资类别】3 个子菜单,通过它们可进行相应的操作。

(4)已使用过的工资类别不能被删除。

图 7-9 【新建工资类别】对话框

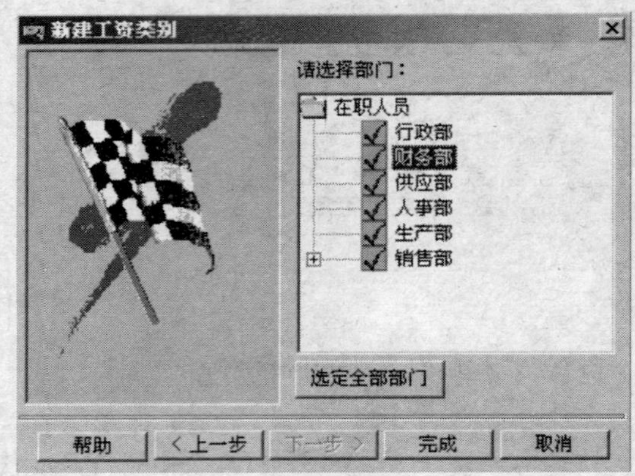

图 7-10 【新建工资类别→请选择部门】对话框

图 7-11 "工资类别启用日期"提示对话框

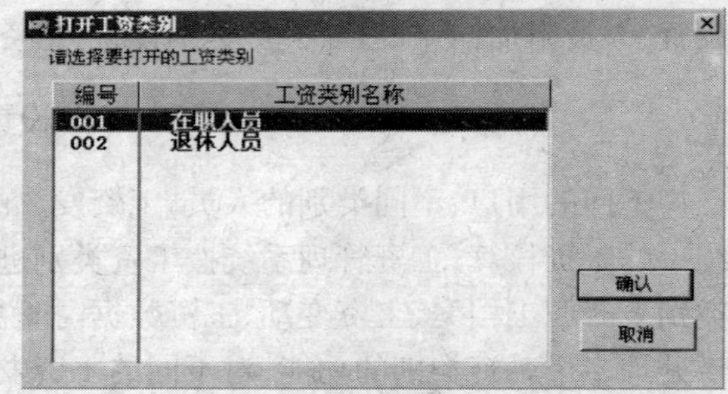

图 7-12 已设置的工资类别

二、设置人员附加信息

在总账系统的基础档案设置中进行的职员档案设置,只是设置职员的姓名和所属的部门。人员附加信息设置就是对除职员姓名和所属部门外的包括性别、技术职称、学历、职务、年龄等其他信息进行设置。不同技术职称、学历、职务、年龄的人员,其基本工资、岗位工资、资金等也不同。通过设置人员附加信息,有利于工资的计算。

【例 7-3】 增加"技术职称"、"学历"、"职务"和"年龄"4 项人员附加信息。

1. 操作步骤

(1)在工资管理系统中,执行"工资管理→设置→人员附加信息设置"命令,打开【人员附加信息设置】对话框,如图 7-13 所示。

(2)单击【增加】按钮,在【信息名称】文本框中录入"技术职称";再单击【增加】按钮,录入"学历"。如此反复,直到相应的人员附加信息录入完成,如图 7-14 所示。

(3)单击【返回】按钮,关闭该对话框。

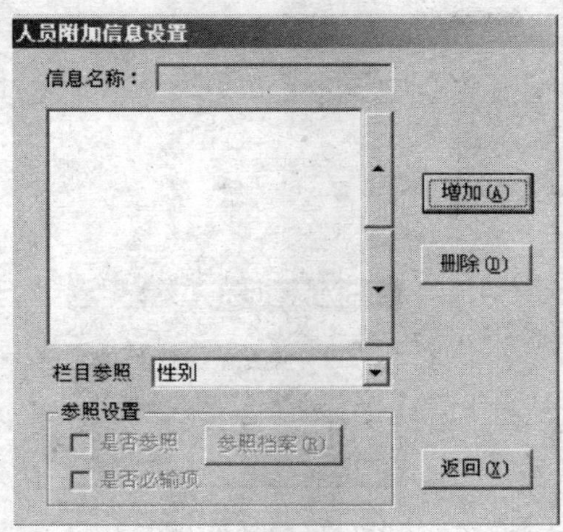

图 7-13 【人员附加信息设置】对话框

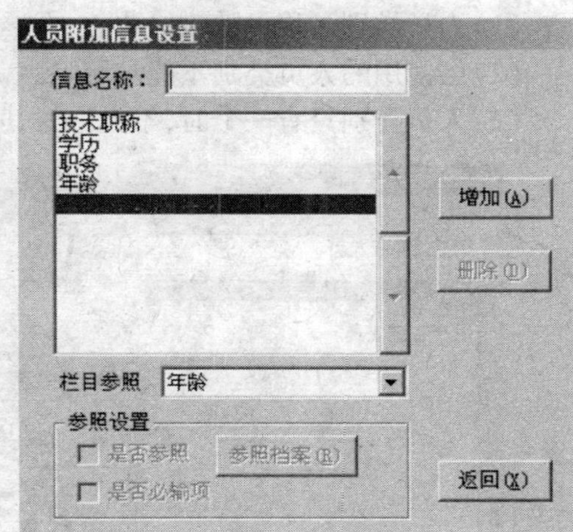

图 7-14 设置的人员附加信息

(4)对于增加的人员附加信息,可进行删除的操作。选中拟删除的人员附加信息,单击【删除】按钮,系统弹出"是否删除?"提示对话框,如图 7-15 所示。

图 7-15 "是否删除人员附加信息"提示对话框

(5)单击【是】按钮,即删除了选中的人员附加信息。

2. 注意事项

(1)增加人员附加信息时,除直接在【信息名称】文本框中录入相应的附加信息外,也可在"栏目参照"中进行选择并增加。

(2)已使用过的人员附加信息不能被删除。

三、设置人员类别

工资类别是指按某种特定的分类方式将用户的职工分为若干类别,不同类别的人员工资水平不同,从而有助于实现工资的多级管理。人员类别的设置还与工资的分配、分摊有关。合理设置人员类别,便于按人员类别进行工资的汇总计算,提供不同类别人员的工资信息,有利于进行工资分配和相关工资附加费的核算,以正确计算产品的生产成本。

【例 7-4】 设置人员类别为"生产人员"、"管理人员"和"市场营销人员"。

1. 操作步骤

(1)在工资管理系统中,执行"工资管理→设置→人员类别设置"命令,打开【人员类别设置】对话框。

(2)单击【增加】按钮,在【类别】文本框中录入"生产人员";再单击【增加】按钮,录入"管理人员"。如此反复,直到相应的人员类别录入完成,如图 7-16 所示。

(3)单击【返回】按钮,关闭该对话框。

(4)对于增加的人员类别,可进行删除的操作。选中拟删除的人员类别,单击【删除】按钮,系统弹出"是否确认删除?"提示对话框,如图 7-17 所示。

(5)单击【是】按钮,即删除了选中的人员类别信息。

2. 注意事项

(1)人员类别名称可随时修改。

(2)已使用的人员类别不能被删除。

(3)人员类别只有一个时,不允许将其删除。

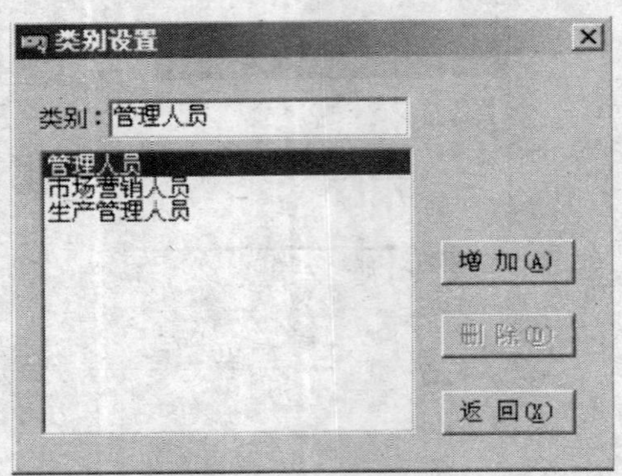

图 7-16 【人员类别设置】对话框

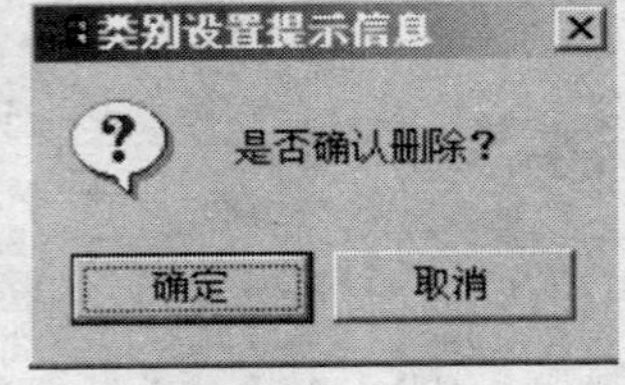

图 7-17 "是否确认删除人员类别信息"提示对话框

(4)人员类别设置的目的是为"工资分摊"设置入账科目时使用,因此,人员类别的设置应符合工资分配核算的要求。

四、设置工资项目

工资项目是指组成工资的各个部分的名称的具体内容,是工资数据的具体体现。工资项目设置即定义工资核算所涉及的项目名称、类型、宽度等。工资管理系统提供了一些固定的工资项目,主要包括"应发合计"、"扣款合计"和"实发合计",这些固定的工资项目是工资建账中不可缺少的内容。若在工资建账时选择了"扣零处理",则系统在工资项目中自动生成"本月扣零"和"上月扣零"两个指定的项目;若选择了"扣税处理",则系统在工资项目中自动生成"计件工资"项目。这些固定和指定项目不能被删除或重命名,其他项目可以根据实际需要定义或参照增加。在此设置的工资项目对于多工资类别的工资账套而言,针对的是所有工资类别所需使用的全部工资项目;对于单个工资类别而言,仅针对的是该工资账套所使用的全部工资项目。

【例 7-5】 设置如表 7-1 所示的工资类别。

金鑫有限责任公司的工资类别 表 7-1

工资项目名称	类 型	长 度	小 数	增减项
基本工资	数字	8	2	增项
岗位工资	数字	8	2	增项
奖金	数字	8	2	增项
缺勤天数	数字	8	2	减项
缺勤扣款	数字	8	2	减项

1. 操作步骤

(1)在工资管理系统中,执行"工资管理→设置→工资项目设置"命令,打开【工资项目设置】对话框。

（2）单击【增加】按钮，录入工资项目名称“基本工资”，选择“类型”为“数字”、“长度”为“8”、“小数”为“2”、“增减项”为“增项”。再单击【增加】按钮，录入工资项目名称“岗位工资”及其类型、长度和小数位、增减项等。如此反复，直到相应的工资项目录入完成，如图 7-18 所示。

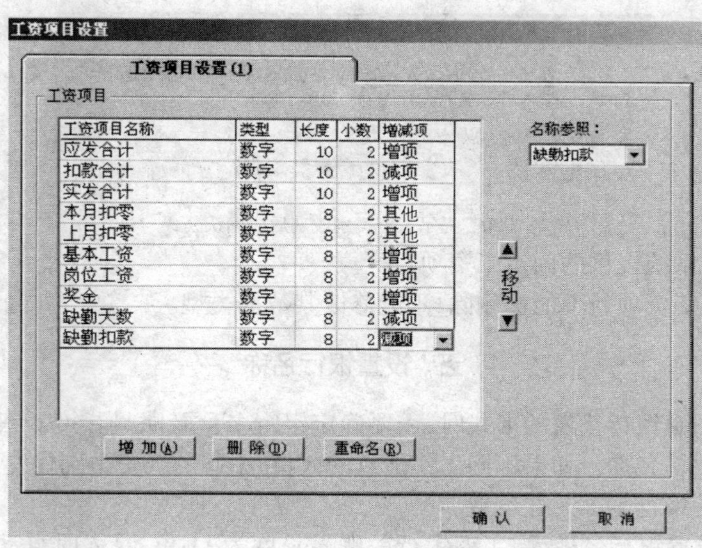

图 7-18 【工资项目设置】对话框

（3）单击▲和▼按钮，将每个工资项目按工资计算的要求移动到合适的位置，如图 7-19 所示。

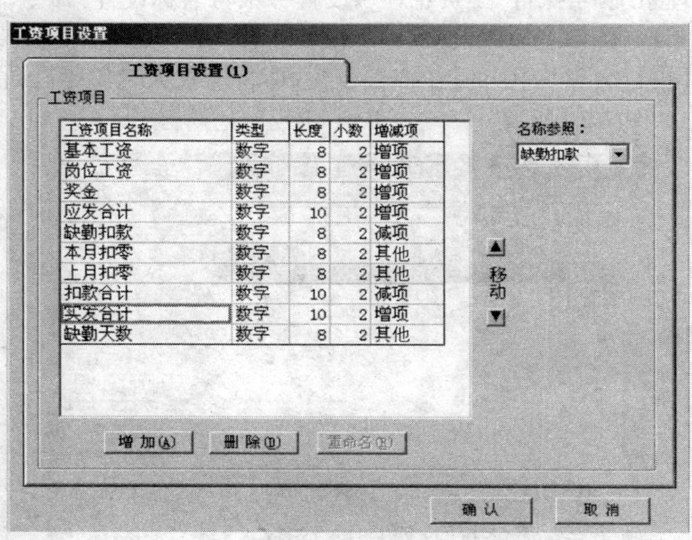

图 7-19 调整的工资项目

（4）单击【确认】按钮，系统提示“工资项目已经改变，请确认各工资类别的公式是否正确。否则计算结果可能不正确”提示对话框，如图 7-20 所示。

(5)单击【确定】按钮,关闭该对话框。

2. 注意事项

(1)工资项目名称必须唯一。

(2)系统提供"应发合计"、"扣款合计"和"实发合计"等固定项目,与选择的工资账套参数无关。

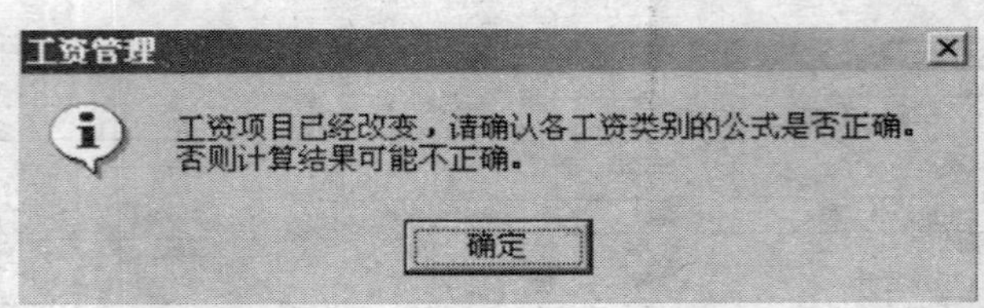

图 7-20　提示工资类别改变后应确认公式

(3)不可修改系统提供的固定工资项目。

(4)已使用的工资项目不能被删除,不能修改其数据类型。

五、设置银行名称

发放工资采用由银行代发的形式时,需要确定银行名称及账号长度。银行名称是指报有工资类别涉及的银行名称。如果不同工作地点的人员、不同的工资类别代发工资的银行不同,则应将所有涉及的银行名称一并设置。

【例 7-6】　设置银行名称为"工商银行",账号长度为 11 位,录入时自动带出的账号长度为 8 位。

1. 操作步骤

(1)在工资管理系统中,执行"工资管理→设置→银行名称设置"命令,打开【银行名称设置】对话框。

(2)单击选中【银行名称】列中的【工商银行】选项,在【录入时需要自动带出的账号长度】文本框中录入"8",如图 7-21 所示。

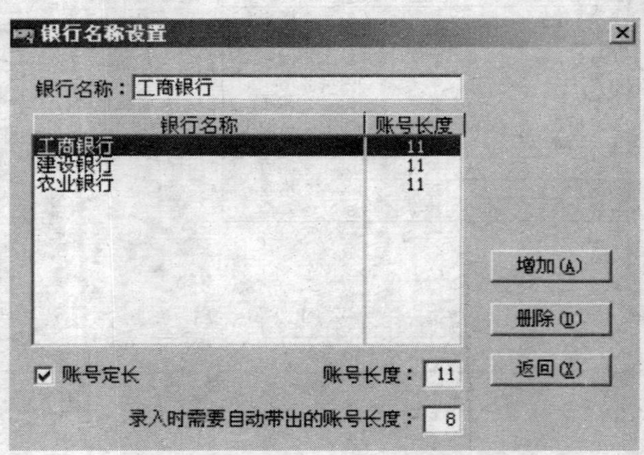

图 7-21　【银行名称设置】对话框

(3)单击【返回】按钮,关闭该对话框。

(4)对于设置的银行名称,可进行删除的操作。选中拟删除的银行名称,单击【删除】按钮,系统弹出"删除银行将相关文件及设置一并删除。是否继续?"提示对话框,如图7-22所示。

(5)单击【是】按钮,即删除了选中的银行名称。

2. 注意事项

(1)银行账号长度不得为空,且不能超过30位。

(2)录入时需要自动带出的账号长度是指在录入人员档案的银行账号时,从第二个人开始,系统根据用户定义的长度自动带出银行账号的相应长度,可以有效地提高录入的速度。

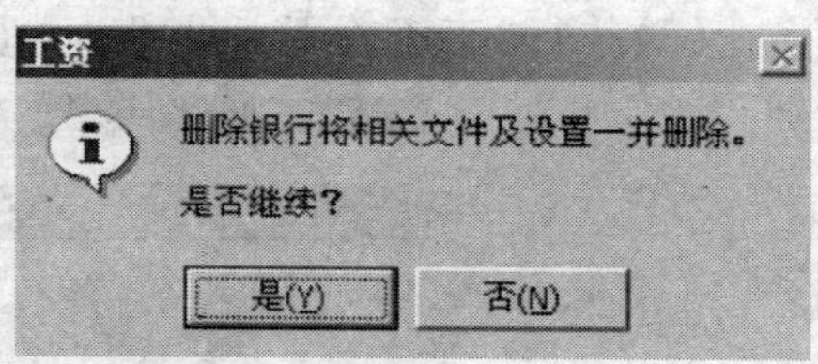

图7-22 "是否删除银行名称"提示对话框

(3)如果删除银行名称,则同银行名称有关的包括银行的代发文件格式、磁盘输出格式的设置等所有设置将一并删除。

第三节 当前工资类别的初始设置

在公共信息已设置完成的基础上,还要对各个工资类别,包括为该类别选择部门、设置人员档案、选择工资项目、定义工资计算公式、设置所得税参数、设置银行代发工资格式等再进行各项基础设置,以便对该类工资数据进行正确的计算和汇总。

一、建立人员档案

1. 增加、删除人员档案

在总账系统中,我们已建立了职员档案,其目的是可方便地进行个人往来核算和管理等操作。在工资管理系统中建立人员档案与其不同,目的是用于登记职工的工资发放。人员档案设置的内容包括工资发放人员的姓名、职工编号、所在部门、人员类别等信息。人员档案的操作是针对某个工资类别的,建立人员档案时应先打开相应的工资类别。同时,人员的增减变动也应在该功能中进行处理。

【例7-7】 在"在职人员"工资类别下设置如表7-2所示的人员档案。

人员档案 表7-2

职员编号	人员名称	所属部门	人员类别	银行代发账号
000001	王新程	行政部	管理人员	10020089001
000002	张小新	财务部	管理人员	10020089002
000003	李红明	财务部	管理人员	10020089003
000004	王 艺	财务部	管理人员	10020089004
000005	胡红琴	财务部	管理人员	10020089005
000006	晏小华	供应部	管理人员	10020089006
000007	黄 河	人事部	管理人员	10020089007
000008	唱 路	生产部	生产管理人员	10020089008
000009	李 新	生产部	生产管理人员	10020089009
000010	周清清	销售一部	市场营销人员	10020089010
000011	高 能	销售二部	市场营销人员	10020089011

2. 操作步骤

(1)在工资管理系统中,执行"工资管理→工资类别→打开工资类别"命令,打开【打开工资类别】对话框。选中【工资类别名称】列中的【在职人员】选项,单击【确认】按钮,关闭该对话框。

(2)执行"工资管理→设置→人员档案"命令,打开【人员档案】对话框,如图7-23所示。

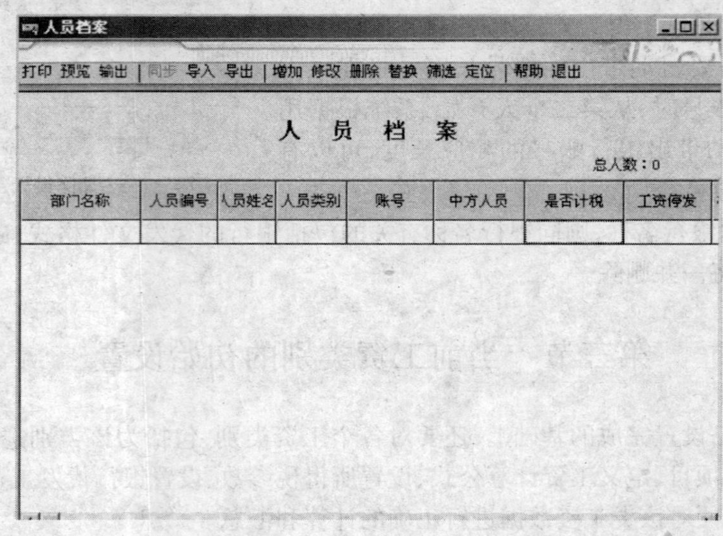

图7-23 【人员档案】对话框

(3)在【人员档案】对话框中,单击【增加】按钮,打开【人员档案—基本信息】对话框。

(4)在【人员档案—基本信息】对话框中,录入人员编号"000001",单击【人员姓名】下拉列表中的参照按钮,选择人员姓名"王新程",分别在【部门编码】、【部门名称】、【人员类别】、【银行名称】下拉列表中选择【01】、【行政部】、【管理人员】、【工商银行】选项,在【银行账号】文本框中录入"10020089001",如图7-24所示。

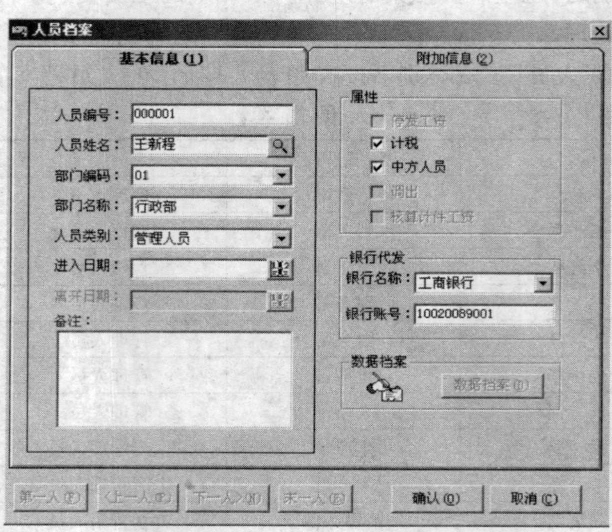

图7-24 【人员档案—基本信息】对话框

(5)单击【确认】按钮,完成第一个人员档案的录入。按步骤(4)的操作,继续录入其他人员档案,如图7-25所示。

人员档案

打印 预览 输出 | 同步 导入 导出 | 增加 修改 删除 替换 筛选 定位 | 帮助 退出

人 员 档 案

总人数：11

部门名称	人员编号	人员姓名	人员类别	账号	中方人员	是否计税	工资停发	核算
行政部	000001	王新程	管理人员	10020089001	是	是	否	
财务部	000002	张小新	管理人员	10020089002	是	是	否	
财务部	000003	李红明	管理人员	10020089003	是	是	否	
财务部	000004	王艺	管理人员	10020089004	是	是	否	
财务部	000005	胡红琴	管理人员	10020089005	是	是	否	
供应部	000006	晏小华	管理人员	10020089006	是	是	否	
人事部	000007	黄河	管理人员	10020089007	是	是	否	
生产部	000008	唱踏	生产管理人员	10020089008	是	是	否	
生产部	000009	李新	生产管理人员	10020089009	是	是	否	
销售一部	000010	周清清	市场营销人员	10020089010	是	是	否	
销售二部	000011	高能	市场营销人员	10020089011	是	是	否	

图7-25 录入的人员档案

(6)对于设置的人员档案,可进行删除的操作。选中拟删除的人员档案,单击【删除】按钮,系统弹出“是否删除当前人员信息?”提示对话框,如图7-26所示。

(7)单击【是】按钮,即删除了选中的人员档案。

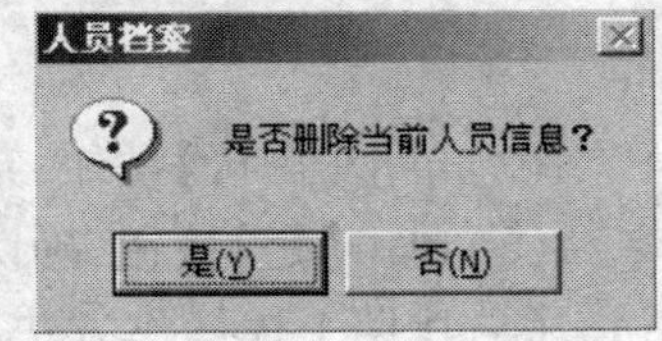

图7-26 “是否删除当前人员信息?”提示对话框

3. 注意事项

(1)由于在总账系统中设置了职员档案和部门档案,在本系统中设置了人员类别,因此可从相应项目的下拉列表中进行选择,以提高录入的速度。

(2)在进行银行名称设置时,设置了“录入时自动带出的银行账号长度”(操作中定义为8位),因此在录入银行账号时,只需录入后3位即可(定义长度为11位)。

(3)在增加人员档案对话框中,【停发工资】、【调出】复选框和【数据档案】按钮不可选,只有在修改状态下才能编辑。

4. 修改人员档案

在修改状态下可进行人员档案的【停发工资】、【调出】和【数据档案】等方面的编辑。对于已设置调出标志的人员,所有档案信息不可修改,其编号可以再次使用。可在当月末结算前取消调出人员的调出标志,但其编号已被其他人员使用者不可取消。有工资停发标志的人员不再进行工资发放,但保留人员档案,以后可恢复工资发放。标志为停发或调出的人员,将不再参与工资的发放与汇总。如果在人员档案中直接输入职工工资,可以进入【工资数据录入—页编辑】对话框中进行工资数据的录入。因未对在职人员选定工资项目,现在暂时不进行工资数据的录入。

【例7-8】 因故停发生产部职员李新、财务部职员李小新、李红明、王艺、供应部职员晏小华、人事部职员黄河等人员的工资,为其设置“停发工资”标志。

1. 操作步骤

(1)在【人员档案—基本信息】对话框中,选中李新,单击【修改】按钮,进入【人员档案—基本信息】对话框的修改状态。单击【停发工资】单选按钮,标上"停发工资"标志,如图7-27所示。

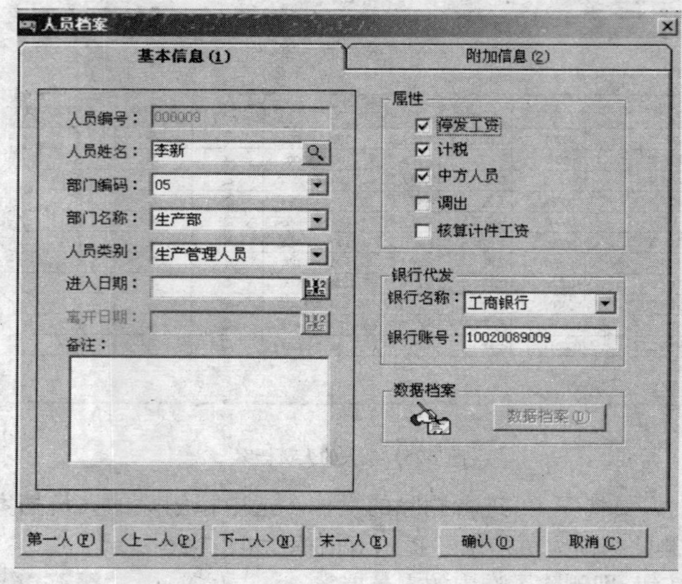

图7-27 【人员档案—基本信息】对话框修改状态

(2)单击【确认】按钮,系统弹出"写入该人员档案信息吗?"提示对话框,如图7-28所示。

(3)单击【是】按钮,确认修改的信息,并关闭该对话框。

(4)比照上述操作方法,可对其他人员进行工资停发的操作,也可进行【调出】和【数据档案】等方面的修改操作。

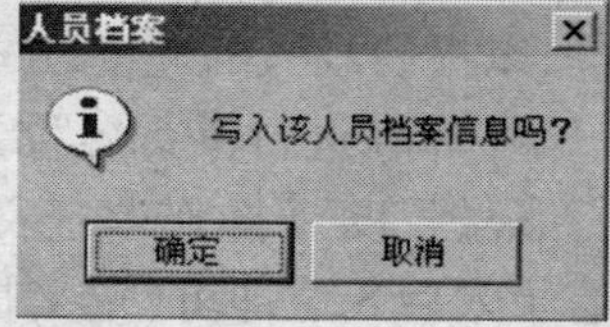

图7-28 "修改人员档案信息"提示对话框

2. 注意事项

(1)对于已设置调出标志的人员,所有档案信息都不能被修改。

(2)对于已设置停发工资标志的人员,不再进行工资发放,但保留其档案信息。

(3)标志为停发或调出的人员,将不再参与工资的发放与汇总。

(4)如一批人员的某个工资项目同时需要修改,可利用数据替换功能,将符合条件的人员某个工资项目的内容统一替换为某个数据,这样可提高人员信息的修改速度。

二、设置计算公式

工资发放中,首先要根据工资项目内容,包括应发工资、应扣工资、实发工资等,以及工资项目间的运算关系进行工资的计算。利用计算机进行工资管理,应先设置工资的计算公式,由计算机自动完成工资的计算工作。

1. 选择工资项目

不同类别的工资发放的项目不尽相同,计算公式也不相同,因此在进入某个工资类别后,

应选择本工资类别所需要的工资项目。在此基础上，再设置工资项目对应的计算公式。

【例 7-9】 选择在职人员工资类别的工资项目为所有已设置的工资项目，工资间的数据关系按以下顺序排列：基本工资→岗位工资→奖金→应发合计→缺勤扣款→代扣税→扣款合计→上月扣零→本月扣零→实发合计→缺勤天数。

1）操作步骤

（1）在工资管理系统中，执行“工资管理→工资类别→打开工资类别”命令，打开【打开工资类别】对话框。选中【工资类别名称】列中的【在职人员】选项，单击【确认】按钮，关闭该对话框。

（2）执行“工资管理→设置→工资项目设置”命令，打开【工资项目设置—工资项目设置】对话框，如图 7-29 所示。

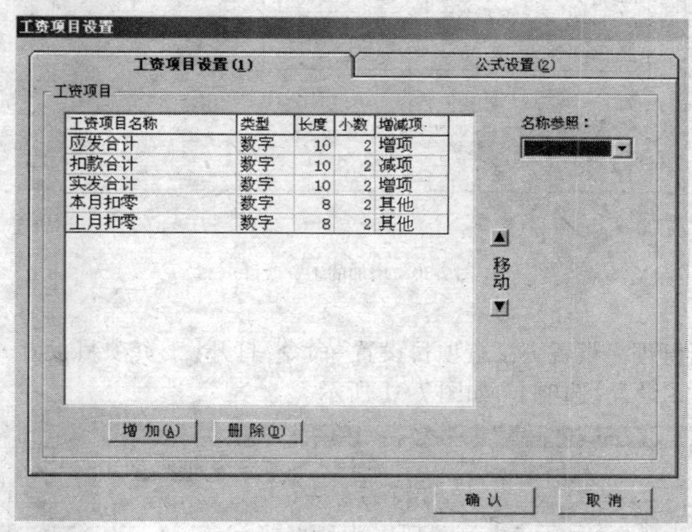

工资项目名称	类型	长度	小数	增减项
应发合计	数字	10	2	增项
扣款合计	数字	10	2	减项
实发合计	数字	10	2	增项
本月扣零	数字	8	2	其他
上月扣零	数字	8	2	其他

图 7-29 【工资项目设置—工资项目设置】对话框

（3）单击【增加】按钮，在【名称对照】下拉列表中选择【基本工资】选项，增加工资项目“基本工资”。按此方法，继续增加“岗位工资”、“奖金”、“缺勤扣款”和“缺勤天数”等工资项目，并按▲和▼调整按钮，将工资项目按工资间的数据关系的相应顺序排列，如图 7-30 所示。

（4）单击【确认】按钮关闭该对话框。

2）注意事项

（1）增加的工资项目应按工资计算数据的相应顺序排列。

（2）工资项目一旦选定，即可进行公式定义。

（3）未选择的工资项目不允许在计算公式中出现。

（4）不能删除已输入数据的工资项目和已设置计算公式的工资项目。

（5）如果所需的工资项目不存在，则应关闭本工资类别，然后新增工资项目，再打开此工资类别进行选择。

2. 计算公式设置

设置工资计算公式即定义工资项目之间的运算关系，计算公式设置的正确与否关系到工资核算的最终结果。定义计算公式可通过选择工资项目、运算符、关系符和函数等组合完成。

【例 7-10】 设置【应发合计】工资项目的计算公式:“基本工资 + 岗位工资 + 奖金”;【缺勤扣款】工资项目的计算公式:“基本工资/22 * 缺勤天数”;【实发合计】工资项目的计算公式:“应发合计 - 扣款合计”。

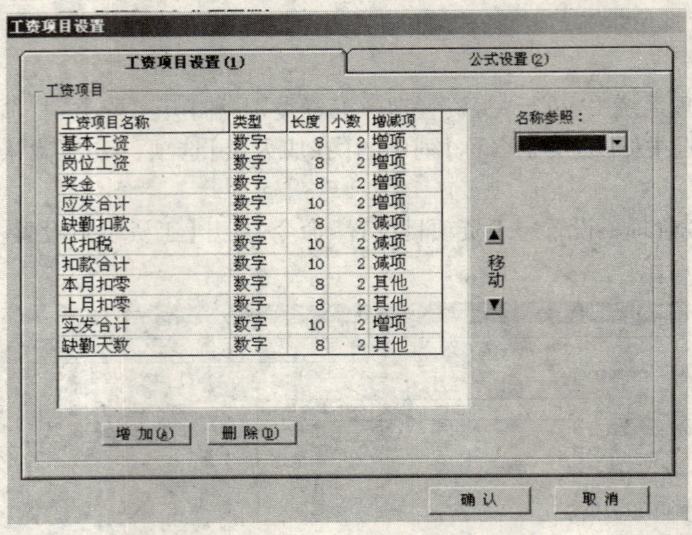

图 7-30 增加的工资项目

1)操作步骤

(1)执行“工资管理→设置→工资项目设置”命令,打开【工资项目设置—工资项目设置】对话框,切换到【公式设置】选项卡,如图 7-31 所示。

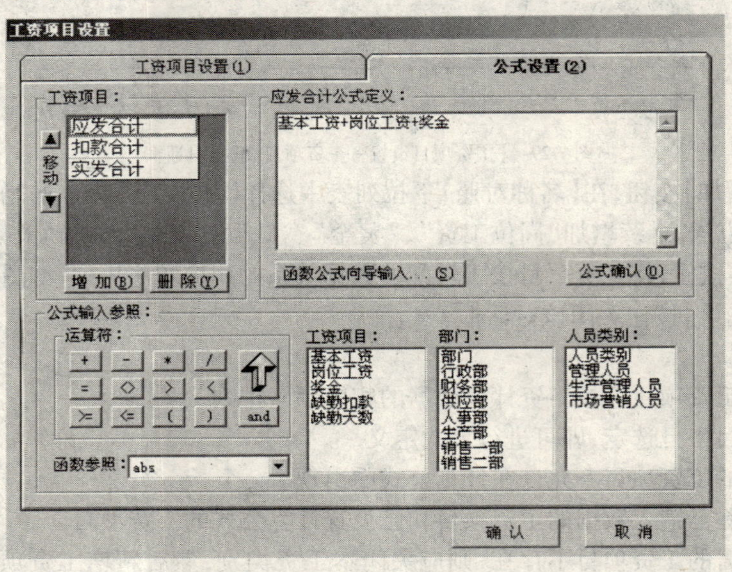

图 7-31 【工资项目设置—工资项目设置】对话框切换到公式设置选项卡

(2)在【工资项目】选项组中选中【应发合计】,系统默认应发合计公式定义为“基本工资 + 岗位工资 + 奖金”,单击【公式确认】按钮,完成【应发合计】工资项目计算公式的设置。

(3)单击【增加】按钮,再单击【工资项目】选项组中的▲和▼调整按钮,在列表框中选择【缺勤扣款】选项。在【缺勤扣款公式定义】文本框中录入"基本工资/22 * 缺勤天数",单击【公式确认】按钮,完成【缺勤扣款】工资项目计算公式的设置,如图7-32所示。

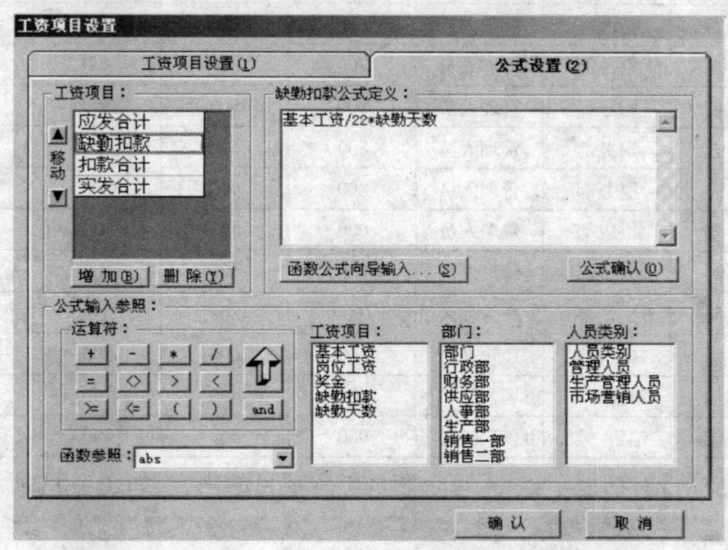

图7-32　工资项目【缺勤扣款】计算公式设置对话框

(4)比照步骤(2)的操作,设置【实发合计】工资项目的计算公式:"应发合计－扣款合计"。

(5)单击【确认】按钮关闭该对话框。

2)注意事项

(1)录完公式后一定要单击【公式确认】按钮。

(2)可利用函数公式向导输入工资项目的计算公式。但函数公式向导只支持系统提供的函数。

第四节　工资管理的业务处理

工资管理的业务处理是指每期进行工资的计算和汇总,并进行工资核算的过程,主要包括录入工资数据以及工资数据变动后的调整;计算扣缴的个人所得税;编制银行代发工资一览表;根据会计的规定和工资的用途进行工资分配及相关费用的计提,并生成相应的转账凭证;月末工资数据的结转及反结账;对生成的各种工资表进行管理和分析;对工资分摊生成的转账凭证进行修改、删除和冲销等。

一、工资变动

工资变动实际上是录入工资数据。第一次使用工资管理系统时,须将所有人员的基本工资数据如基本工资、岗位工资等录入计算机,每期发生的奖金、扣款金额等工资数据变动也应作相应调整。工资变动处理之前,应先设置好工资项目及计算公式。

【例7-11】　2007年1月金鑫公司工资汇总表如表7-3所示。

1. 操作步骤

(1)在工资管理系统中,选择【在职人员】工资类别,执行"工资管理→业务处理→工资变动”命令，打开【工资变动】对话框。

2007 年 1 月金鑫公司工资汇总表 表 7-3

编　号	姓　名	所属部门	人员类别	基本工资	岗位工资	奖金	缺勤天数	备　注
000001	王新程	行政部	管理人员	600	300	100	2	
000002	张小新	财务部	管理人员	700	600	400		停发
000003	李红明	财务部	管理人员	800	500	200		停发
000004	王　艺	财务部	管理人员	800	500	300		停发
000005	胡红琴	财务部	管理人员	800	400	200		
000006	晏小华	供应部	管理人员	600	500	300		停发
000007	黄　河	人事部	管理人员	700	400	100		停发
000008	唱　路	生产部	生产管理人员	1000	800	1100		
000009	李　新	生产部	生产管理人员	600	600	800		停发
000010	周清清	销售一部	市场营销人员	600	400	100		
000011	高　能	销售二部	市场营销人员	900	400	300		

（2）在【工资变动】对话框中，录入每个职员工资项目的内容，如图 7-33 所示。

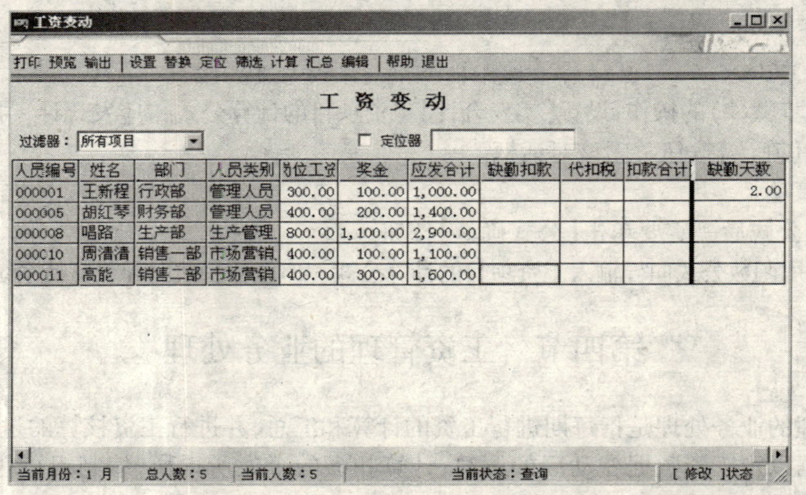

图 7-33 【工资变动】对话框

（3）单击【计算】按钮，计算全部工资项目内容，计算结果如图 7-34 所示。

（4）单击【退出】按钮，系统弹出“数据发生变动后尚未进行汇总，是否进行汇总？”提示对话框，如图 7-35 所示。

（5）单击【是】按钮，确认汇总后退出。

2. 注意事项

（1）第一次使用工资管理系统时，必须将所有人员的基本工资数据录入系统。工资数据可以在录入人员档案时直接录入，需要计算的内容在此功能中录入。也可以在此功能中录入。

（2）当工资数据发生变动时，如修改了某些数据、重新设置了计算公式、计算了个人所得税等，必须执行计算和汇总功能对个人工资数据重新计算，保证数据的正确。

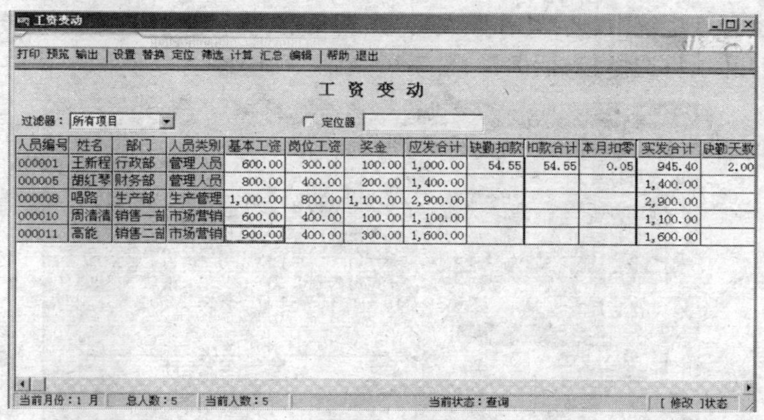

图 7-34 计算后的工资项目内容

二、扣缴所得税

个人所得税是根据《中华人民共和国个人所得税法》对个人取得的各项应税所得征收的一种税。《个人所得税法》列举的个人所得共有 11 项，包括工资、薪金所得、劳务报酬所得、稿酬所得、利息、股息、红利所得、财产租赁所得、财产转让所得、偶然所得等。工资管理系统只提供了对工资、薪金所得进行个人所得税自动计算的功能。在计算时，只需定义所得税税率并设置扣税基数，即可由系统自动计算出应缴的个人所得税，大大提高了工作效率。

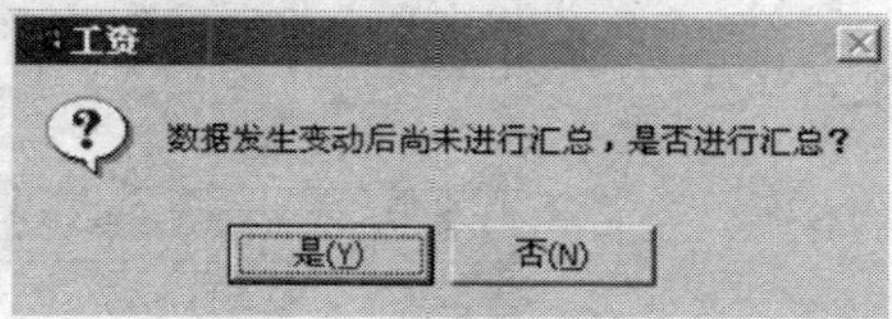

图 7-35 【工资数据变动后数据汇总】提示对话框

1．选择申报表栏目

个人所得税的申报表是个人纳税情况的记录，系统提供了对表中栏目的设置功能。系统默认以实发工资作为扣税基数。如果以其他工资项目作为扣税标准，则应在定义工资项目时单独为应税所得设置一个工资项目。

2．税率表定义

税率定义界面初始为国家颁布的工资、薪金所得适用的九级超额累进税率，税率为 5% ~ 45%，级数这九级，费用基数为 800 元，附加费用为 3200 元，可根据实际需要调整费用基数和附加费用及税率。在个人所得税扣缴申报表界面中单击【税率】按钮进行修改。修改确认后系统自动重新计算，并将此设置保存到下次修改确认后。

3．个人所得税的计算

当税率定义完成确认后，系统将根据用户的设置自动计算并生成新的个人所得税申报表。如果用户修改了税率表或重新选择了计税依据，则在计算了个人所得税并退出该功能后，需要到上述工资变动功能中执行重新计算功能，以生成新的工资数据。否则，系统将保留用户修改个人所得税前的工资数据状态。

【例 7-12】 计算 2007 年 1 月金鑫公司在职人员应缴个人所得税，并重新计算工资汇总表。个人所得税应按实发工资扣除 1600 元费用后计算。

1）操作步骤

(1)在工资管理系统中,选择【在职人员】工资类别,执行"工资管理→业务处理→扣缴所得税"命令,打开【项目选择】对话框,如图 7-36 所示。

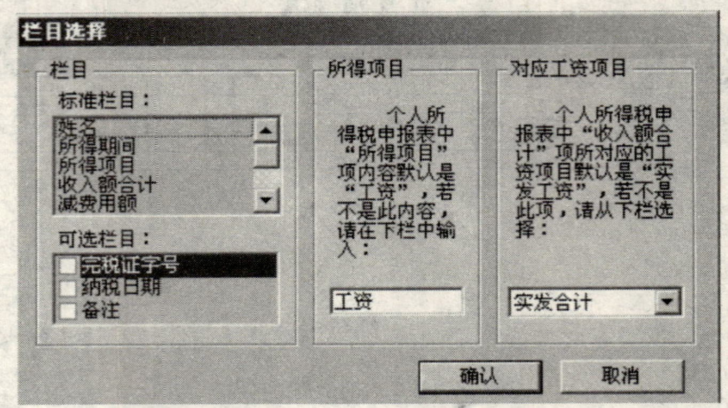

图 7-36 【项目选择】对话框

(2)单击【确认】按钮,打开【个人所得税】对话框,如图 7-37 所示。

个人所得税

打印 预览 输出 | 栏目 税率 | 定位 过滤 | 帮助 退出

个人所得税扣缴申报表

2007年1月

总人数:5

姓名	所得期间	所得项目	收入额合计	减费用额	应纳税所得额	税率(%)	速算扣除数	扣缴所得税额
王新程	1	工资	945.45	800.00	145.45	5.00	0.00	7.27
胡红琴	1	工资	1,400.00	800.00	600.00	10.00	25.00	35.00
唱路	1	工资	2,900.00	800.00	2,100.00	15.00	125.00	190.00
周清清	1	工资	1,100.00	800.00	300.00	5.00	0.00	15.00
高能	1	工资	1,600.00	800.00	800.00	10.00	25.00	55.00
合计	1	工资	7,945.45	4,000.00	3,945.45			302.27

制单: 胡红琴

图 7-37 【个人所得税】对话框

(3)单击【税率】按钮,打开【个人所得税申报表—税率表】对话框,如图 7-38 所示。在【基数】文本框中录入"1600",修改基数。

(4)单击【确认】按钮,系统弹出"调整税率表后,个人所得税需重新计算。是否重新计算个人所得税?"提示对话框,如图 7-39 所示。

(5)单击【是】按钮,返回【个人所得税】对话框,重新计算个人所得税,如图 7-40 所示。

(6)单击【退出】按钮,关闭【个人所得税】对话框。

(7)执行"工资管理→业务处理→工资变动"命令,打开【工资变动】对话框。

(8)单击【计算】按钮,重新计算扣除个人所得税后的全部工资项目内容,计算结果如图 7-41 所示。

(9)单击【退出】按钮,系统弹出"数据发生变动后尚未进行汇总,是否进行汇总?"提示对话框。

(10)单击【是】按钮,确认汇总后退出,关闭提示对话框。

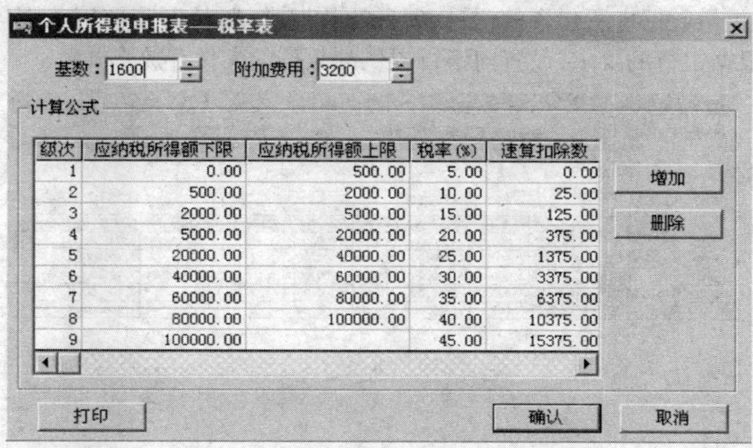

级次	应纳税所得额下限	应纳税所得额上限	税率(%)	速算扣除数
1	0.00	500.00	5.00	0.00
2	500.00	2000.00	10.00	25.00
3	2000.00	5000.00	15.00	125.00
4	5000.00	20000.00	20.00	375.00
5	20000.00	40000.00	25.00	1375.00
6	40000.00	60000.00	30.00	3375.00
7	60000.00	80000.00	35.00	6375.00
8	80000.00	100000.00	40.00	10375.00
9	100000.00		45.00	15375.00

图 7-38 【个人所得税申报表—税率表】对话框

2)注意事项

(1)个人所得税扣缴申报表是个人纳税情况的记录,系统提供对表中栏目的设置功能。对表中未提供的栏目,不能由用户进行自定义。

(2)系统默认以实发合计作为提税基数,如果是以其他工资项目作为扣税基数,则应在定义工资项目时单独为应税所得设置一个工资项目。

(3)凡涉及任一工资项目的数据变动,如基本工资变动,个人所得税的税率、扣除费用、计税依据变动等,都应在【工资变动】对话框中重新计算和汇总工资数据。

图 7-39 【调整税率表后,是否重新计算个人所得税】提示对话框

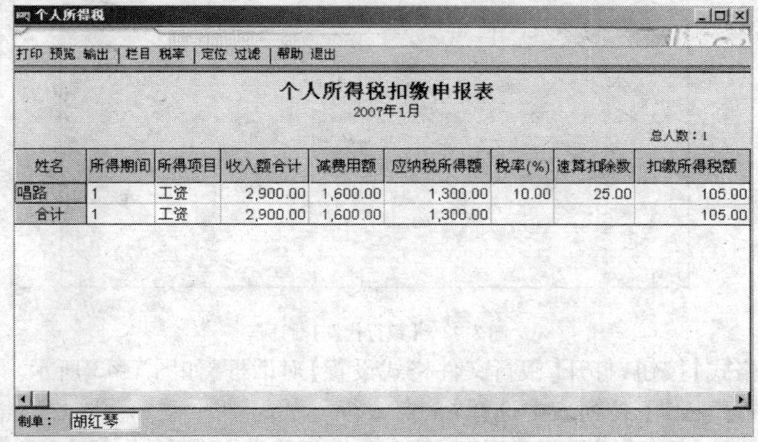

姓名	所得期间	所得项目	收入额合计	减费用额	应纳税所得额	税率(%)	速算扣除数	扣缴所得税额
唱路	1	工资	2,900.00	1,600.00	1,300.00	10.00	25.00	105.00
合计	1	工资	2,900.00	1,600.00	1,300.00			105.00

图 7-40 【个人所得税】对话框,重新计算个人所得税

三、银行代发

银行代发即由银行代企业发放职工个人工资。由银行代发工资减少了企业财务部门发放工资的繁琐工作,避免了现金流动的风险,提高了对员工个人工资的保密程度。

银行代发包括银行文件格式设置和银行代发输出格式设置。银行文件格式设置是根据银行的要求,设置提供数据中所包含的项目、项目的数据类型、长度和取值范围等。银行代发输出格式设置是根据银行的要求,设置向银行提供的数据的文件存放形式。

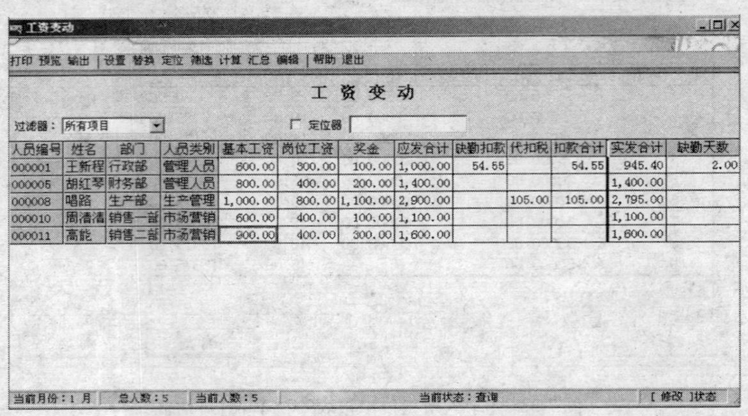

人员编号	姓名	部门	人员类别	基本工资	岗位工资	奖金	应发合计	缺勤扣款	代扣税	扣款合计	实发合计	缺勤天数
000001	王新程	行政部	管理人员	600.00	300.00	100.00	1,000.00	54.55		54.55	945.40	2.00
000005	胡红琴	财务部	管理人员	800.00	400.00	200.00	1,400.00				1,400.00	
000008	唱路	生产部	生产管理	1,000.00	800.00	1,100.00	2,900.00		105.00	105.00	2,795.00	
000010	周清清	销售一部	市场营销	600.00	400.00	100.00	1,100.00				1,100.00	
000011	高能	销售二部	市场营销	900.00	400.00	300.00	1,600.00				1,600.00	

图 7-41　计算个人所得税后的全部工资内容

【例 7-13】　由工商银行代发 2007 年 1 月的工资,编制 2007 年 1 月金鑫公司在职人员工资银行代发一览表。

1)操作步骤

(1)在工资管理系统中,选择【在职人员】工资类别,执行“工资管理→业务处理→银行代发”命令,打开【银行代发】对话框,如图 7-42 所示。

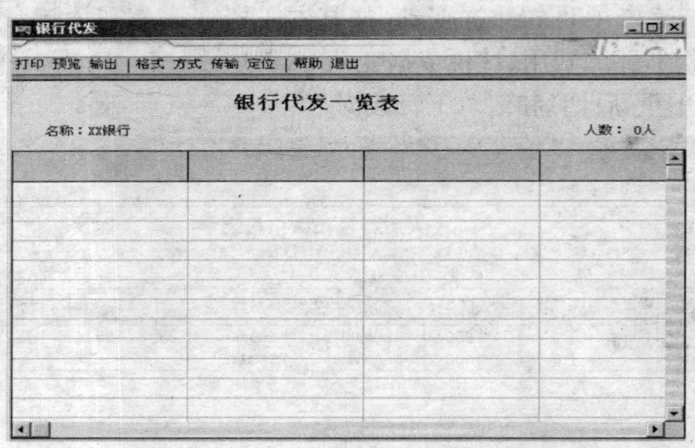

图 7-42　【银行代发】对话框

(2)单击【格式】按钮,打开【银行文件格式设置】对话框,如图 7-43 所示。

(3)在【银行模板】下拉列表中选择“工商银行”。

(4)单击【确认】按钮,系统保存设置,并生成银行代发一览表,如图 7-44 所示。

(5)在【银行代发】对话框中,单击【方式】按钮,打开【文件方式设置】对话框,如图 7-45 所示,设置银行代发输出格式。按银行规定在【常规】选项卡中选择存放文件的类型。

2)注意事项

(1)可对系统提供的银行模板文件格式进行修改。每次修改都必须对栏目名称、数据类

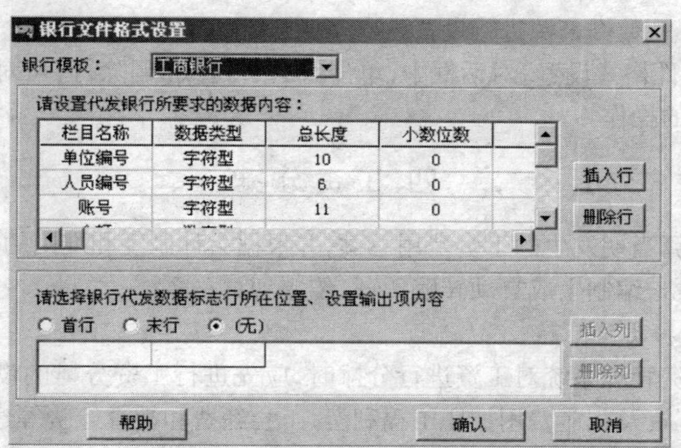

图 7-43 【银行文件格式设置】对话框

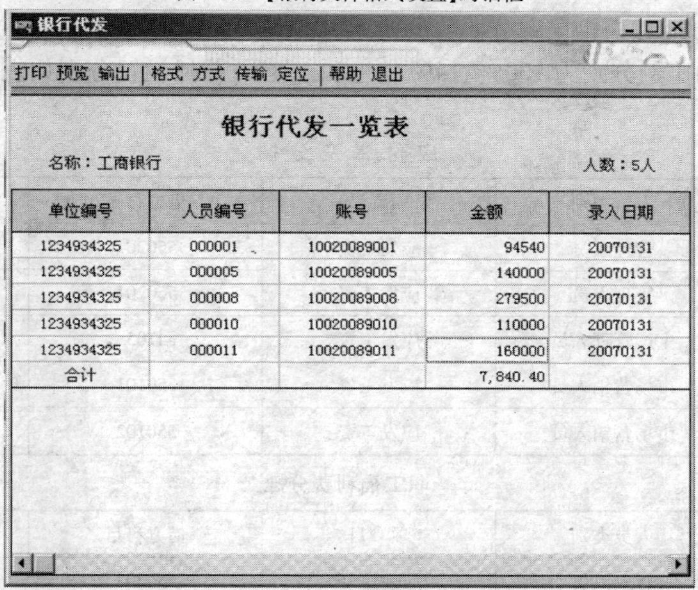

银行代发一览表

名称：工商银行 人数：5人

单位编号	人员编号	账号	金额	录入日期
1234934325	000001	10020089001	94540	20070131
1234934325	000005	10020089005	140000	20070131
1234934325	000008	10020089008	279500	20070131
1234934325	000010	10020089010	110000	20070131
1234934325	000011	10020089011	160000	20070131
合计			7,840.40	

图 7-44 银行代发一览表

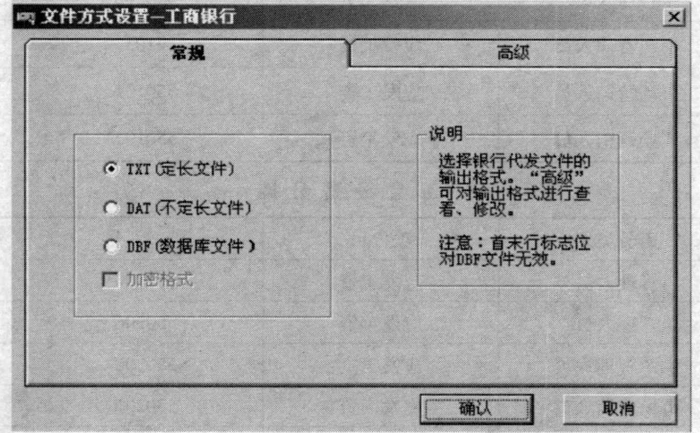

图 7-45 【文件方式设置】对话框

型、总长度、小数位数、数据来源进行设置。

(2)在【银行文件格式设置】对话框中，单击【插入行】或【删除行】可对系统提供的代发项目进行增加或删除的操作。

四、工资分摊

工资分摊是计算当期发生的工资费用总额，并根据会计制度和准则的规定分配工资、计提福利费及相关的经费，编制生成自动转账凭证，传递到总账系统。

1. 设置工资分摊类型

第一次使用工资管理系统对工资进行分摊时，应先进行工资分摊的设置。按会计的规定和工资的用途，对工资及相应费用如职工福利费、工会经费和教育经费等建立相应的分摊类型和分摊比例。

【例7-14】 088账套中工资分摊的类型为“应付工资”、“职工福利费”、“工会经费”、“教育经费”。其分摊比例分别为100%、14%、2%和1.5%；分摊设置分别如表7-4、表7-5、表7-6、表7-7所示。

应付工资分摊　　表7-4

部门名称	人员类别	项　目	借方科目	贷方科目
行政部	管理人员	应发工资	550201	215101
财务部	管理人员	应发工资	550201	215101
生产部	生产管理人员	应发工资	4105	215101
销售一部	市场营销人员	应发工资	550101	215101
销售二部	市场营销人员	应发工资	550102	215101

职工福利费分摊　　表7-5

部门名称	人员类别	项　目	借方科目	贷方科目
行政部	管理人员	应发工资	550202	215102
财务部	管理人员	应发工资	550202	215102
生产部	生产管理人员	应发工资	4105	215102
销售一部	市场营销人员	应发工资	550101	215102
销售二部	市场营销人员	应发工资	550102	215102

工会经费分摊　　表7-6

部门名称	人员类别	项　目	借方科目	贷方科目
行政部	管理人员	应发工资	550206	218101
财务部	管理人员	应发工资	550206	218101
生产部	生产管理人员	应发工资	550206	218101
销售一部	市场营销人员	应发工资	550206	218101
销售二部	市场营销人员	应发工资	550206	218101

教育经费分摊 表 7-7

部门名称	人员类别	项　目	借方科目	贷方科目
行政部	管理人员	应发工资	550207	218102
财务部	管理人员	应发工资	550207	218102
生产部	生产管理人员	应发工资	550207	218102
销售一部	市场营销人员	应发工资	550207	218102
销售二部	市场营销人员	应发工资	550207	218102

1)操作步骤

(1)在工资管理系统中,选择【在职人员】工资类别,执行“工资管理→业务处理→工资分摊”命令,打开【工资分摊】对话框,如图 7-46 所示。

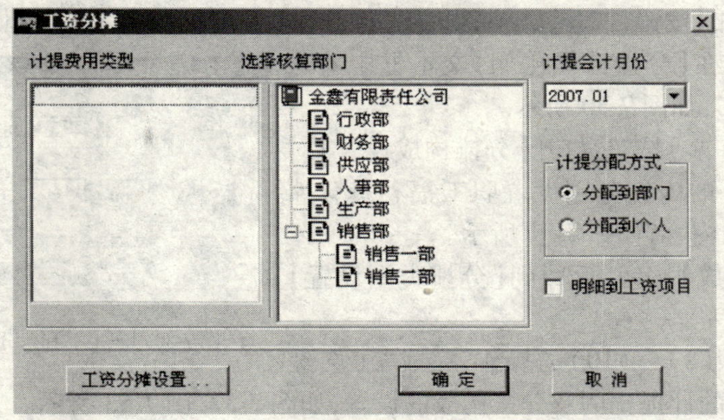

图 7-46 【工资分摊】对话框

(2)单击【工资分摊设置】按钮,打开【分摊类型设置】对话框,如图 7-47 所示。

(3)单击【增加】按钮,打开【分摊计提比例设置】对话框。

(4)在【计提类型名称】文本框中输入“应付工资”,并确定计提比例为“100%”,如图 7-48 所示。

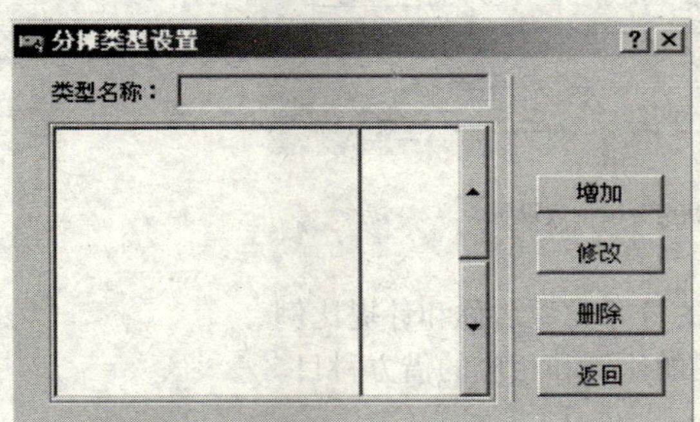

图 7-47 【分摊类型设置】对话框

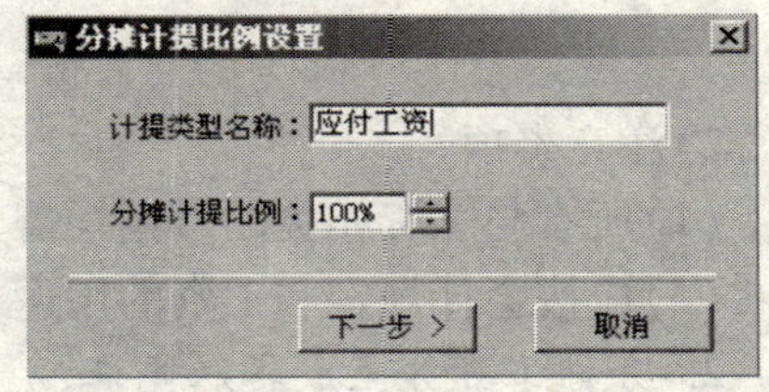

图 7-48 【分摊计提比例设置】对话框

(5)单击【下一步】按钮,打开【分摊构成设置】对话框。

(6)在【分摊构成设置】对话框中,根据表 7-4 的内容分别设置应付工资分摊构成的各个项目的内容,如图 7-49 所示。

(7)单击【完成】按钮,返回到【分摊类型设置】对话框。

分摊构成设置

部门名称	人员类别	项目	借方科目	贷方科目
行政部	管理人员	应发合计	550201	215101
财务部	管理人员	应发合计	550201	215101
生产部	生产管理人员	应发合计	4105	215101
销售一部	市场营销人员	应发合计	550101	215101
销售二部	市场营销人员	应发合计	550102	215101

〈上一步　完成　取消

图 7-49　【分摊构成设置】对话框,应付工资分摊构成设置

(8)单击【增加】按钮,打开【分摊计提比例设置】对话框。在【计提类型名称】文本框中输入“职工福利费”,在【分摊计提比例】文本框中输入计提比例为“14%”,如图 7-50 所示。

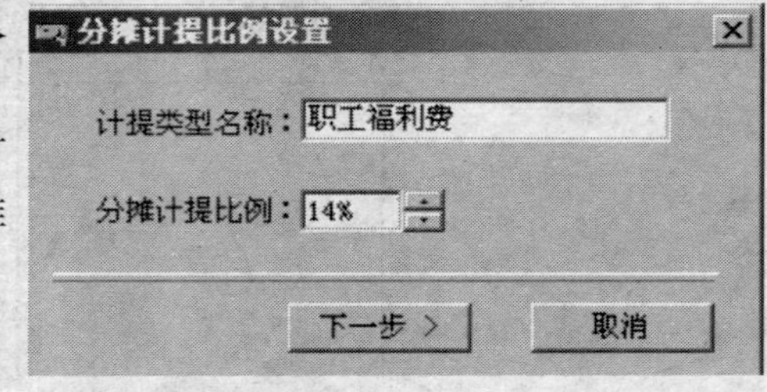

图 7-50　职工福利费分摊计提比例设置

(9)单击【下一步】按钮,打开【分摊构成设置】对话框。根据表 7-5 的内容分别设置职工福利费分摊构成的各个项目的内容,如图 7-51 所示。

(10)单击【完成】按钮,返回到【分摊类型设置】对话框。

(11)重复步骤(8)~(10)的操作,完成“工会经费”和“教育经费”的计提比例及分摊构成的设置,如图 7-52、图 7-53 所示。

分摊构成设置

部门名称	人员类别	项目	借方科目	贷方科目
行政部	管理人员	应发合计	550202	215102
财务部	管理人员	应发合计	550202	215102
生产部	生产管理人员	应发合计	4105	215102
销售一部	市场营销人员	应发合计	550101	215102
销售二部	市场营销人员	应发合计	550102	215102

〈上一步　完成　取消

图 7-51　职工福利费分摊构成设置

2)注意事项

(1)所有与工资相关的费用均需建立相应的分摊类型名称和计提比例。

(2)应按会计规定和工资的用途,设置计提的比例和相应的借方科目。

2. 分摊工资并生成转账凭证

分摊工资即按工资分摊类型设置中设置的计提比例和构成,进行工资的分配核算和计提相关费用的核算,生成转账凭证。

【例 7-15】　分摊 088 账套 2007 年 1 月的工资。

1)操作步骤

(1)在工资管理系统中,选择【在职人员】工资类别,执行“工资管理→业务处理→工资分摊”命令,打开【工资分摊】对话框。

(2)单击【应付工资】复选框,并单击选中各个部门,如图7-54所示。

分摊构成设置

部门名称	人员类别	项目	借方科目	贷方科目
行政部	管理人员	应发合计	550206	218101
财务部	管理人员	应发合计	550206	218101
生产部	生产管理人员	应发合计	550206	218101
销售一部	市场营销人员	应发合计	550206	218101
销售二部	市场营销人员	应发合计	550206	218101

<上一步　完成　取消

图7-52　工会经费分摊构成设置

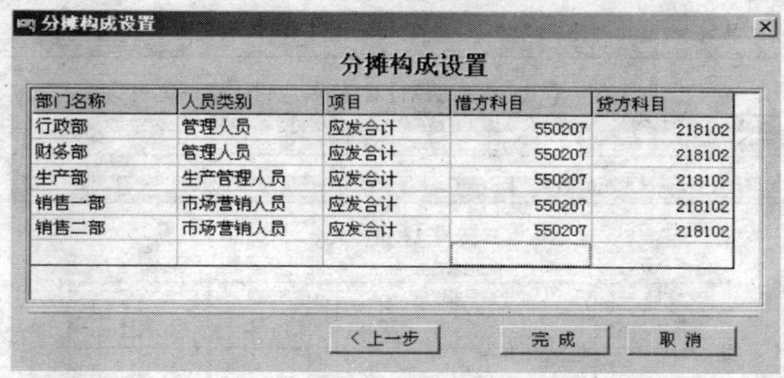

分摊构成设置

部门名称	人员类别	项目	借方科目	贷方科目
行政部	管理人员	应发合计	550207	218102
财务部	管理人员	应发合计	550207	218102
生产部	生产管理人员	应发合计	550207	218102
销售一部	市场营销人员	应发合计	550207	218102
销售二部	市场营销人员	应发合计	550207	218102

<上一步　完成　取消

图7-53　教育经费分摊构成设置

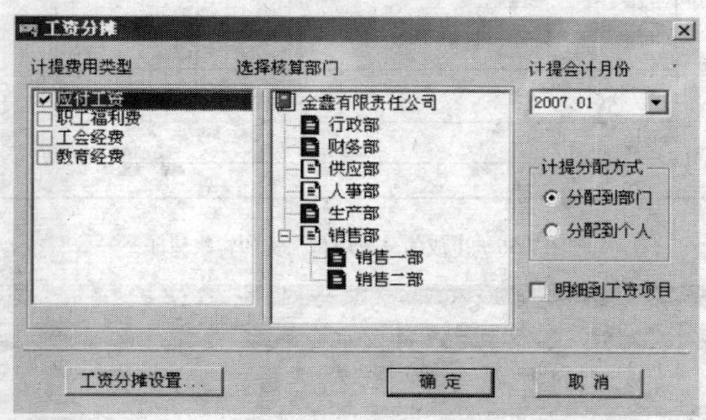

图7-54　选择工资分摊的内容和部门

(3)单击【确定】按钮,打开【工资分摊明细】对话框。

(4)在【工资分摊明细】对话框中,分别选择相应的借贷方科目,并选中【合并科目相同、辅助项相同的分录】复选框,如图7-55所示。

(5)单击【制单】按钮,生成应付工资分摊的转账凭证。选择凭证类别为“转账凭证”,单击【保存】按钮,生成分摊应付工资的转账凭证,如图7-56所示。

(6)单击【制单】按钮,返回【工资分摊明细】对话框。

(7)在【工资分摊明细】对话框中,在【类型】下拉列表中选择“职工福利费”选项,分别选择相应的借贷方科目,并选中【合并科目相同、辅助项相同的分录】复选框,如图 7-57 所示。

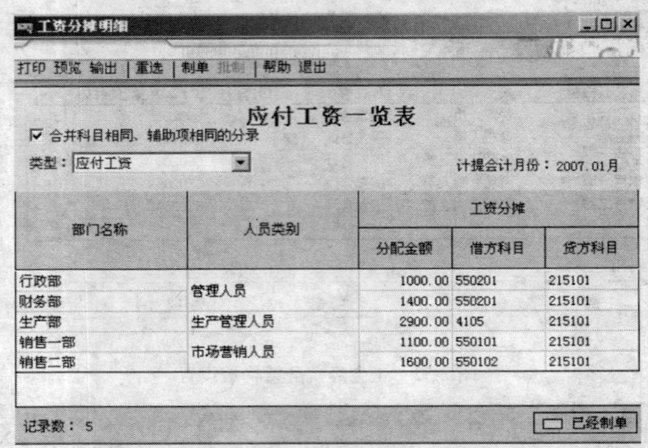

工资分摊明细

打印 预览 输出 | 重选 | 制单 批制 | 帮助 退出

应付工资一览表

☑ 合并科目相同、辅助项相同的分录

类型:应付工资

计提会计月份:2007.01月

部门名称	人员类别	工资分摊		
		分配金额	借方科目	贷方科目
行政部	管理人员	1000.00	550201	215101
财务部		1400.00	550201	215101
生产部	生产管理人员	2900.00	4105	215101
销售一部	市场营销人员	1100.00	550101	215101
销售二部		1600.00	550102	215101

记录数:5　　已经制单

图 7-55　【工资分摊明细】对话框,应付工资一览表

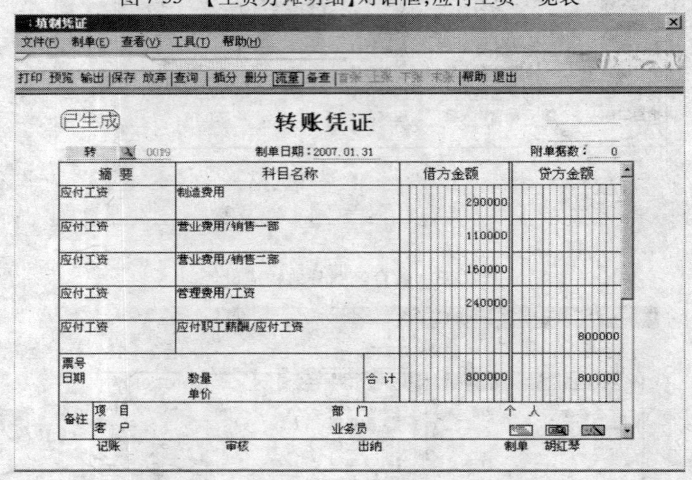

填制凭证

文件(F) 制单(E) 查看(V) 工具(T) 帮助(H)

打印 预览 输出 保存 放弃 查询 插分 删分 流量 备查 首张 上张 下张 末张 帮助 退出

已生成

转账凭证

转 0019　制单日期:2007.01.31　附单据数:0

摘要	科目名称	借方金额	贷方金额
应付工资	制造费用	290000	
应付工资	营业费用/销售一部	110000	
应付工资	营业费用/销售二部	160000	
应付工资	管理费用/工资	240000	
应付工资	应付职工薪酬/应付工资		800000
票号 日期	数量 单价 合计	800000	800000

备注　项目　部门　个人

客户　业务员

记账　审核　出纳　制单　胡红琴

图 7-56　生成的分摊应付工资的转账凭证

工资分摊明细

打印 预览 输出 | 重选 | 制单 批制 | 帮助 退出

职工福利费一览表

☑ 合并科目相同、辅助项相同的分录

类型:职工福利费

计提会计月份:2007.01月

部门名称	人员类别	工资分摊				
		计提基数	计提比例	计提金额	借方科目	贷方科目
行政部	管理人员	1000.00	14.00%	140.00	550202	215102
财务部		1400.00	14.00%	196.00	550202	215102
生产部	生产管理人员	2900.00	14.00%	406.00	4105	215102
销售一部	市场营销人员	1100.00	14.00%	154.00	550101	215102
销售二部		1600.00	14.00%	224.00	550102	215102

记录数:5　　已经制单

图 7-57　【工资分摊明细】对话框,职工福利费一览表

(8)单击【制单】按钮,生成职工福利费分摊的转账凭证。选择凭证类别为“转账凭证”,单击【保存】按钮,生成分摊应付职工福利费的转账凭证,如图7-58所示。

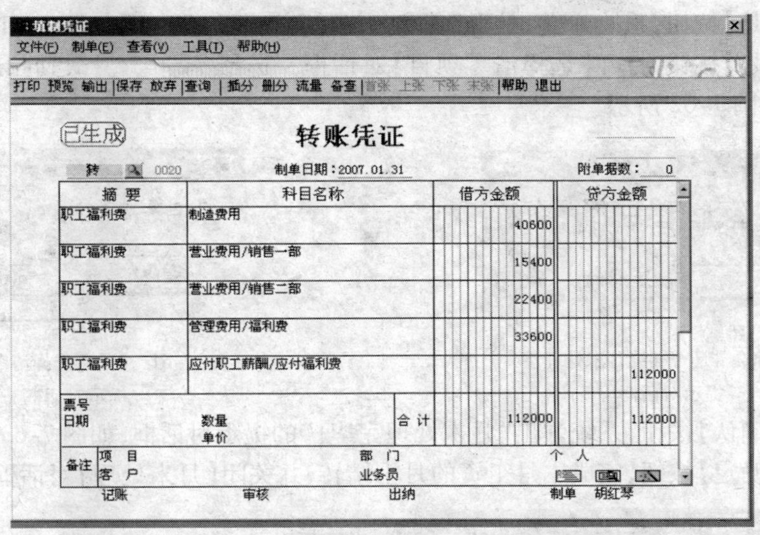

图7-58　生成的分摊职工福利费的转账凭证

(9)重复步骤(7)~(8)的操作,生成计提“工会经费”和“教育经费”的转账凭证。

2)注意事项

(1)工资分摊应按分摊类型依次进行。

(2)在进行工资分摊时,选中【合并科目相同、辅助项相同的分录】复选框的目的是合并分录中同方向的相同科目,使生成的凭证更符合人们的习惯。

(3)通过【工资分摊明细】对话框中的“批制”功能,可一次性地将所有本次参与分摊的“分摊类型”所对应的凭证全部生成。

五、月末处理

1. 月末处理

月末处理是将当月的工资数据经过处理后结转至下月。每月的工资数据处理完毕后均可进行月末结转。由于在工资项目中,有的项目如奖金、缺勤扣款、代扣税等是变动的,即每月的数据均不相同,在每月工资处理结转时,均需将这种项目的数据清零,以便以后输入当月的数据。

【例7-16】 将088账套2007年1月的工资进行月末处理。对工资项目“奖金”、“缺勤扣款”、“代扣税”进行清零处理。

1)操作步骤

(1)在工资管理系统中,选择【在职人员】工资类别,执行“工资管理→业务处理→月末处理”命令,打开【月末处理】对话框,如图7-59所示。

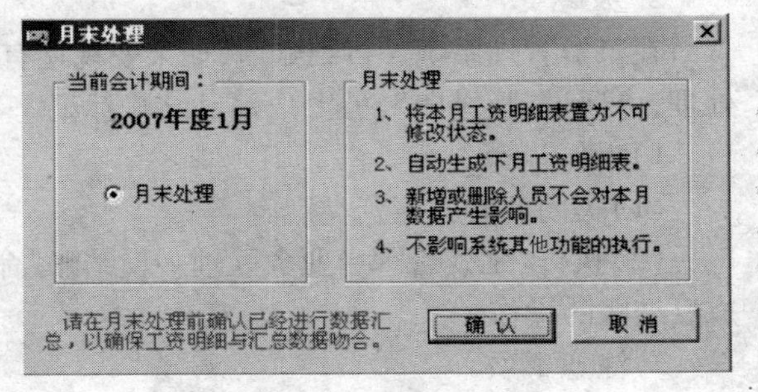

图7-59　【月末处理】对话框

(2)单击【确认】按钮,系统弹出"月末处理之后,本月工资将不许变动!继续月末处理吗?"的提示对话框,如图7-60所示。

(3)单击【是】按钮,系统弹出"是否选择清零项?"的提示对话框,如图7-61所示。

(4)单击【是】按钮,打开【选择清零项目】对话框。选择"奖金"、"缺勤扣款"、"代扣税"为清零项目,如图7-62所示。

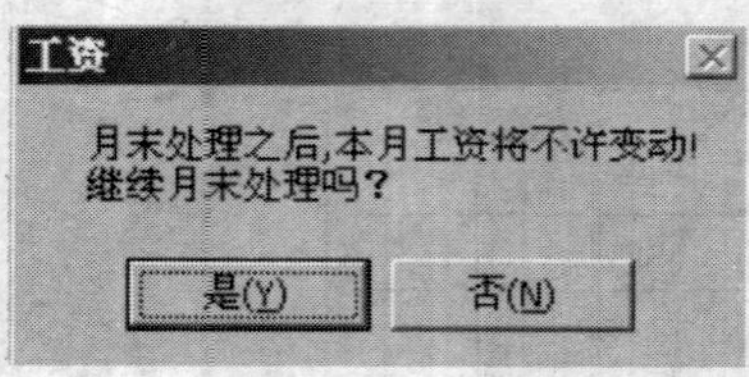

图7-60 "是否继续月末处理?"提示对话框

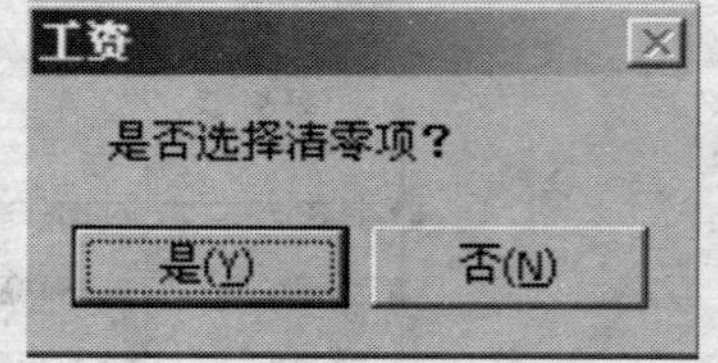

图7-61 "是否选择清零项?"提示对话框

(5)单击【确认】按钮,系统弹出"月末处理完毕!"的提示对话框,如图7-63所示。

(6)单击【确定】按钮,完成本月工资的月末结转,并关闭【月末处理】对话框。

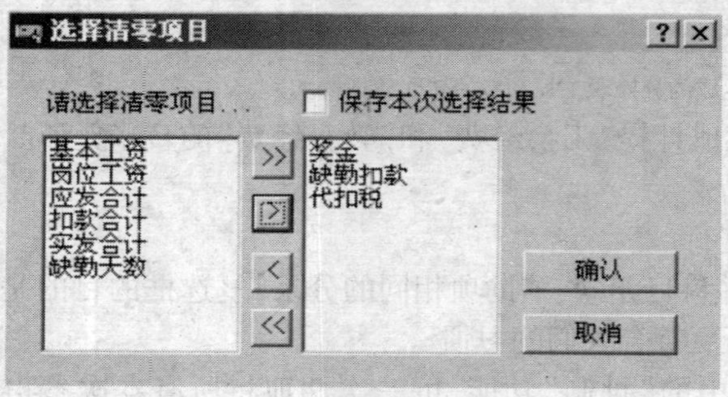

图7-62 【选择清零项目】对话框

图7-63 "月末处理完毕!"提示对话框

2)注意事项

(1)只有账套主管才能执行月末处理功能。

(2)月末处理只有会计年度的1~11月进行。

(3)对不同的工资类别,应分别进行月末处理。

(4)本月工资未汇总,系统将不允许进行月末处理。

(5)进行月末处理后,当月的工资数据将不再允许变动。

2. 反结账

在工资管理系统进行结账后,如果发现还有一些业务或其他事项需要在已结账月份进行处理,可通过"反结账"功能,取消已结账标记。

1)操作步骤

(1)关闭所有的工资类别。

(2)执行"工资管理→业务处理→反结账"命令,选择要反结账的工资类别,确认后即可完成反结账的操作。

2)注意事项

(1)只有账套主管才能执行反结账功能。

(2)总账系统已结账、汇总工资类别的会计月份与反结账的会计月份相同且包括反结账的工资类别时,不允许进行反结账。

(3)传输到总账系统的本月工资分摊的相关凭证,如总账系统已审核并已记账,需进行红字冲销后,才能进行反结账。如果总账系统未作任何操作,只需删除工资分摊的相关凭证即可进行反结账。

六、统计分析

工资业务处理完成后,同时生成相关工资报表。系统提供了多种形式的报表来反映工资核算的结果,主要包括工资表和工资分析表两类。工资表有工资发放签名表、工资发放条、工资变动汇总表、部门工资汇总表等格式。工资分析表有部门工资项目构成分析表、按部门的分类统计表、按项目的分类统计表、工资增长情况等。同时还提供了对工资分摊生成的相关凭证进行查询的功能。

1. 我的账表

我的账表主要提供对工资管理系统中所有的报表进行管理的功能,有工资表和工资分析表两类。如果系统提供的报表不能满足需要,可以启用自定义报表功能,新增报表和设置自定义报表。

2. 工资表

工资表用于本月工资的发放和统计,主要完成查询和打印各种工资表的工作。工资表包括一些由系统提供的原始表,如工资发放签名表、工资发放条、工资卡、部门工资汇总表、人员类别汇总表、部门条件汇总表、条件统计表、条件明细表、工资变动明细表和工资变动汇总表。

【例 7-17】 查看 088 账套 2007 年 1 月的工资发放条。

1)操作步骤

(1)在工资管理系统中,执行“工资管理→统计分析→账表→工资表”命令,打开【工资表】对话框,如图 7-64 所示。

(2)在【工资表】对话框中,选中“工资发放条”,单击【查看】按钮,打开【工资发放条】对话框,并选择需查看工资的部门,如图 7-65 所示。

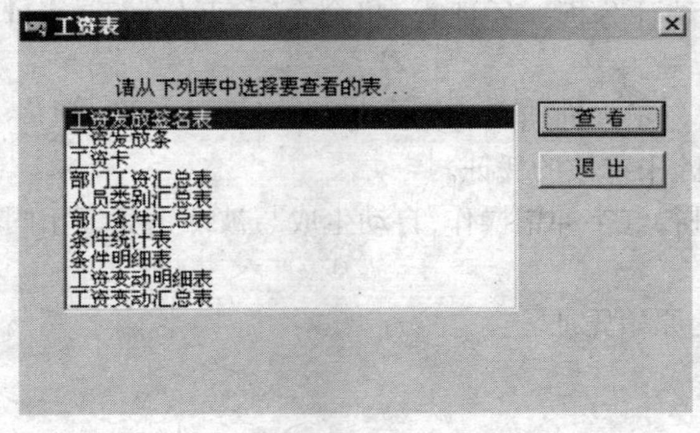

图 7-64 【工资表】对话框

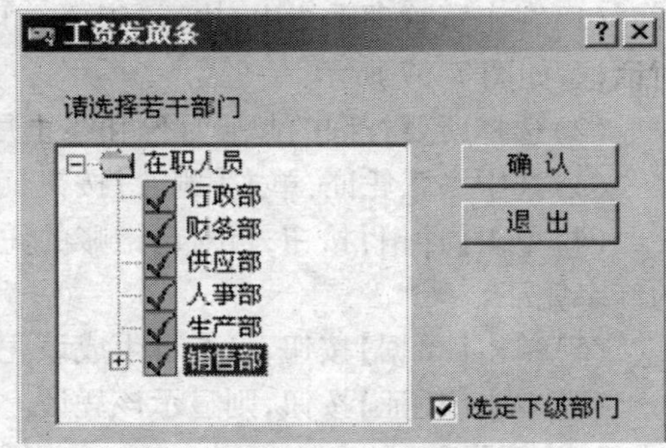

图 7-65 【工资发放条】对话框

(3)单击【确认】按钮,得到相应的工资发放条的查询结果,如图 7-66 所示。

2)注意事项

在步骤(2)操作中,选择需查看的工资表,即可得到相应的查看结果。

工资发放条

打印 预览 输出 | 连打 套打 设置 | 帮助 退出

工资发放条

2007 年 01 月

部门:全部　　会计月份:一月　　人数: 5

人员编号	姓名	基本工资	岗位工资	奖金	应发合计	缺勤扣款	代扣税	扣款合计	本月扣零	上月扣零	实发合计	缺勤天数
000001	王新程	600.00	300.00	100.00	1,000.00	54.55		54.55	0.05		945.40	2.
000005	胡红琴	800.00	400.00	200.00	1,400.00						1,400.00	
000008	唱路	1,000.00	800.00	1,100.00	2,900.00		105.00	105.00			2,795.00	
000010	周清清	600.00	400.00	100.00	1,100.00						1,100.00	
000011	高能	900.00	400.00	300.00	1,600.00						1,600.00	
合 计		3,900.00	2,300.00	1,800.00	8,000.00	54.55	105.00	159.55	0.05		7,840.40	2.

制表:　　审核:

图 7-66　工资发放条

3. 工资分析表

工资分析表是以工资数据为基础,对部门、人员类别的工资数据进行分析和比较,生成的各种分析表。工资分析表包括工资项目分析(按部门)、员工工资汇总表(按月)、分部门各月工资构成分析表、工资增长情况、部门工资项目构成分析表、员工工资项目统计表、分类统计表(按项目、按部门)等。

在工资管理系统中,执行"工资管理→统计分析→账表→工资分析表"命令,打开【工资分析表】对话框,选中查看的工资分析,单击【确认】按钮,即可得到相应的查询结果。

4. 凭证查询

在工资管理系统中,工资核算的结果以转账凭证的形式传输到总账系统。在总账系统中,可以对这些凭证进行查询、审核和记账等操作,但不能进行修改或删除的操作。工资管理系统中的"凭证查询"功能,提供了对工资分摊形成的转账凭证进行修改、删除和冲销的操作功能。

1)操作步骤

(1)在工资管理系统中,执行"工资管理→统计分析→凭证查询"命令,打开【凭证查询】对话框,如图 7-67 所示。

(2)选择所要查询的起始月份和终止月份,显示查询期间的凭证列表。

(3)选中一张凭证,单击【删除】按钮,可删除未审核的凭证。

(4)单击【冲销】按钮,可对已记账的凭证进行红字冲销操作,自动生成与被冲销凭证相同的红字凭证。

(5)单击【单据】按钮,可查看生成该凭证的原始凭证。

(6)单击【凭证】按钮,则显示该凭证。

2)注意事项

(1)已审核的凭证应取消审核后才能进行修改、删除的操作。

(2)对已结账凭证,才能进行冲销的操作。

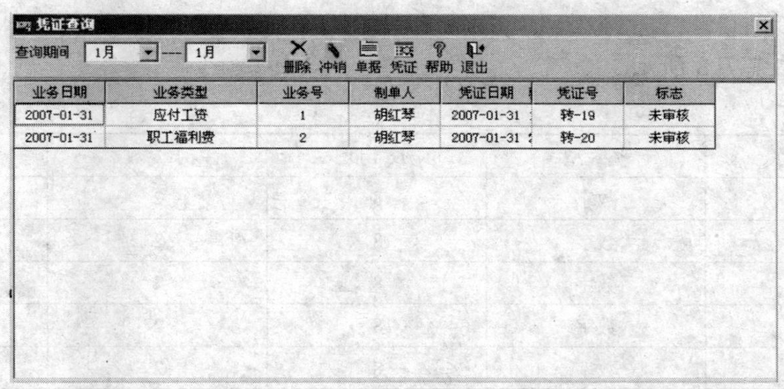

业务日期	业务类型	业务号	制单人	凭证日期	凭证号	标志
2007-01-31	应付工资	1	胡红琴	2007-01-31	转-19	未审核
2007-01-31	职工福利费	2	胡红琴	2007-01-31	转-20	未审核

图 7-67 【凭证查询】对话框

实训十 工资业务处理

一、实训目的

掌握用友 ERP-U8 财务管理软件中工资管理系统管理的初始设置、日常业务处理、工资分摊及月末处理的操作内容操作方法。

二、实训内容

1. 工资管理系统的启用和工资账套的建立。
2. 设置公共信息。
3. 当前工资类别的初始设置。
4. 工资管理的业务处理。

三、实训资料

1. 建立工资账套

由操作员胡红琴(用户名 004,密码 008)建立工资账套,并进行相应参数的设置。工资账套的参数为“所需处理的工资类别为多个、核算计件工资”;扣税设置为“从工资中代扣个人所得税”;扣零设置为“扣零至分”;人员编码长度为 6 位。

2. 设置公共信息

1)设置工资类别

分别设置“在职人员”和“退休人员”的工资类别。“在职人员”的所在部门包括各个部门,“退休人员”只属于“行政部”。工资类别的启用日期均为“2007 年 1 月 1 日”。

2)设置人员附加信息

增加“技术职称”、“学历”、“职务”和“年龄”4 项人员附加信息。

3)设置人员类别

设置人员类别为“生产人员”、“管理人员”和“市场营销人员”。

4)设置工资项目

工资项目如表7-8所示。

表7-8

工资项目名称	类 型	长 度	小 数	增减项
基本工资	数字	8	2	增项
岗位工资	数字	8	2	增项
奖金	数字	8	2	增项
缺勤天数	数字	8	2	减项
缺勤扣款	数字	8	2	减项

5)设置银行名称

设置银行名称为"工商银行",账号长度为11位,录入时自动带出的账号长度为8位。

3. 当前工资类别的初始设置

1)建立和修改人员档案

人员档案表如表7-9所示。

表7-9

职员编号	人员名称	所属部门	人员类别	银行代发账号
000001	王新程	行政部	管理人员	10020089001
000002	张小新	财务部	管理人员	10020089002
000003	李红明	财务部	管理人员	10020089003
000004	王 艺	财务部	管理人员	10020089004
000005	胡红琴	财务部	管理人员	10020089005
000006	晏小华	供应部	管理人员	10020089006
000007	黄 河	人事部	管理人员	10020089007
000008	唱 路	生产部	生产管理人员	10020089008
000009	李 新	生产部	生产管理人员	10020089009
000010	周清清	销售一部	市场营销人员	10020089010
000011	高 能	销售二部	市场营销人员	10020089011

2)设置计算公式

选择在职人员工资类别的工资项目为所有已设置的工资项目,工资间的数据关系按以下顺序排列:基本工资→岗位工资→奖金→应发合计→缺勤扣款→代扣税→扣款合计→上月扣零→本月扣零→实发合计→缺勤天数。

设置【应发合计】工资项目的计算公式:"基本工资+岗位工资+奖金";【缺勤扣款】工资项目的计算公式:"基本工资/22*缺勤天数";【实发合计】工资项目的计算公式:"应发合计—扣款合计"。

4. 工资管理的业务处理

1)工资数据

工资数据如表7-10所示。

表 7-10

编 号	姓 名	所属部门	人员类别	基本工资	岗位工资	奖金	缺勤天数	备 注
000001	王新程	行政部	管理人员	600	300	100	2	
000002	张小新	财务部	管理人员	700	600	400		停发
000003	李红明	财务部	管理人员	800	500	200		停发
000004	王 艺	财务部	管理人员	800	500	300		停发
000005	胡红琴	财务部	管理人员	800	400	200		
000006	晏小华	供应部	管理人员	600	500	300		停发
000007	黄 河	人事部	管理人员	700	400	100		停发
000008	唱 路	生产部	生产管理人员	1000	800	1100		
000009	李 新	生产部	生产管理人员	600	600	800		停发
000010	周清清	销售一部	市场营销人员	600	400	100		
000011	高 能	销售二部	市场营销人员	900	400	300		

2)扣缴所得税

计算 2007 年 1 月金鑫公司在职人员应缴个人所得税,并重新计算工资汇总表。个人所得税应按实发工资扣除 1600 元费用后计算。

3)银行代发

由工商银行代发 2007 年 1 月的工资,编制 2007 年 1 月金鑫公司在职人员工资银行代发一览表。

4)工资分摊并生成转账凭证

088 账套中工资分摊的类型为“应付工资”、“职工福利费”、“工会经费”、“教育经费”。其分摊比例分别为 100%、14%、2% 和 1.5%。借方和贷方的会计科目按会计的规定。

复习思考题

一、名词解释

1. 工资类别;

2. 设置工资计算公式;

3. 工资分摊。

二、判断题

1. 工资类别的启用日期确定后不能再修改。

2. 发放工资采用由银行代发的形式时,需要确定银行名称及地址。

3. 在工资管理系统中建立人员档案与总账中是不同的,目的是用于登记职工的工资发放。

4. 利用计算机进行工资管理,应先设置工资的计算公式,由计算机自动完成工资的计算工作。

5. 工资账套是针对工资管理系统建立的账套,是用户核算账套的一个组成部分。

6. 人员档案的操作是针对某个工资类别的,建立人员档案时应先打开相应的工资类别。

7. 计算扣缴的个人所得税是工资管理的业务处理内容之一。

8. 工资变动实际上是录入工资数据。工资变动处理之前,应先设置好工资项目及计算公式。

9. 应根据工资的用途,从工资的分配、分摊出发进行人员类别的设置。这样有利于进行工资分配和相关工资附加费的核算。

10. 可利用函数公式向导输入工资项目的计算公式。但函数公式向导只支持系统提供的函数。

11. 计算个人所得税时,系统默认以应付工资作为扣税基数。如果以其他工资项目作为扣税标准,则应在定义工资项目时单独为应税所得设置一个工资项目。

12. 进行月末处理后,当月的工资数据将不再允许变动。

13. 已使用过的人员附加信息只能在下月被删除。

14. 人员类别名称可随时修改,但已使用的人员类别不能被删除。

15. 人员档案中,标志为停发或调出的人员,将不再参与工资的发放与汇总。

16. 当工资数据发生变动时,如修改了某些数据、重新设置了计算公式、计算了个人所得税等,必须执行计算和汇总功能对个人工资数据重新计算,保证数据的正确。

17. 只有主管会计才能执行工资月末处理功能。

18. 凡涉及任一工资项目的数据变动,如基本工资变动,个人所得税的税率、扣除费用、计税依据变动等,都应在【工资变动】对话框中重新计算和汇总工资数据。

19. 工资项目名称必须唯一。除系统提供的固定项目外,均可被删除。

20. 应按会计的规定和工资的用途,对工资及相应费用如职工福利费、工会经费和教育经费等建立相应的分摊类型和分摊比例。

三、选择题

1. 在进行工资核算前,应对有关工资核算的公共信息进行设置,这些公共信息包括(　　)等。

A. 工资类别设置　　B. 人员类别设置　　C. 工资项目设置　　D. 银行名称设置

2. 人员附加信息设置就是对除(　　)以外的其他信息进行设置,包括技术职称、学历、职务等信息。

A. 职员姓名　　B. 所属部门　　C. 性别　　D. 年龄

3. 工资账套的建立包括(　　)等步骤。

A. 参数设置　　B. 扣税设置　　C. 扣零设置　　D. 人员编码设置

4. 工资项目设置时,系统提供了(　　)等固定项目,与选择的工资账套参数无关。

A. 基本工资　　B. 扣款合计　　C. 应发合计　　D. 实发合计

5. 当前工资类别的初始设置包括(　　)等内容。

A. 人员类别设置　　B. 工资项目设置　　C. 建立人员档案　　D. 设置计算公式

6. 工资管理系统提供了多种形式的报表来反映工资核算的结果,主要包括(　　)。

A. 工资表　　B. 工资分析表　　C. 工资统计表　　D. 工资变动表

7. 人员档案的附加信息包括(　　)。

A. 部门编码　　B. 停发工资　　C. 计税　　D. 核算计件工资

8. 工资管理的业务处理包括的内容为(　　)。

A. 录入工资数据　B. 扣缴所得税　C. 数据维护　D. 银行代发的处理

9. 设置计算公式时首先应选择工资项目并确定工资间的数据关系。下列数据关系中,正确的是(　　)。

A. 基本工资→应发合计→扣款合计→实发合计

B. 应发合计→基本工资→实发合计→缺勤天数

C. 基本工资→应发合计→缺勤天数→实发合计

D. 基本工资→缺勤扣款→应发合计→实发合计

10.《个人所得税法》列举的个人所得共有11项,包括(　　)等。

A. 工资、薪金所得　B. 财产转让所得　C. 意外所得　D. 股息、红利所得

11. 工资类别建立后,可通过【工资类别】菜单下的(　　)子菜单,进行相应的操作。

A. 新建工资类别　B. 打开工资类别　C. 审核工资类别　D. 删除工资类别

12. 定义工资计算公式时,可使用的运算符或关系符包括(　　)。

A. ≈　B. +　C. =　D. ≥

13. 工资管理系统只提供了对(　　)进行个人所得税自动计算的功能。

A. 工资　B. 薪金所得　C. 劳务报酬所得　D. 红利所得

14. 定义计算公式可通过选择(　　)等组合完成。

A. 运算符　B. 工资项目　C. 函数　D. 关系符

15. 在工资管理系统中,工资核算的结果以转账凭证的形式传输到总账系统。在总账系统中,可以对这些凭证进行(　　)等操作。

A. 查询　B. 审核　C. 修改或删除　D. 记账

四、简答题

1. 工资核算的功能和特点有哪些?

2. 在工资管理系统中,为什么要设置公共信息?具体包括哪些内容?

3. 对当前工资类别进行初始设置包括哪些内容?

4. 什么是工资管理的业务处理?主要包括哪些内容?

5. 什么是工资分析表?包括哪些具体内容?

第八章 固定资产系统

• 知识目标 •

解释固定资产系统初始设置、变动单的概念;描述固定资产核算的功能和特点、固定资产的业务处理内容。

• 能力目标 •

进行建立固定资产子账套、基础设置、录入原始卡片等系统初始设置操作,固定资产日常业务的处理操作。具有利用固定资产管理系统进行固定资产核算、折旧计算和对固定资产报表进行分析的能力。

第一节 固定资产系统概述

一、固定资产核算的功能与特点

1. 功能

固定资产因其使用期限较长、单位价值较大、在使用中保持物理形态基本不变等,与流动资产、无形资产的管理相比,有其固有的特点。所以,固定资产的核算,应实现以下功能:

(1)固定资产卡片式管理:既能实现单项固定资产的卡片管理,也能实现部门、分类固定资产卡片汇总数据管理,和单位汇总数据的管理。

(2)固定资产的增减变动管理:在固定资产的增减变动过程中,能够根据增减变动的原因和对应的固定资产类别、使用部门、单项等对应进行管理。

(3)累计折旧的计算:固定资产在使用过程中,价值会逐渐减少,对应计提折旧额,实现折旧额的单项计提、分类计提、部门汇总等功能。

(4)净值的计算:根据原值和已经计提的折旧,对应计算单项、分类、使用部门管理的固定资产净值的计算。

2. 特点

(1)信息存储量大。因涉及单项固定资产的管理,且在系统中要建立卡片管理和折旧、净值的计算,信息处理量大。

(2)日常输入的数据少。因为固定资产在使用过程中除技改等原因和新购等原因形成原值增加、盘亏毁损等减少外,基本上不涉及变动,所以系统一旦形成,日常工作较少。

(3)输出内容多。企业财务管理工作中,很多方面都涉及固定资产的管理,所以输出的内容除每月折旧外,还包括相关盘点、清产核资等信息。

二、固定资产核算的流程

固定资产核算的流程如图 8-1 所示。

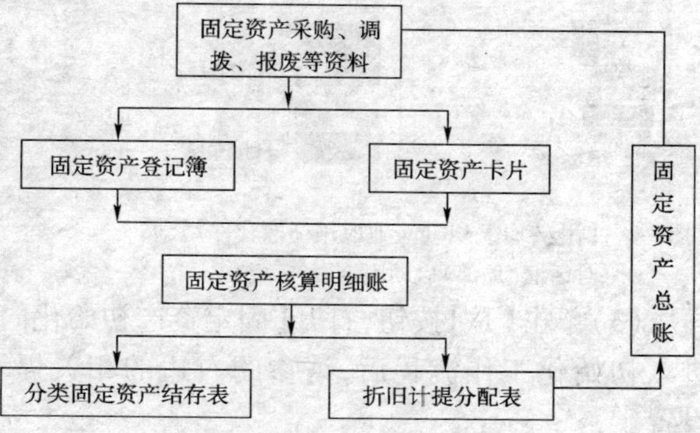

图 8-1　固定资产核算的流程

三、固定资产管理系统的功能

(1)输入各种固定资产的基础数据:固定资产分类、原值、折旧方法、折旧年限、净残值率、已提折旧、已提期数、折旧分配账户等。

(2)准确无误地进行折旧核算:按设定的原值等计提折旧的信息,自动进行月折旧额的计算。

(3)自动计算净值:根据原值和已提折旧,自动进行净值的计算。

(4)查询固定资产的信息:原值、增加方式、折旧方法、使用年限、净残值率、已提折旧、剩余折旧期数、净值、使用管理部门、折旧分配账户等各种数据。

(5)打印固定资产卡片、使用部门汇总表、分类汇总表等信息。

第二节　系统初始设置

固定资产系统初始设置是根据用户的实际情况和需要,建立一个适用本单位需要的固定资产子账套的过程。主要内容包括建立固定资产子账套、基础设置和录入固定资产原始卡片。

一、建立固定资产子账套

建立固定资产子账套是根据用户的具体情况,在已经建立会计核算账套的基础上建立一个适合用户实际需要的固定资产子账套的过程。主要包括约定及说明、启用月份、折旧信息、编码方式、账务接口和完成设置 6 个方面的内容。

【例 8-1】　由操作员胡红琴(用户名 004,密码 008)建立固定资产账套,并进行相应参数的设置。固定资产子账套的启用月份为“2007 年 1 月”;固定资产折旧采用“平均年限法(一),按月计提折旧”,折旧汇总分配周期为“1 个月”,当(月初已计提折旧月份 = 可使用月份 -1)时,要求将剩余折旧全部提足。固定资产编码原则为“2-1-1-1”,编码方式采用手工编码,序号长度为“5”。固定资产系统要求与总账进行对账,固定资产对账科目为“1510 固定资产”、“1502 累计折旧”,对账不平的情况下不允许结账。

1. 操作步骤

(1)执行“企业门户→财务会计→固定资产”命令,启动固定资产系统,如图 8-2 所示。

(2)如果在系统启用前,未进行相关固定资产的基础档案、基础数据的录入,系统会自动提示进行相关初始化工作,如图 8-3 所示。

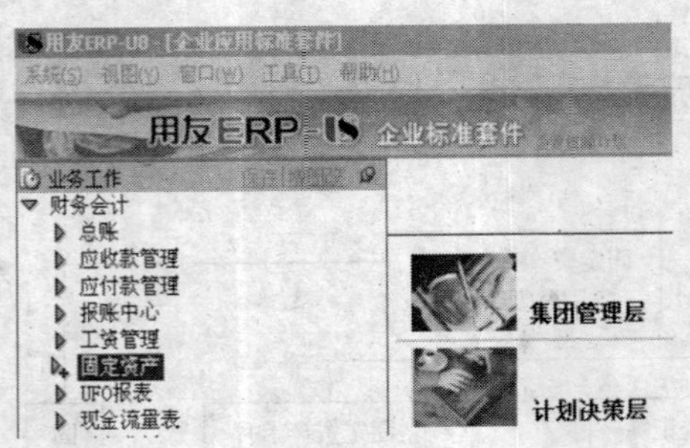

图 8-2 【用友 ERP-U8-〖企业应用标准套件〗】对话框(局部)启动固定资产系统

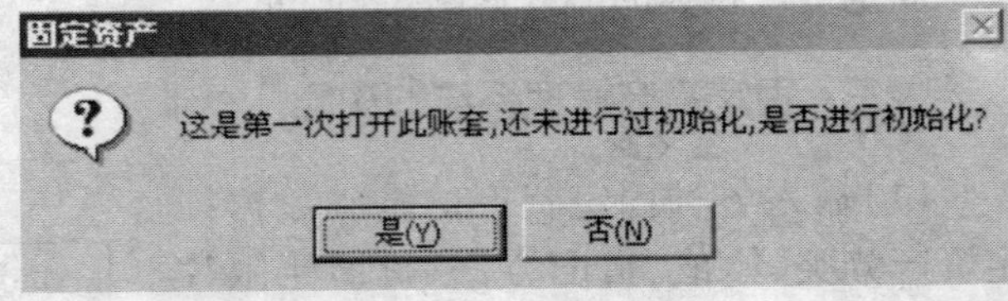

图 8-3 【是否进行初始化提示】对话框

(3)单击【是】按钮,打开【固定资产初始化向导—约定及说明】对话框,如图 8-4 所示。在进入初始化工作流程后,请参阅右边的相关提示,并按照提示进行相关初始化工作的具体设置。

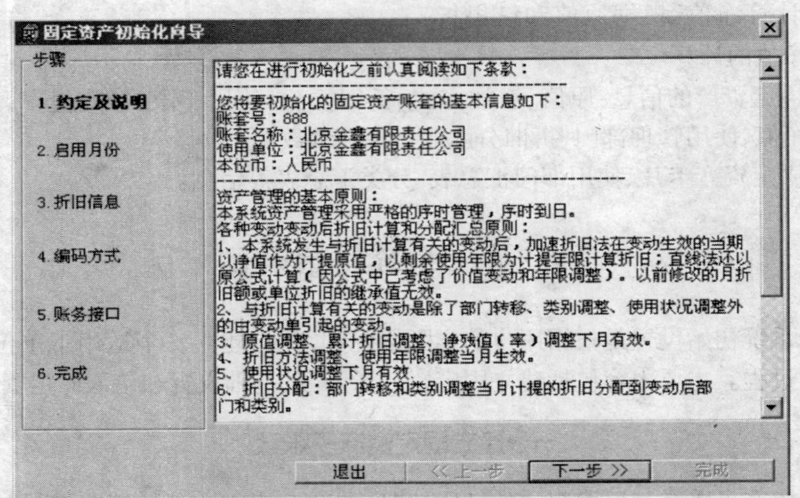

图 8-4 【固定资产初始化向导—约定及说明】对话框

(4)单击【下一步】按钮,打开【固定资产初始化向导—启用月份】对话框,如图 8-5 所示。如果启用日期(登录系统的日期)晚于总账系统的启用日期,系统会自动将当前月份作为固定资产模块的首次使用月份,但如想在 1 月启用,则应退出系统,在企业门户登记的日期中,输入或选择想要启用月份所在的日期。

(5)单击【下一步】按钮,打开【固定资产初始化向导—折旧信息】对话框,如图 8-6 所示。折旧方法的选择中,根据我国现行的财务管理制度,提供了平均年限法、年限总和法、双倍余额递减法、工作量法等折旧方法供选择。在折旧汇总分配周期上,通常选择为 1 个月,也可以结合企业的特点,选择 3 个月(一个季度)、6 个月(半年)、12 个月(一年)作为汇总期。

(6)单击【下一步】按钮,打开【固定资产初始化向导—编码方式】对话框,如图 8-7 所示。固定资产的编码规则,结合财务制度的规定和企业的情况,通常将第一级编码分为固定资产的

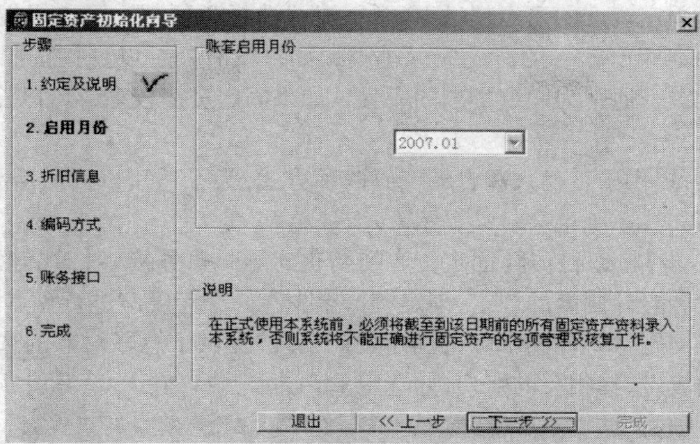

图 8-5 【固定资产初始化向导—启用月份】对话框

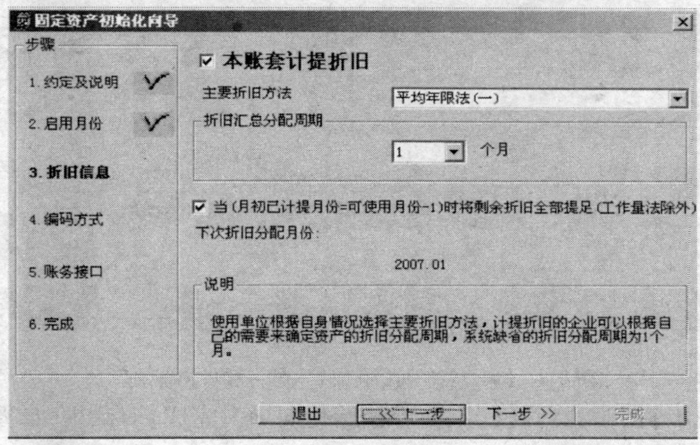

图 8-6 【固定资产初始化向导—折旧信息】对话框

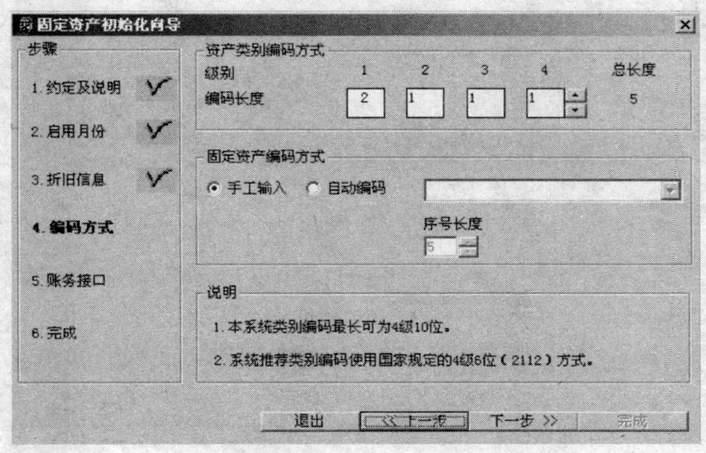

图 8-7 【固定资产初始化向导—编码方式】对话框

大类，目前，因为固定资产的已经超过 10 个，建议选择 2 位数。第二级编码，通常结合企业的情况，如果固定资产较多的，还应分小类，如果没有，可以直接按照使用部门进行编码。第三级或第四级，通常为固定资产的序号，如果固定资产较多，可以设置为 4 位数以满足需要。

在编码方式上，提供手工输入和自动编码两种方式，为了适用以后的需要，建议先选用手工编码，当出现重码时，系统也会自动提示。

(7)单击【下一步】按钮，打开【固定资产初始化向导—账务接口】对话框，如图 8-8 所示。按照财务管理制度和会计制度的规定，固定资产至少在一个年度应进行盘点清查，同时也涉及与总账系统的对账问题，UF-ERP8.52 的固定资产系统，提供了总账对账的选项。可以通过参照按钮进行科目列表，选择相关的账户，如选定 1501 固定资产和 1502 累计折旧。

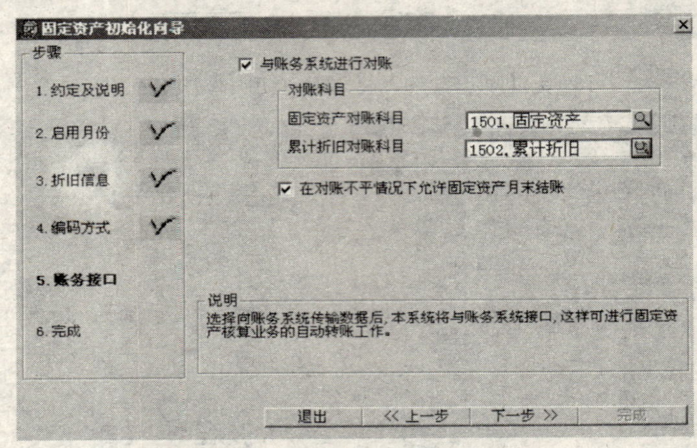

图 8-8 【固定资产初始化向导—账务接口】对话框

(8)单击【下一步】按钮，打开【固定资产初始化向导—完成】对话框，如图 8-9 所示。完成初始化设置工作，系统将显示相关的初始化设置信息。

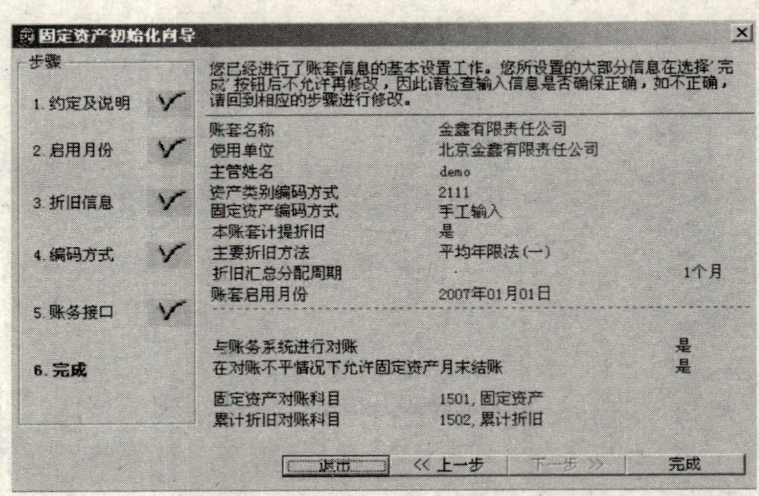

图 8-9 【固定资产初始化向导—完成】对话框

(9)单击【完成】按钮,系统弹出“已经完成了新账套的所有设置工作,是否确定所有设置的信息完全正确并保存对新账套的所有设置?”提示对话框,如图 8-10 所示。

(10)单击【是】按钮,系统弹出“已成功初始化本固定资产账套!”提示对话框,如图 8-11 所示。

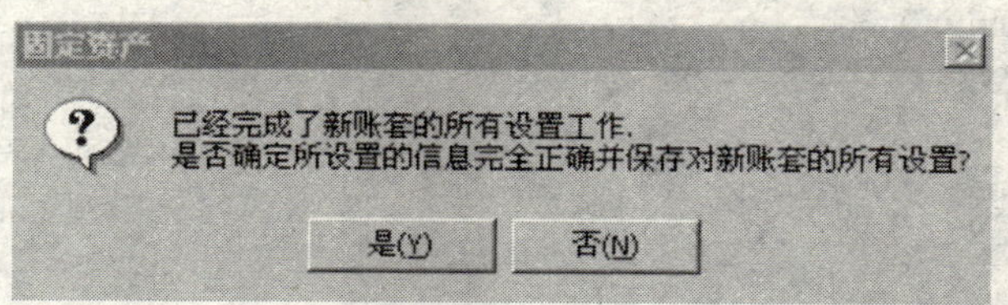

图 8-10 【已经完成了新账套的所有设置工作】提示对话框

图 8-11 【已成功初始化本固定资产账套!】提示对话框

(11)单击【确定】按钮,进入固定资产系统。

2. 注意事项

(1)在启用固定资产系统之前,应先在【系统管理】中建立相应的账套。

(2)在【固定资产初始化向导—折旧信息】对话框中,【本账套计提折旧】复选框用于选定本账套是否计提折旧。若选择了不计提折旧,则账套内所有与折旧有关的功能均不能使用,且该选项在初始化设置完成后不能修改。

(3)在【固定资产初始化向导—折旧信息】对话框中,系统提供了平均年限法、年限总和法、双倍余额递减法、工作量法等常用折旧方法供选择。对具体的固定资产可重新定义折旧方法。

(4)在【固定资产初始化向导—折旧信息】对话框中,如果选中【当(月初已计提折旧月份 = 可使用月份 - 1)时,将剩余折旧全部提足(工作量法除外)】复选框,则除工作时法外,只要满足上述条件,该月月折旧额 = 净值 - 净残值,并且不能手工修改。如果取消选中该复选框,则该月不提足折旧并且可以手工修改,但如以后各月按公式计算的月折旧额是负数,则认为公式无效。此时,可设置月折旧率 = 0,月折旧额 = 净值 - 净残值。

(5)固定资产账套建立完成后,若需要对账套中的某些参数进行修改,可通过执行“固定资产→设置→选项”命令,打开【选项】对话框,对“与账务系统接口”、“基本信息”、“折旧信息”及其他相关的参数进行修改。对不允许修改的参数,只有通过【重新初始化】功能实现对其修改的目的。重新初始化后将清空该子账套所有数据。

二、基础设置

在使用固定资产系统进行固定资产卡片录入和固定资产业务处理之前,应检查系统是否完成了相应的基础设置。固定资产系统的基础设置包括选项、部门对应折旧科目、增减方式、使用状况和折旧方法等内容。

1. 选项设置

选项设置是指对固定资产子账套参数的设置,包括约定及说明、启用月份、折旧信息、编码方式、账务接口和完成设置 6 个方面的内容。由于在建立固定资产子账套时已进行了相关的设置,因此在此处只允许对一些参数进行修改。

【例 8-2】 修改固定资产编码原则为“2-1-1-2”。

1)操作步骤

(1)执行“固定资产→设置→选项”命令,打开【选项】对话框,如图 8-12 所示。

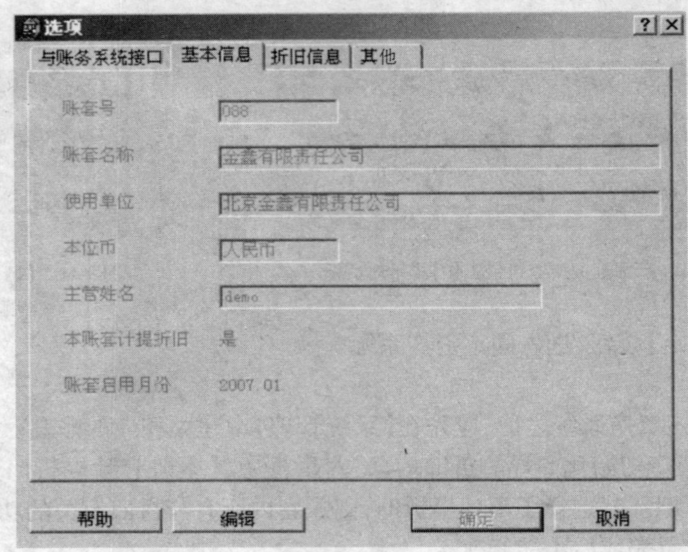

图 8-12 【选项】对话框

(2)在【选项】对话框中,单击【其他】选项卡,再单击【编辑】按钮,使选项卡对话框成修改状态,将原编码“2-1-1-1”修改为“2-1-1-2”,如图 8-13 所示。

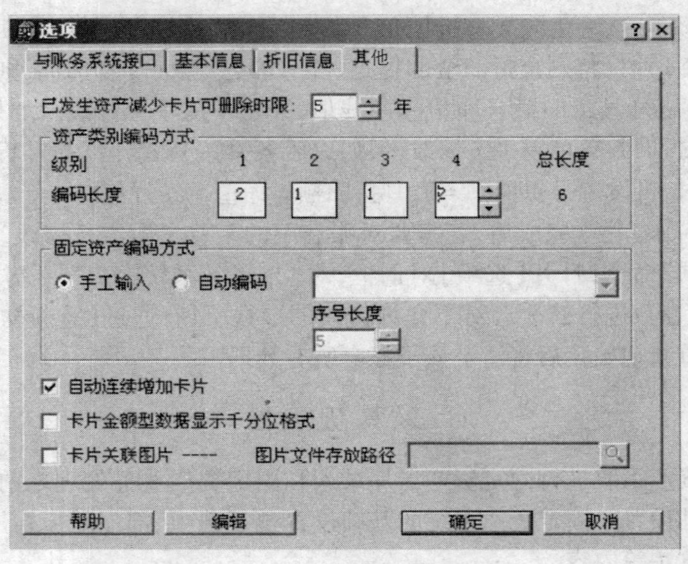

图 8-13 【选项】对话框【其他】选项卡

2)注意事项

(1)【选项】对话框中允许对相关初始设置进行修改。修改的内容可通过【与账务系统接口】、【基本信息】、【折旧停息】和【其他】4 个选项卡查看。

(2)选择相应的选项卡后,单击【编辑】按钮,显现修改状态。呈灰色的参数表示不可被修改,如账套的基本信息账套号、账套名称、使用单位、本位币等。

2. 部门对应折旧科目设置

固定资产折旧核算实质上是按照会计的规定和固定资产的使用用途,将计提的折旧归集到相应的成本或费用。部门对应折旧科目设置就是给部门选择一个归集折旧的成本或费用科目。录入卡片时,该科目自动显示在卡片上,不必逐个输入,提高了工作效率和准确性。在生成部门折旧分配表时,每一部门按折旧科目汇总,生成计提折旧的记账凭证。

【例 8-3】 设置 088 账套部门对应折旧科目如表 8-1 所示。

部门对应折旧科目 表 8-1

部门名称	对应折旧科目	部门名称	对应折旧科目
行政部	管理费用—折旧费(550208)	生产部	制造费用(4105)
财务部	管理费用—折旧费(550208)	销售一部	营业费用—销售一部(550101)
供应部	管理费用—折旧费(550208)	销售二部	营业费用—销售二部(550102)
人事部	管理费用—折旧费(550208)		

1)操作步骤

(1)在固定资产系统中,执行"固定资产→设置→部门对应折旧科目"命令,打开【部门编码表】对话框,如图 8-14 所示。

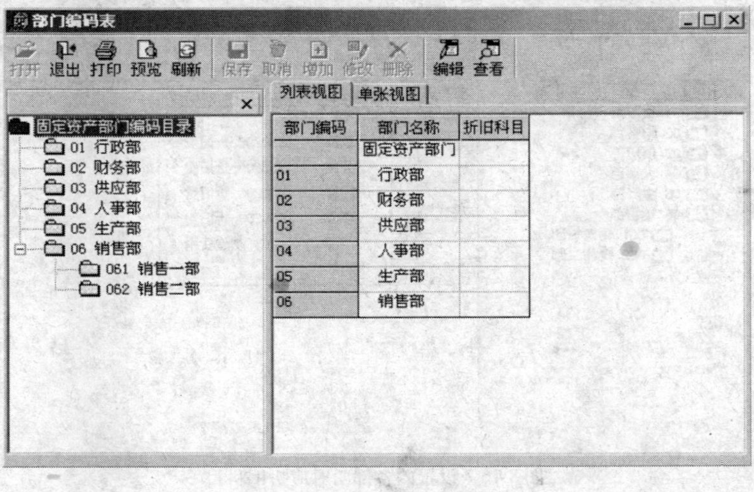

图 8-14 【部门编码表】对话框

(2)选中"行政部"所在行,单击【修改】按钮,打开【部门编码表—单张视图】对话框。

(3)在【部门编码表—单张视图】对话框中,单击【折旧科目】文本框后面的参照按钮,选择【550208 管理费用—折旧费】选项,如图 8-15 所示。

(4)单击【保存】按钮,保存所选择科目的设置。

(5)重复步骤(2)~(4)的操作,继续设置"财务部"、"供应部"、"人事部"、"生产部"、"销售一部"和"销售二部"的对应折旧科目,如图 8-16 所示。

(6)单击【退出】按钮,关闭该对话框。

2)注意事项

(1)在使用“部门对应折旧科目”功能前,应已建立好部门档案。

(2)部门档案的设置在各个系统中是共享的。总账系统中已设置了部门档案,因此不必再进行设置。但在固定资产系统中应检查部门档案设置的内容是否完整。

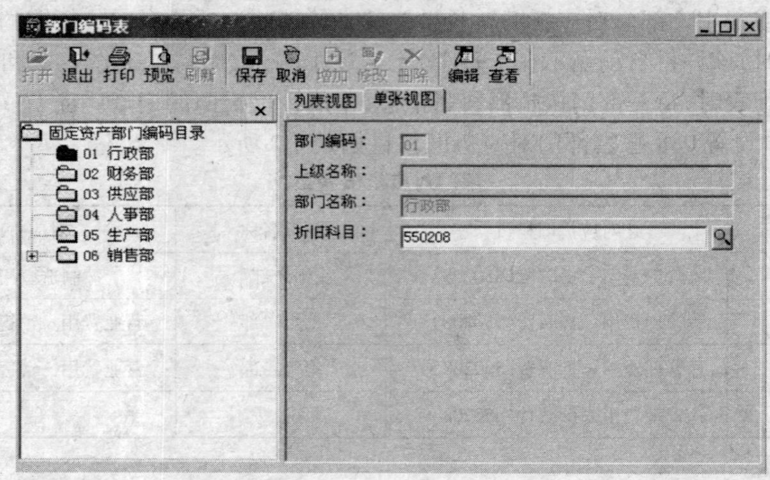

图 8-15 【部门编码表—单张视图】对话框

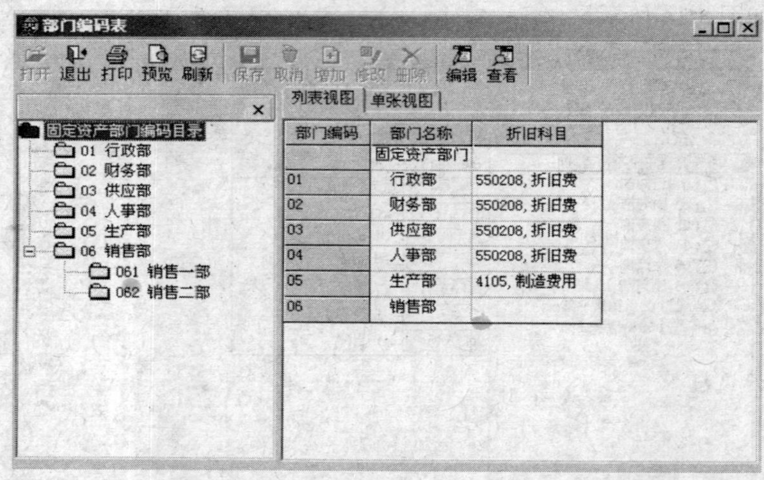

图 8-16 设置的各部门对应折旧科目

(3)设置上级部门的折旧科目,则其下级部门自动设置成与上级相同的科目。也可单独为下级部门另行设置折旧科目。

3. 资产类别设置

固定资产的种类繁多,规格不一。为了加强固定资产的管理,及时准确地做好固定资产的核算,必须建立科学的固定资产分类体系,为核算和统计管理提供依据。用户可根据自身的特点和管理要求,确定一个较为合理的固定资产分类标准和方法。对固定资产类别设置可进行增加、修改和删除的操作。

【例 8-4】 设置 088 账套固定资产类别如表 8-2 所示。

1）操作步骤

（1）在固定资产系统中，执行"固定资产→设置→资产类别"命令，打开【类别编码表】对话框，如图8-17所示。

固定资产类别　　表8-2

类别编码	类别名称	使用年限	净残值率	计提属性	折旧方法	卡片样式
01	建筑物	30	3%	正常计提	平均年限(一)	通用样式
02	机器设备	15	3%	正常计提	平均年限(一)	通用样式
03	办公设备	5	3%	正常计提	平均年限(一)	通用样式
04	运输设备	10	3%	正常计提	平均年限(一)	通用样式

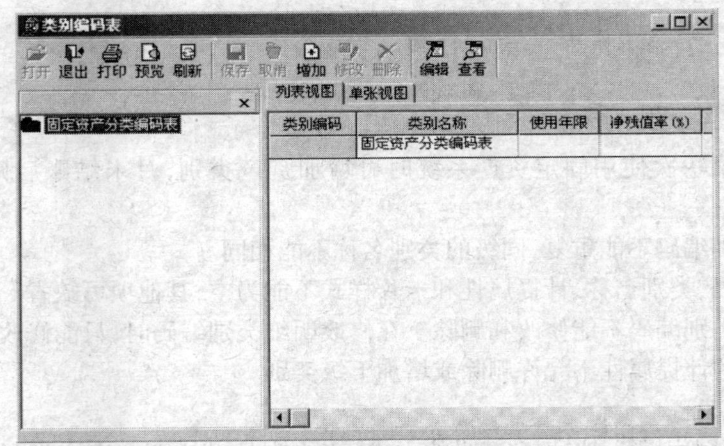

图8-17　【类别编码表】对话框

（2）单击【增加】按钮，打开【类别编码表—单张视图】对话框。

（3）在【类别编码表—单张视图】对话框中，分别录入类别名称"建筑物"、使用年限"30"、净残值率"3"，如图8-18所示。

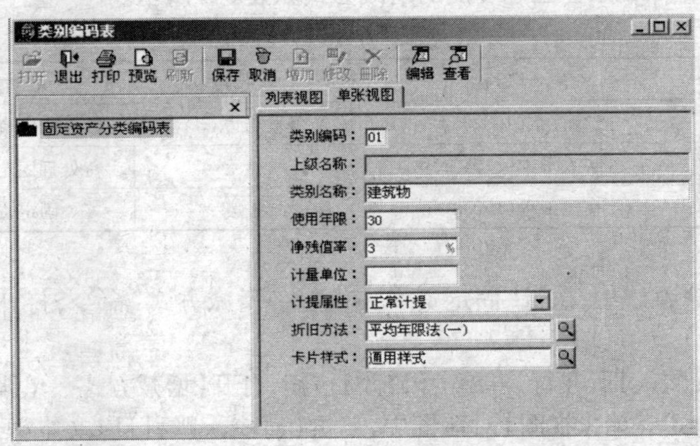

图8-18　【类别编码表—单张视图】对话框

(4)单击【保存】按钮,保存录入的内容。

(5)重复步骤(3)、(4)的操作,继续录入机器设备、办公设备和运输设备资产类别,如图8-19所示。

(6)单击【退出】按钮,关闭该对话框。

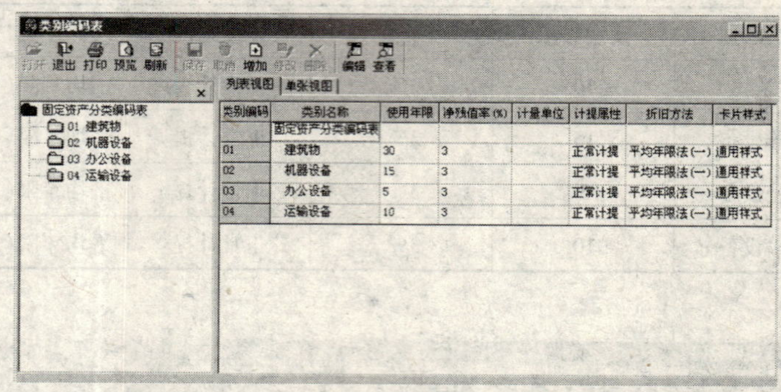

图 8-19　设置的类别编码

2)注意事项

(1)只有在第一次使用固定资产系统时可增加资产类别,月末结账后则不能增加资产类别。

(2)资产类别编码不能重复,同级的类别名称不能相同。

(3)类别编码、类别名称、计提属性和卡片样式不能为空,其他项可缺省。

(4)非明细类别编码不能修改和删除。在修改明细类别编码时,只能修改本级的编码。

(5)使用过的计提属性不允许删除或增加下级类别。

4. 增减方式设置

增减方式是指固定资产增加和减少的方式。增加的方式主要有直接购入、投资者投入、接受捐赠、盘盈、在建工程转入、融资租入;减少的方式主要有出售、盘亏、投资转出、捐赠转出、报废、毁损、融资租出等。设置资产的增加和减少方式主要是用以确定资产计价和处理原则以及对资产的汇总管理。

【例 8-5】 设置 088 账套固定资产的增减方式如表 8-3 所示。

固定资产增减方式　　表 8-3

增加方式	对应入账科目	减少方式	对应入账科目
直接购入	工行存款(100201)	出售	固定资产清理(1701)
投资者投入	实收资本(3101)	盘亏	待处理固定资产损益(191102)
在建工程转入	在建工程(1603)	报废	固定资产清理(1701)

1)操作步骤

(1)在固定资产系统中,执行"固定资产→设置→增减方式"命令,打开【增减方式】对话框,如图 8-20 所示。

(2)单击【直接购入】所在行,再单击【修改】按钮,打开【增减方式—单张视图】对话框。

(3)在【增减方式—单张视图】对话框中,单击【对应入账科目】文本框中的参照按钮,选择【100201 银行存款—工行存款】选项,如图 8-21 所示。

(4)单击【保存】按钮,保存所设置的内容。

(5)重复步骤(2)~(4)的操作,继续录入其他固定资产增减方式所对应的会计科目,如图 8-22 所示。

(6)单击【退出】按钮,关闭该对话框。

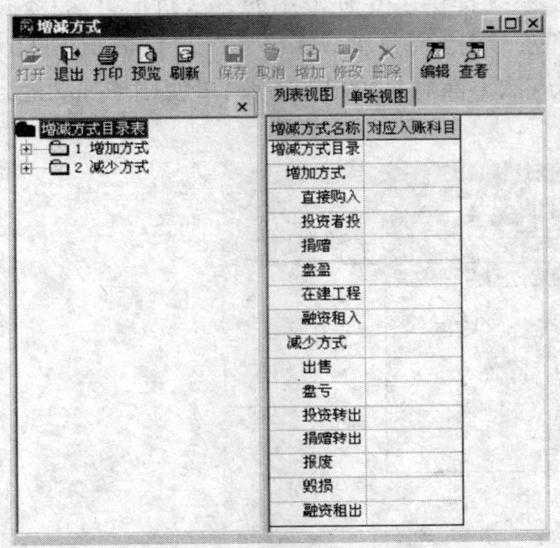

图 8-20 【增减方式】对话框

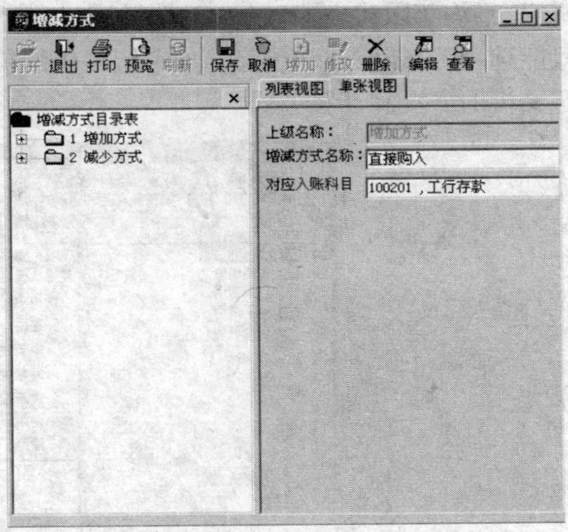

图 8-21 【增减方式—单张视图】对话框

2)注意事项

(1)设置的对应入账科目是为了在对增加或减少固定资产业务进行处理时直接生成凭证中的会计科目。

(2)生成凭证时,如入账科目发生了改变,可以进行修改。

(3)不能删除非明细级增减方式,不能删除已使用过的增减方式。

5. 使用状况设置

为了正确地计算折旧,统计固定资产的使用状况以提高固定资产的利用效率,应明确固定资产的使用状况。从会计核算和管理的要求出发,系统提供的使用状况包括使用中、在用、季节性停用、经营性出租、在修理停用、未使用和不需用。

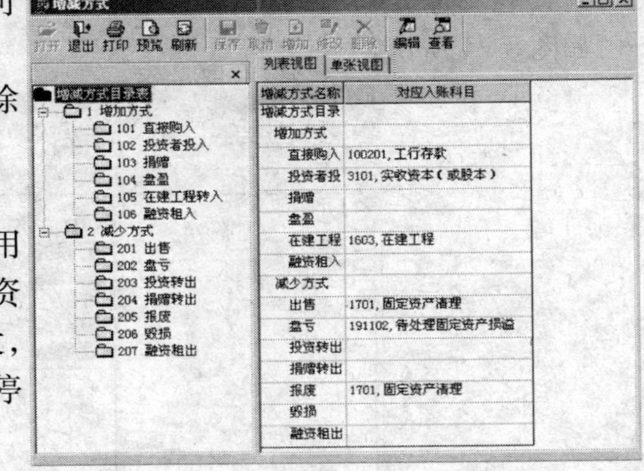

图 8-22 设置的增减方式

【例 8-6】 088 账套默认系统预置的使用状况。

1)操作步骤

(1)在固定资产系统中,执行"固定资产→设置→使用状况"命令,打开【使用状况】对话框,如图 8-23 所示。

(2)单击【退出】按钮,选择默认系统预置的使用状况,关闭该对话框。

2)注意事项

(1)可通过【增加】按钮,增加使用状况。

(2)按会计核算的规定,确定是否计提折旧。

6. 折旧方法设置

折旧方法设置是系统自动计算折旧的基础。系统提供了6种常用的方法折旧方法:不提折旧、平均年限法(一和二)、工作量法、年数总和法、双倍余额递减法。系统提供的折旧方法只能选用,不能修改和删除。如系统提供的折旧方法不能满足用户的需要,可使用增加功能自定义折旧方法和计算公式。

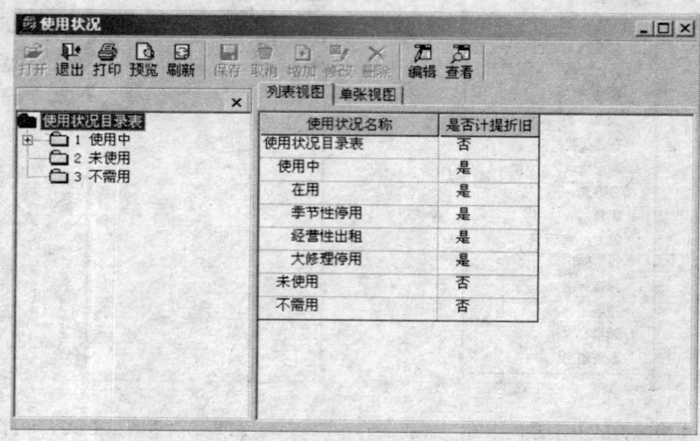

图8-23 【使用状况】对话框

【例8-7】 088账套默认系统预置的折旧方法。

1)操作步骤

(1)在固定资产系统中,执行"固定资产→设置→折旧方法"命令,打开【折旧方法】对话框,如图8-24所示。

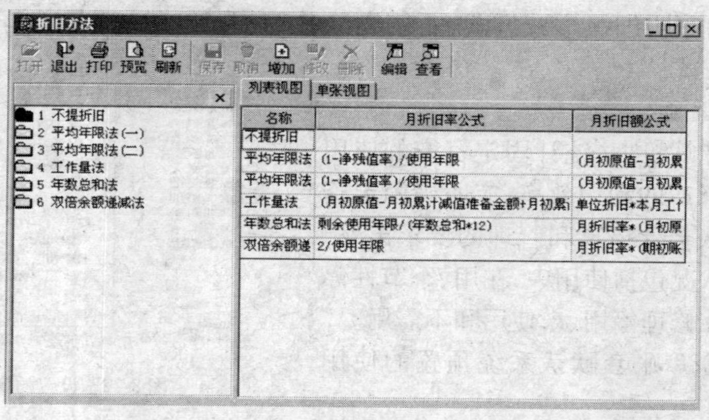

图8-24 【折旧方法】对话框

(2)单击【退出】按钮,选择默认系统预置的折旧方法,关闭该对话框。

2)注意事项

(1)可通过【增加】按钮,自定义折旧方法和计算公式。

(2)应按会计核算的规定,确定折旧方法和计算公式。

(3)修改卡片已使用的折旧方法,将使得所有使用该方法的固定资产折旧方法按修改过的公式计算折旧,但以前各期间已经计提的折旧不变。

三、录入原始卡片

在使用固定资产系统进行固定资产核算前,除了要进行基础设置外,还需将建账日期前的相关数据录入到系统中,使固定资产系统中有一个完整的数据资料。原始卡片的录入不限制必须在第一次使用的期间结账前,任何时候都可录入原始卡片。由于已在资产类别设置中定义了卡片使用通用样式,此时不必进行卡片项目的定义和样式设计。

【例 8-8】 录入 088 账套固定资产的原始卡片,如表 8-4 所示。

1)操作步骤

(1)在固定资产系统中,执行"固定资产→卡片→录入原始卡片"命令,打开【资产类别参照】对话框,如图 8-25 所示。

固定资产原始卡片 表 8-4

卡片编号	00001	00002
固定资产编号	0200001	0300001
固定资产名称	数控机床	电脑
类别编号	02	03
类别名称	机器设备	办公设备
部门名称	生产部	行政部
增加方式	直接购入	直接购入
使用状况	在用	在用
使用年限	15	5
折旧方法	平均年限法(一)	平均年限法(一)
开始使用时间	2006 年 3 月 11 日	2005 年 12 月 8 日
币种	人民币	人民币
原值	388888	80247
净残值率	3%	3%
累计折旧	18900	13000
对应折旧科目	4105	550208

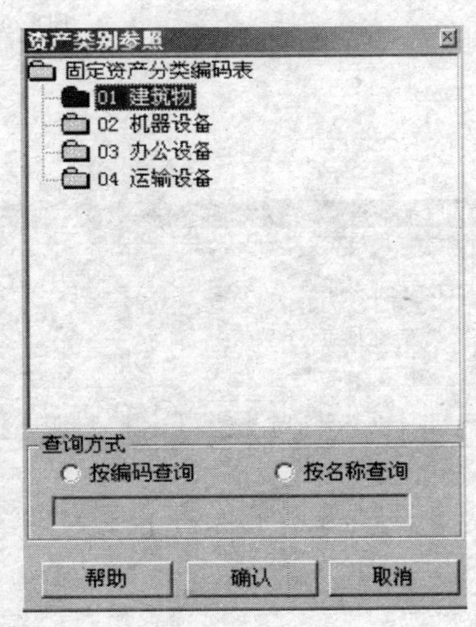

图 8-25 【资产类别参照】对话框

(2)选择"02 机器设备"后,单击【确认】按钮,打开【固定资产卡片】对话框,如图 8-26 所示。

(3)在【固定资产编号】文本框中输入"0200001",在【固定资产名称】文本框中输入"数控机床"。

(4)单击【类别编号】文本框,显示【类别编号】按钮。再单击该按钮,打开【资产类别参照】对话框,单击选中【02 机器设备】选项,再单击【确认】按钮。

(5)单击【部门名称】文本框,显示【部门名称】按钮。再单击该按钮,打开【固定资产】对话框,如图 8-27 所示。

(6)在【固定资产】对话框中,单击选中【单部门使用】选项,再单击【确认】按钮,打开【部门参照】对话框,如图 8-28 所示。

(7)在【部门参照】对话框中,单击选中【05 生产部】选项,再单击【确定】按钮。

(8)按上述操作方法,可直接录入或打开相应项目的参照对话框参照录入其他的项目。

填制完成的固定资产卡片如图 8-29 所示。

(9)单击【保存】按钮,系统弹出“数据成功保存!”提示对话框,如图 8-30 所示。

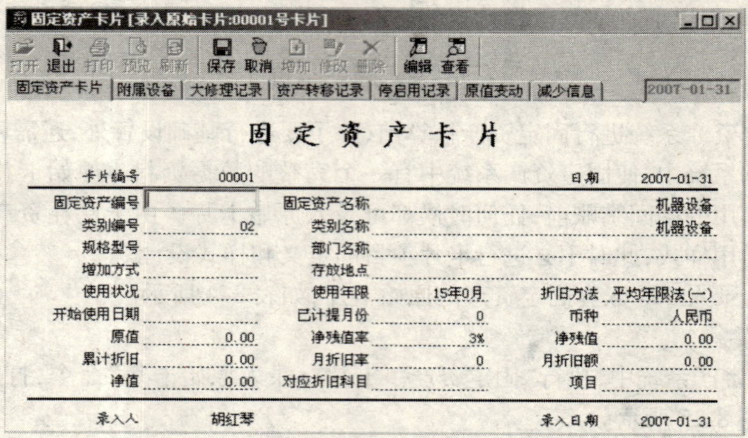

图 8-26 【固定资产卡片】对话框

图 8-27 【固定资产】对话框

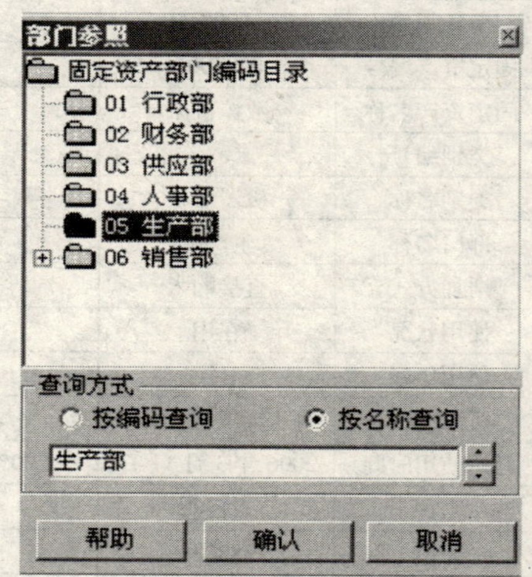

图 8-28 【部门参照】对话框

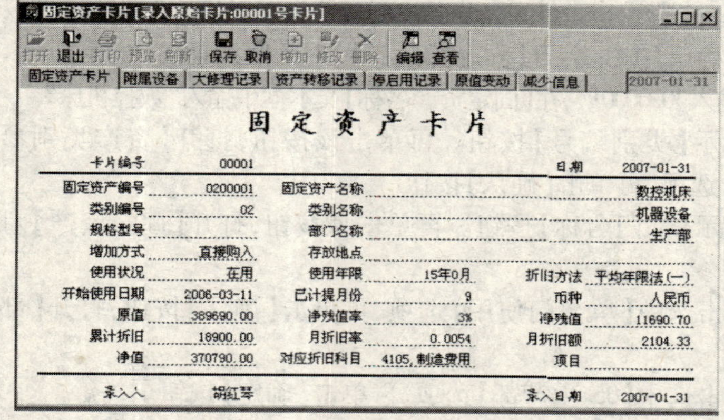

图 8-29 填制完成的固定资产卡片

图 8-30 【数据成功保存!】提示对话框

(10)单击【确定】按钮,保存已填制的固定资产卡片。按此方法,继续录入其他固定资产的原始卡片。

2)注意事项

(1)卡片中的固定资产编号根据初始化或选项设置中的编码方式,自动编码或需要手工录入。

(2)录入人自动显示为当前操作员,当入日期为当前登录日期。

(3)开始使用时间必须采用"YYYY-MM-DD"的形式。录入"开始使用时间"后,系统自动录入"已使用月份"。

(4)录入"使用年限"、"折旧方法"和"净残值率"后,系统自动计算录入"月折旧率"。

(5)录入"原值"、"累计折旧"后,系统自动计算录入"净值"和"月折旧额"。

(6)应将系统自动计算录入的相关折旧的数据与手工计算的比较,检查是否有录入错误。

(7)对应折旧科目根据所选择的使用部门由系统自动带出。

第三节　固定资产的业务处理

固定资产的业务处理是指对固定资产的日常管理、期末计提折旧的会计核算及相应的账表管理。主要包括对固定资产卡片的管理、固定资产增加和减少的管理、固定资产的变动管理、期末计提折旧的会计核算、制单处理、对账、结账、有关固定资产的账表管理等。

一、卡片管理

固定资产卡片是固定资产核算和管理的依据。固定资产的卡片管理是对固定资产系统中的所有卡片进行综合管理,包括卡片查询、卡片修改、卡片删除及卡片打印等。

1. 卡片查询

卡片查询既可查询单张卡片的信息,也可查询卡片汇总的信息。每一张卡片在固定资产列表中显示为一条记录,该条记录中显示了固定资产卡片编号、开始使用日期、使用年限、原值、固定资产编号、净残值率等简要信息。也可通过双击记录行查看固定资产卡片的详细信息。对固定资产卡片汇总信息的查询,系统提供了按部门查询、按类别查询和自定义查询三种查询方式。

【例8-9】　按部门查询088账套的固定资产卡片。

1)操作步骤

(1)在固定资产系统中,执行"固定资产→卡片→卡片管理"命令,打开【卡片管理】对话框,如图8-31所示。

(2)在对话框左侧的下拉列表中,可选择查询的方式,选择"按部门查询"方式。

(3)单击对话框左侧的【固定资产部门编码目录】列表中的具体部门的选项,可查询相应部门的固定资产情况。

(4)双击某一卡片的记录行,则会打开该卡片,查询该固定资产卡片的所有内容。

(5)单击【退出】按钮,关闭该对话框。

2)注意事项

(1)查询方式分按部门查询、按类别查询和自定义查询三种,可根据需要选择。

(2)汇总查询中可分别显示在役资产和已减少资产的情况。

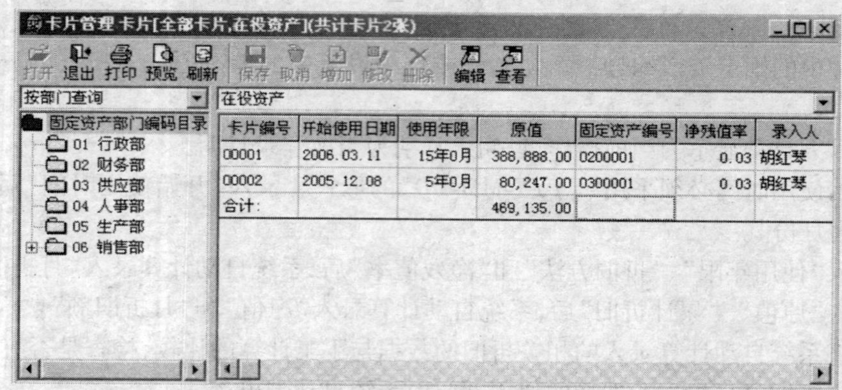

图 8-31 【卡片管理】对话框

2. 卡片修改和删除

卡片录入有错误时,或资产在使用过程中需修改卡片上的一些内容时,可通过卡片修改功能,实现无痕迹的修改。删除卡片是指把卡片资料从系统中删除,并不是资产清理或减少。

1)操作步骤

(1)在固定资产系统中,执行"固定资产→卡片→卡片管理"命令,打开【卡片管理】对话框。

(2)双击拟修改卡片的记录行,打开该卡片,进入查询固定资产卡片的界面。

(3)单击【修改】按钮,进行修改界面,按录入原始卡片的操作方法对卡片的相关项目进行修改。

(4)单击【保存】按钮,保存修改的数据。

(5)单击【退出】按钮,关闭已修改的固定资产卡片,回到【卡片管理】对话框。

(6)单击【退出】按钮,关闭【卡片管理】对话框。

2)注意事项

(1)固定资产原始卡片上的资产类别、使用部门、使用状况、折旧方法、原值、累计折旧、净残值、净残值率等在未做变动单或评估单的情况下,录入当期可修改。如果做过变动单,则只有在删除变动单后才能修改。

(2)通过"资产增加"功能录入的卡片在没有制作凭证、变动单或评估单的情况下,录入当期可修改。如果做过变动单,则只有在删除变动单后才能修改。如果已制作凭证,要修改原值或累计折旧,则只有在删除凭证后才能修改。

(3)固定资产原始卡片上的资产类别、使用部门、使用状况、折旧方法、原值、累计折旧、净残值、净残值率等各项目在经过一次月末结账后,只能通过变动单或评估单调整,不能通过修改功能进行修改。

(4)当期发现的卡片录入错误,可通过"卡片删除"功能进行删除。删除的不是最后一张卡片,卡片编号保留空号。

(5)不能删除非本期录入的卡片。

(6)不能删除经过一次月末结账后的卡片。删除做过变动单、评估单或凭证的卡片时，系统会提示先删除相关的变动单、评估单或凭证。

二、固定资产增减管理

1. 固定资产增加

在固定资产的日常业务中，随时都可能因购进固定资产、建造固定资产等增加企业和固定资产。为了准确地对固定资产进行管理、正确确定计提折旧的原值、从而正确的计算折旧，应将新增加固定资产通过资产增加操作录入系统。

【例 8-10】 2007 年 1 月 28 日，财务部直接购入一打印机，价值 3580 元，预计使用年限 5 年，预计净残值率 3%，采用年数总和法计提折旧。卡片编号 00003，固定资产编号 0300002。

1)操作步骤

(1)在固定资产系统中，执行"固定资产→卡片→资产增加"命令，打开【资产类别参照】对话框。

(2)选择"03 办公设备"后，单击【确认】按钮，打开【固定资产卡片】对话框。

(3)按录入原始卡片的操作方法，直接录入或参照录入相关项目，录入的增加资产的原始卡片，如图 8-32 所示。

固定资产卡片 [新增资产:00003号卡片]

打开 退出 打印 预览 刷新 保存 取消 增加 修改 删除 编辑 查看

固定资产卡片 | 附属设备 | 大修理记录 | 资产转移记录 | 停启用记录 | 原值变动 | 减少信息 | 2007-01-31

固 定 资 产 卡 片

卡片编号	00003			日期	2007-01-31
固定资产编号	0300002	固定资产名称			打印机
类别编号	03	类别名称			办公设备
规格型号		部门名称			财务部
增加方式	直接购入	存放地点			
使用状况	在用	使用年限	5年0月	折旧方法	年数总和法
开始使用日期	2007-01-28	已计提月份	0	币种	人民币
原值	3580.00	净残值率	3%	净残值	107.40
累计折旧	0.00	月折旧率	0.0278	月折旧额	0.00
净值	3580.00	对应折旧科目	550208,折旧费	项目	
录入人	胡红琴			录入日期	2007-01-31

图 8-32 通过【新增资产】对话框增加的原始卡片

2)注意事项

(1)只有当固定资产开始使用日期等于录入的会计期间时，才能通过资产增加录入固定资产的原始卡片。

(2)对于增加固定资产，会计规定从次月开始计提折旧，因此第一个月不计提折旧，折旧额为空或为零。

(3)如果增加旧资产，则应录入该资产在其他单位已使用的时间和已计提的累计折旧。

2. 固定资产减少

在固定资产的使用过程中，会由于各种原因，如出售、报废、毁损、盘亏等退出企业，使用减少。对于减少的固定资产，应及时进行资产减少的操作，以保证固定资产计提折旧的正确核算。系统提供了资产减少的批量操作，为同时清理一批资产提供方便，提高了操作的效率。

只有当账套开始计提折旧时才可以使用"资产减少"功能，否则减少资产只能通过删除卡片来完成。由于088账套尚未计提折旧，因此还不能使用"资产减少"的功能。

"资产减少"的操作是通过在固定资产系统中，执行"固定资产→卡片→资产减少"命令来完成的。在资产减少时，应分别在"资产减少"功能中录入"卡片编号"、"资产编号"、"减少方式"和"减少日期"等内容。

如果误减少了固定资产，可使用系统提供的"纠错"功能来恢复。只有当期减少的资产才可恢复，如果资产减少操作后已制作了凭证，则应删除凭证后才能恢复。

只要固定资产卡片未被删除，应可通过卡片管理中的"已减少资产"功能查看减少的资产。

三、固定资产的变动管理

固定资产在使用过程中，可能会调整卡片上的某些项目，这种变动要求留下原始凭证，制作的原始凭证称为"变动单"。资产的变动包括原值增加、原值减少、部门转移、使用状况变动、折旧方法调整、使用年限调整、工作总量调整、净残值(率)调整、类别调整、减值准备的相关数据、变动单管理等内容。

本期录入的卡片和增加的资产不允许进行变动处理。因此，要进行资产变动必须先计提折旧并制单、结账后才能进行有关变动的处理。

"资产变动"的操作是通过在固定资产系统中，执行"固定资产→卡片→变动单"命令来完成的。打开变动单后，输入相应的变动内容并制单即可。系统提供了"批量变动"的功能，对一批资产相同的变动内容，进行批量变动操作，以提高操作的效率。

使用年限和折旧方法调整后，当期就按新的使用年限和折旧方法进行计提折旧的计算。如果进行累计折旧调整，则应保证调整后的累计折旧大于净残值。

变动单保存后不能更改，只能在当期删除后重新填制。

四、折旧处理

自动计提折旧是固定资产系统的主要功能之一。系统根据已录入的有关固定资产资料每期自动计提折旧一次，并自动生成折旧分配表，制作折旧分配的记账凭证。将本期计提的折旧自动进行登记账簿的处理，并将当期计提的折旧自动累加到累计折旧项目。

【例8-11】 计提2007年1月的折旧，并制作折旧分配的记账凭证。

1. 操作步骤

(1)在固定资产系统中，执行"固定资产→处理→计提本月折旧"命令，系统弹出"计提折旧后是否要查看折旧清单?"提示对话框，如图8-33所示。

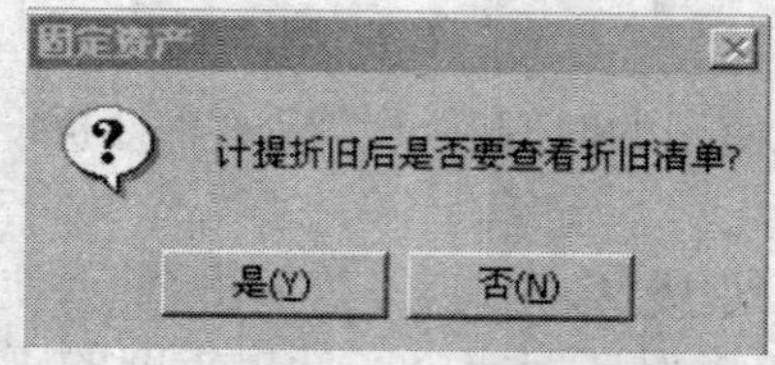

图8-33 【计提折旧后是否要查看折旧清单?】提示对话框

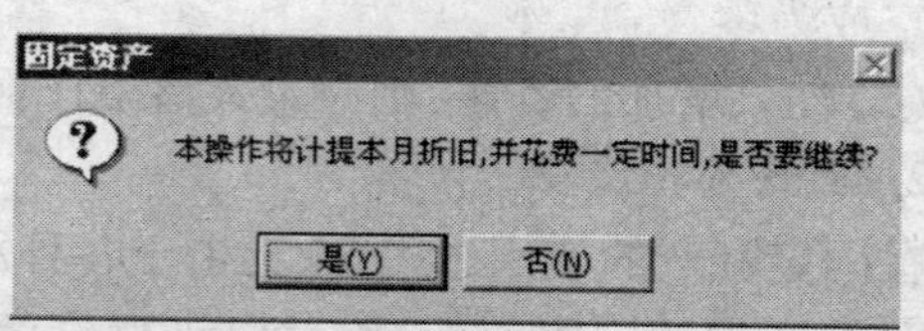

图8-34 【本操作将计提本月折旧，并花费一定时间，是否要继续?】提示对话框

（2）单击【是】按钮，系统弹出“本操作将计提本月折旧，将花费一定时间，是否要继续？”提示对话框，如图 8-34 所示。

（3）单击【是】按钮，打开【折旧清单】对话框，如图 8-35 所示。

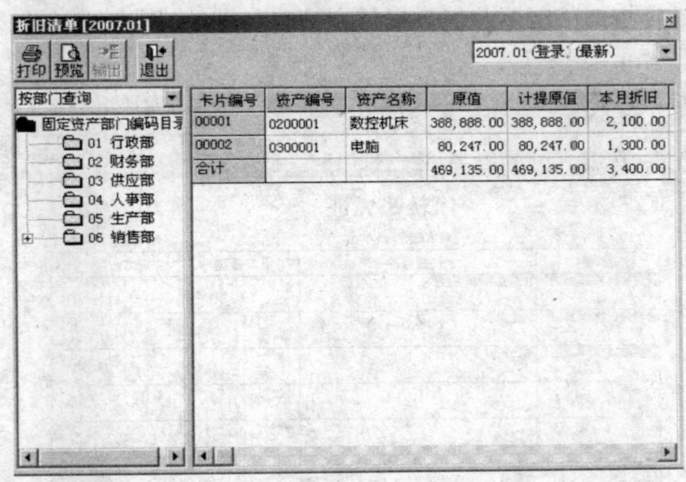

图 8-35 【折旧清单】对话框

（4）单击【是】按钮，打开【折旧分配表】对话框，如图 8-36 所示。

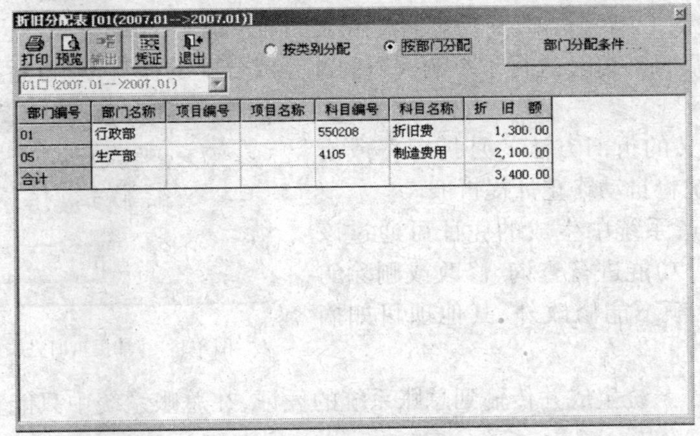

图 8-36 【折旧分配表】对话框

（5）单击【凭证】按钮，生成一张计提折旧的凭证。选择凭证种类为“转账凭证”。单击第三条记录的“科目名称”列中的对照按钮，选择“累计折旧”科目。

（6）单击【保存】按钮，保存计提折旧的记账凭证，如图 8-37 所示。

（7）单击【退出】按钮，关闭【填制凭证】对话框，返回到【折旧分配表】对话框。

（8）单击【退出】按钮，系统弹出“计提折旧完成！”提示对话框，如图 8-38 所示。

（9）单击【确定】按钮，关闭该对话框。

（10）执行“固定资产→处理→凭证查询”命令，打开【凭证查询】对话框，如图 8-39 所示，可对生成的凭证进行查询、修改或删除的操作。

2. 注意事项

(1)固定资产管理系统在各时期内可多次计提折旧,每次计提折旧后,只是将计提的折旧累加到期初的累计折旧上,不会重复累计。

(2)如果上次计提折旧已制单并把数据传递到账务系统,则必须删除该凭证才能重新计提折旧。

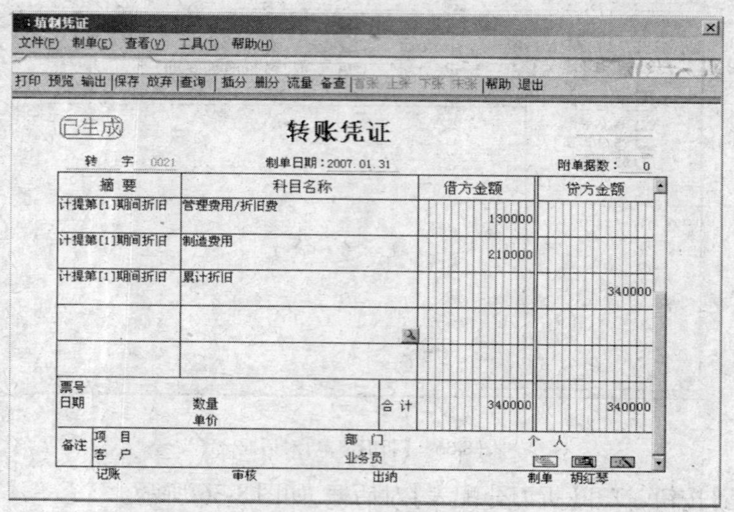

图 8-37　生成的计提折旧的凭证

(3)计提折旧后又对账套进行了影响折旧的计算或分配的操作,应重新计提折旧,否则系统不允许结账。

(4)如果自定义的折旧方法的月折旧率或折旧额出现负数,系统将自动终止计提折旧。

(5)在固定资产系统中生成的凭证可通过该系统的【凭证查询】功能进行查询、修改或删除的操作。除分录的金额不能修改外,其他项目如摘要、科目等都能修改。

图 8-38　【计提折旧完成!】提示对话框

(6)由固定资产系统生成并传输到总账系统的凭证,在总账系统中只能查询,不能进行修改或删除的操作。

五、制单处理

固定资产系统和总账系统之间存在数据和自动传输关系,这种传输是通过记账凭证来完成的。固定资产系统中要制作凭证的业务主要包括固定资产的增加和减少、涉及到固定资产的原值、累计折旧变动以及折旧的调整等。

【例 8-12】 对 2007 年 1 月 28 日财务部购入的打印机进行制单处理。

1. 操作步骤

(1)在固定资产系统中,执行“固定资产→处理→批量制单”命令,打开【批量制单】对话框,选中需制单的业务,双击【制单】栏,出现“Y”标记,如图 8-40 所示。

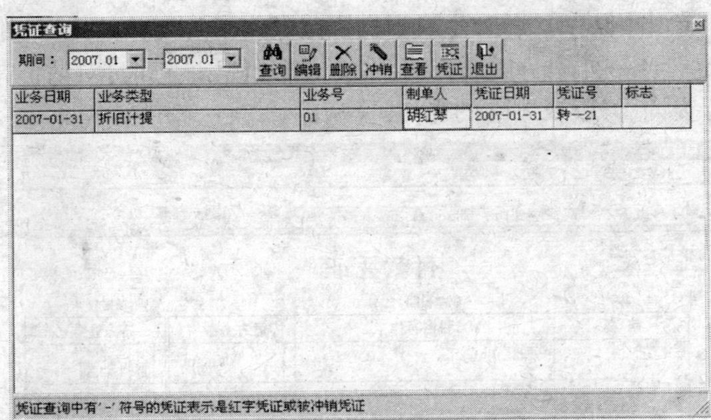

图 8-39 【凭证查询】对话框

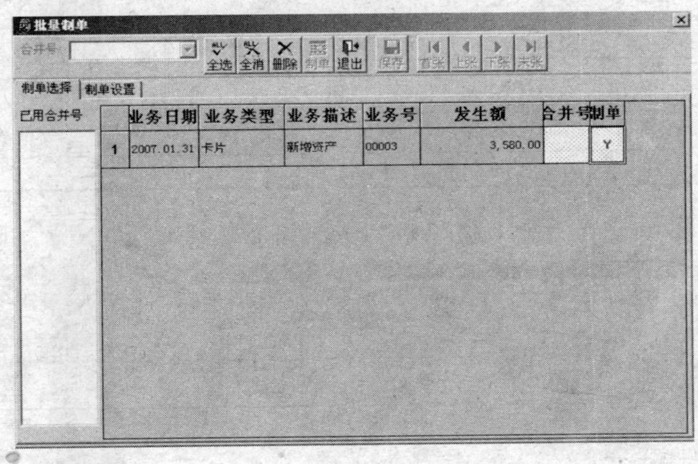

图 8-40 【批量制单】对话框

(2)单击【制单设置】选项卡，在科目栏中输入选中业务借贷方相应的科目，如图 8-41 所示。

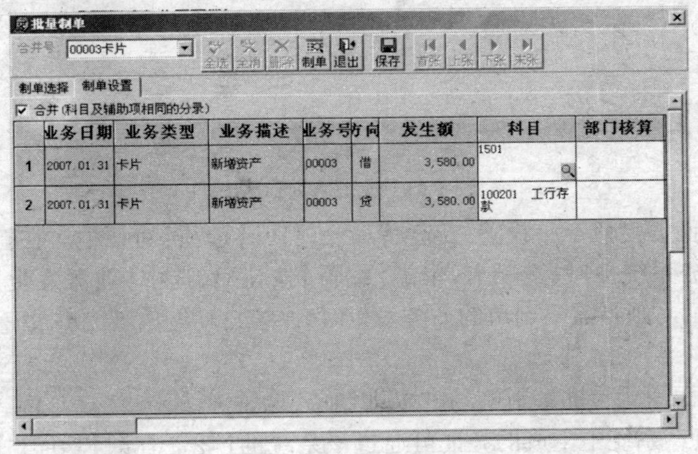

图 8-41 在【批量制单】对话框中确定选中业务的借贷方科目

(3)单击【制单】按钮，打开【填制凭证】对话框，选择凭证的类型为“付款凭证”，输入业务摘要“购买设备”。单击【保存】按钮，生成根据固定资产卡片制单的凭证，如图 8-42 所示。

(4)执行“固定资产→处理→凭证查询”命令，打开【凭证查询】对话框，如图 8-43 所示，可对生成的凭证进行查询、修改或删除的操作。

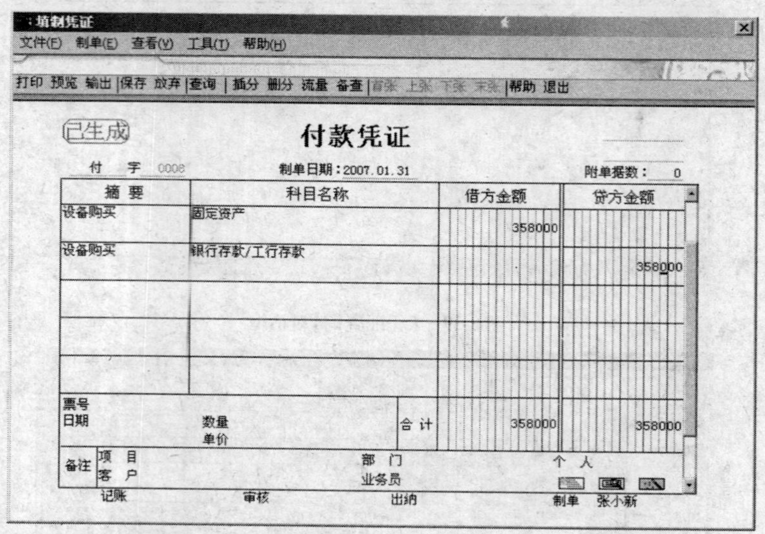

图 8-42　根据固定资产卡片生成的凭证

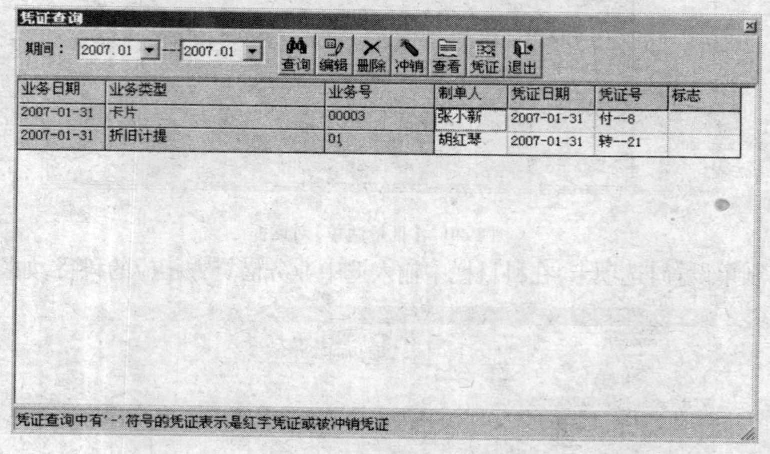

图 8-43　【凭证查询】对话框

(5)也可执行“固定资产→设置→选项”命令，打开【选项】对话框。在打开的【选项】对话框中，选择【与账务系统接口】选项卡，单击【编辑】按钮后，选中【业务发生后立即制单】复选框，如图 8-44 所示。则当需要制单的业务发生时，系统自动调出不完整的凭证供修改后保存。

2. 注意事项

(1)制作凭证可采用“批量制单”和“立即制单”两种方法。

(2)在固定资产系统中生成的凭证可通过该系统的【凭证查询】功能进行查询、修改或删除的操作。除分录的金额不能修改外，其他项目如摘要、科目等都能修改。

(3)由固定资产系统生成并传输到总账系统的凭证，在总账系统中只能查询，不能进行修改或删除的操作。

选项
与账务系统接口 | 基本信息 | 折旧信息 | 其他
☑ 与账务系统进行对账
对账科目
固定资产对账科目　1501, 固定资产
累计折旧对账科目　1502, 累计折旧
☑ 在对账不平情况下允许固定资产月末结账
☑ 业务发生后立即制单
☑ 月末结账前一定要完成制单登账业务
[固定资产]缺省入账科目：
[累计折旧]缺省入账科目：
帮助　编辑　确定　取消

图 8-44　【选项】对话框

六、对账、结账处理

1. 对账

固定资产系统在运行中，应保证该系统的固定资产原值及累计折旧与总账数据相同。这两个系统的固定资产原值及累计折旧是否相等，应通过执行固定资产系统的对账功能来检验。

【例 8-13】　对 2007 年 1 月的固定资产原值及累计折旧进行对账。

1）操作步骤

在固定资产系统中，执行“固定资产→处理→对账”命令，打开【与账务对账结果】对话框，自动完成结账并显示对账的结果，如图 8-45 所示。

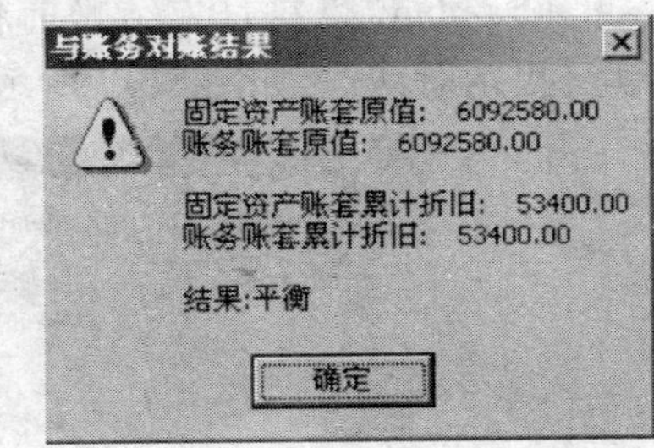

图 8-45　【与账务对账结果】对话框

2）注意事项

（1）只有在系统初始化或选项中选择了与账务对账，才可以进行对账操作。

（2）对账操作不限制执行的时间，任何时候都可进行对账。

（3）如果对账不平，需根据初始化时是否选中【选项】对话框中的【在对账不平情况下允许固定资产月末结账】复选框来判断是否可以进行结账处理。

2. 结账

当固定资产系统完成了本期全部制单业务后，可以进行月末结账处理。月末结账每月进行一次，结账后当期数据不能修改。

【例 8-14】　对 2007 年 1 月的固定资产业务进行结账处理。

1）操作步骤

(1)在固定资产系统中,执行"固定资产→处理→月末结账"命令,打开【月末结账】对话框,如图 8-46 所示。

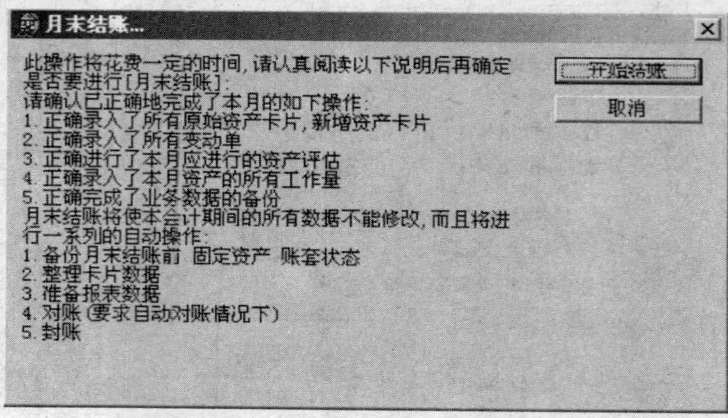

图 8-46 【月末结账】对话框

(2)单击【开始结账】按钮,系统自动进行一次对账并完成结账,弹出【月末结账成功完成!】提示对话框,如图 8-47 所示。

图 8-47 【月末结账成功完成!】提示对话框

(3)单击【确定】按钮,系统弹出"账套最新日期已经更改,不能修改账套任何数据!"提示对话框,如图 8-48 所示。

(4)单击【确定】按钮,在关闭该提示对话框时,将原"月末结账"命令改变为"恢复月末结账前状态"命令。通过该命令,可进行反结账的操作。

(5)执行"恢复月末结账前状态"命令,打开【恢复本账套月末结账前操作状态,是否继续?】提示对话框,如图 8-49 所示。

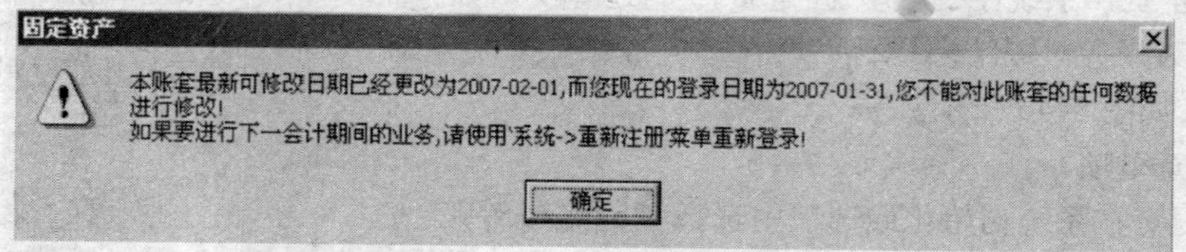

图 8-48 【账套最新日期已经更改,不能修改任何数据!】提示对话框

(6)单击【是】按钮,打开【成功恢复账套月末结账前状态!】提示对话框,如图 8-50 所示。单击【确定】按钮,完成反结账并关闭该提示对话框。

图 8-49 【恢复结账前操作状态】提示对话框

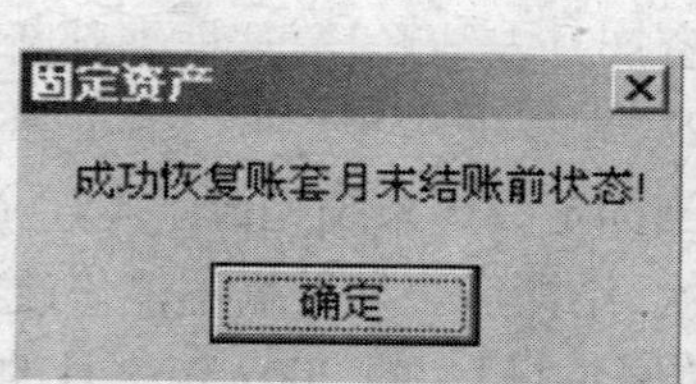

图 8-50 【成功恢复账套月末结账前状态!】提示对话框

2)注意事项

(1)结账后发现月末处理的业务需修改时,可通过反结账取消结账后,再进行相关业务的修改。

(2)结账前一定要进行数据备份。

(3)本期不结账,将不能处理下期的数据。

(4)不能跨年度恢复数据,即本系统年末结转后,不能利用本功能恢复年末结转。

七、账表管理

在固定资产管理过程中,需随时掌握固定资产的相关资料,如固定资产的总账、明细账、价值构成、使用状况、固定资产原值、盘盈盘亏情况、折旧及累计折旧等资料。根据日常的操作,固定资产系统自动以报表的形式提供这些信息,以满足管理的需要。本系统提供的报表分为4类,包括账簿、分析表、统计表和折旧表。除此之外,系统还提供了自定义报表的功能,可根据需要自定义符合要求报表。通过执行"固定资产→账表→我的账表"命令,打开【报表】对话框,查询相应的报表。

第四节 数据维护

数据维护主要包括数据接口管理和重新初始化账套。

数据接口管理即卡片导入功能,可以将用户已有的固定资产系统的资产卡片自动写入到本系统中,减少手工录入卡片的工作量,提高工作效率和准确性。为保证卡片导入顺利进行,应在执行该功能前仔细阅读上卡片导入的约束条件、提示信息和栏目说明的内容。通过执行"固定资产→维护→数据接口管理"命令,打开【数据接口管理】对话框,完成相应的操作。

系统在运行过程中发现账簿中的数据错误太多或太乱,无法或不想通过"反结账"功能改正时,可通过"重新初始化账套"功能将账套的数据全部清空,重新建立新的账套。通过执行"固定资产→维护→重新初始化账套"命令,完成相应的操作。需要注意的是,重新初始化账套后,会删除该账套所做的所有操作,应倍加小心。

实训十一 固定资产初始设置和业务处理

一、实训目的

掌握用友 ERP-U8 财务管理软件中固定资产系统的初始设置、业务处理的操作内容和操作方法。

二、实训内容

1. 系统初始设置

(1)建立固定资产子账套;

(2)基础设置;

(3)录入原始卡片。

2. 固定资产的业务处理

(1)固定资产的卡片管理;

(2)固定资产增减管理;

(3)制单处理;

(4)对账、结账处理。

三、实训资料

1. 固定资产子账套资料

固定资产子账套的启用月份为“2007 年 1 月”;固定资产折旧采用“平均年限法(一),按月计提折旧”,折旧汇总分配周期为“1 个月”,当(月初已计提折旧月份 = 可使用月份 − 1)时,要求将剩余折旧全部提足。固定资产编码原则为“2-1-1-1”,编码方式采用手工编码,序号长度为“5”。固定资产系统要求与总账进行对账,固定资产对账科目为“1510 固定资产”、“1502 累计折旧”,对账不平的情况下不允许结账。

2. 固定资产类别资料

固定资产类别资料见表 8-5。

表 8-5

类别编码	类别名称	使用年限	净残值率	计提属性	折旧方法	卡片样式
01	建筑物	30	3%	正常计提	平均年限(一)	通用样式
02	机器设备	15	3%	正常计提	平均年限(一)	通用样式
03	办公设备	5	3%	正常计提	平均年限(一)	通用样式
04	运输设备	10	3%	正常计提	平均年限(一)	通用样式

3. 固定资产的增减方式

固定资产的增减方式见表 8-6。

表 8-6

增加方式	对应入账科目	减少方式	对应入账科目
直接购入	工行存款(100201)	出售	固定资产清理(1701)
投资者投入	实收资本(3101)	盘亏	待处理固定资产损益(191102)
在建工程转入	在建工程(1603)	报废	固定资产清理(1701)

4. 固定资产原始卡片

固定资产原始卡片见表 8-7。

表 8-7

卡片编号	00001	00002	使用年限	15	5
固定资产编号	0200001	0300001	折旧方法	平均年限法(一)	平均年限法(一)
固定资产名称	数控机床	电脑	开始使用时间	2006 年 3 月 11 日	2005 年 12 月 8 日
类别编号	02	03	币种	人民币	人民币
类别名称	机器设备	办公设备	原值	388888	80247
部门名称	生产部	行政部	净残值率	3%	3%
增加方式	直接购入	直接购入	累计折旧	18900	13000
使用状况	在用	在用	对应折旧科目	4105	550208

复习思考题

一、名词解释

1. 固定资产系统初始设置;

2. 变动单。

二、判断题

1. 在启用固定资产系统之前,应先在【系统管理】中建立相应的账套。

2. 固定资产折旧核算实质上是按照会计的规定和固定资产的使用用途,将计提的折旧归集到相应的成本或费用。

3. 固定资产的增减方法中,不能删除明细级增减方式。

4. 如系统提供的折旧方法不能满足用户的需要,可使用增加功能自定义折旧方法和计算公式。

5. 卡片查询只能查询单张卡片的信息。

6. 删除固定资产卡片是对资产进行清理的一种方法。

7. 不能删除本期录入或经过一次月末结账后的固定资产卡片。

8. 只有在第一次使用固定资产系统时可增加资产类别,月末结账后则不能增加资产类别。

9. 对于增加固定资产,会计规定从当月开始计提折旧。

10. 本期录入的卡片和增加的资产不允许进行变动处理。

11. 固定资产管理系统在各时期内可多次计提折旧,每次计提折旧后,只是将计提的折旧累加到期初的累计折旧上,不会重复累计。

12. 计提折旧后又对账套进行了影响折旧的计算或分配的操作,应重新计提折旧,否则系统不允许结账。

13. 如果自定义的折旧方法的月折旧率或折旧额出现负数,系统将自动终止计提折旧。

14. 对账操作不限制执行的时间,任何时候都可进行对账。

15. 月末结账每月进行一次,结账后当期数据可在总账系统中进行修改。

16. 本期不结账,将不能处理下期的数据。

17. 固定资产系统在运行中,应保证该系统的固定资产原值及累计折旧与总账数据相同。

18. 可根据固定资产卡片直接制单填制相关凭证。

19. 固定资产加速折旧的方法更加符合配比原则。

20. 只要固定资产卡片未被删除,应可通过卡片管理中的"已减少资产"功能查看减少的资产。

三、选择题

1. 建立固定资产子账套是根据用户的具体情况,在已经建立会计核算账套的基础上建立一个适合用户实际需要的固定资产子账套的过程。主要包括(　　)和账务接口、完成设置等方面的内容。

A. 约定及说明　　B. 启用月份　　C. 折旧信息　　D. 编码方式

2. 根据我国现行的财务管理制度,提供了平均年限法、工作量法和(　　)等折旧方法供选择。

A. 年限总和法　B. 双倍余额递减法　C. 加速折旧法　D. 减值法

3. 固定资产系统的基础设置包括选项(　　)等内容。

A. 部门对应折旧科目　B. 增减方式　C. 使用状况　D. 折旧方法

4. 固定资产的编码方式包括(　　)方式。

A. 手工编码　B. 自动编码　C. 机械编码　D. 程序编码

5. 从会计核算和管理的要求出发,系统提供的固定资产使用状况包括(　　)的固定资产。

A. 在用　B. 季节性停用、在修停用

C. 经营性出租　D. 未使用和不需用

6. 下列项目中,不属于固定资产卡片的项目有(　　)。

A. 固定资产编号　B. 固定资产使用人员　C. 开始使用时间　D. 固定资产原值

7. 固定资产类别的设置包括(　　)等内容。

A. 类别编码　B. 类别名称　C. 使用年限　D. 折旧方法

8. 固定资产增加的方式主要有(　　)。

A. 直接购入　B. 投资者投入　C. 经营租入　D. 融资租入

9. 固定资产减少的方式主要有(　　)等。

A. 报废　B. 毁损　C. 融资租出　D. 经营租出

10. 在固定资产卡片中,录入(　　)后,系统自动计算录入"净值"和"月折旧额"。

A. 原值　B. 使用年限　C. 累计折旧　D. 净残值

11. 在固定资产卡片中,录入(　　)后,系统自动计算录入"月折旧率"。

A. 使用年限　B. 折旧方法　C. 净残值率　D. 原值

12. 对固定资产卡片汇总信息的查询,系统提供了(　　)等查询方式。

A. 按部门查询　B. 按类别查询　C. 自定义查询　D. 自动查询

13. 由固定资产系统生成并传输到总账系统的凭证,在总账系统中只能查询,不能进行(　　)的操作。

A. 审核　B. 修改　C. 删除　D. 打印

14. 固定资产开始使用时间必须采用(　　)的形式。

A. YYYY-MM-DD　B. YY-MM-DD　C. DD-MM-YYYY　D. DD-MM-YY

15. 固定资产的卡片管理是对固定资产系统中的所有卡片进行综合管理,包括(　　)等。

A. 卡片查询　B. 卡片修改　C. 卡片删除　D. 卡片打印

16. 固定资产管理系统的数据维护主要包括(　　)。

A. 数据接口管理　B. 重新初始化账套　C. 数据备份　D. 数据引入

17. 固定资产管理系统提供的报表包括(　　)。

A. 账簿　B. 分析表　C. 统计表　D. 折旧表

18. 影响折旧计算的因素主要有(　　)。

A. 固定资产原值　B. 使用年限　C. 折旧方法　D. 累计折旧

19. 固定资产系统中要制作凭证的业务主要包括(　　)和累计折旧变动等。

A. 固定资产的增加　　B. 固定资产的减少

C. 固定资产的原值变化　　D. 折旧调整

20. 使用年数总和法计提折旧,每年计提的折旧额(　　)。

A. 越来越大　　B. 相等　　C. 越来越小　　D. 不确定

四、简答题

1. 固定资产的核算具有哪些功能和特点?
2. 固定资产管理系统具有哪些功能?
3. 固定资产的业务处理主要包括哪些内容?

第九章

应收款管理系统

• 知识目标 •

解释系统初始、系统选项、初始设置、应收单据处理、收款单据处理的概念；描述应收款管理系统的功能、内容和特点，系统初始工作的意义和内容，应收款管理系统日常业务处理的工作内容。

• 能力目标 •

进行应收款管理系统的初始设置，如系统选项、初始设置、期初余额录入的操作；进行应收单据处理、收款单据处理等日常业务处理中的主要操作；进行查询单据及账表的操作和结账、反结账的操作；具有利用应收款管理系统进行应收账款的核算、清查和管理的能力。

第一节 应收款管理系统概述

用友 ERP 应收款管理系统，通过发票、其他应收单、收款单等单据的录入，对企业的往来账款进行综合管理，及时、准确地提供客户的往来账款余额资料，提供各种分析报表，可以为使用者合理地进行资金的调配，提高资金的利用效率提供相关决策信息。

根据使用者对客户往来款项核算和管理的程度不同，应收账款管理系统提供了“详细核算”和“简单模型”两种模式。

如果实行会计电算化管理单位的销售业务以及应收款核算与管理业务比较复杂，应选择“详细核算”方案；如果管理要求较简单，可以选择“简单核算”方案。

一、系统功能

应收款管理系统主要提供了设置、日常处理、单据查询、账表管理、其他处理等功能。

(1)设置：主要进行系统参数的定义。使用中可以结合管理要求进行的参数设置，是整个系统运行的基础。提供了单据类型设置、账龄区间的设置和坏账初始设置等，为各种应收款业务的日常处理及统计分析作准备。另外，还提供期初余额的录入功能，保证数据的完整性与连续性。

(2)日常处理：主要进行应收单据录入、收款单据的录入、处理、核销、转账、汇兑损益、制单等处理。

(3)单据查询:可以查阅各类单据。包括各类单据、详细核销信息、报警信息、凭证等内容的查询。

(4)账表管理:可进行总账表、余额表、明细账等多种账表查询,并可进行应收账款分析、收款账龄分析、欠款分析等丰富的统计分析。

(5)其他处理:为用户提供远程数据传递的功能。可对核销、转账等处理进行恢复,并进行修改、月末结账等。

二、系统特点

(1)提供“详细核算”和“简单核算”两种核算模型,满足用户不同管理的需要。

(2)提供各种预警功能,可以及时进行到期账款的催收,防止发生坏账,进行信用额度的控制,随时了解客户的信用情况等。

(3)可进行功能权限和数据权限的控制,有较高的准确性和安全性。

(4)可进行票据的跟踪管理,随时对票据的计息、背书、贴现、转出等操作进行监控。

(5)可进行批量审核、自动核销,可及时处理相关业务,并能与网上银行进行数据的交互。

(6)可进行全面的账龄分析功能,并提供多种分析模式,强化对应收款的管理和控制。

三、单据说明

应收款管理系统中,单据既是我们处理的主要资料,也是数据的来源,了解单据是做好应收款管理的前提工作。应收款管理系统中单据主要有两种,一种是应收单,包括发票及其他应收单;另一种是结算单,包括收付款单。

(1)日期:即业务处理日期,可以根据系统提供的信息确认,但对非登录日期的单据进行处理时,应予以更改。需注意的是业务处理日期不能在系统日期之后。

(2)单据编号:单据编号是相关应收款数据的重要索引数据,不允许为空且不可以重复。在应收款管理系统中,可由系统自动编号,也可以手工编号。

(3)客户:即应收款对应的单位。在应收款管理系统中,与总账的科目录入一致,可以通过直接输入、参照输入、代码输入等方式完成。

第二节 系统初始

系统初始是指在应用应收款管理系统之前进行的初始设置,包括系统选项、初始设置、期初余额录入等工作。系统初始的工作类似于总账系统的系统设置,如科目设置、凭证的类别设置、项目的设置、往来的设置、期初余额的录入等工作,是为了系统的应用而进行的前期工作。

一、系统选项

系统选项实际上就是一些基本参数的设定,在应收款管理系统运行前就应完成的一些工作,类似于总账中的账套参数设置,如科目级次设定,单价小数位数等信息(先设置后再进行总账中的科目明细设置、期初余额录入等内容)。主要包括常规选项定义、凭证选项定义和权限与预警定义。

1. 操作步骤

(1)执行"企业门户→财务会计→应收款管理→设置→选项"命令,启用应收款管理系统,并打开【账套参数设置】对话框,如图 9-1 所示。

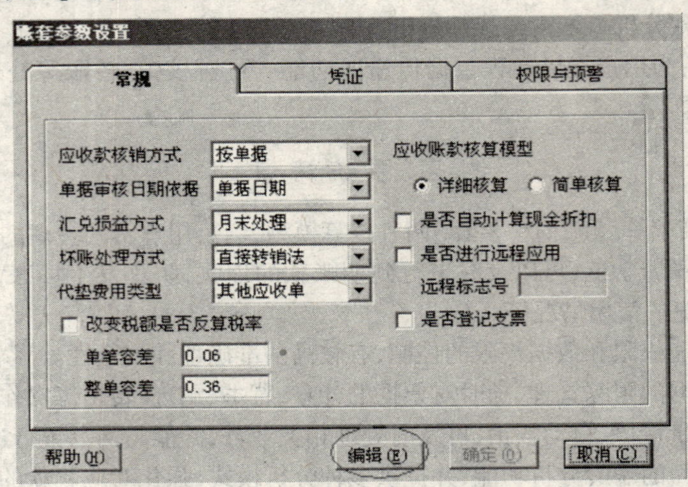

图 9-1 【账套参数设置】对话框

(2)单击【编辑】按钮,分别选择【常规】、【凭证】和【权限与预警】选项卡,进行选项的设置。在设置时应分别单击每个选项后边的下拉框以选择所需要的账套参数。

(3)选择完各个账套参数后,单击【确认】按钮,系统即保存所选的操作;单击【取消】按钮,系统即取消所作的选择。

2. 注意事项

(1)应收款核销方式:可以按单据或存货进行核销。应收款核算实际上是对收款的一种系统核算,所以我们通常选择"按单据"核销,但对较贵重的存货,如金银销售商店,可以按存货核销。

(2)单据审核日期依据:即处理数据的依据日期。为了便于用户在日后处理,如周末休息后在周一才处理单据,我们一般选择单据日期,而不选择业务日期,如果选择了业务日期,而周末与业务日期刚好界于一个月的月末时,可能形成上月的单据下月才处理,不符合财务管理和会计核算的要求。

(3)应收账款核算模型:这是与应收款管理中选定的方式"详细"或"简单"核算方式相对应,与手工模式相类似,详细核算即为每一笔业务均在应收款中进行确认、反映和核算;而简单核算方式只将完成了销售的发票业务进行核算。

二、初始设置

初始设置,即进行应收款系统应用前的相关数据设置,如同总账系统中的会计科目设置、凭证类别设置等。通过初始设置建立应收款管理的基础数据,确定使用哪些单据处理应收业务,需要进行账龄管理的账龄区间等。通过这些功能,用户可以选择使用自定义的单据类型、使应收业务管理更符合实际的需要。初始设置主要包括凭证科目设置、坏账初始设置、账龄区间设置、报警级别的设置和单据类型的设置等。

1. 操作步骤

(1)在应收款管理系统中,执行"设置→初始设置"命令,打开【初始设置】对话框。

(2)在【初始设置】对话框左边的列表框中,单击【科目设置】和【基本科目设置】,打开【期初设置—基本科目设置】对话框,如输入应收科目"1131"、销售收入科目"5101"、税金科目"21710105"等,如图 9-2 所示。

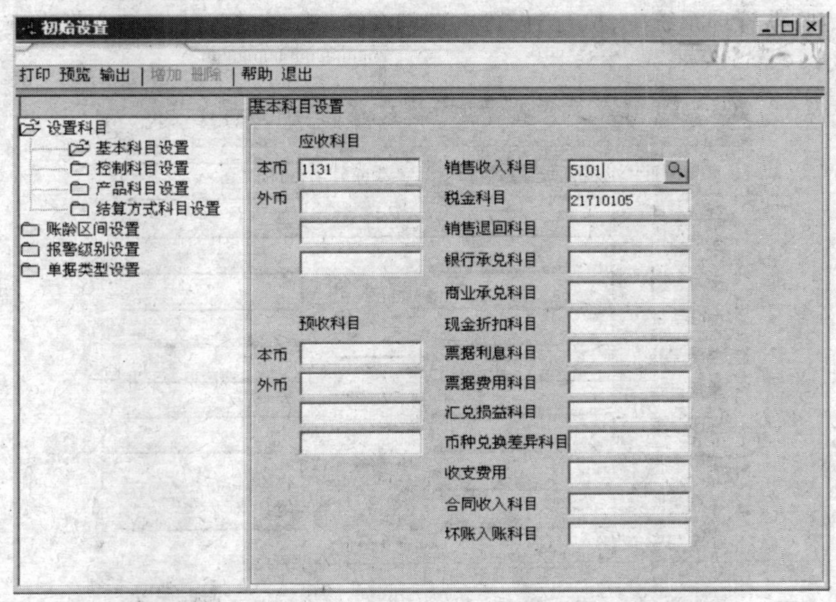

图 9-2 【初始设置—基本科目设置】对话框

(3)在【初始设置】对话框左边的列表框中,单击【账龄区间设置】,打开【初始设置—账龄区间设置】对话框。如在序号 01 栏录入总天数"20",在序号 02 栏录入总天数"30"等。

(4)在【初始设置】对话框左边的列表框中,单击【单据类型设置】,打开【初设置—单据类型设置】对话框,默认系统提供的销售专用发票、销售普通发票和其他应收单 3 种单据类型。

2. 注意事项

(1)凭证科目的设置:根据总账中定义的科目,依据不同的业务类型,生成凭证自动带出科目,这如同总账中的自动编制期间损益结转凭证时,需要指定"本年利润"的科目一样,以便将损益类账户的余额结转到指定的本年利润科目。凭证科目设置时,"应收账款"科目应为"应收系统受控科目"。

(2)账龄区间设置:定义查询或分析应收款账龄的区间,可随时掌握应收款的动态变化。最后一个区间不能修改和删除。

(3)坏账初始设置:用于定义计提坏账比率和设置坏账准备的期初余额。

(4)单据类型的设置:将往来业务与单据类型建立对应关系,达到快速处理业务以及进行分类汇总、查询、分析的效果。

(5)报警级别的设置:为用户提供进行报警级别的设置。

(6)初始设置的关联:初始设置应与应收业务单据关联,可选择自己定义的应收业务单据。基础设置应与统计分析关联,可实现对应收款、收款、及往来业务的账龄分析查询。

三、期初余额

通过期初余额功能，可将正式启用账套前的所有应收业务数据录入到系统中，作为期初建账的数据，从而保证手工系统向会计电算系统转换时数据的连续和完整。

1. 操作步骤

(1)在应收款管理系统中，执行“设置→期初余额”命令，打开【期初余额—查询】对话框，如图9-3所示。

图9-3 【期初余额—查询】对话框

(2)在【期初余额—查询】对话框中，分别在【单据名称】、【单据类型】、【科目】、【币种】、【客户】、【方向】、【单据日期】和【本币余额】等下拉列表中选入或参照录入相关信息，单击【确认】则列出相关的单据选择，进行期初余额的录入。

(3)录入完毕后，可与总账系统对账，做到系统各模块数据的对应一致。

2. 注意事项

(1)初次使用本系统时，要将上期未处理完全的单据都录入到本系统，以便于以后的处理。进入第二年度处理时，系统自动将上年度未处理完全的单据转成下一年度的期初余额。在下一年度的第一个会计期间里，可以进行期初余额的调整。

(2)在期初余额主界面，列出的是所有客户、所有科目、所有合同结算单的期初余额。可以通过过滤功能，查看某个客户、某份合同或者某个科目的期初余额。

(3)如果已经完成应收款客户的确认，可以通过【期初余额—查询】对话框的查询，查出所有的客户，对应的应收款的情况。

第三节　日常业务处理

如同总账系统一样，应收款管理系统的重点内容也是日常业务处理，主要完成应收款各项业务发生时的确认、各项收回的款项处理、应收的款项和已经收回的款项的对应核销、生成凭证传递到总账系统等工作。日常业务处理是应收款管理系统的核心工作，如同总账系统中每月凭证的录入工作。包括：应收单据处理、收款单据处理、核销处理、转账处理、坏账处理、制单处理、付款单导出、汇兑损益等。

一、应收单据处理

应收单据处理实际上是会计工作中对应收债权的确认，在处理工作中，包括应收单据录入和应收单据审核两项，类似于总账系统中的凭证录入和凭证审核。

1. 应收单据录入

应收单据录入是应收款管理系统处理的起点。可以在此录入两类应收单据。一是销售业务中与收入对应的各类发票，包括给客户开具的增值税专用发票、普通发票及所附清单等原始销售票据；二是销售业务之外垫付款项的应收单。应收单实际上是一张凭证，用于记录销售业务之外所发生的各种其他应收业务。

根据业务模型的不同，可以处理的单据类型也不同。若与销售系统合成，则销售发票及代垫费用产生的应收单据不在应收系统中录入，由销售系统传递。除此之外的应收单在此录入。若不与销售系统合成，可在此录入销售业务中的各类发票，以及销售业务之外的应收单。

1)操作步骤

(1)在应收款管理系统中，执行“日常处理→应收单据处理→应收单据录入”命令，打开【单据类别】对话框，如图9-4所示。

(2)在【单据名称】、【单据类型】和【方向】下拉列表中选择单据名称、单据类型和方向，单击【确认】按钮，则可新增应收单据。

(3)在新增的应收单据中，如应收单(图9-5所示)或销售专用发票(图9-6所示)，依照栏目说明输入各个项目。输入后，单击【保存】按钮将其保存。

图9-4 【单据类别】对话框

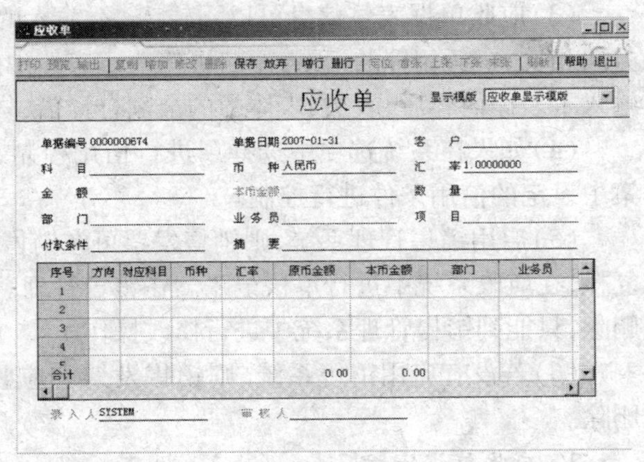

图9-5 应收单

(4)可单击【审核】按钮，对当前单据进行审核(也可留待后续单独进行审核)。若录入的单据错误，则单击【弃审】按钮进行弃审，并单击【修改】按钮进行修改，也可单击【删除】按钮进行删除。

(5)审核完成后,系统提示是否制单,可选择立即制单,也可选择在制单处理中统一进行制单。选择立即制单,则系统弹出凭证卡片,可进行修改并保存。

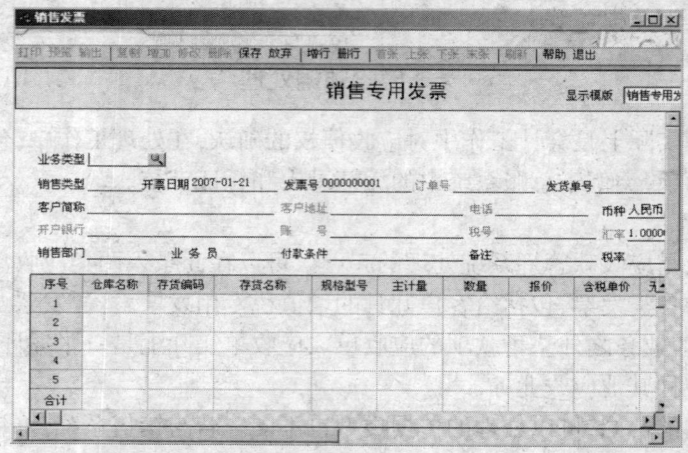

图9-6 销售专用发票

(6)单击【上张】和【下张】按钮上下翻页查找应收款管理系统录入的应收单、发票,包括已审核、未审核单据。已作过后续处理如核销、转账、汇兑损益、坏账处理的单据则需要到【单据查询】中进行查询。

2)注意事项

(1)应收单据表头中的信息相当于凭证中的一条分录的信息,表头科目为核算该客户所欠款项的一个科目。

(2)应收单据表头科目必须是应收系统的受控科目。表头科目的方向即为所选择的单据的方向。

(3)应收单据表体信息可以不输入,不输入的情况下单击保存按钮系统会自动形成一条方向相反、金额相等的记录,用户可修改。表体中的一条记录也相当于凭证中的一条分录。当输入了表体内容后,表头、表体中的金额合计借、贷方相等。

(4)如果在系统选项中选择了进行信用控制,应收单据录入时系统会根据对应的客户档案中设定的信用条件进行控制。

(5)启用销售管理系统,则销售发票可在销售管理系统中录入,并在销售管理系统中进行复核,在应收系统中进行审核记账。在销售管理系统录入的发票在应收款管理系统不能修改、删除,只能到销售管理系统中进行修改操作。

(6)若没有启用销售系统,则销售发票和应收单均应在应收款管理系统中录入、修改和删除。

2. 应收单据审核

应收单据的审核类似于凭证的审核,即某一操作员完成了应收单据的录入后,需要另一位操作员进行审核,以保证录入信息的正确性。对于应收单据的审核,系统中提供了自动批审、手工审核两种方式。另外,结合审核的需要,还提供了批量审核和单张审核两种模式。

在审核过程中，可以进行应收单的增加、修改、删除等录入的操作。

1）自动批审

（1）在应收款管理系统中，执行“日常处理→应收单据处理→应收单据审核”命令，打开【单据过滤条件】对话框，选择待审核的单据，如图 9-7 所示。

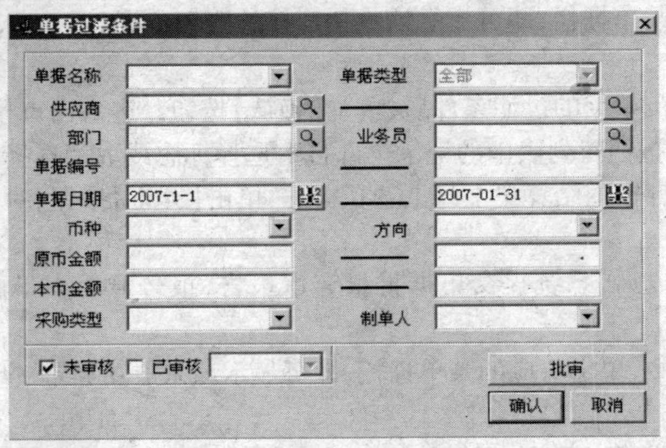

图 9-7　【单据过滤条件】对话框

（2）输入过滤条件后，单击【批审】按钮，系统根据当前的过滤条件将符合条件的未审核单据全部进行后台的一次性审核处理。批审完成后，系统提交单据批审报告，自动批审报告显示成功的张数以及明细审核单据。

（3）单击对应的某单据栏，即可显示该成功审核的明细单据。

2）手工批审

（1）输入过滤条件后，单击【确认】，打开【单据处理—应收单据列表】对话框，如图 9-8 所示。

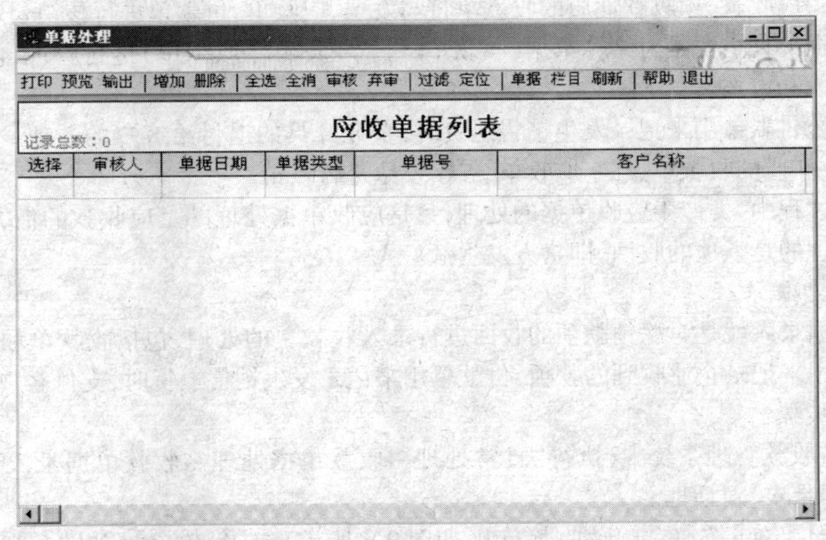

图 9-8　【单据处理—应收单据列表】对话框

（2）在【单据处理—应收单据列表】对话框中，在【选择】标志栏里，双击鼠标或者打对勾选择拟审核的单据，单击【审核】按钮，则表示要将该张单据审核。也可以单击【全选】按钮将所有的单据全部选中；单击【全消】按钮取消所做的选择。

(3)选择单据后，单击【审核】按钮将当前选中的单据全部审核。

(4)批审完成后，系统提交单据批审报告，显示成功的张数以及未成功单据的张数。

(5)单击对应的某单据栏，即可显示该成功审核的明细单据。

3)批量弃审

(1)可在输入弃审单据的过滤条件后，单击【确认】按钮。进入已审核单据列表界面，通过单击【全选】、【全消】按钮将列表中的记录全部打上选择标志或取消选择标志。

(2)在需要进行弃审的结算单上打上选择标志，单击【弃审】按钮，对当前应收单进行批量弃审。

(3)批量弃审完成后，系统提交单据批量弃审报告，报告显示弃审成功的张数以及明细单据。

(4)在批审报告中，单击对应的某单据栏，即可显示该未成功弃审的明细单据。

4)单张审核

如果在审核列表界面，可双击单据记录或单击【单据】按钮，进入单据卡片界面，直接单击【审核】按钮将当前单据审核。

5)已收款销售发票审核的处理

当审核的发票是已经做过现结处理，则系统在审核记账的同时，后台还将自动进行相应的核销处理。对于发票有剩余的部分，作应收账款处理。

二、收款单据处理

应收系统的收款单用来记录企业所收到的客户款项，款项性质包括应收款、预收款、其他费用等。其中应收款、预收款性质的收款单将与发票、应收单、付款单进行核销勾对。

收款单据处理主要是对结算单据(收款单、付款单即红字收款单)进行管理，包括收款单、付款单的录入和审核。

应收系统付款单用来记录发生销售退货时，企业开具的退付给客户的款项。该付款单可与应收、预收性质的收款单、红字应收单、红字发票进行核销。

在处理过程中，类似于应收单据的处理，只是应收单据处理的是应收款的借方发生额，而收款单据处理的是款项的收回，即贷方发生额。

1. 收款单据录入

收款单据录入就是对赊销款项的收回进行录入收款单的处理，包括收款单和付款单的录入。收款单用来记录企业收到的款项，付款单用来记录发生销售退货时，支付客户的款项。

1)操作步骤

(1)在应收款管理系统中，执行“日常处理→收款单据处理→收款单据录入”命令，打开【收付款单据录入】对话框。

(2)单击【切换】按钮，打开【收款单】(如图 9-9 所示)或【付款单】(如图 9-10 所示)的对话框。

(3)单击【增加】按钮，录入收款单或付款单。录入后，可单击【审核】按钮对其进行审核。

(4)若不进行批量制单，系统在此提供及时制单功能，即总账系统启用后，在对结算单进行了审核后，系统会询问是否要立即制单。若选择是，则立即显示当前结算单的凭证界面；如果不想立即制单而将其在“制单处理”功能中集中处理，则选择否，回到当前结算单卡片界面，只是该结算单处于已经审核状态。若希望批量审核收付款单，也可在【收款单据审核】处进行批量的手工或自动审核。

收付款单录入

增加 | 定位 下张 末张 | 切换 刷新 | 帮助 退出

收款单

单据编号　日期　客户
结算方式　结算科目　币种
汇率　金额　本币金额
客户银行　客户账号　票据号
部门　业务员　项目
摘要

序号	款项类型	客户	部门	业务员	金额
1					
2					
3					
4					
合计					0.0

录入人　审核人　核销人

图 9-9　【收付款单录入—收款单】对话框

收付款单录入

增加 | 定位 | 切换 刷新 | 帮助 退出

付款单

单据编号　日期　客户
结算方式　结算科目　币种
汇率　金额　本币金额
客户银行　客户账号　票据号
部门　业务员　项目
摘要

序号	款项类型	客户	科目	金额	本币金额
1					
2					
3					
合计				0.00	0.0

录入人　审核人　核销人

图 9-10　【收付款单录入—付款单】对话框

(5)此时如果希望立即指明这一次收款是收的哪几笔销售业务的款项，可以对该收付款单进行核销处理。核销就是指确定收款、付款单与原始的发票、应收单之间的对应关系的操作。若在单击【核销】按钮之前尚未对收付款单进行审核，可直接单击【核销】按钮，则系统在后台直接审核该收付款单，并提示是否制单。在制单完成或不制单后，进入核销界面，进行核销处理。若希望批量处理核销业务，则可以不在此进行核销处理，到【核销处理】节点进行统一处理。但【核销处理】节点进行的核销处理,不能处理不同币种间的核销。对于单据核销情况,可到【单据查询】中进行明细查询。

(6)在收付款单及原始的发票、应收单都已制单后,且核销双方的控制科目不同时,在选项中选择核销制单的前提下,可以在【制单处理】节点对核销处理进行制单。

2)注意事项

(1)收款单用来记录企业收到的款项,当收到每一笔款项时,应知道该款项是客户结算所欠货款,还是提前支付的货款,或者是支付其他费用。系统用款项类型来区别不同的用途。在录入收款单时,需要指定其款项用途。如果对于同一张收款单,如果包含不同用途的款项,应在表体记录中分行显示。

(2)在一张收款单中,若选择表体记录的款项类型为应收款,则该款项性质为冲销应收款;若选择表体记录的款项类型为预收款,则该款项用途为形成预收款;若选择表体记录的款项类型为其他费用,则该款项用途为其他费用。

(3)对于不同用途的款项,系统提供的后续业务处理不同。对于冲销应收账款,以及形成预收款的款项,需要进行核销,即将收款单与其对应的销售发票或应收单进行核销勾对,进行冲销客户债务的处理。对于其他费用用途的款项则不需要进行核销。

(4)若一张收款单中,表头客户与表体客户不同,则视表体客户的款项为代付款。在处理时可将付款单位直接记录为另外一个单位,金额为代付金额,(即是正常的收款单)。也可将付款单位仍然记录为该单位,但通过在表体输入代付客户的功能处理代付款业务。这种方式的好处是既可以保留该笔付款业务的原始信息,又可以处理同时代多个单位付款的情况。

(5)付款单用来记录发生销售退货时,支付客户的款项。同样,需要指明付款单是应收款项退回、预收款退回、还是其他费用退回。应收、预收性质的付款单可与应收、预收用途的收款单、红字应收单、红字发票进行核销。

2. 收款单据审核

收款单据审核的功能,类似于总账中的凭证审核和应收单据中的审核功能,都是为了保证录入信息的正确性而设置的功能。主要包括收、付款单的自动审核、批量审核、批量弃审、单张审核、单张弃审等功能。

在收款单据审核列表界面,可进行收款单、付款单的增加、修改、删除等操作。

在【收款单据审核】界面中显示的单据包括全部已审核、未审核的收款单据。作余额等于零的单据在【收款单据审核】中不能显示。对这些单据的查询,可在【单据查询】中进行。

1)自动批审

(1)在应收款管理系统中,执行"日常处理→收款单据处理→收款单据审核"命令,打开【收款单过滤条件】对话框,如图9-11所示。

(2)输入过滤条件后,单击【批审】按钮,系统在后台直接对符合过滤条件的单据进行审核记账。批审完成后,系统提交单据批审报告,自动批审报告显示成功的张数以及明细审核单据。

(3)在审核报告中,单击对应的某单据栏,即可显示该成功审核的明细单据。

2)批量审核

(1)输入过滤条件后,单击【确认】,打开【收付款单列表】对话框,如图9-12所示。

（2）将需要进行批审的收付款单打上选择标志，单击【审核】按钮，对当前收付款单进行审核记账。也可通过单击【全选】、【全消】按钮，将列表中的记录全部打上选择标志或取消选择标志。

图 9-11 【收款单过滤条件】对话框

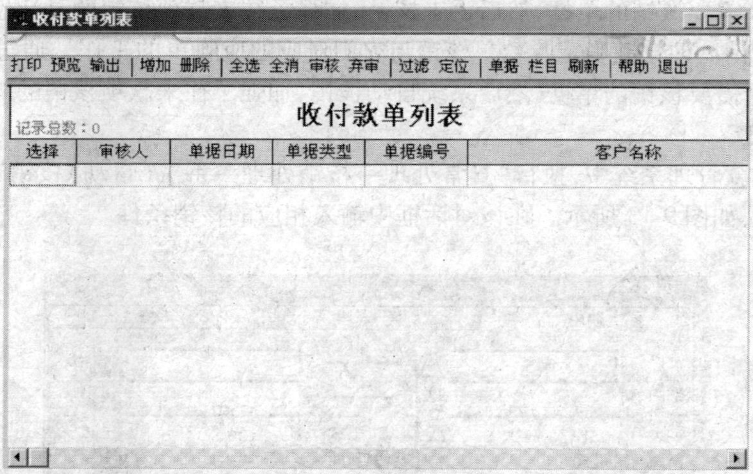

图 9-12 【收付款单列表】对话框

（3）批审完成后，系统提交单据批审报告，自动批审报告显示成功的张数以及明细单据。

（4）在批审报告中，单击对应的某单据栏，即可显示未成功审核的明细单据。

3）批量弃审

（1）在输入弃审单据的过滤条件后，单击【确认】按钮，进入收付款单已审核单据列表界面，通过单击【全选】、【全消】按钮，将列表中的记录全部打上选择标志或取消选择标志。

（2）将需要进行弃审的收付款单打上选择标志，单击【弃审】按钮，对当前收付款单进行弃审。

(3)批审完成后,系统提交单据批审报告,自动批审报告显示成功的张数以及明细单据。

(4)在批审报告中,单击对应的某单据栏,即可显示未成功弃审的明细单据。

4)单张审核和弃审

(1)在审核列表界面,可单击【单据】按钮或双击记录行,则进入单据卡片界面,则可以直接单击【审核】按钮将当前单据审核。

(2)在已审核单据列表界面,可单击【单据】按钮和双击记录行,则进入单据卡片界面,则可以直接单击【弃审】按钮取消当前单据审核。

三、核销处理

单据结算是指日常进行的收款核销应收款的工作。单据核销的作用是解决收回客户款项核销该客户应收款的处理,建立收款与应收款的核销记录,监督应收款及时核销,加强往来款项的管理。这与前面我们所讲的应收单据处理和收款单据处理密切相关,因为应收单据处理,只涉及该收多少款的问题;而收款单据处理,只涉及收回了多少款的问题;该收多少款和已经收回了多少款相抵后,才是客户还欠我多少款,即实质上还应收多少款。核销处理工作,就是解决该收和已收回相抵的问题。

1. 核销处理方式

系统提供了手工核销和自动核销两种方式。

(1)手工核销。即手工确定收款单核销与它们对应的应收单的工作。通过本功能可以根据查询条件选择需要核销的单据,然后手工核销,加强了往来款项核销的灵活性。

(2)自动核销。即自动确定收款单核销与它们对应的应收单的工作。通过本功能可以根据查询条件选择需要核销的单据,然后系统自动核销,加强了往来款项核销的效率性。

2. 操作步骤

(1)在应收款管理系统中,执行"日常处理→核销处理→手工(自动)核销"命令,打开【核销条件】对话框,如图 9-13 所示。在该对话框中输入相应的核销条件。

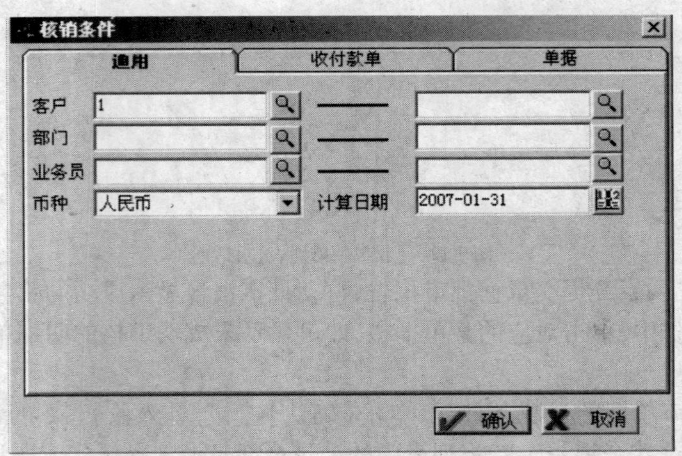

图 9-13 【核销条件】对话框

(2)在核销处理界面,进行收付款单的批量核销。在批量核销处,显示的应收单据与收款单据都必须是已审核单据,且只能进行同币种的批量核销,异币种的核销处理在【收款单据录入】中进行处理。

(3)在单据核销界面,输入本次结算金额后,单击【分摊】按钮,系统即将当前收付款单列表中已经输入的本次结算金额合计根据当前被核销单据列表的界面排列顺序进行自动分摊到对应本次结算栏目中。可通过栏目设置调整被核销列表的顺序。

(4)批量核销完成后,若在系统选项中选择了核销制单,则可到【制单处理】界面对符合核销制单条件的进行核销制单。

四、制单处理

制单即生成凭证,并将凭证传递至总账记账。系统在各个业务处理的过程中都提供了实时制单的功能;除此之外,系统提供了一个统一制单的平台,可以在此快速、成批生成凭证,并可依据规则进行合并制单等处理。操作步骤如下:

(1)在应收款管理系统中,执行"日常处理→制单处理"命令,打开【制单查询】对话框,如图9-14所示。

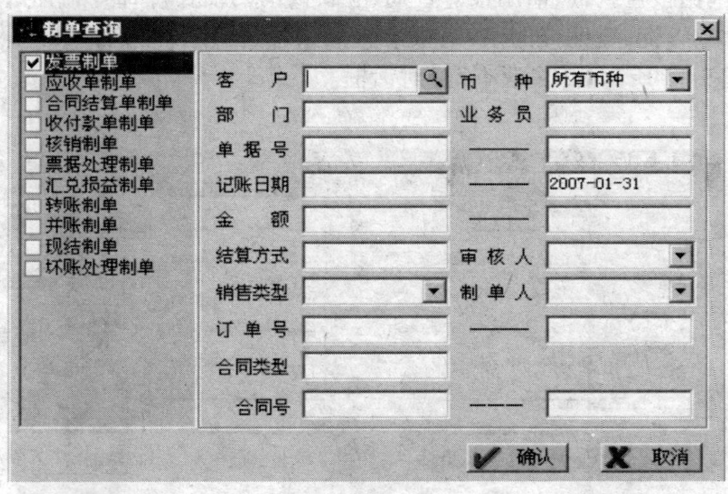

图9-14　【制单查询】对话框

(2)用鼠标单击选择"制单类型",制单类型包括发票制单和应收单制单、合同结算单制单、收付款单制单、核销制单、票据处理制单、并账制单、现结制单、坏账处理制单、转账制单、汇兑损益制单。可根据自己的实际需要选取需要制单的类型。

(3)输入完查询条件,单击【确认】按钮,系统会将符合条件的所有未制单已经记账的单据全部列出。

(4)输入制单日期,并在"凭证类别"栏目处,用下拉框为每一个制单类型设置一个默认的凭证类别。可以在凭证中修改该类别。

(5)可以选中一条记录,然后单击【单据】按钮,即可显示该条记录所对应的单据卡片形式。若该条记录所对应的单据有多条,则先显示这些单据记录的列表形式,然后可以双击打开成卡片形式。

(6)如想在生成凭证的过程中系统自动形成凭证的摘要内容,可以单击【摘要】按钮,详细内容请看凭证摘要设置。

第四节 单据查询

单据的录入和核销,是实体性的工作,但工作结束后,需要查询目前的欠款额或核对某天发生的往来数据等信息,这就需要进行单据的查询。可查询的单据包括发票、应收单、收付款单、凭证,以及单据报警查询、信用报警查询和应收核销明细账查询等。

在查询列表中,系统提供自定义显示栏目、排序等功能,可以通过单据列表操作来制作符合要求的单据的列表。在单据查询时,若启用客户、部门数据权限控制时,则在查询单据时只能查询有权限的单据。

一、操作步骤

(1)在应收款管理系统中,执行"日常处理→单据查询→发票查询(应收单查询、收付款单查询、凭证查询、单据报警查询、信用报警查询、应收核销明细表)"命令,打开【发票查询(或应收单查询、收付款单查询、凭证查询条件、报警查询条件、信用预警条件和应收核销明细账)】对话框,出现如图 9-15 所示的【发票查询】对话框。

图 9-15 【发票查询】对话框

(2)输入完查询条件后,单击【确认】按钮,查询结果按所选的月份列示。

(3)在查询结果界面,可对相关账证进行操作。如在凭证查询结果界面,可对凭证进行修改、删除、冲销应收账款系统传到账务系统中的凭证等操作。

二、注意事项

(1)在查询时,若启用客户、部门数据权限控制,则在查询单据时只能查询有权限的单据。

(2)应收单查询、收付款单查询、凭证查询、单据报警查询、信用报警查询和应收核销明细账的查询可比照发票查询的操作进行。

第五节 账表管理

为了便于相关信息的汇总、合并，提供决策的报表信息，除了日常处理业务外，往往在周末、旬末、月末、年末等还需要提供应收款管理的相应报表，这与我们在总账系统中，月末需要编制财务会计报表一样。应收款管理系统也提供了相关应收款管理的报表功能。

应收款管理系统的账表管理包括我的报表（自定义报表）、业务账表查询、科目账表查询等功能。

一、我的账表

用友 ERP-U8 管理软件系列产品下属子系统的【账表管理】菜单项下都有【我的账表】子菜单项，对系统所能提供的全部报表进行管理。选择【我的账表】菜单，系统将弹出账表管理界面（图 9-16），从界面上我们可以看出，“账表管理”是通过账夹（就是放置系统报表的一个类似 Windows 文件夹的一个数据汇总地点）来对报表进行管理的。

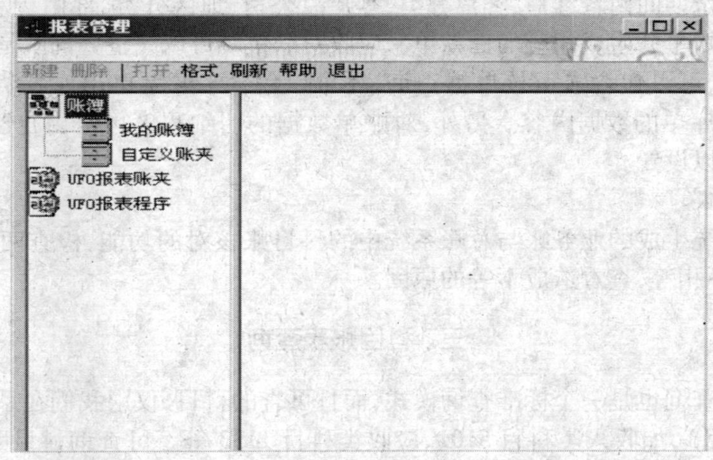

图 9-16 【账表管理】对话框

选中【我的账簿】后，单击鼠标右键显示【新建专用账夹】、【新建公用账夹】和【设置账夹口令】3 个菜单。所谓新建账夹就是指可根据我们的使用情况自行新建的账夹，如“新建公用账夹”和“新建专用账夹”，新建账夹里放置的是自定义的报表和系统账夹下的基本报表经过编辑和修改后另存的报表，我们可以对新建账夹里的报表进行编辑和修改，并可直接保存。

建好我的账表后，就能根据我们的管理需求及时、方便地完成相关数据的汇总、上报工作。

二、业务账表查询

业务账表查询是一个标准表的查询，系统提供业务总账表、业务余额表、业务明细账、对账单的查询以及与总账对账等功能。

1. *业务总账表*

可通过本功能根据查询对象查询在一定期间内发生的业务汇总情况。应收业务总账既可以完整查询既是客户又是供应商的业务单据信息，又可以包含未审核单据查询，还可以包含未开票已出库发货单（含期初发货单）、暂估采购入库单的数据内容。

2. 业务余额表

可通过本功能查看客户、客户分类、地区分类、部门、业务员、客户总公司、主管业务员、主管部门在一定期间所发生的应收、收款以及余额情况。应收业务余额表既可以完整查询既是客户又是供应商的单位信息，又可以包含未审核单据查询，还可以包含未开票已出库发货单（含期初发货单）、暂估采购入库单的数据内容。另外，应收业务余额表以金额式显示时可以查看应收账款的周转率和周转天数。

3. 业务明细账

可以在此查看客户、客户分类、地区分类、部门、业务员、存货分类、存货、客户总公司、主管业务员、主管部门在一定期间内发生的应收及收款的明细情况。应收业务明细账既可以完整查询既是客户又是供应商的业务单据信息，可以包含未审核单据查询，还可以联查包含未开票已出库发货单（含期初发货单）、暂估采购入库单的单据信息。

4. 对账单

可以获得一定期间内各客户、客户分类、客户总公司、地区分类、部门、业务员、主管部门、主管业务员的对账单并生成相应的催款单。应收对账单既可以完整查询既是客户又是供应商的业务单据信息，可以包含未审核单据查询，还可以包含未开票已出库发货单（含期初发货单）、暂估采购入库单的数据内容。另外，对账单数据的明细程度可以由自己设定，对账单打印的表头格式可以设置。

5. 与总账对账

提供应收系统生成的业务账与总账系统中的科目账核对的功能，检查两个系统中的往来账是否相等，若不相等，查看造成不等的原因。

三、科目账表查询

科目账表的查询也是一个标准查询模式，而且可查的科目，仅限我们在系统设置中指定的科目（即受控科目），如收入类科目 5101、应收类科目 1133 等。可查询科目明细账、科目余额表等信息。

1. 科目明细账

用于查询应收受控科目下各个往来客户的往来明细账。包括科目明细账、客户明细账、三栏式明细账、多栏式明细账、客户分类明细账、业务员明细账、部门明细账、项目明细账、地区分类九种查询方式。

2. 科目余额表

用于查询应收受控科目各个客户的期初余额、本期借方发生额合计、本期贷方发生额合计、期末余额。它包括科目余额表、客户余额表、三栏式余额表、业务员余额表、客户分类余额表、部门余额表、项目余额表、地区分类余额表 8 种查询方式。

第六节 期末处理

如果当月业务已全部处理完毕，就需要执行月末结账功能，只有月末结账后，才可以开始

注意在提示时，用友系统将应收和应付数据一并结转，在提示时，虽只提示“应收—结转上年数据”，但在操作中，是一并将应收和应付数据结转。

(4)若直接单击【放弃】按钮，则系统将退出本次结转处理。

(5)单击【详细】按钮，查看未审核单据的详细信息。

(6)可在列表界面中通过【全选】、【全消】按钮或者双击某条单据记录，选择需要结转到下年的单据。也可以通过【单据】按钮详细查看该单据的数据信息。

(7)单击【确认】按钮，则系统根据本次所选单据继续进行结转下年。结转成功后，系统会提示如图 9-24 所示的信息。

(8)单击【确定】按钮，完成上年数据的结转。

图 9-24 【上年数据结转完毕!】提示对话框

复习思考题

一、名词解释

1. 系统初始；
2. 系统选项；
3. 初始设置；
4. 应收单据处理；
5. 收款单据处理。

二、判断题

1. 应收款管理系统提供的设置功能主要是进行系统参数的定义。使用中可以结合管理要求进行的参数设置，是整个系统运行的基础。

2. 应收系统付款单用来记录发生销售退货时，企业开具的退付给客户的款项。

3. 通过应收款管理系统的制单处理，可生成相关应收款的凭证，但在总账系统中仍然要录入相应的凭证。

4. 应收款管理系统可进行全面的账龄分析功能，并提供多种分析模式，强化对应收款的管理和控制。

5. 初始设置主要包括凭证科目设置、坏账初始设置、账龄区间设置、报警级别的设置和单据类型的设置等。

6. 应收款管理系统的业务处理日期不能在系统日期之前。

7. 期初余额的录入主要是结束手工核算而开始会计电算核算。

8. 我们通常选择“按单据”核销的应收款核销方式，但对较贵重的存货，如金银销售商店，可以按存货核销。

9. 设置凭证科目时，“应收账款”科目应为“应收系统受控科目”。

10. 通过账龄区间设置可定义查询或分析应收款账龄的区间，随时掌握应收款的动态变化。定义时最后一个区间不能修改和删除。

11. 应收单据处理实际上是会计工作中对应收债务的确认，在处理工作中，包括应收单据录入和应收单据审核两项，类似于总账系统中的凭证录入和凭证审核。

12. 应收单据录入是应收款管理系统处理的起点。

13. 对于应收单据的审核，系统中提供了自动批审、手工审核两种方式。

14. 收款单据处理主要是对收款单、付款单进行管理，包括收款单、付款单的录入和审核。

15. 在查询单据时，若启用客户、部门数据权限控制，则在查询时只能查询有权限的单据。

16. 一个月只能结一次账，结了账就不能再处理和查询相关资料信息。

17. 结账后，发现还有相关应收款业务未处理，或业务处理错误需修改等问题时，可通过取消结账来解决。

18. 科目账表查询时只能查询在系统设置中指定的科目(即受控科目)。

19. 应收款管理系统中的账表总账系统一样，也有对内报表和对外报表之分。

20. 制单处理中可修改凭证的类别、录入凭证的摘要。

三、选择题

1. 根据使用者对客户往来款项核算和管理的程度不同，应收账款管理系统提供了(　　)等模式。

A. 详细核算　B. 简单模型　C. 总体核算　D. 局部核算

2. 应收款管理系统中单据主要包括(　　)。

A. 应收单　B. 应付单　C. 收款单　D. 付款单

3. 系统初始工作中，系统选项实际上就是一些基本参数的设定，主要包括(　　)。

A. 常规选项定义　B. 凭证选项定义　C. 核算范围定义　D. 权限与预警定义

4. 系统初始工作中，初始设置主要包括(　　)和单据类型的设置等。

A. 凭证科目设置　B. 坏账初始设置　C. 账龄区间设置　D. 报警级别设置

5. 应收款管理系统的重点内容是(　　)。

A. 系统初始　B. 期初余额录入　C. 日常业务处理　D. 账表管理

6. 下列项目中，不属于系统初始系统选项的常规选项定义的是(　　)。

A. 应收款核销方式　B. 单据审核日期依据　C. 坏账处理方式　D. 客户档案

7. 坏账初始设置的内容主要包括(　　)。

A. 定义计提坏账比率　B. 设置坏账准备的期初余额

C. 计算应计提的坏账准备　D. 进行应收账款的账龄分析

8. 应收单据处理主要包括(　　)。

A. 应收单据录入　B. 应收单据传递　C. 应收单据审核　D. 应收单据保管

9. 下列各项中，不属于应收款管理系统日常业务处理内容的是(　　)。

A. 应收单据处理　B. 收款单据处理　C. 坏账处理　D. 客户管理

10. 收款单用来记录企业收到的款项，收到每一笔款项时，可能是(　　)。

A. 客户结算所欠货款　B. 客户预交的货款

C. 客户支付其他费用　D. 客户归还的借款

11. 在应收单据审核和收款单据审核中，可进行收款单、付款单的(　　)等操作。

A. 增加　B. 修改　C. 删除　D. 汇总

12. 对单据核算处理，系统提供了(　　)的核销处理方式。

A. 手工核销　B. 自动核销　C. 简单核销　D. 详细核销

13. 通过单据查询功能,可查询的单据包括(　　),以及单据报警查询、信用报警查询和应收核销明细账查询等。

A. 发票　　B. 应收单　　C. 收付款单　　D. 凭证

14. 应收款管理系统的账表管理包括(　　)等功能。

A. 我的报表　　B. 业务账表查询　　C. 科目账表查询　　D. 凭证查询

15. 应收款管理系统提供的标准表包括(　　)等。

A. 业务总账表　　B. 业务余额表　　C. 业务明细账　　D. 对账单

16. 客户即应收款对应的单位。在应收款管理系统中,可通过(　　)等方式完成。

A. 直接输入　　B. 参照输入　　C. 代码输入　　D. 自动输入

17. 应收款管理系统主要提供了(　　)和其他处理等功能。

A. 设置　　B. 日常处理　　C. 单据查询　　D. 账表管理

18. 期末处理指进行的期末结账工作,主要包括(　　)。

A. 账表管理　　B. 月末结账　　C. 取消结账　　D. 年末结转

19. 应收系统付款单用来记录发生销售退货时,企业开具的退付给客户的款项。该付款单可与应收、预收性质的(　　)进行核销。

A. 收款单　　B. 红字应收单　　C. 红字发票　　D. 收据

20. 应收账管理系统中,制单时主要涉及的科目有(　　)。

A. 应收账款　　B. 其他应收款　　C. 主营业务收入　　D. 预收账款

四、简答题

1. 应收款管理系统主要提供了哪些功能?各功能具体包括的内容有哪些?

2. 应收款管理系统具有哪些特点?

3. 为什么要进行应收款管理系统的系统初始工作?系统初始工作主要包括哪些内容?

4. 应收款管理系统的日常业务处理包括哪些工作?

5. 应收单据处理、收款单据处理和单据核销处理分别解决的是应收款管理系统中的什么问题?

第十章 应付款管理系统

• 知识目标 •

解释应付款管理系统、应付单的概念；描述应付款管理系统的功能、内容和特点，系统初始工作的意义和内容，应付款管理系统日常业务处理的工作内容。

• 能力目标 •

进行应付款管理系统的初始设置，如系统选项、初始设置、期初余额录入的操作；进行应付单据处理、付款单据处理等日常业务处理中的主要操作；进行查询单据及账表和结账、反结账的操作；具有利用应付款管理系统进行应付账款的核算、清查和管理的能力。

第一节 应付款管理系统概述

用友 ERP 应付款管理系统，通过发票、其他应付单、付款单等单据的录入，对企业的往来账款进行综合管理，及时、准确地提供客户的往来账款余额资料，提供各种分析报表，可以为使用者合理地进行资金的调配，提高资金的利用效率提供相关决策信息。

根据使用者对供应商往来款项核算和管理的程度不同，系统提供了“详细核算”和“简单模型”两种模式。如果实行会计电算化管理单位的采购业务以及应付款核算与管理业务比较复杂，应选择“详细核算”方案；如果管理要求较简单，可以选择“简单核算”方案。

一、系统功能

应付款管理系统主要提供了设置、日常处理、单据查询、账表管理、其他处理等功能。

(1)设置:主要进行系统参数的定义。使用中可以结合管理要求进行的参数设置，是整个系统运行的基础。提供了单据类型设置、账龄区间的设置、预警级别设置等，为各种应付款业务的日常处理及统计分析作准备。另外，还提供期初余额的录入，保证数据的完整性与连续性。

(2)日常处理:主要进行应付单据、付款单据的录入、处理、核销、转账、汇兑损益、制单等处理。

(3)单据查询:可以查阅各类单据。包括各类单据、详细核销信息、报警信息、凭证等内容的查询。

(4)账表管理:可进行总账表、余额表、明细账等多种账表查询功能。并可进行应付账款分析、付款账龄分析、欠款分析等丰富的统计分析。

(5)其他处理:可对核销、转账等处理进行恢复,并进行修改、月末结账等。

二、系统特点

(1)提供“简单核算”和“详细核算”两种模式进行应付账款的核算,以满足用户的不同需求。

(2)通过功能权限的控制、数据权限的控制来提高系统应用的准确性和安全性。

(3)提供各种预警,以及时了解应付款以及企业的信用情况。

(4)提供票据的跟踪管理,可以随时对票据的计息、结算等操作进行监控。

(5)提供结算单的批量审核、自动核销功能,并能与网上银行进行数据的交互。

(6)提供总公司和分销处之间数据的导入、导出及其服务功能,为企业提供完整的远程数据通信方案。

(7)提供全面的账龄分析功能,支持多种分析模式,帮助企业强化对应付款的管理和控制。

(8)该系统既可独立运行,又可与采购管理系统、总账系统等其他系统结合运用,提供完整的业务处理和财务管理信息。

三、单据说明

应付款管理系统中,单据既是我们处理的主要资料,也是数据的来源,了解单据是做好应付款管理的前提工作。应付款管理系统中单据主要有两种,一种是应付单,包括发票及其他应付单;另一种是结算单,包括收付款单。

(1)日期:即业务处理日期,可以根据系统提供的信息确认,但对非登录日期的单据进行处理时,应予以更改,但业务处理日期不能在系统日期之后。

(2)单据编号:单据编号是相关应付款数据的重要索引数据,不允许为空且不可以重复。在应付款管理系统中,可由系统自动编号,也可以手工编号。

(3)供应商:即应付款对应的单位,在应付款管理系统中,与总账的科目录入一致,可以通过直接输入、参照输入、代码输入等方式完成。

第二节　系统初始

系统初始是指在应用应付款管理系统之前进行的初始设置,包括系统选项、初始设置、期初余额录入等工作。系统初始的工作类似于总账系统的系统设置,如科目设置、凭证的类别设置、项目的设置、往来的设置、期初余额的录入等工作,即为了系统的应用而进行的前期工作。

一、系统选项

系统选项实际上就是一些基本参数的设定,在应付款管理系统运行前就应完成的一些工作(准确讲是其他初始设置前就应完成的工作),类似于总账中的账套参数设置,如科目级次设定,单价小数位数等信息(先设置后再进行总账中的科目明细设置、期初余额录入等内容)。主要包括常规选项定义、凭证选项定义和权限与预警定义。

1. 操作步骤

(1)执行“企业门户→财务会计→应付款管理→设置→选项”命令,启用应付款管理系统,并打开【账套参数设置】对话框,如图10-1所示。

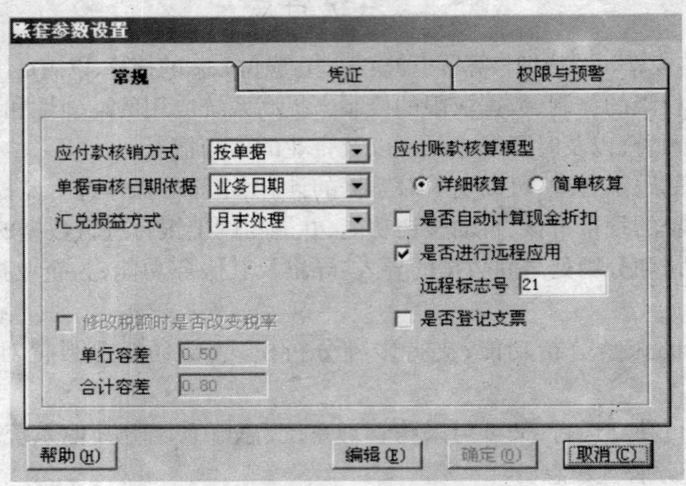

图10-1 【账套参数设置】对话框

(2)单击【编辑】按钮,分别选择【常规】、【凭证】和【权限与预警】,进行选项的设置。在设置时应分别单击每个选项后边的下拉框以选择所需要的账套参数。

(3)选择完各个账套参数后,单击【确认】按钮,系统即保存所选的操作;单击【取消】按钮,系统即取消所作的选择。

2. 注意事项

(1)应付款核销方式:可以按单据或存货进行核销。应付款核算实际上是对付款的一种系统核算,所以我们通常选择“按单据”核销,但对较贵重的存货,如金银销售商店的购进存货对应的款项,可以按存货核销。

(2)单据审核日期依据:即处理数据的依据日期。为了便于用户在日后处理,如周末休息后在周一才处理单据,我们一般选择单据日期,而不选择业务日期,如果选择了业务日期,而周末与业务日期刚好界于一个月的月末时,可能形成上月的单据下月才处理,不符合财务管理和会计核算的要求。

(3)其他相关信息可以参照应收款管理系统中的设置进行。

二、初始设置

初始设置的作用是建立应付款管理的基础数据,确定使用哪些单据处理应付业务,确定需要进行账龄管理的账龄区间。有了这些选项功能,用户可以选择使用自己定义的单据类型、使应付业务管理更符合用户的需要。在应用应付款管理系统之前,我们应完成相关应付款管理的初始设置。初始设置主要包括凭证科目设置、坏账初始设置、账龄区间设置、报警级别的设置和单据类型的设置等。

1. 操作步骤

(1)在应付款管理系统中,执行“设置→初始设置”命令,打开【初始设置】对话框。

(2)在【初始设置】对话框左边的列表框中,单击【科目设置】和【基本科目设置】,打开【初始设置—基本科目设置】对话框,如输入应付科目“2121”、采购科目“1201”、税金科目“21710101”等,如图10-2所示。

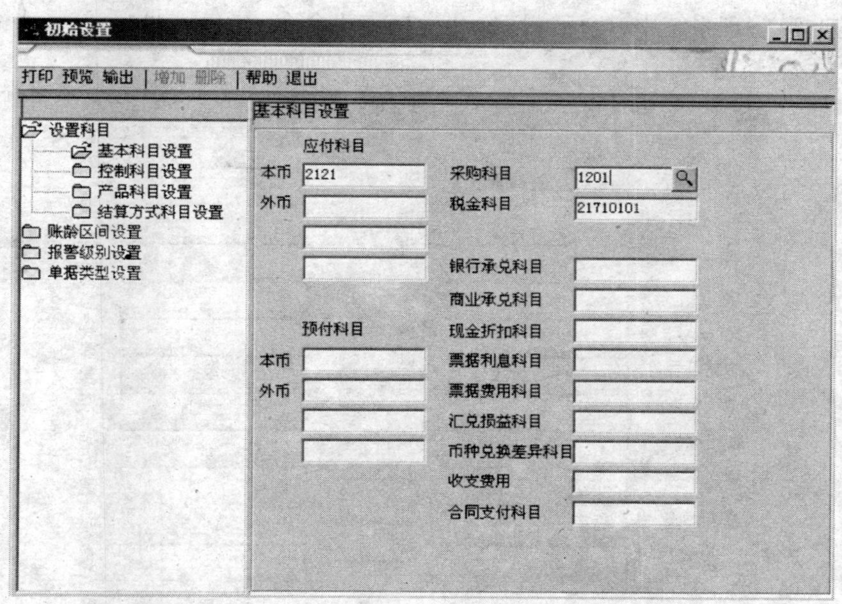

图10-2 【初始设置—基本科目设置】对话框

(3)在【初始设置】对话框左边的列表框中,单击【账龄区间设置】,打开【初始设置—账龄区间设置】对话框。如在序号01栏录入总天数“20”,在序号02栏录入总天数“30”等。

(4)在【初始设置】对话框左边的列表框中,单击【单据类型设置】,打开【初始设置—单据类型设置】对话框,默认系统提供的采购专用发票、采购普通发票、废旧物资收购凭证和其他应付单4种单据类型。

2. 注意事项

(1)单据类型的设置:解决使用何种单据处理应付业务的问题。将往来业务与单据类型建立对应关系,达到快速处理业务以及进行分类汇总、查询、分析的效果。

(2)凭证科目的设置:依据用户定义的科目,在依据不同的业务类型,生成凭证自动带出科目。这如同总账中的自动编制期间损益结转凭证时,需要指定“本年利润”的科目一样,以便将损益类账户的余额结转到指定的本年利润科目。凭证科目设置时,“应付账款”科目应为“应付系统受控科目”。

(3)账龄区间设置:解决用户定义查询或分析应付款账龄的区间,可随时掌握应付款的动态变化。最后一个区间不能修改和删除。

(4)报警级别的设置:为用户提供进行报警级别的设置。

三、期初余额

通过期初余额功能,可将正式启用账套前的所有应付业务数据录入到系统中,作为期初建账的数据,系统即可对其进行管理,这样既保证了数据的连续性,又保证了数据的完整性。在连续使用用友应付款管理(或其他财务软件连续使用应付款管理)的前提下,次年的数据可以通过自动结转形成期初余额录入,期初余额的录入工作只有初始使用时才会涉及。

1. 操作步骤

(1)在应付款管理系统中,执行“设置→期初余额”命令,打开【期初余额—查询】对话框,如图10-3所示。

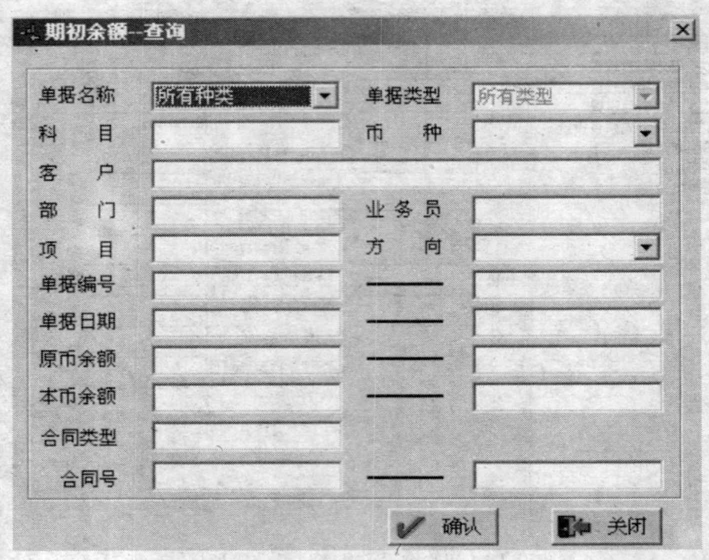

图10-3 【期初余额—查询】对话框

(2)在【期初余额—查询】对话框中,分别在【单据名称】、【单据类型】、【科目】、【币种】、【客户】、【供应商】、【单据日期】和【本币余额】等下拉列表中选入或参照录入相关信息,单击【确认】则列出相关的单据选择,进行期初余额的录入。

(3)录入完毕后,可与总账系统对账,做到系统各模块数据的对应一致。

2. 注意事项

(1)初次使用本系统时,要将上期未处理完全的单据都录入到本系统,以便于以后的处理。录入相关期初数据包括未结算完的发票和应付单、预付款单据、未结算完的应付票据以及未结算完毕的合同金额。这些期初数据必须是账套启用会计期间前的数据。

(2)在期初余额主界面,列出的是所有供应商、所有科目、所有合同结算单的期初余额,我们可以通过过滤功能,查看某个供应商、某份合同或者某个科目的期初余额。

(3)在初始使用录入期初余额时,建议先将期初数据进行整理,与原有的手工账簿(含备查簿)进行核对无误后再进行录入,以避免录入后的修改(或冲销)。

第三节 日常业务处理

如同总账系统一样,应付款管理系统的重点内容也是日常业务处理,主要完成应付款各项业务发生时的确认、各项支付的款项处理、应付的款项和已经支付的款项的对应核销、生成凭证传递到总账系统等工作,日常业务处理是应付款管理系统的核心工作,如同总账系统中每月凭证的录入工作。包括:应付单据处理、付款单据处理、核销处理、转账处理、制单处理、票据管理、汇兑损益等。

一、应付单据处理

应付单据处理主要是对应付单据(采购发票、应付单)进行管理,包括应付单据的录入、审核。

1. 应付单据录入

应付单据录入是应付款管理系统处理的起点。在此,我们可以录入采购业务中的各类发票,以及采购业务之外的应付单。应付单实际上是一张凭证,用于记录采购业务之外所发生的各种其他应付业务。应付单据的录入,主要解决欠供应商款的问题;但不能解决已经支付给供应商款项的问题,这部分业务由付款单据的录入解决;也不能最终解决欠供应商多少款的问题,这部分问题由后续的应付单据与付款单据的核销来解决。

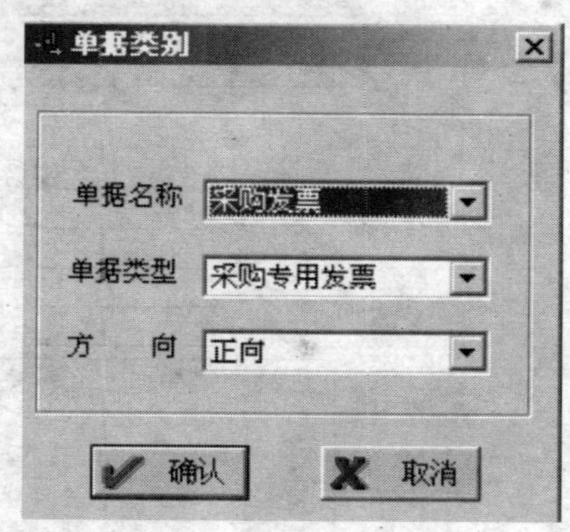

图 10-4 【单据类别】对话框

2. 操作步骤

(1)在应付款管理系统中,执行"日常处理→应付单据处理→应付单据录入"命令,打开【单据类别】对话框,如图 10-4 所示。

(2)在【单据名称】、【单据类型】和【方向】下拉列表中选择单据名称、单据类型和方向,单击【确认】按钮,则可新增应付单据。

(3)在新增的应付单据中,如采购专用发票(图 10-5)或采购普通发票(图 10-6),依照栏目说明输入各个项目。输入后,单击【保存】按钮将其保存。

(4)确认正确后,可单击【审核】按钮对其进行审核,也可在【应付单据审核】处进行批

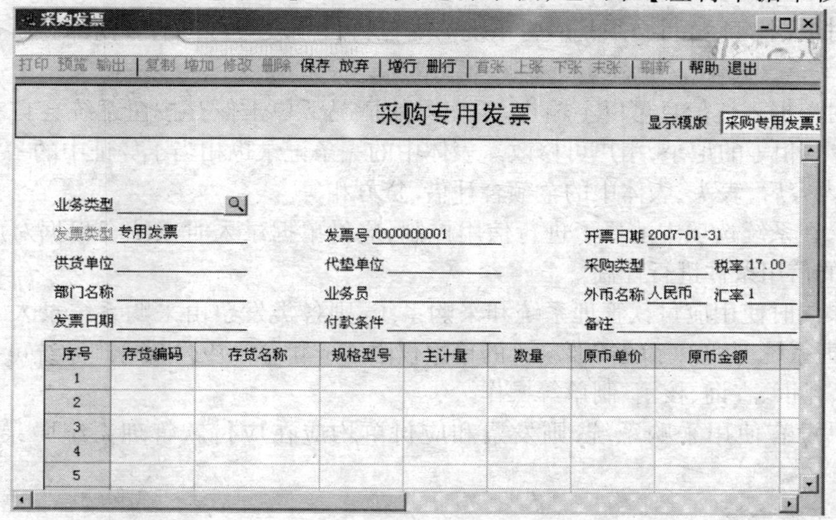

图 10-5 采购专用发票

审核。

(5)审核完成后,系统提供了及时制单功能。即总账系统启用后,在对应付单据进行了审核后,系统会询问我们是否要立即制单。若选择是,则立即显示当前单据的凭证界面;如果我们不想立即制单,则可以在制单处理功能中集中处理,则选择否,回到当前单据卡片界面,只是该应付单据处于已经审核状态。

(6)审核完成,在收到该笔应付单据所对应的付款单,可以在【核销处理】处进行与收付款单关联操作。

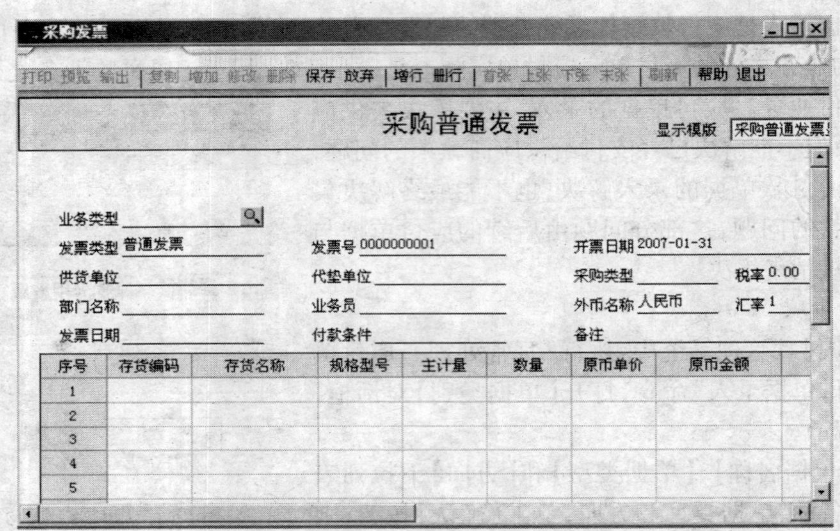

图 10-6　采购普通发票

3. 注意事项

(1)应付单据表头中的信息相当于凭证中的一条分录的信息,表头科目为核算该欠该供应商款项的一个科目。

(2)应付单据表头科目必须是应付系统的受控科目。表头科目的方向即为所选择的单据的方向。

(3)应付单据表体信息可以不输入,不输入的情况下单击保存按钮系统会自动形成一条方向相反、金额相等的记录,用户可修改。表体中的一条记录也相当于凭证中的一条分录。当输入了表体内容后,表头、表体中的金额合计借、贷方相等。

(4)如果在系统选项中选择了进行信用控制,应付单据录入时系统会根据对应的供应商档案中设定的信用条件进行控制。

(5)如果同时使用应付款管理系统和采购系统,则各类发票由采购系统录入并自动传递到应付款管理系统,此时,系统需要录入的单据仅限于应付单。应付款管理系统可以对这些单据进行审核、弃审、查询、核销、制单等操作。

(6)如果没有使用采购系统,则发票和应付单均应在应付款管理系统中录入、修改和删除。

4. 应付单据审核

应付单据的审核与凭证的审核类似,通过复核程序以确认应付单据相关内容的正确性。

为了便于审核业务，除提供批量审核外，还提供手工审核和自动批审核的功能。

1）自动批审和弃审

（1）在应付款管理系统中，执行“日常处理→付款单据处理→付款单据审核”命令，打开【单据过滤条件】对话框，如图10-7所示。

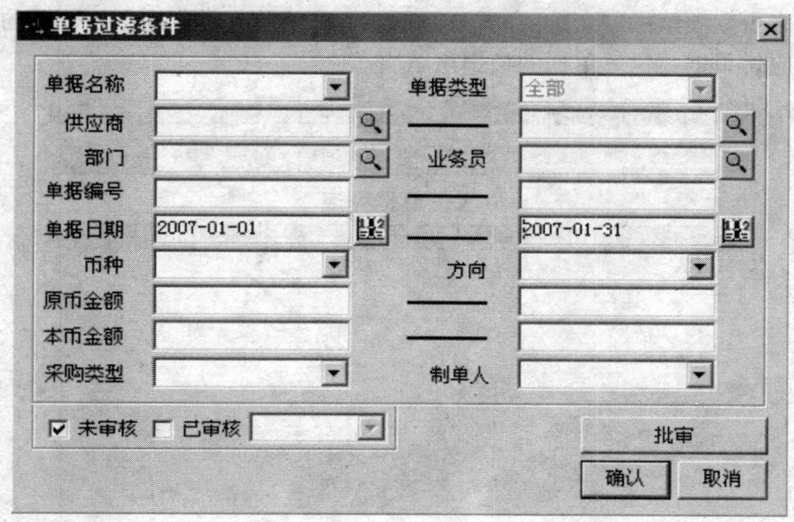

图10-7 【单据过滤条件】对话框

（2）输入过滤条件后，单击【批审】按钮，系统根据当前的过滤条件将符合条件的未审核单据全部进行后台的一次性审核处理。批审完成后，系统提交单据批审报告，自动批审报告显示成功的张数以及明细审核单据。

（3）在审核报告中，单击对应的某单据栏，即可显示该成功审核的明细单据。

（4）单击【弃审】按钮，可对已审核的单据进行取消审核的操作。

2）手工批审和弃审

（1）输入过滤条件后，单击【确认】，打开【单据处理—应付单据列表】对话框，如图10-8所示。

（2）在【选择】标志一栏里，双击鼠标或者打对钩，单击【审核】按钮，则表示要将该张单据审核。也可以单击【全选】按钮将所有的单据全部选中；单击【全消】按钮取消所做的选择。

（3）选择单据后，单击【审核】按钮将当前选中的单据全部审核。

（4）批审完成后，系统提交单据批审报告，显示成功的张数以及未成功单据的张数。

（5）单击对应的某单据栏，即可显示该成功审核的明细单据。

（6）单击【弃审】按钮，可对已审核的单据进行取消审核的操作。

二、付款单据处理

付款单据处理主要是对结算单据（付款单、收款单即红字付款单）进行管理，包括付款单、收款单的录入、审核。付款单据，是应付款管理系统用来记录企业所支付的款项；同时提供的收款单用来记录发生采购退货时，企业所收到的供应商退款。

付款单据的目的主要是解决款项的支付，即我们通过前面所讲的应付单据的处理，已经完成了应付多少款项的处理，但付了多少款，应通过本环节解决；付款后还欠多少款，通过后续的核销处理解决。

1. 付款单据录入

付款单据录入是应付单据录入的延续，在此，我们可以录入采购业务中的各类付款(含对方单位因退货退回的款项)，包括付款单与收款单(即红字付款单)的录入。付款单据的录入，主要解决付了多少款项给供应商款的问题；但不能解决目前欠供应商多少款项的问题，这部分业务由后续的应付单据与付款单据的核销来解决。

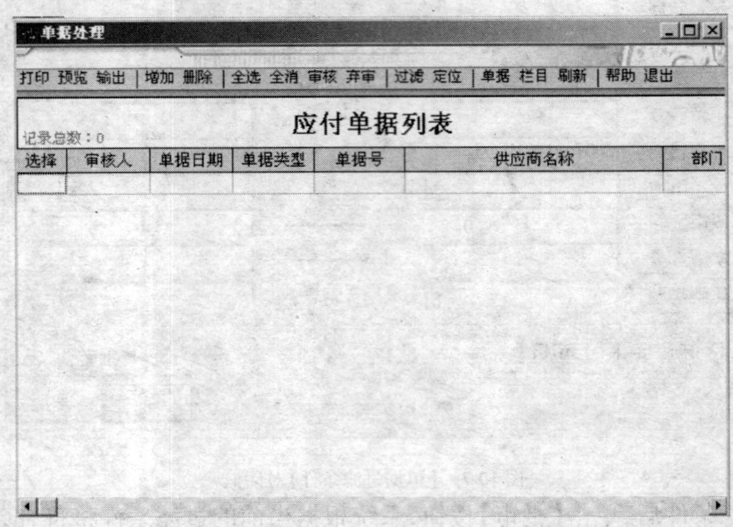

图 10-8 【单据处理—应付单据列表】对话框

1)操作步骤

(1)在应收款管理系统中，执行“日常处理→付款单据处理→付款单据录入”命令，打开【收付款单据录入】对话框。

(2)单击【切换】按钮，打开【付款单】(如图 10-9 所示)或【收款单】(如图 10-10 所示)的对

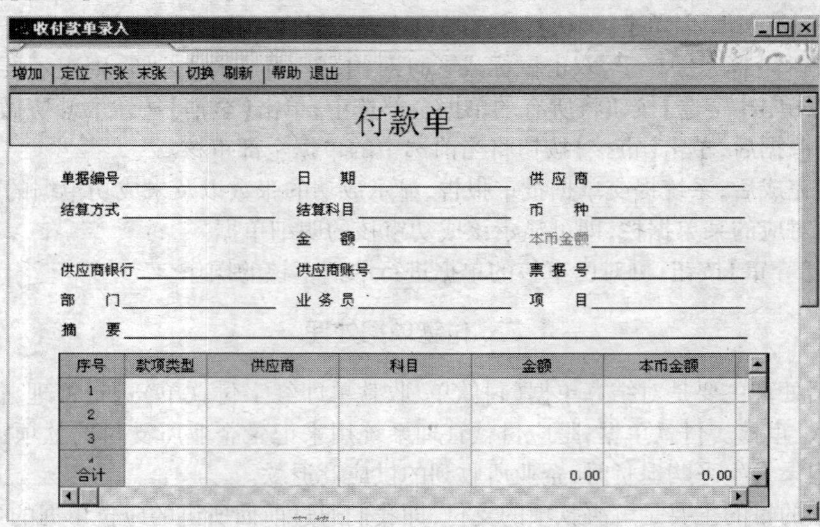

图 10-9 【收付款单据录入—付款单】对话框

话框。

(3)单击【增加】按钮,依照栏目说明,输入各个项目。输入后,单击【保存】按钮将其保存。

(4)单击【审核】按钮,对当前单据进行审核。若录入的单据错误,则单击【弃审】按钮进行弃审,并单击【修改】按钮进行修改,也可单击【删除】按钮进行删除。

(5)审核完成后,系统提示是否制单,可选择立即制单,也可选择在制单处理中统一进行制单。

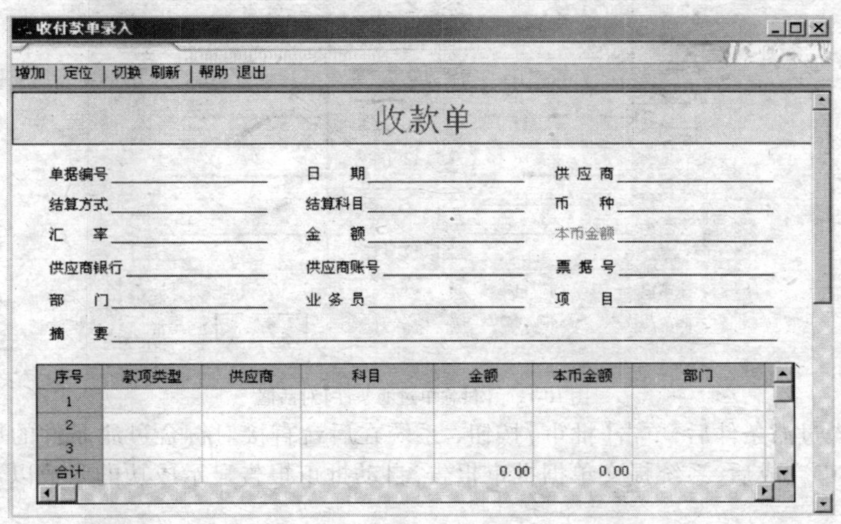

图 10-10 【收付款单据录入—收款单】对话框

2)注意事项

(1)对于不同用途的款项,系统提供的后续业务处理不同。对于冲销应付款,以及形成预付款的款项,需要进行付款结算,即将付款单与其对应的采购发票或应付单进行核销勾对,进行冲销企业债务的操作。对于其他费用用途的款项则不需要进行核销。

(2)可以单击【审核】按钮对其进行审核,若总账系统启用后,在对付款单进行了审核后,系统会询问是否要立即制单。若选择是,则立即显示当前结算单的凭证界面;如果不想立即制单,则选择否,待以后在"制单处理"功能中集中处理,回到当前付款单卡片界面,只是该付款单处于已经审核状态。若希望批量审核收付款单,也可在【付款单据审核】处进行批量的手工或自动审核。

2. *付款单据审核*

付款单据审核的功能,类似于总账中的凭证审核和应付单据中的审核功能,都是为了保证录入信息的正确性而设置的功能。主要包括付、收款单的自动审核、批量审核功能。只有审核后的单据才允许进行核销、制单等处理。

在付款单据审核列表界面,可进行付款单、收款单的增加、修改、删除等操作。

在【付款单据审核】界面中显示的单据包括全部已审核、未审核的付款单据。但余额等于零的单据在【付款单据审核】中不能显示,对余额等于零的单据的查询,可在【单据查询】中进行。

1)自动批审和弃审

(1)在应付款管理系统中,执行"日常处理→付款单据处理→付款单据审核"命令,打开【付款单过滤条件】对话框,如图10-11所示。

图10-11 【付款单过滤条件】对话框

(2)输入过滤条件后,单击【批审】按钮,系统在后台直接对符合过滤条件的单据进行审核记账。批审完成后,系统提交单据批审报告,自动批审报告显示成功的张数以及明细审核单据。

(3)在审核报告中,单击对应的某单据栏,即可显示该成功审核的明细单据。

(4)单击【弃审】按钮,可对已审核的单据进行取消审核的操作。

2)批量审核和弃审

(1)在输入过滤条件后,单击【确认】按钮,打开【收付款单列表】对话框,如图10-12所示。

(2)【收付款单列表】对话框中,将需要进行批审的收付款单打上或取消选择标志,也可以单击【全选】按钮将所有的单据全部选中;单击【全消】按钮取消所做的选择。

(3)单击【审核】按钮,对当前收付款单进行审核记账。系统先将不需要走工作流的单据进行审核。然后在第一条需要走工作流的单据上弹出审核框,输入审核结果及意见。按【确认】后,系统提示是否以下单据均照此意见审核,可根据情况选择。

(4)批审完成后,系统提交单据批审报告,自动批审报告显示成功的张数以及明细单据。

(5)在批审报告中,单击对应的某单据栏,即可显示未成功审核的明细单据。

(6)单击【弃审】按钮,可对已审核的单据进行取消审核的操作。

三、核销处理

核销处理指在日常进行的付款核销应付款的工作。单据核销的作用是处理付款并核销应付款,建立付款与应付款的核销记录,监督应付款及时核销,加强往来款项的管理。

1. 核销处理方式

系统提供了手工核销和自动核销两种方式。

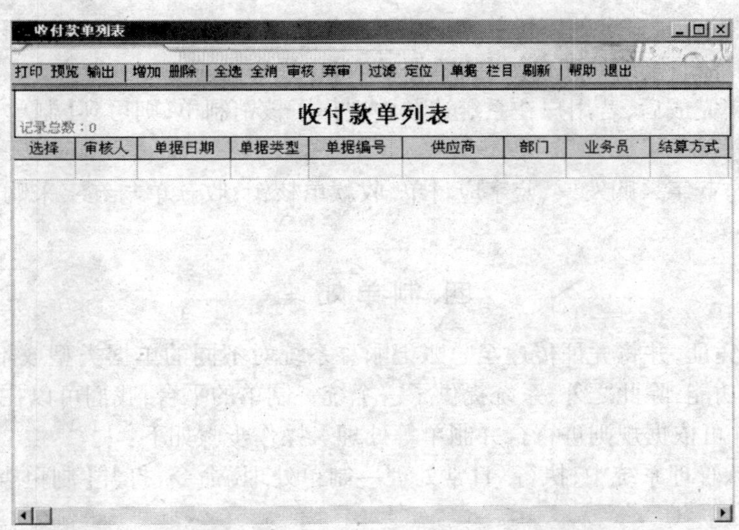

图 10-12 【收付款单列表】对话框

(1)手工核销。即手工确定系统内付款与应付款的对应关系，选择进行核销。通过本功能可以根据查询条件选择需要核销的单据，然后手工核销，加强了往来款项核销的灵活性。

(2)自动核销。即系统自动确定系统内付款与应付款的对应关系，选择进行核销。通过本功能可以根据查询条件选择需要核销的单据，然后系统自动核销，加强了往来款项核销的效率性。

2. 操作步骤

(1)在应付款管理系统中，执行"日常处理→核销处理→手工(自动)核销"命令，打开【核销条件】对话框，如图 10-13 所示。在该对话框中输入相应的核销条件。

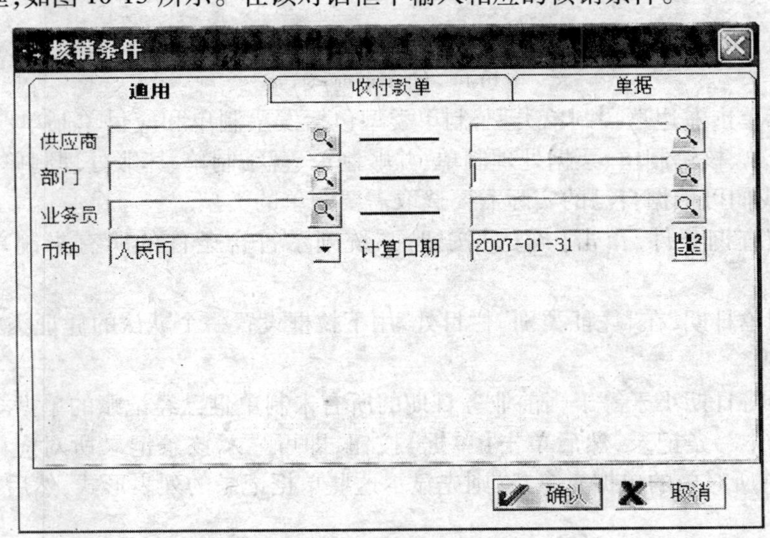

图 10-13 【核销条件】对话框

(2)单击【确认】按钮，进行收付款单的批量核销。

(3)在批量核销处,显示的应付单据与付款单据都必须是已审核单据,且只能进行同币种的批量核销,异币种的核销处理在【付款单据录入】中进行处理。

(4)批量核销完成后,若用户在系统选项中选择了核销制单,则可到【制单处理】界面进行核销制单。

(5)付款单与蓝字采购发票、蓝字应付单、收款单核销;收款单与红字采购发票、红字应付单、付款单核销。

四、制单处理

制单即生成凭证,并将凭证传递至总账记账。系统对不同的单据类型或不同的业务处理提供实时制单的功能;除此之外,系统提供了一个统一制单的平台,我们可以在此平台上快速、成批生成凭证,并可依据规则进行合并制单等处理。操作步骤如下:

(1)在应付款管理系统中,执行"日常处理→制单处理"命令,打开【制单查询】对话框,如图 10-14 所示。

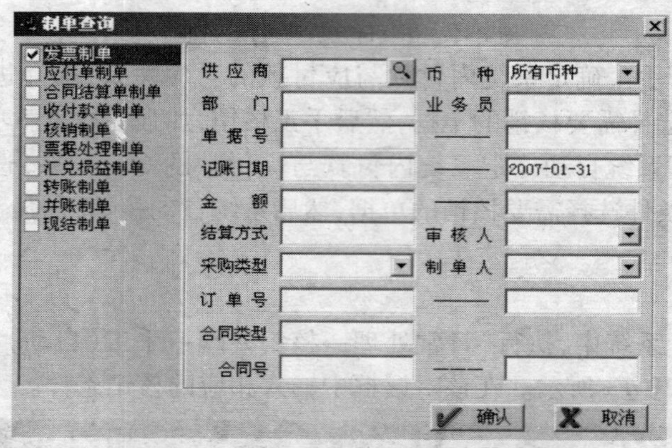

图 10-14 【制单查询】对话框

(2)用鼠标单击左边选择制单类型,制单类型包括发票制单和应付单制单、合同结算单制单、收付款单制单、核销制单、票据处理制单、并账制单、现结制单、坏账处理制单、转账制单、汇兑损益制单。我们可根据自己的实际需要选取需要制单的类型。

(3)输入完查询条件,单击【确认】按钮,系统列示符合条件的所有未制单已经记账的单据。

(4)输入制单日期,在"凭证类别"栏目处,用下拉框设置一个默认的凭证类别。可以在凭证中修改该类别。

(5)系统会将日期小于等于当前业务日期的所有未制单且已经记账的单据全部列出。

(6)可以选中一条记录,然后单击【单据】按钮,即可显示该条记录所对应的单据卡片形式。若该条记录所对应的单据有多条,则先显示这些单据记录的列表形式,然后可以双击打开成卡片形式。

(7)若希望在生成凭证的过程中系统自动形成凭证的摘要内容,可以单击【摘要】按钮,详细请看凭证摘要设置。

(8)选择要进行制单的单据,在"选择标志"一栏双击,系统会在双击的栏目给出一个序

号，表明要将该单据制单。我们可以修改系统所给出的序号。例如，系统给出的序号为1，可以改为2。相同序号的记录会制成一张凭证。我们也可单击【合并】按钮，进行合并制单。

(9)各种制单类型均可以实现合并制单处理，只有坏账处理制单暂时只能独立制单。

第四节　单据查询

单据的录入和核销，是实体性的工作，但工作结束后，需要查询目前欠其他单位的款项余额或核对某天发生的欠款额或付款额等信息，这就需要进行单据的查询。可查询的单据包括发票、应付单、收付款单、凭证，以及单据报警查询、信用报警查询和应付核销明细账查询等。

在查询列表中，系统提供自定义显示栏目、排序等功能，可以通过单据列表操作来制作符合要求的单据的列表。在单据查询时，若启用客户、部门数据权限控制时，则在查询单据时只能查询有权限的单据。

一、操作步骤

(1)在应付款管理系统中，执行"日常处理→单据查询→应付单查询(发票查询、收付款单查询、凭证查询、单据报警查询、信用报警查询、应付核销明细表)"命令，打开【发票查询(或应付单查询、收付款单查询、凭证查询条件、报警查询条件、信用预警条件和应付核销明细账)】对话框，其中的【应付单查询】对话框如图10-15所示。

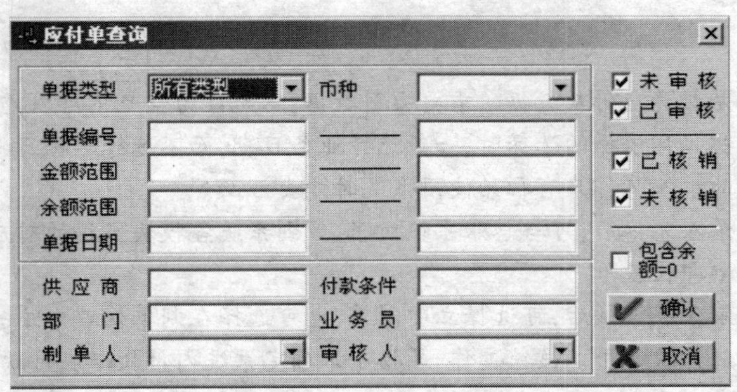

图10-15　【应付单查询】对话框

(2)输入完条件后，单击【确认】按钮，查询结果按所选的月份列示。

(3)在查询结果界面，可对相关账证进行操作。如在凭证查询结果界面，可对凭证进行修改、删除、冲销应收账款系统传到账务系统中的凭证等操作。

二、注意事项

(1)在查询时，若启用客户、部门数据权限控制，则在查询单据时只能查询有权限的单据。

(2)发票查询、收付款单查询、凭证查询、单据报警查询、信用报警查询和应付核销明细账的查询可比照应付单查询的操作进行。

第五节 账表管理

为了便于相关信息的汇总、合并，提供决策的报表信息，除了日常处理业务外，往往在周末、旬末、月末、年末等还需要提供应付款管理的相应报表，这与我们在总账系统中，月末需要编制财务会计报表一样。应付款管理系统也提供了相关应付款管理的报表功能。

应付款管理系统的账表管理包括我的报表（自定义报表）、业务账表查询、科目账表查询等功能。其查询方法与应收款管理系统完全相同，不再赘述。

第六节 期末处理

期末处理指用户进行的期末结账工作。如果当月业务已全部处理完毕，就需要执行月末结账功能，只有月末结账后，才可以开始下月工作。期末处理包括月末结账和取消结账、年末结转。其期末处理的操作方法与应收款管理系统的期末处理的操作方法完全相同，不再赘述。

复习思考题

一、名词解释

1. 应付款管理系统；
2. 应付单。

二、判断题

1. 单据编号是相关应付款数据的重要索引数据，不允许为空且不可以重复。
2. 在单据审核日期依据的选择时，一般选择业务日期，而不选择单据日期。
3. 期初余额的录入工作只有初始使用系统时才会涉及。
4. 期初余额录入完毕后，可与总账系统对账，做到系统各模块数据的对应一致。
5. 红字付款单即收款单。
6. 付款单据录入经审核后，可选择立即制单，也可选择在制单处理中统一进行制单。
7. 付款核销应付款的手工核销工作，是指手工确定系统内付款与应付款的对应关系。
8. 各种制单类型均可以实现合并制单处理，包括坏账处理制单。
9. 在应付单查询时，还可对相关账证进行操作，如对凭证进行修改、删除、冲销应收账款系统转到账务系统中的凭证等操作。
10. 日常业务处理是应付款管理系统的核心工作。

三、选择题

1. 应付款管理系统中，单据既是我们处理的主要资料，也是数据的来源，主要包括（　　）。

A. 应付单　　B. 收款单　　C. 付款单　　D. 收据

2. 供应商即应付款对应的单位，在应付款管理系统中，与总账的科目录入一致，可以通过

(   )等方式完成。

A. 直接输入　　B. 参照输入　　C. 代码输入　　D. 自动录入

3. 系统初始是指在应用应付款管理系统之前进行的初始设置,包括(   )等工作。

A. 初始设置　　B. 期初余额录入　　C. 供应商分类　　D. 系统选项

4. 初始设置的凭证科目设置中,主要包括(   )设置。

A. 基本科目　　B. 控制科目　　C. 产品科目　　D. 结算方式科目

5. 系统提供的单据类型主要包括(   )。

A. 采购专用发票　　B. 采购普通发票　　C. 废旧物资收购凭证　　D. 其他应付单

6. 应付单记录的是(   )的应付业务。

A. 专门采购业务　　B. 涉及增值税的业务

C. 涉及增值税的采购业务　　D. 采购业务以外

7. 对应付单据的审核,系统提供了(   )的功能。

A. 批量审核　　B. 手工审核　　C. 自动批审核　　D. 系统审核

8. 应付单查询时,可按(   )输入查询条件。

A. 单据编号　　B. 金额范围　　C. 余额范围　　D. 单据日期

9. 应付款管理系统中涉及的科目一般包括(   )。

A. 应付账款　　B. 其他应付款　　C. 预付账款　　D. 预收账款

10. 下列操作中,不属于应付款管理系统日常业务处理的是(   )。

A. 应付单据处理　　B. 付款单据处理　　C. 期末处理　　D. 坏账处理

四、简答题

1. 应付款管理系统主要提供了哪些功能?各功能具体包括的内容有哪些?

2. 应付款管理系统具有哪些特点?

3. 为什么要进行应付款管理系统的系统初始工作?系统初始工作主要包括哪些内容?

4. 应付款管理系统的日常业务处理包括哪些工作?

5. 应付单据处理、付款单据处理和单据核销处理分别解决的是应付款管理系统中的什么问题?

参考文献

[1] 周彦,张洪波.会计电算化.北京:科学出版社.
[2] 孙万军,陈伟清.会计软件应用技术.上海:上海财经大学出版社.
[3] 广西壮族自治区财政厅管理处.会计电算化中级培训教材.
[4] 励景源.会计电算化.北京:立信会计出版社,2004.
[5] 毛华扬,陈旭.会计电算化原理与应用.北京:清华大学出版社,2005.
[6] 毛华扬.会计电算化教程.北京:电子工业出版社,2006.
[7] 王孝忠.会计电算化.北京:中国人民大学出版社,2004.
[8] 陈冰.会计电算化实务操作.北京:中国人民大学出版社,2003.
[9] 孙莲香.会计信息化应用教程.南京:南京大学出版社,2006.
[10] 付得一.会计信息系统.北京:中央广播电视大学出版社,2006.